回首百年奋斗路
迈向复兴新征程
——港澳台学生获奖征文集

HUISHOU BAINIAN FENDOU LU
MAIXIANG FUXING XINZHENGCHENG
—GANGAOTAI XUESHENG HUOJIANG ZHENGWENJI

马怀德◎主编

中国政法大学出版社

2023·北京

图书在版编目（ＣＩＰ）数据

回首百年奋斗路　迈向复兴新征程：港澳台学生获奖征文集/马怀德主编. —北京：中国政法大学出版社，2023.5
　ISBN 978-7-5764-0941-3

　Ⅰ.①回…　Ⅱ.①马…　Ⅲ.①爱国主义教育－中国－文集　Ⅳ.①D647-53

中国国家版本馆CIP数据核字(2023)第107787号

出　版　者	中国政法大学出版社
地　　　址	北京市海淀区西土城路 25 号
邮寄地址	北京 100088 信箱 8034 分箱　邮编 100088
网　　　址	http://www.cuplpress.com (网络实名：中国政法大学出版社)
电　　　话	010-58908289(编辑部) 58908334(邮购部)
承　　　印	保定市中画美凯印刷有限公司
开　　　本	720mm×960mm　1/16
印　　　张	26.75
字　　　数	455 千字
版　　　次	2023 年 5 月第 1 版
印　　　次	2023 年 5 月第 1 次印刷
定　　　价	110.00 元

序　言

受教育部港澳台办公室的委托，中国政法大学承办了"回首百年奋斗路迈向复兴新征程"港澳台学生主题征文活动。征文活动收到来自全国159所高校港澳台学生的2865篇征文。征文文采斐然、行文流畅、结构新颖，蕴含着丰沛的情感，洋溢着蓬勃的青春气息。中国政法大学组织专家学者对征文进行了认真评选，101篇获奖征文脱颖而出。获奖作品各具特色、体裁多样，采用议论文、诗歌、小说、书信等不同形式来表达，图文并茂，描绘了自己的真情实感。作者通过书写对中华传统文化、百年党史、游历参观等的思考，记载了亲见亲闻、所思所感，表达了对国家的深厚感情、对民族昌盛和国家富强的信心。内容紧扣"回首百年奋斗路 迈向复兴新征程"，或是纵横百年中国变化，或是采撷科技、抗疫、文化等一二，或是围绕家人与自己的经历对照，表达了国家出台和实施的惠民利民、共享发展机遇的政策对港澳台青年学子的强大吸引力。

2021年是中国共产党成立100周年。一百年峥嵘岁月稠，从开天辟地、敢为人先的红船精神，到顽强拼搏、奋勇前进的伟大长征精神；从对党忠诚、服务人民的雷锋精神，到敢于斗争、敢于胜利的抗疫精神……中国共产党在不同历史时期，都留下了鲜明的时代烙印，凝聚红色力量，传承红色基因，世代相传，生生不息，熔铸成浩浩荡荡的时代精神，在今天依然光彩夺目，熠熠生辉。

青年强，则国家强。一百年前，一批伟大的新青年追随着马克思主义的脚步，高举社会主义旗帜，建立了中国共产党。忆往昔峥嵘岁月，一百年来，一代代革命先烈不怕牺牲，英勇斗争，穿越风雨取得了不平凡的成就。从一百年前的新青年，到一百年后的新时代青年，时代虽各有不同，但青春一脉相承。党的二十大是在全党全国各族人民迈上全面建设社会主义现代化国家新征程、向第二个百年奋斗目标进军的关键时刻召开的一次十分重要的大会。新时代的港澳台青年学子，生逢其时、重任在肩，施展才干的舞台无比广阔，实现梦想的前景无比光明。希望广大港澳台青年朋友们要坚定不移听党话、跟党走，怀抱梦想又脚踏实地，敢想敢为又善作善成，立志做有理想、敢担当、能吃苦、肯奋斗的新时代好青年，让青春在全面建设社会主义现代化国家的火热实践中绽放绚丽之花。

获奖征文集的顺利出版离不开教育部的指导，离不开为保证征文活动顺利开展而辛苦付出的每一位参与征文活动的同仁。在此，我代表中国政法大学，向教育部及各位同仁表示由衷感谢！祝愿各位读者品读愉快！

中国政法大学校长　马怀德

2023 年 5 月

目 录
CONTENTS

特 等 奖

一 等 奖

1

二 等 奖

三 等 奖

特　等　奖

子不语

山东大学　文学院　汉语言文学　2018级　香港　周文静

我趴在桌上，不停地下坠，耳边回响着书上的三个问题：我是谁，我来自何处，我去向何方。声音越来越悠远空灵。

推开一扇门，门对面是一座老旧的图书馆，墙皮支离，地色昏暗，阳光闯过半开的窗口，晃出一束斑驳跳动的尘柱，一件件经年的老书整齐地置在架上。我从架上抽出一摞报纸，好像是很久远的了，字迹模糊，页面泛黄，抖开就有一种陈朽的纸墨的苾芬，混杂着阳光的味道，我喜欢这种气息。

靠在书架上，闭眼深吸一口气，仿佛能借此回溯到旧的时光。

一

睁开眼，我躺在一处坚硬冰冷的地方，好像一张大桌子。周围都是陌生人，形形色色，有穿复古西服者，有着长衫戴小帽者，他们围成一圈，细细地端详着我，脸上带着某种欣喜与狂热。我不知道他们是谁，不过我从未见过这种神情，迷狂又清醒，疲惫又澄澈。随后他们欢呼、拥抱，热泪盈眶，像久居困境的囚徒重新拾起希望。可有人没有加入这片欢乐的海洋，他只是出神地望着我，一遍又一遍地呢喃着什么。

不知怎的，我忽然问道："我是谁？我来自何处？我去向何方？"他怔了一下，没有回答，眼中的兴奋慢慢变成深沉。良久，他挪开视线，看着雀跃的人们，点燃了一支香烟。

"你是新青年，和他们一样的新青年。"他猛抽了一口，"你来自工人、农民、学生，来自每一个人的心愿，至于你去向何方，和他们一样，我不知道。"烟气缭绕的声音显得朦胧而犹豫，"我不知道未来将会走向何方，但我相信理想，相信我的兄弟姐妹。"

　　我明白了，他是拓荒者，在乱石怪草中凿出一片播撒希望的土地，然而这希望的芽何时能够结果，他不知道。他能做的，只是在今后的年岁里日复一日地悉心照料，只是坚信不动摇。他说这是理想，也是火种。

　　后来我漂泊一生，终于明白了我是谁，我只是一份报纸，我有着无数的兄弟姐妹。我在无数人手中传阅，我将希望播撒到无数地方，我也承受过无数道或诚悦或鄙夷的目光，可我始终没有忘记那双澄澈而深邃的眼睛。我还记得分别时，他微微欠身补充道："你是中国共产党，和我一样，和他们一样。"

　　我老了，面容枯黄，字迹难辨，只有几个数还比较清晰：1921。

　　我闭上眼，我只是一份报纸，但我有无数的兄弟姐妹。

二

　　剧烈的爆炸声将我惊醒，呼吸尽是刺鼻的火臭和血汗味，还有山雨下过的土腥气。我站在最高点，看见一群参差且憔悴的士兵卧在山坡上，如石像般静穆悲哀。浓黑的灰烬点染着略显阴暗的天，天连着远处的"海"。海上有狰狞的太阳旗，海里有更浓重的硝烟气息，于是它声威迫人，即将拍击在眼前这块凹凸脆弱的残崖上，谁也无法阻挡它的到来。

　　涨潮了。

　　我看见一名年轻的小战士奔走在长枪短炮间，他斜挎着枪，右手紧抠着一支失去光泽的铜号。战士的脸被熏得黝黑，只露出两粒泛红的眼珠，紧紧瞪着澎湃翻涌的浪潮，眼里火焰升腾。

　　弹雨是巨浪的先遣，密集如海沿的水汽，喷射在石像上，石像开出一朵朵鲜红的花，随即倾倒、崩塌。火药气越来越少，血腥气越来越重。小战士走到我的身边，俯视着海浪与山崖，然后号声响起。石像们纷纷碎裂，从中显出锃亮的刀锋。战士们怒吼着冲向巨浪，去搏击，去征服。号声刺破海的喧嚣，响在每一个人耳畔："你可以杀死我，可就是打不败我，永远永远打不败我！"这一刻，在小战士眼中我又看到那道熟悉的目光，坚韧、深邃，尽管眉眼面貌毫不相似，但我一眼就认出了是他，是中国共产党，不会错。

我被巨浪拦腰截断，小战士的身上也开了两朵红花，他和我靠在一处剧烈地喘息着。

退潮了。他扶起我，用尽全身力气把我送上最高处，我立正，风把我的头发吹得飘扬。小战士笑了，苍白无血色的嘴唇开合："军旗没有倒。"然后他庄严地阖上眼睛。

海浪终究退却了，山崖还是山崖。小战士倒下了，但是我所熟悉的目光却在每一位战士眼中复活，他们沉默而坚毅地奔赴下一个战场，尽管残旗裂甲，却骄傲得像雄狮。

中国共产党，你永远可以相信眼前的他们，正如我相信你一样。

火种可以燎原。

三

黄沙，烈日，滚烫怒吼着的钢铁之躯，我在一片荒凉萧瑟中醒来。四下无声，只有千篇一律的石山沙海，连云都不愿赶来。你失败了吗？为什么这里人烟渺渺，连战火过后的满目疮痍都没有，有的只是冰冷无情的土黄色虚无？

忽然我看到了百米高塔下一群匆匆碌碌的身影，紧张中带着亢奋，让我想起了当初的人群，那样年轻、激情，在庆祝一个伟大存在的诞生。眼下这群人穿着严密的防护服，我看不见他们的眼神，然而白色防护服的胸口贴着一方红的旗帜，颜色正好，威而不怒，艳而不靡。我嗅到了熟悉的鲜红的血性，是你，是你们的热血。原来他们和你是同一群人，和你一样的、激荡风云的国之志士，他们的名字叫中国共产党。

原来理想还在燃烧，只是换了片战场，继续着战争。这里的战争没有硝烟，没有牺牲，只有呕尽心血，星夜兼程。我不知道在我醒来之前，他们坚持了几度春秋，但能想象得到，他们与孤月做伴，和狂风同行。他们会感到寂寥吗？会在寂寥中想起亲人、想起家乡吧。我想起了你，他们的心中，留有你的火种、你的激情。

太阳最烈的时候，人们陆续地远离，却是一步三回头。有人戏笑："邱小姐，再见！"我看不到他们的神情，但读懂了他们的期待，他们与我荣辱与共，生死相依。

我是谁？无人应答。我要去向何方？无人指点。

他们退到极远处，远到看不见，但那期盼地翘首告诉我，我也是一名战士，和这里的每个人一样，这里是我的战场。我要去往你梦想的方向。

"若一去不返，便一去不返。"

于是我乘风而起，扶摇直上，黄沙百丈，赤地千里，都不过是我的舞台。坠落，坠落，放声高歌！

我完成了他们的嘱托。当我绽开的那一刻，万众侧目，九州来贺，鬼神外道远遁逃脱，连天上不可一世的金乌也暂避锋芒。我知道这是你借给我的光和热，是耕耘半百，最后开花结果。拓荒者成为前辈，守护者接过炬火，百年泥沼一朝拔足，万里河山从此无恙。怒火已熄，然而火种不灭，泱泱华夏，承袭了你的胆魄。

四

煌煌如焰照亮了一个小岛的，是万家灯火。我在这里伫立了多少岁月，我只看着眼前的海岛愈发昂扬，愈发峭卓。人们不再需要血性浇灌的战火，于是那燎原的火种，如今被收藏在大街小巷，汇成暖风长夜里的溢彩流光。我是这座海港的孩子，海港看着我拔地而起，海港也是我的孩子，我看着它日新月异。

我与紫荆花对饮，絮语何处，灯火彻夜通明，谁家的欢歌整夜不息。然而繁花年年开谢，旧友总换新朋，我却历近十载不曾有变，不知多少老友消磨在记忆中。我以为我的一生就会这样度过，平静、安详而凝固。我只是一座不很高的大厦，有无数后辈将超越我、遮盖我、遗忘我，直到我也垂垂老矣。

直到一个午夜，我看见花旗旁边荡出一面更雄伟的红旗，明明长夜当空，那红旗却好像朝阳初上，整座岛披上红霞。我看见广场上高挥小旗的人群，人群从远方集聚，仿佛参与某个仪式。有男人挽着女人，有老人伴着儿孙，他们指着我说："看，新天地就在那里。"我肃穆地昂起头，我知道，我是仪式的第一班哨兵，是一个伟大而庄严时刻的见证者。

一队人从我的门口走了出来，与广场上的人海相比是那么渺小，然而人海自觉让出一条大道，掌声雷动，有如礼炮轰鸣。他们转身含笑，有人悄悄抹去眼底欣喜的泪痕，泪水莹润过的眼眸里，是一位久别老友的影子，我记起来了，你说你叫中国共产党。

我的老友你啊，如兄如父，你将长存，你将把当初理想的颜色，一寸寸拓印在这片土地上。小岛回归了神州的怀抱，我能去看一看对岸那不曾领略的奇景吗？我多想长出一双翅膀。

五

酷雪横肆，霜风厉号，一群人憔悴缓慢地行于雪域冻土之间，身后蜿蜒出一条黑色的长线。他们好像每天只前进一点，却不知不觉成就了万里绵延。我是搏击苍穹的鹰，是雪域的王，然而我不曾跨越面前的那座山，传说那是风的故乡。

人们穿着整齐厚重的雪衣，我却知道这只是聊胜于无。因为狂烈的风会贯穿他们的肺腑，箭雨般的雪会冻桎他们的四肢，雪衣什么也挡不住。青藏高原上最勇敢的勇士也不敢穿行这座雪山，只能在它面前匍匐、祈祷。然而这一群人，要征服雪山，要把身后的铁路修到天上。

俯视山间，人群就像蚂蚁，可蚂蚁有着超出自己数倍的力气。在庞大得夸张的高原雪山中，人好像还不如蚂蚁。蚂蚁知道躲避凶险，这群人却迎难而上。人们安静地穿行在雪原间，小心翼翼地使用着他们的工具，钢铁与冰川的每一次碰撞，都可能会吵醒沉睡的"神"，他将吹落山顶的千军万马，让聒噪的蚁群同其一起安眠。

随着敲击震动，远处不时有银白刀刃，裹挟着怒火，从峰顶席卷而来。尽管不是雪崩，只是一场风雪，可也在转眼间吞没了人群，覆盖了他们身后的长线，发出一阵轰鸣，震起漫天雪沫。风息，从岩石后，从雪堆旁，一个个黑点钻出，抖落身上的雪，扶起身边的同伴，坚定地对着山上说："嘿，你就要倒下了！"

这时，我从话语听出了你的神韵，那是一种豪傲无边的热血，你用它浸透了冻土，融化了冰川，那是坚韧，是牺牲，是人群的力量，是一片赤诚。

回环于高空，我看到人群后是一条盘旋跌宕的怒龙，它甩落头上的雪，仰天长啸。我知道那是你的意志，是千千万承载着你精魂的人民的功绩，从此青藏有了一条通天的路。

五星红旗迎风飘扬，你是雪域最大的王。

六

再次醒来，我失去了可以自由翱翔的翅膀，静坐在一间空旷又狭塞的房间里。我的思绪却很快，很快，转瞬万里，一念大千。雄鹰永远飞不出它的领地，我坐在这里，却可以俯仰万物，遨游天际。我与你的距离更近了，你好像无处不在。或者说，你一直无处不在，只是现在的我才跟上你的步伐。在东北林海，你是一丝不苟的护林员，我是你的辅助眼；在大漠油田，你是身先士卒的勘探队，我是你的记录仪。遇江河水患，你是那一抹军绿色的城墙；逢抢险救灾，你是那一袭洁白的大衣，而我始终在第一线陪着你。我们造出天眼，叩开天宫，凭神舟纵横天宇，借北斗俯察大地，我们驾雪龙涉险，令墨子护卫。从微小的原子到壮阔的外太空，无数新奇世界等待我们去发掘，我们比历史上任何时候都更接近最初的理想。

你依靠人民的力量战胜困难，而今你带领人民创造成就。人们叫我太湖之光，这光是你晶莹的心血，是你迈入盛世的宣言。拓荒者变成守护者，而今守护者将火炬交到奔跑者手中，不是每个人都有勇气成为拓荒者，但每个人都可以奔跑，都可以在自己的赛道上铭刻你的印痕。

我知道你是谁，我知道你来自哪里，我也知道你的未来走向何方。

人们问道："你是谁？"答道："我是中国共产党，是中华儿女，正如你们一样。"

老旧的报纸不会说话，纪念馆里的军旗也不能言语，承载着无数希望的原子弹，正如它的创造者般沉默坚韧；会展中心屹立不动，雪山的苍鹰只顾啼鸣，我更是无法想象，冠以神威之名的重器是何等的意气风发。然而这都不重要，我能听到他们的心声。

百岁的党啊，当您回首百年的兴迭，一定还记得您可敬可爱的同道，愈挫愈勇的战友。您是否知道，您的峥嵘，不只是活在您的记忆里，更像火种绵延，存续在每一个中华儿女的梦里。您的儿女们不会日日言说您的功绩，但他们早已将整个青春、整个生命融入您一往无前的洪流中。您的儿女正沿着您的来路摸索、创造，那将是新的故事、新的征程。子孙不语，唯有前行。

君如青山，我如松柏

吉林大学　文学院　汉语言文学　2021级　台湾　邓宇婷

祖国巍峨壮丽如青山绵延，给松柏以滋养和哺育，给人民以支持和依靠；战士和每一位热爱祖国的人民如松柏，护卫青山，美化青山。抚今追昔，从疫情防控到汶川救援，从东北抗联到虎门销烟，祖国的儿女守卫着青山的威严，护佑着青山的安全；我一路走来，从台湾到四川，从福建到广东，从杏花春雨江南到塞外长白山，我敬爱每一棵松柏，我愿成为一棵松柏，我愿化作一棵红桧，延续中华百年征程，描绘美好新时代。

——题记

一、疫情不改青山色，白衣执甲佑苍生

凛冬已至？两年前的一场"风暴"似乎暂停了时空，街上没有人，房屋里里外外裹得严严实实，里面的人们忧心忡忡、小心翼翼，仿佛在躲避一个游荡在空气中的恶兽，清冷卷席了这片土地，偶有一声远方的车啸，路两旁灯影摇曳，寒风明目张胆地刺痛心灵某处。

以诗题冬雪，不咏人间富贵花。犹如困斗之兽，我们有锋利的兵刃和坚韧的城池。医护人员脸上一道道的沟壑，是祖国的河山；火神山、雷神山——两所横空出世的英雄医院，书写科技奇迹；紧闭的家门外，是快递小哥在守护疫情危机中的"生命线"。在疫情面前没有人是旁观者，每个人都是责任人。抗疫精神是中国力量的诠释，无数中华儿女弘扬中华古道，义不容辞地为祖国共赴火海。善意在青山上回荡，赤诚登上九霄呼啸，纵然万般艰难却依旧努力地在爱啊。血泪沁入心扉，而爱亘古不变。松柏之于青山，正如水滴之于汪洋，细胞之于躯干，众生之于寰宇。未来在这些时刻中，被刻画得更加清晰；青山在这些色彩下，愈加翠色欲流。正如他们所说，生命薪火代代相

传，是基因绵延意义上的血脉永生；天之未丧斯文在兹，是基因绵延意义上的文明永生。岁月嘲弄着弱小的我们，生命的薪火却仍喷洒闪烁的火光。我们新一代，在非典中顽强诞生，又在疫情中砥砺前行。

我们既来此，必当永世留存。天灾的洪波想将我们冲散，我们却扎根于青山，誓不相负。

青山需要松柏，若是松柏没了，青山便也秃了。秃了的山便也不再是青山。我美丽的祖国，她总是被她最勇敢的子女们守护着。

疫情暴发时，我每天起床的第一件事，就是搜索疫情实况。我知道，我一再延长的假期中，我无数个酣畅入眠的夜晚中，有无数人在忍受自己的病痛，或者在为亲人揪心。我也知道，我们的祖国没有放弃任何一个生命，我们的民族正在奋力与疫情作战，让病魔的阵地越来越小，让健康的阳光越来越明媚。在抗疫一线传出的视频和图片中，我记住了那防护面具下，被雾气缭绕的坚毅的眼神，记住了那一双双迫切希望拯救病人的双眼。

有人问："太阳快要落山了，你们的孩子居然不害怕吗？"

我偏要说："当然不害怕，因为她知道明天太阳还会升起。"

二、汶川国殇今尤痛，涅槃之后满山芳华

抚摸祖国的伤痕，汶川记忆涌上，是那样满目疮痍，涕泗横流。西南处，国有殇。在大地颤抖、山河移位时的裂变中，我们的勇士，为我们而存在的英雄，打开了空中救援通道，武警战士们从支离破碎中寻找幸存者，一座座人梯只为抢运危在旦夕的一个个生命。14.6万名部队官兵、7.5万名兵预备役人员出动，来自全国各地的一抹抹绿色，他们带着汶川逃离恐慌和无奈，八方支援重建家园，这也是中华民族精神的高扬。中国这片土地上的人们，总是这样啊，一方有难，八方支援，无愧为全世界最团结的民族。如今，在大禹的故里，在熊猫的家园下生活的人们，从死神手里逃脱后，加倍用力地生活，用力地感受一切美好。

所有涅槃的故事都为我们讲述爱与重生。如今，山头已经长满松柏，春风一吹，繁花似锦。然而，这一切，来之不易，如果没有人们坚持不懈地重复播种、静谧无言地守望等待，定然不会迎来如今满山芳华的惊喜。

三、有英雄的国度才有魂，生生不息的魂，斯人已逝，理想不朽

一路上溯，我又摸到了祖国身上更多条触目惊心、让人心碎的伤痕。高三在广东就读时，我去了虎门一趟。现在的虎门没留下太多的历史痕迹，只留有一两个炮台，未经翻修的破损反而加重了历史的厚重感，让人不由得想到同一片天空下，近两百年前的虎门曾硝烟滚滚，伴着雨声，放眼望去，有母亲带着头上插草的女儿，有在屋子里吸食鸦片的公子哥，有内脏腐烂且精神萎靡的士兵。"海到无边天作岸，山登绝顶我为峰"回荡在一位老人胸口，那是他年少时的豪情壮志。与西方列强抵抗会带来什么，他一定知道，但为了给中国寻来实实在在的改变，他选择无畏。中国人的斗争精神一向如此顽强，为了实现河清海晏、万民安康，与天争，与地斗，这是刻在骨子里的精神。或许正是因为有这样的灵魂挺立在此地，广东后来才成为多次革命的策源地，思想先贤康有为、梁启超，中国革命之父孙中山，忠诚无私的革命家廖仲恺，爱国将领邓世昌、蔡廷锴、蒋光鼐、谢晋元，他们为家国奉献自己，用生命灌溉祖国，传颂万年不为过。

四、东北的红色印记，熔铸座座青山

祖辈都在闽南一带，我只身来到吉林大学求学，在这座北国春城里，领略了书中有而南方无的景色。在这所新中国成立后由中国共产党亲手建立的第一所综合性大学中，在这样鲜艳的红色背景下，我感受着四季与青春、历史与热血。吉林延边地区的土壤与朝鲜相接，当年我们与朝鲜人民一同用鲜血谱写可歌可泣的抗日诗篇，山山金达莱，村村烈士碑。举视崔巍墓碑，魂魄与山河同在；仰瞻参天松柏，风骨共日月同光。

吉林是有着红色印记的省份，它就像张爱玲笔下的月亮，大而且亮，好像还带着诗情。抗日英雄杨靖宇就安葬在这里的通化市。通化市东昌区，有一条靖宇路，888号就是东北抗日联军纪念馆。还记得小学课本上有一篇《抗日英雄杨靖宇》，现在，我们已成长为肩负重任的新一代，才真正理解那位肚子里满是棉花、枯草、树皮的英雄，穿越风霜雨雪，铸就苦难辉煌。碎首黄尘，燕然勒功，至今热血犹殷红。杨靖宇和所有抗联英雄，他们艰苦卓绝的斗争，他们熔铸的斗争精神，是我们民族的精神支柱，是青山青之所在。

五、真正的英雄不是天生的，而是使命召唤时挺身而出

中国人民革命军事博物馆中静静躺着一枚枚勋章，曾经的洪亮宣言响彻高耸的烈士纪念碑上空。他们是我们这个时代的英雄。鲜血浸透的，是军装上的一大片，还有我们的赤子心。真的猛士敢于直面淋漓的鲜血，他们把死的危险留给自己，把生的可能让给同志。听从使命的召唤，他们为国捐躯。

听从使命的召唤，张连印卸甲不移志，退休不褪色，将绿化荒山、防风固沙视为退休后的新战场。

听从使命的召唤，三代中共人坚守在河北塞罕坝，昔日飞鸟不栖、黄沙掩面，如今绿树葱茏、风光旖旎。

听从使命的召唤，科学家们用身躯填补国家的空隙，在各个灯火通明的战场中不分昼夜。

青山见证我们的忠诚。曾经千般荒凉，中国人万里蹀躞，驰而不息，终于找到了"爱得我所""爱得我直"的乐土。

六、少年何不乘风起，以吾辈之青春，担复兴之大任

没有人不会老去，但总有人正在年轻，相信年轻的力量。

新时代需要新担当，呼唤新作为，太空是梦想的召唤，神舟十三号升空，点燃了代代太空人的光与梦，比宇宙更辽阔的，是人的胸怀与梦想。科技是泱泱大国的召唤，5G基站即将破百万，北斗三号系统完成技术验证，宏图伟业掌乾坤，琼台瑶池歌万载。我们在簇拥里挑起了复兴大任，在人声鼎沸中向花团锦簇的征程迈进。

中华民族的复兴理想不是空话。文化自信是中华民族最持久、最深沉的力量，精神之火从未熄灭。夸父逐日，至死不息，屈原虽九死其犹未悔，岳飞精忠报国，鲁迅我以我血荐轩辕，梅兰芳蓄须明志……浴火重生的中华意气风发地跑进了一个新时代，我们浸泡在这穿越百年、千年的中华文明中，我们成了这个时代的负责人，接过接力棒。我们手握星火，方能致远，征途如虹，担当复兴大任。美哉我少年中国，与天不老；壮哉我中国少年，与国无疆。

七、青山一道同风雨，明月何时是两乡

父亲来自台湾，母亲来自四川，桑梓之地，父母之邦，我流淌着两岸的血液。小学便被父亲带来福建求学的我，从前每年回到台湾，都能深切地感受两岸浓厚的联系。只是，海峡上空偶有海鸥掠过，天空被大海衬得更加湛蓝，不知道为什么，薄薄的水雾，却把山和树隔得更远。

阿公的电视机日复一日地播放新闻，荧幕里当初离开大陆而在台湾安家的一代人，已白发苍苍、垂垂老去，国民党的支持度也下降得日重一日。民进党自从执政以来，大肆背弃历史，加之一些无良媒体的恶意渲染，违背新闻报道的真实性，让两岸渴望和平统一的心一再沉重。他们甚至不考量民众的生活，把民众作为自己的资本，台湾地区现只能寄希望于旅游业的支撑。故步自封，不肯放眼望世界的态度，以及不明真相的台湾同胞都让我深感痛惜。来大陆这么多年，一座座崭新的城市，能让我感受到的是这时代的蒸蒸日上。以前，家附近的泥泞小路，一晃眼，是阿姨们跳舞的广场，是小孩们蹦跶嬉戏的公园，还有红橙绿蓝紫的地铁线。而每次回到台湾，台湾还是台湾，起初还能感觉到家人愤愤台湾落伍，最后也只是闭口不谈台湾发展的状况。让我觉得遥远的不是距离，而是岛内自欺欺人的态度。

听啊，"为领土完整，为保卫和平，北京城发出了庄严的号召……我们千军万马跨过海洋，一定要把胜利的旗帜插到祖国的台湾"，这是六十多年前上百位开国将军的霸气歌唱。铿锵有力的合唱从北京传来，越过大片美好河山，带着许许多多的希冀，传到凤梨满地的宝岛，传到我的心里。看着祖国腾飞而起，我坚信台湾问题必将随着民族复兴而解决。台湾离不开祖国的怀抱，台湾跟台湾同胞都是棵棵红桧，感谢祖国的包容与开放，才让红桧有了扎根之地。

红桧与榕樟相望，阳光从叶子缝隙间穿过，落在地上成了斑驳的影子，投在地上的光影中也有我的影子，我才发现红桧的根早已深扎于青山。

尾　声

夜晚，杏花疏影里，搬把椅子，坐在楼道里的灯下，抬头是没有一丝闲云的天。我们渴望在暖洋洋的草地上翻滚，浸泡在柠檬与香橙花的芬芳里，在粼粼的波光上跳跃，倾听飞的声音；可是，我们年轻，我们渴望捉住有答

案的风，在雷鸣的天空下呐喊，喷涌内心炙热滚烫的灵魂，我们渴望成为株株傲骨峥嵘的松柏。

愿君青山绿水，我予香樟红桧。士，不可以不弘毅，任重而道远。作为新时代的接班人，我当不辱使命，肩负起九二共识的历史重任。亲眼见证这些繁荣和进步的我，多么希望更多台湾同胞，能摆脱狭隘的"群族"认识，将台湾意识融于中国情怀，做堂堂正正的中国人，同升一面旗，共护我中华。

记得小时候拜读鲁迅先生的作品，好奇《狂人日记》究竟是怎样的狂，于是我从书店寻来了《呐喊》。"我们的第一要著，是在改变他们的精神，而善于改变精神的是，我那时以为当然要首推文艺，于是想提供文艺运动了"，翻开书页便看到这样几行字，从此，我对文学有了一发不可收拾的、狂热的喜爱。今年九月，踩着干脆的落叶，头顶丝丝细雨，我带着心中的热爱飞奔向吉林大学。我会在这里看着小河上的冰渐渐变厚，又看着手里的雪慢慢融化；我会挥洒着汗水跑去逸夫楼，也会踩着软绵绵的雪踱步前行；我在这里探索文学，在这里吮吸知识的琼浆，在这里泼洒感情的笔墨，在这里成为展翅翱翔的鹰，我比旁人更在意文字的力量，我知道话语随风飘逝，而文字记入历史，我要用我的力量为台湾带去新鲜甘甜的思想。两岸的统一必定是在不久的未来，而违背历史发展规律的人，最终一定会被历史审判。我们这代最大的期许，便是成为历史的见证人，吻一吻口罩下的白皙脸颊，听着两岸同胞深情的合唱，感受白雪在极寒后融成春水，见证祖国母亲的常春。

代代人的色彩绘画出如今这座葱郁的青山，信君如信我，终我一生，绝不负君。君如青山，我如松柏，粉身碎骨，永不相负！这样的铮铮誓言，是我们的符号，使我们一代代人的生命与国家紧密相连。

心中若无千秋业，哪来盛世百花开。红桧欢畅于青山的怀抱，祖国的重任已落在我们肩上。乘时代之船，破山林风浪，势如破竹，我们定要在新的征程上走出铿锵有力的步伐！

一　等　奖

怀抱赤诚，共谋复兴

中国人民大学　国际关系学院　国际政治　2021级　澳门　郭祺宇

百年征程波澜壮阔，百年初心历久弥坚，回首伟大的中国共产党领导全中国人民为实现中华民族伟大复兴而不懈奋斗的历程，作为一名在内地求学的澳门学子，我的内心也同样感受到深深的震撼与自豪。

图1

作为一名00后，回首1987年，《中华人民共和国政府和葡萄牙共和国政府关于澳门问题的联合声明》发表，这是澳门美好未来的序幕。当五星红旗在澳门文化中心缓缓升起，澳门人民热泪盈眶，大家知道，这片土地即将发生翻天覆地的变化，开始畅想回归伟大祖国后的日子。1999年12月20日凌晨12时，《义勇军进行曲》响彻澳门上空，那一刻，孩子终于回归了母亲的怀抱，那一刻，大家开始期待与祖国母亲齐头并进的日子。

图2

每当我回想起这段历史，我都无比庆幸。庆幸自己能自豪地称自己为中国人，庆幸自己活在了这个充满机遇的时代，庆幸自己能够有条件坚定地成为一名新闻工作者，畅想自己美好的将来！

一、无限空间无限发展

迎着改革开放的春风，在中央的坚强领导与大力支持下，澳门特别行政区与广东省全面深化合作和交流，充分发挥各自优势，增强了粤澳两地联系，开创了一条特色发展道路。

2019年2月，中共中央、国务院印发并实施了《粤港澳大湾区发展规划纲要》。大湾区的内地九市也相继出台了各类有关澳门青年发展的政策，不仅有关创业、生活保障，甚至还提供了不少实习、就业机会，特别是一些城市还推行了专业人士资格互认，大大提高了澳门青年前往大湾区发展的期待值。

其中，新闻工作者的发展也充满机遇。首先，大湾区发展的推进将会使许多不同行业迸发出新的生机和活力，这定会出现源源不断的新闻素材，使得这里成为一座新闻宝库；其次，澳门的一些媒体已经将部分或者主要的工作环节搬至大湾区进行，有的甚至与湾区内媒体探讨打造全媒体合作平台，在新闻报道、传媒营销、业务培训、人才培养、智库交流等方面有更多合作。这不仅创造了更多就业岗位，也使得澳门青年有更多机会了解内地传媒业的发展。

2009年挂牌成立的横琴新区，也是我们未来新的"落脚点"；2020年10月14日，习近平总书记在深圳经济特区建立40周年庆祝大会上发表重要讲话时专门提到要"加快横琴粤澳深度合作区建设"，这是粤澳深度合作区战略定位首次在中央最高层面正式被提出；2021年9月，中共中央、国务院印发了《横琴粤澳深度合作区建设总体方案》。

横琴与澳门仅一水之隔，不仅能为澳门居民提供更优质的生活条件，也为许许多多的澳门青年开创了谋划未来的新空间。粤澳合作产业园、横琴澳门青年创业谷、粤澳跨境金融合作示范区等的建立，以及一系列配套的福利、补贴政策，便利了澳门青年的未来发展，同时也让更多的澳门青年敢想、敢做。

在中国特色社会主义新时期，粤港澳协同发展前景良好，稳步迈进，但是，也不乏挑战与困难。作为新时期的澳门青年，我们更应该立大德，明大志，做有理想、有本领、有担当的新时代澳门青年。

我知道，澳门与祖国，是始终同呼吸、共命运的。

二、广泛交流距离无间

回想 2018 年冬天，我第一次前往贵州的贫困县——从江。那是澳门的对口扶贫地区，从前那里经济落后，鲜为人知。

从学校到侗寨，从县城到田野，我看到了不少当地的景象。侗族大歌的铿锵有力、侗族服饰的多彩多样、侗族鼓楼的巧妙构造等富有地方特色的侗族文化吸引着我们。

我们去到了小黄小学与那里的小学生们交流。他们整齐嘹亮地向我们展示了侗族大歌的震撼力，"童子功"的深厚功底让我们叹为观止。我们看到的不仅仅是一段精彩的表演，还看到了那里未来的希望。后来，也有越来越多的澳门青年前往从江考察、支教，为那里的发展献言献策，做出贡献。从那以后，我也一直关心着从江的发展。

2020 年 11 月 23 日，贵州省人民政府宣布，包括从江县在内的贵州省 9 个深度贫困县摘掉贫困县帽子。当我看到那里的经济社会持续健康发展，教育、医疗和农业水平也不断提高，甚至还通了两条高速，内心欣慰不已。

图 3

在青海满天繁星的夜幕中，我走进了当地的观测站。那座巨型的天文望远镜至今仍令我印象深刻。听那里的负责人说，从前的许多保修工作以及一些精密仪器的更换都需要花重金从国外请来专业人士完成，而随着祖国科技事业的发展，如今大部分的工作都可以由国内的专业人士完成。走进那里的博物馆，我还了解到近些年祖国天文和航天事业取得的成就。我心潮澎湃，不断感叹祖国在这一领域的发展，这也成为我不断努力前行的动力。

从繁华的黄浦江畔，到静谧的西湖，再一路西行直到那座充满朝气的山城——重庆，这就是我的毕业旅行。在这一程旅行中，我感受着向阳生长的一切，点点滴滴都是新时代的朝气。我依稀记得那么几个触动我的瞬间。上海外滩的夜里，点点星光映衬着东方明珠散落在黄浦江中；杭州的小吃街上，一派典雅的古典建筑散发着人间烟火气息；早上起来，在山城的朝雾中，冉冉升起一轮红日……一切都是如此美好，一切都令人如此向往，一切都描绘着国泰民安的画卷。

这是我的祖国，在新时代里蓬勃向上的祖国。

图 4

三、异地同心惠民利民

澳门与珠海陆地相连，我也时常横跨两地生活。而这些年最大的感慨便是两地生活的便利化、两地民心的愈加凝聚。

　　如今，澳门与珠海之间已经建成了四座通关口岸。其中，连接珠海与澳门半岛的拱北口岸的交通等配套设施越来越完善；而横琴口岸甚至实现了"合作查验，一次放行"的通关模式，这大大缩短了通关时间；此外，珠澳两地还推出了"开放澳门单牌机动车入出横琴"的措施。

　　澳门居民时常可以前往珠海购物、饮食、旅游等，与内地的交流不断增多，了解不断增进。疫情防控期间，粤澳健康码也实现了转码互认，过关方便程度丝毫未减。无需言语，这就是两地同心的最好印证。

图 5

　　恰逢党的百年华诞，怀揣着成为一名传媒人的梦想，我从澳门来到由中国共产党创办的第一所新型正规大学——中国人民大学读书。

　　这百年来，有过风雨，但之后总是阳光灿烂的日子，这是 1945 年看着日军投降的荡气回肠，是 1978 年改革开放的春风满地，更是 1999 年澳门回归那一刻的热泪盈眶。脱贫攻坚的胜利，抗击疫情的成功，经济建设、社会建设、生态文明建设的成就都为我们铺垫了一条通往美好未来的道路。

　　如今，21 世纪的中国正站在新的历史交汇点上，脱贫攻坚战的圆满收官，抗击疫情的众志成城，令人骄傲，令人自豪。作为新时代的澳门学子，更应该主动担起历史责任，面向新时代，为澳门与内地的交流、发展做出贡献，为中华民族的伟大复兴添砖加瓦。第二个一百年的征程已经开启，粤港澳大湾区的深入合作发展需要推进，用镜头捕捉新时代的活力，用文字续写新时代的美好，用歌声赞美新时代的辉煌。不忘初心，牢记使命，奋勇向前，无问西东。

雨过夜央

北京大学　国际关系学院　国际政治经济　2018 级　台湾　黄昱茗

一

从小，我就喜欢望着窗外的雨，倾听雨的声音，诉说着点点滴滴。今夏的北京，又开始下雨了。嘈杂的雨声，使万物归于寂静，也使心灵得以悠游。静静地看着归心似箭的室友收拾行囊，准备回到青岛。坐在窗前，听着他抱怨四个小时的高铁车程，我望着窗外的大雨，陷入了沉思。我来自海峡对岸的台湾，已经在北京求学三年多了，时间过得真快啊，仿佛雨滴落下。而思绪穿梭其间，伴随着酷似时钟滴答滴答的雨声，我仿佛回到了那年初夏。

那是个令人兴奋的下午，伴随着午后雷阵雨在窗外的狂轰滥炸，北京大学的录取通知书寄到了家里。爷爷手舞足蹈地讲述大陆的美景，爸爸聚焦大陆的发展机会，而我同样静静地听着，望着窗外，舍不得打断他们愉悦的气氛。曾经，我以为我读到的所有历史故事都发生在这么一个小岛屿，我纳闷这么小的一个地方是如何挤下所有大陆的地名，直到我接触到地理，才发现原来隔着一片海峡的距离，有那样广阔的天地。随着中学国文和历史的教育，我对这片土地越来越向往。在这里，我的祖先筚路蓝缕，开创繁盛的中华文明；在这里，先人们挥洒热血，为追求更富足的生活而奋斗；也是在这里，联系着我之所以为我。

突然之间，我感到一股莫名的疑惑，既然我们的文化是由这片土地孕育出来的，那为什么我们会对这片土地的现状如此陌生呢？仿佛图书馆窗外由东北季风带来的豪雨，雨水滋润着我们，使我们在中华传统美德和价值观中成长苗壮，却被乌云蒙蔽了视野，限制了我们对这片土地的理解。到底是什么把我限制在这个岛屿中，使大陆对我而言犹如乌云后的一片朦胧？我尝试集中注意力于云层最薄的一点，试图看透窗外浓密的乌云。

二

隔壁桌书掉落的声音中断了我的思绪，我将目光从窗外移回了眼前的近代中国历史读物，宁静的图书馆和窗外的豪雨形成鲜明的对比，我开始了另一次对云层的透析。随着一页页纸滑过，我逐渐了解到近代中国的苦难，从清末到民初，从新中国成立到改革开放之前。时常，我不忍于翻阅康雍乾盛世之后的历史，幻想要是中国先于西方世界进入工业革命，假如甲午战争的北洋舰队没有败给日本，如果新中国成立的路上没有这么曲折，是不是我们的祖辈也不会活得这么艰苦。一篇篇可歌可泣的文章背后，诉说着多少的哀怨苦恨；一个个云淡风轻的数字，透露着多少的无名之辈；在百年奋斗的路上，经历了多少腥风血雨才有我们现在富足的生活。

如果说我总是希望跳过前面那些历史，那么改革开放之后的篇幅便令我爱不释手。每每翻阅历史课本，总感到热血沸腾，各种指标不断上升，从先富带动后富，到全面脱贫攻坚。最实在的，是一条条高铁的建设，是一栋栋现代建筑拔地而起，是人民脸上洋溢的幸福笑容。机械手臂挥舞着现代，喧闹城市高唱着繁荣，一片片歌舞升平，处处充满生机。去看，去体验，去参与。脑中不断循环着自我暗示，去看看这片土地是如何坚毅无惧，在大敌当前时为后代义无反顾；去体验这个社会是如何济弱扶贫，在人民摆脱了枷锁之后展现出的民族智慧；去参与这个世界，透过中华民族的伟大复兴，屹立在世界众多民族之巅。

爷爷的呼唤将我拉回了现实，外面的雷阵雨依然下着，在这仲夏的午后。爷爷和爸爸的谈话似乎告一段落了，在端详我的录取通知书之后，爷爷抬起了头，微笑地问我准备好了吗？我报之以微笑，无须言语，我感觉自己内心兴奋的热火也感染了他们，爷爷满意地点了点头。这是我的新征程，既是出发，也是回归，纵使大雨也无法浇熄我的渴望。

三

转眼间，来到大陆求学已经三年多了。这三年来，我竭尽所能，用双脚在湿润的土地上留下印迹，走遍了大江南北。在成都为保育大熊猫尽一份力，倾听锦里街头的成都，火树银花；在广西为扶贫增砖添瓦，看着孩子们天真欢愉地来到学校，蓬勃成长；在南京吊唁大屠杀中牺牲的百姓，感慨历史的残酷，警钟长鸣；到广东体验改革开放的活力，见证粤港澳大湾区的落成，花团锦簇。围绕着中华文化，我拜访了河西走廊，透过莫高窟想象盛唐的繁华。攀上高原，徘徊在荒漠与草原之间，幽游在青海与盐湖之中，体验大自然的色彩斑斓与壮阔。沿着母亲河，分别来到了东营和上海。黄河夹杂的泥沙与外海形成绝美的阴阳海，似乎辉映着融合东西方文化的上海，象征中华文化将为这世界持续注入无限的活力。这片土地似乎有一种信仰，相信朝阳一定会升起，尽管前途漫长，终能绽放出耀眼的光芒。

看着眼前忘情下着的大雨，依旧浇不熄我当初来这里的热情，更浇不熄中国持续进步的动力。一瞬间，我忽然觉得自己如此渺小，在这广大的国度里，或许我们都如同窗外落下的一滴水，来时无声无息，去时无影无踪，却润养了这片土地。我们是如此的平凡，却成就了多少丰功伟业，谱写了多少动人的旋律。在遨游于这片土地的同时，我听到过太多感人的故事，他们都有共同的梦，希望人民安居乐业，期盼后代成长茁壮，渴望中国立足世界。为此，他们进入各行各业，坚毅勤恳，任劳任怨，抛弃了自身物质的享受，为人民、为中国、为理想中的共同梦想奉献自己微薄的力量。所以有人登上火箭，试探人类的最前线；有人坚守边疆，守护国土的边缘线；有人独住海岛，捍卫国家的海岸线。

我时常在想，中国有十四亿多人口，在大江南北，共同构筑一个复兴梦，是多么令人震撼的事情。而中国共产党，成功将人们动员起来，释放每个人应有的价值。并不是人数多就一定能强盛，必须要有坚实的物质基础、丰富的教育资源，才有可能让人民不再为生存而受苦，不再为无知而受罪。而这一切，都需要有坚定不移的领导、强而有力的执行，同时还要有含蓄包容的共情，以及不被贪婪蒙蔽的坚忍。从全面脱贫到共同富裕，我正在见证古人所设想的理想世界，今人所期盼的美好生活。尽管我是如此渺小，却感到无比宏大。点滴细雨，在坚持不懈的努力下，终将穿石。

四

求学期间，我曾听闻多位学长放弃外人看来的大好前程，顶着博士的头衔投身到基层，在国家最需要人才的地方尽心尽力。我有幸认识其中一位学长，在校园食堂一起吃午餐时我问他，会不会后悔自己的选择。他表示，说不苦是假的，说不会在深夜的雨中偷偷啜泣也是不可能的，但回首一个个村庄在自己的带领下实现脱贫，产业变得更加具有发展性，人们的生活环境得到极大改善，这些痛苦似乎又不值一提。看着他滔滔不绝，眼神中闪着独特的光芒，我突然意识到自己的家乡所欠缺的是什么，或是自己所期望从事却又缺乏勇气的目标是什么了。这是一种先行者的气息，甘愿冒雨前行的决心，以及为人民和理想付出一切的觉悟。

曾经，有一个新华社的记者来到讲堂上分享他的职业生涯。一篇篇报道的背后，是卧底、是危机、是敢为天下先。他为维护野长城不受游客的破坏而得罪既得利益者；为防止民众接到诈骗电话受骗而直捣虎穴，公布犯罪分子的诈骗手段和流程，同时协助警方破案。需要有人愿意为民众挺身而出，才能释放本该属于我们的力量，踏上中华民族的复兴之路。

五

室友的疑问稍微将我抽回现实，一边将行李包裹上一层防雨布，一边打趣地好奇我不是准备要去邱德拔体育馆打乒乓球，再不去天就该黑了。我虚应了几声，依旧盯着窗外的雨，不忍离去。倒是耳边似乎传来乒乓球来回跳动的声音，混杂着雨声，将我的思绪带往另一个方向。我总觉得，一个国家的强盛，总是能很好地反映在体育赛事上。看着自己国家的运动健儿在体运殿堂上力压群雄，拼搏流下的汗水，最终伴随着国歌奏响、国旗冉冉升起而露出的胜利健爽笑容，还有什么比这个更能增强民族自信心的呢？尤其是前一阵子刚落幕的东京奥运会，更让我深有感触。每天看着金牌数目的上升，和室友或球友一起观看比赛并支持国手大放光彩，整个社会充斥着乐观进取的加油和讨论声，我也卷入其中，觉得未来可期而神采飞扬。

　　奥运会期间也出现了许多文章和影片，更让我坚信这种欣欣向荣的氛围是多么宝贵。有在国外的留学生撰文分享，他和其他外国同学一起观看奥运会，大家讨论异常激烈，都在为自己国家的运动员侃侃而谈，生怕大家不知道自己国家的实力似的。却有一个女孩独自坐在角落，面无表情地看着大家谈论，似乎有种欲哭无泪的哀怨，在这种欢乐的气氛中显得格格不入。最后大家才了解到，她来自叙利亚，她的国家似乎连组成代表团都困难，更别提夺牌了，最终，她自我解嘲般地表示，重在参与吧，至少让世界知道我的国家还存在。看到这里，在心酸的同时，也让人想起中国自己的奋斗历史。

　　曾经，国民党政府连一丁点钱都拿不出来支持第一位参与奥运的选手刘长春。日本政府想用钱收买他，被他义正词严地拒绝。"苟余良心尚在，热血尚流，又岂能忘掉祖国，而为傀儡伪国做马牛！"刘长春的话力透纸背，最终他带着几位华侨，走在广阔的开幕仪式上，为中国跑出了第一步。有一个短片将刘长春起跑的镜头与现代运动员跑向终点的镜头剪辑在一起，短短几秒的镜头语言，诉说着多少艰苦，从不到十人的代表团，到现在将近八百人的壮观团队。东京奥运会的结尾，我们似乎因为一两枚金牌之差而居于美国之后，在深感惋惜的同时，也感悟于网友所说的，我们尚在复兴的路上，尽管道阻且艰，前途却是一片光明。这是多么乐观进取的社会氛围啊！

六

　　室友终于收拾完准备启程了，道别声使我回头，目送其消失在归途的朦胧细雨中。真好，想当初三年前我刚来大陆时，就曾经受邀到青岛——他家所在的城市游玩，与北京将近两个多台湾的距离，居然能有这么便宜且便利的高铁，仅需五个小时左右便能到达，且车厢明亮又舒适，回趟家简直就是一种享受。如今过了几年，旅程又缩短了一个多小时，价钱似乎没变甚至降了点，这种基础设施建设和技术的进步速度，令人叹为观止。不过说到底，物质层面上的进步固然重要，制度甚至是精神层面上的建设才是最根本的。想想自己也已经一年多没回家了，由于疫情防控的关系，回家的时间与金钱成本大幅上升，再加上台湾才刚暴发过一轮疫情，现在回家似乎也不怎么明智，因此就格外羡慕身边同学返家的频率。

　　由于疫情控制得当，这个暑假我拜访山城重庆，沿着长江顺流而下，"漂"向英雄之都武汉。这个城市，位居中国核心，在一年多前曾是大家关注的焦点，多少动人的故事在这个舞台展开。医护人员临危受命，穿着厚重的防护衣逆向而行，随着高铁的车门逐渐关闭，家人的声音渐行渐远。但问归期未有期，只望身处临危中。军队第一时间出动，目标是战胜看不见的敌人。物资如约而至，在政府的努力调配下，从征集到运输再到发放，保障武汉的所有必需物资。在这个制度下，一方受困八方救援，与疫情传播抢夺时间；在这种精神的指引下，五湖四海同为一家，为保卫家园义无反顾。中华民族的复兴，不能只体现在物质的富足，不能只关注于各项指标的上涨，终究是要回归到百姓的感受上。人民的幸福感，或许才是最终的指标。

七

　　窗外的雨也停了，夜将过半，看来今天是来不及出去打球了。回首往事如烟如雨，感激之余，也对未来充满了期待。曾经我们辉煌过，却因为列强的侵略而陷入无止尽的泪水中，民族步入了黑暗。先人们的鲜血交织着雨水，沁入了这片土地，为我们打下了厚实的基础。如今，在政府的引领下，社会释放出了内在的潜能，民众活跃于广大的领域，人尽其力，物尽其用，而我，站在其中，和大家一起，肩并肩地走在复兴的路上。

看，天宫空间站上的那支笛子

中央音乐学院　民乐系　竹笛　2020级　香港　吴洺蕙

　　看，天宫空间站上的那支笛子！"大家好，这是我带上来的中国传统的乐器——笛子！" 2021年9月1日，央视《开学第一课》连线了距地球表面400公里的中国天宫空间站；航天英雄聂海胜叔叔拿着一支笛子，向大家自豪地展示，并且特别兴奋地向全世界的人民介绍。

　　一支笛子，一句话，使亿万华夏人民热血沸腾。我们在为祖国科技水平高度发展而感到骄傲的同时，全世界也在感受着中华文化的魅力；这让从小出生在音乐世家、学习竹笛专业的我激动不已，感慨万分。

　　我们的笛子登上太空啦！

　　我的父亲是制笛师，天天吹着笛子，母亲爱吹箫，外公爱拉二胡，外婆爱吹口琴。从小受到音乐熏陶的我，爱极了音乐。不过，影响我最深的，还是父亲的笛子。从记事起，父亲就手不离笛，每每听到他开始吹笛子，天真烂漫的我就会坐在他身边安安静静地听。有一天，父亲递给我一支小G调的笛子，对当时年幼的我来说，小G调的笛子简直是庞然大物啊！我试着吹响，可是连着好多次都没有成功，我失落极了。父亲见我失落的样子，放下了手上的工作，口型、风门、气息……在父亲手把手的教授下，我第一次吹响了笛子。自此，一颗小小的"笛魂"种在了我的心里。8岁，我开始拜师学笛，后来在家人的建议下，高中时考取了武汉音乐学院附中，正式开启了我的专业习笛之路。我心中的"笛魂"之火越烧越烈。考本科那年，我选择冲刺全中国最好的音乐学院——中央音乐学院。2020年，通过不懈努力，我成功考上了梦寐以求的中央音乐学院，我心中的"笛魂"之火彻底燃烧起来了！

　　老师对我说："笛子的历史，已经九千年了，这标志着我们中华文化是多么源远流长啊……"

图1

图注：2020年10月参观国家博物馆
拍下的"贾湖骨笛"

据考证，1987年，在中国河南省的舞阳县贾湖遗址出土了中国最古老的乐器，也是世界上最早且至今仍可演奏的乐器——贾湖骨笛。专家们测定，贾湖骨笛有着九千年的历史。世界为之震惊。考古实物的发现，不但打破了中国笛子"西来说"的观点，而且证明我们中华民族的祖先在当时已经掌握了音乐语言的表达。笛子专家拿起贾湖骨笛，竟然吹奏出现代名曲——《小白菜》。众所周知，音乐语言是比语言文字更抽象的语言，完全可以推测，我们中华民族的文化史起码在一万年以上。多数专家认为人类的文化史、音乐史应该重新写了。

黑格尔在二百多年前曾说："中国历史从本质上看是没有历史的。"贾湖骨笛的出土，以它悦耳的声音震撼着全世界。很可惜啊，黑格尔没有看到也没有听到。黑格尔在《美学》中曾经说过：在时间艺术自身范围内，由于一切时间艺术都是过程性存在，音乐世界里的各种声音随生随灭，不能停留；声音在时间上的存在无任何空间定性，随生随灭，因此它就成为最抽象、最难以把握的艺术类型。贾湖骨笛，恰恰证明了我们中国人早在九千年前就把握住了最抽象的艺术语言，向全世界证明我们祖先为人类文明史的发展做出的贡献。它奠定了中华文化的根基，开创了中华文化的辉煌历史。这让我为自己能学习和传承这份九千年的文化而自豪。贾湖骨笛为我们提供了最强有力的文化后盾，作为新一代的音乐人，我们怀揣着民族自信心，传承延续民族音乐，发展创新民族音乐，这是历史赋予我们的使命，当仁不让。

如果说贾湖骨笛的创造证明了我们中华先民无穷无尽的智慧和不断创新、精益求精的大国工匠精神，那么，港珠澳大桥的建造就是我们当代人对先民智慧的延续，对大国工匠精神的传承。55公里长的大桥宛如一条巨龙腾飞在零丁洋的海域上，向世界展示着中国的国力和现代建筑科技的伟大。港珠澳大桥的建造，促进了粤港澳大湾区之间的互联互通，更使我们与祖国母亲心连心！回想到1997年7月1日，那是一个举国同庆的大喜日子。香港的回归，和2020年6月30日《中华人民共和国香港特别行政区维护国家安全法》的正式生效，是中华民族从经济硬实力到文化软实力不断提升的体现。我们的竹笛宗师陆春龄先生怀着万分激动的心情，谱写了《普天同庆》一曲。在香港荃湾大会堂，陆春龄先生引吭高歌，并用手中的笛子当指挥棒，全场观众沸腾，那是华夏儿女发自内心深处的欢呼：祖国母亲我们回来了！老一辈艺术家的作品顺应时代、感受时代、引领时代、属于时代，是我们的榜样。

　　早在20世纪五六十年代，我们的前辈宗师们拿着笛子出访世界各国，传播中国文化。陆春龄先生、赵松庭先生、刘管乐先生、冯子存先生和于今健在的刘森先生看到我们的笛子上了太空，一定也会心潮澎湃、意气风发吧！《鹧鸪飞》《幽兰逢春》《喜相逢》《卖菜》《小放牛》，这一首首经典名曲使得各国人民为之倾倒，他们称中国的竹笛为"东方魔笛"。

　　"东方魔笛"，一根细细的竹子，它究竟有什么"魔力"？

　　我们的古人在他们那个年代，文人雅士在读书吟诗、品茗走棋之余，最重要的文艺活动莫过于吹笛了。笛子在他们的眼中有着一种极其夺人心魄的魔力吧？《论衡·定贤篇》载："燕有谷，气寒，不生五谷。邹衍吹律致气，既寒更为温，燕以种黍，黍生丰熟，到今名之曰'黍谷'"。于是，李白赋诗《邹衍谷》曰："燕谷无暖气，穷岩闭严阴。邹子一吹律，能回天地心。"（此处的"律"，就是指我们手中的笛子。）可能李白极其喜欢笛子吧？在他笔下，咏笛诗篇，灿烂多彩，不绝如缕，如《春夜洛城闻笛》："谁家玉笛暗飞声，散入春风满洛城。此夜曲中闻折柳，何人不起故园情。"宋代大词人陈与义与众文豪也特别喜欢笛子，其词《临江仙·夜登小阁忆洛中旧游》曰："忆昔午桥桥上饮，坐中多是豪英。长沟流月去无声。杏花疏影里，吹笛到天明。二十余年如一梦，此身虽在堪惊。闲登小阁看新晴。古今多少事，渔唱起三更。"古人们或惊叹天地人合一之沟通开创美好生活；或留恋故人，折柳送别之黯然垂泪销魂；或彻夜豪饮，抒天下兴亡之家国情怀于渔唱三更；寄托之物，唯笛而已。

　　我们老一辈革命家也非常喜欢笛子。毛主席曾八次接见陆春龄先生，并当场请陆春龄先生吹奏中国古曲《鹧鸪飞》。我想毛主席一定也特别喜欢李白那美丽的诗句："宫女如花满春殿，只今惟有鹧鸪飞。"日理万机的周恩来总理曾三次在天津接见北派竹笛宗师刘管乐先生，对他的著名笛曲《卖菜》特别欣赏，并且非常内行地指出笛曲中滑音用的多了；之后，周总理再次欣赏到刘管乐先生改编了的笛曲《卖菜》，非常赞赏，极其喜欢。

现在，我们终于可以回答，外国友人为什么会称之为"东方魔笛"了。

2020 年 8 月，香港地区疫情严峻，中央火速增援，在香港亚洲国际博览馆搭建"方舱医院"，组织并且派遣"内地方舱医院支援队"，为香港提供最顶尖的医疗力量。香港特区行政长官林郑月娥女士说："我的自信来自中央政府的支持。"这让我想起赵松庭先生的代表作——《幽兰逢春》。幽兰苍露、碧华染云般的音乐旋律体现了兰花在逆境中生长，赞美了兰花清雅幽馨，又以兰花逢春，重放幽香，表达自己对新气象的向往之情。当我拿起手上的笛子，再次演奏《幽兰逢春》时，身临其境般地感受到赵松庭先生当年的创作心境。疫情当下，在习近平总书记的领导下，14 亿中国人民展开了一场艰苦卓绝、气壮山河的伟大抗疫斗争。香港人民在这场疫情风暴中经受住了种种考验，是因为我们坚强的背后是祖国母亲，是中央政府的鼎力支持。紫荆怒放，幽兰逢春，盛世嘉华，虎啸龙吟。我们要永远用手中的笛子，歌颂祖国母亲。

图 2

图注：中央音乐学院港澳台学子在冼星海窑洞前
举行汇报音乐会

2021 年 5 月，正是春生夏长、万物复苏的季节，我和其他 22 位港澳台学子在学校老师的带领下，前往革命圣地——陕西延安。这里的每一寸土地似乎都在向我诉说着当年中华民族的优秀儿女们坚韧不屈的事迹和精神。作为音乐专业的学生，我们此行参观了鲁迅艺术学院，感受先辈们百年来艰苦奋斗的革命精神，学习、追寻中华文化，了解民族历史，感悟家国情怀；更重要的是从文化艺术方面感受当年中华民族抗击入侵者的誓死不屈的精神。由此，我联想到，抗美援朝时期，赵松庭先生和刘管乐先生都曾经到战壕中去，为战士们吹奏笛子，鼓舞战士们的士气。赵松庭先生和刘管乐先生不仅为我们音乐人树立了榜样，也发扬和继承了延安文艺老前辈们代表的、我们中华民族自立于世界民族之林的伟大胸怀。

一首《黄河大合唱》，多么宏伟激荡；一首《游击队歌》，多么英勇无畏；一首《南泥湾》，多么生动感人；一首《拥军花鼓》，多么亲切温馨……怀着感恩与激动的心情，中央音乐学院的港澳台学子以"寻根思源·同心筑梦"为主题，在冼星海窑洞前举行汇报音乐会。我有幸作为竹笛乐手参演了三重奏《南泥湾》、二重奏《拥军花鼓》。

人民是艺术家的母亲，只有到人民中去，才能创作出无愧于时代的好作品。那一刻，在音乐里，我回到20世纪40年代的陕甘宁边区；在《南泥湾》里，我和先辈们在一起，开垦这片荒地，我们哼着小曲，互相鼓舞，终于，在大家的不懈努力下，我们种上了蔬菜，英雄们能吃上新鲜的蔬菜了。在《拥军花鼓》里，我和先辈们在一起，唱着歌，跳着舞，为辛苦抗战的将士们送上温暖。我和先辈们的精神世界连接起来了。我们共同发展大生产运动，共同抗战，为了国家民族的生死存亡而热血奋斗，勇敢抗争。

回首百年，延安精神不断，我们的爱国精神不断。作为港澳台学子，坚持一个中国是我们的底线，传承延续延安精神是我们的责任。

竹笛在全世界的赞叹中上了太空，这与我国航空技术的发展密不可分。1956年钱学森先生向党中央提出《建立我国国防航空工业意见书》。这一提议是我国发展航天技术的重要部分。习近平总书记指出"把关键技术掌握在自己手里"。在中国人民的不断努力下，我们探索关键技术，研究关键技术，应用关键技术。1999年至2002年，我国先后四次成功发射神舟一号至四号无人飞船。2003年10月15日，航天英雄杨利伟搭乘神舟五号首次完成中国载人太空遨游，航天英雄们每天都在创造着辉煌业绩。当时的我们怎么会想到，今天，竹笛也能在太空遨游？

笛子上太空了，在太空演奏笛子多好啊！自改革开放以来，中华人民共和国一直坚持中国特色社会主义道路，在习近平总书记的带领下，坚定我们的道路，实践我们的理论，强大我们的制度，更加重要的是我们的文化自信更坚定了。百年沧桑，我们的科技、文化都在发展和进步，我们的中国梦不断地在实现。

我幻想着，在未来的某一天，我也能带着笛子上太空，在太空演奏《鹧鸪飞》《卖菜》《小放牛》等经典曲目，告诉全世界我们科技的发达、传统文化的绚丽多彩。

是夜，我做了一个梦，梦见聂海胜叔叔拉着我坐在天宫空间站，在太空遨游，我拿着心爱的笛子，吹啊吹啊吹啊……

梦醒时分，

看，天宫空间站上的那支笛子！

百年奋斗路，复兴新征程

华南师范大学　文学院　汉语言文学（师范）　2020级　澳门　梁观婷

吾身所立之地，今日盛世之中国也，伸手可触中华民族伟大复兴之目标。

吾身所立之地，今日奋斗之中国也，以站起来、富起来到强起来的伟大飞跃，谱写惊天动地的奋斗史诗。

吾身所立之地，今日青春之中国也，如百卉之萌动，如利刃之新发于硎，百年历程练就迈向复兴新征程之意气。

百年维度，生逢其时，吾辈坐拥最好的时代节点。回首百年奋斗路，迈向复兴新征程。

天地英雄气，千秋尚凛然

中华泱泱，万古长空，凝成令大鹏抟扶摇而上之清风；中华儿女，绝代双骄，将奋斗化为扭转乾坤之笔。

回首百年，漫漫征途。史书上留下百年前中国的累累血痂，鸦片、甲午、辛丑，字字剜在中华民族心上，外敌入侵，风谲云诡。于危难间，周总理拍案而起，"为中华之崛起而读书"的呐喊振聋发聩，五四青年于"风雨如磐暗故园"的山河破碎、民族罹难之际，高举"爱国、进步、民主、科学"的旗帜冲锋在前，誓死捍卫国家主权。

英雄勇立时代潮头，以少年志气撕裂落后腐朽之阴翳；展望万里前程，承接先辈火炬，如鲲鹏展翅扶摇直上展时代宏图。激荡百年的青春热血和理想信念的力量，在接续奋斗中不断传递。

于是，安永睿为祖国的古生物事业披荆斩棘；李兰娟研发出"李氏人工肝"技术，成为医学史上的里程碑；黄文秀同志为祖国的扶贫事业献出生命；感动中国人物张玉滚，学成后还乡，担起乡村教育的未来，执教十七载；凉山大火之际英雄奔赴火海，义无反顾……

一代代无私奉献、艰苦奋斗的英雄让中华民族饱经沧桑、经受岁月的洗礼而生生不息。昔日洪水滔滔，我们携手同心共释水患；汶川地震，我们八方支援重建家园；非典肆虐，我们胼手胝足共抗疫情。举国上下卯足气力，艰苦奋斗，共克时艰。终得雾霭消散，凛冬散尽。

神州鼎沸，国步尚艰，时至今日，祸患犹未已。我们在每日的新闻上深感时代的分秒激荡，华为、新冠、边防，词词铭记心中。当中国红色的雄鸡版图被黑色的瘴气笼罩，新冠病毒肆虐神州大地，侵我中华，掠我子民。无形狼烟起，江山北望，却是一片萧索凄凉，正是国人断肠处。

疫情之下，无数逆行者奔赴抗疫一线，与病魔斗争，与时间赛跑，无双国士钟南山出山，拯救被死亡枷锁禁锢住的人们；请战书上，"若有召，召必回，战必胜！"宣誓词振振有力；武汉95后护士决然道出"如有不幸，请捐赠我的遗体研究攻克病毒"。无数白衣天使捐躯以赴，视死如归；参与抗疫战争的队伍不断壮大，无数物资从全国各地运送。

祖国啊祖国，您在暴风雨中面带微笑，向我们缓缓走来。您的身后，是那大雪压不垮的、如青松般笔直的中国脊梁！

我们心手相牵，共克时艰，哪管前方是万里晴空还是荆棘泥淖，只是在往同一个坚定方向全心全意地奋斗着！这是一个国家共同的奋斗！上下一同，欲者将胜；风雨同舟，齐者必兴！

器物皆有形，匠心则无界

阳光明媚，惠风和畅。我踱步街上，随缘，步入一家锦绣店铺。拨开珠帘，映入眼眸的是各式各样的锦绣成品，不远处，有一位戴着眼镜埋头工作的中年女性。她抬眼往店门处瞧了一眼，便停下手上的活，起身招呼。

环顾四周，店里墙壁上挂有几幅锦绣画，上面绣有国色牡丹、鹏程万里等磅礴景象。观赏时，不经意瞥到老板娘的工作台，一幅几乎要完成的花鸟图，仿佛有神秘的声音呼唤着我上前探看。

走上前去，发现是一幅冬景图——山石上白雪层层，山涧中蜡梅盘桓，茶梅花竞相绽放，二只锦鸡相拥取暖。

画中伸出的几枝白梅，梅花枝条细长，形态不一，婀娜多姿，金钟似的小花在花枝间点缀着光彩。我盯着那玉骨冰肌的白梅，竟想伸手去摸一摸它，老板娘温和地阻止了我。回过神来，反省自己，也不好意思再逗留了。

步回原路，街边依旧车水马龙。天边云卷云舒，我脑海中又浮现出那锦绣画上的几丝烟云，那一针一线倾注了心血。

拐进青石小巷，见一对老少坐在青石板上。老人一双刻尽沧桑的手，灵巧地捣弄着手上的东西。只片刻间，一个个精巧的竹篓花篮从他手中变出来。坐在一旁的小孩，双眼绽放着好奇和喜悦的光彩，对老人撒着娇："爷爷，你再编一个，再编一个嘛！要不您教教我吧！"老人嗤嗤呼呼地笑起来。老屋墙角探出的白梅花随风低下枝丫飘忽，仿佛白衣女子一颦一笑一回眸。

于工业化的潮流中，瞬息万变的生活里，总有人愿意放慢行程的脚步，看庭前花开花落，选择品味人生滋味，选择细看世间变化，选择传承古老的手艺，在一方清境延续薪火。

流光一瞬，华表千年，历史的长河奔腾不息，时代的发展日新月异。随着祖国日渐繁荣昌盛，科技发展飞黄腾达，人们的生活日新月异，高效率兼高质量的生产方式占据了经济发展的重要位置。但在这样的"快"生活中，却不乏选择过"慢"生活的人。精益求精是他们追求完美的理念，坚持自我是他们初心不改的态度。

工匠者往往于细微之处方见奋斗之心。他们用汗水浸润漫漫文化，用匠心保持安静心态。正是这种工匠精神的代代传承，终得中华上下五千年文化在历史的长河中熠熠生辉，灿烂夺目。让我们携奋斗前行，换取这文化兴盛，文明长青。

器物有形，匠心无界，精益求精、初心不改亦是对吾辈新时代青年的要求。

且立鸿鹄志，与日月争辉

栉风沐雨开盛世，躬身入局待青年。今日，迎来中国近代以来最好的发展时期；今日，亦迎来世界百年未有之大变局，身为青年一代，惟有躬身入局，惟其艰难，方显勇毅；惟其磨砺，始得玉成，不负盛世。

　　忆起百年前，陈公寄语掷地有声——青春，人生最宝贵之时期也。莘莘学子，忍疠吞难，蹬过踬踣，翻山越岭，终于与大学热情相拥，共舒璀璨序章。千古斯文，兴新旧邦，贤哲骏烈，而经史清芬。江山有待，中国的未来由吾辈书写；学府奋兴，在此凤麟云集之地，青年定能有所精进，而为国家之复兴献力。

　　古语有言，人既发扬踔厉矣，则邦国亦以兴起。时间浩荡，风起青萍，七十寰宇，换了人间。时逢中华人民共和国成立七十二周年，偶然遇到高高挂起的国旗，一片片中国红，红得炫目，红得张扬，刹那间令其他色彩都黯淡了下来。一百年的探索，在党的带领下，我们终于走出了一条中国特色社会主义道路，获得现今值得骄傲的辉煌。

　　如今，全面小康、"十三五"计划圆满收官、实现第一个百年奋斗目标、神舟十二号载人飞船发射成功、首条采用移动闭塞系统的重载铁路成功运行、创造现场光纤量子通信新世界纪录……在党的正确领导下，勤劳、勇敢和智慧的中国人民共同奋斗，取得了举世瞩目的伟大成就。颗颗成就的果实凝结着新时代奋斗者的心血和汗水，彰显了不同凡响的中国风采、中国力量。

　　且立鸿鹄志，与日月争辉，偕家国情怀与个人抱负，揽责任使命和人生理想。怀揣不怕困难、知难而进的勇气和力量，于艰苦奋斗中谱写华章；怀揣一丝不苟、做事缜密的品质和精神，于严谨治学中淬炼秉性；怀揣脚踏实地、仰望星空的坚定与追求，于求实创新中为复兴征程注入源头活水。

　　于斯盛世，不负春光。家国情怀贯穿今古，赓续前行。当求真学，字字珠玑，潜往纵深；奉献家国，砥砺奋进，翱翔高远！愿黉宫之内，恢宏中堂育英才，无涯学海铸栋梁，如月之恒，如日之升；如南山之寿，不骞不崩；如松柏之茂，无不尔或承。革故鼎新，潜移默化地塑造青年大学生家国一体的社会责任感和使命感，进而奉献家国建设。

　　吾辈青年，当将个人梦想与时代芳华同频共振，辗转乾坤馈社稷，淘洗精魂报家国，囊纳青书，剑指远方，常揣希望，所向披靡。以青春为笔，奋斗为墨，书大道修明，与日月争辉。回首百年奋斗路，迈向复兴新征程！

百年荣光，千秋颂章

湖南大学　金融与统计学院　统计学　2021级　台湾　陈芊好

过往的岁月光阴，就像是一条奔涌东流的浩荡长河。名为历史的流水，夹杂着苍老的呼号，闪烁的瓦片，战火后的阴霾与伟大的奇迹……拽住时间的衣角，在灯下翻阅着泛了黄的旧书，如同打开了通往旧日时光的宝盒，将我的思绪久久扯住。

废墟与篝火

枪炮响彻云霄，罪恶在世间滋长。看着东方艺术的奇迹被火舌狂舔，呛人的浓烟弥漫周遭，精美的皇家仪器匿去最后闪光，余下的灰烬褪去最后一抹文化的温度；看着李鸿章用颤抖的双手在轻蔑的条约上书写，张牙舞爪的列强掀起瓜分中国的狂潮，义和团残损的旗帜诉说着绝望中的挣扎……

封建的枷锁摇摇欲坠，暗夜凋零之际，"五四"的旗帜高高擎起，呼啸划破天际。

"誓死力争，还我青岛！"人群中皆身穿校服的人在高呼着。

"同学们，中国积弱，在今天已经到了不可收拾的地步，堂堂华夏，泱泱中华，上下五千年的积蓄即将毁于一旦，我们被轻于列族，不齿于异邦，中国岂能不思革命？"

"革命！不革命中国必亡！"

"在所不辞，革故鼎新，救亡图存！"有人醒了，试图将众人唤醒。

战火的阴霾终于散去了一些，可以让人隐隐看到一丝丝光。

油灯昏黄，陋室无人言语。他发鬓微霜，皱纹脸上崎岖。"我，我们，都是寻药之人。"

那铿锵的话语，似是暗夜中燃着暖光的星火，也点着了他心里那个梦萦已久的愿望。自弃医从文，便以笔代戈，战斗了一生。他在广漠的旷野捏着利刃，锋芒毕露，以笔尖为尖枪，刺穿旧中国的底面；以声音为晨钟，唤醒国民们的底梦。

他说："任何人，都不能试图去阻挡历史前进的车轮。愿中国青年都摆脱冷气，只是向上走，不必听自暴自弃者流的话。能做事的做事，能发声的发声。有一分热，发一分光。"

旧日的画面浮现在眼前，我愣愣地看着，百年前的岁月，有多少仁人志士以血躯昭示了铮铮铁骨与拳拳忠心，又有多少先进知识分子铁肩担道义，语言在喉咙里千回百转，他们不愿做"沉默的大多数"，他们愿意成为真正的猛士，做为之感喟、为之击节的人。

侵略者的硝烟战火所点燃的，永远不只屈辱与痛苦，我们中华民族的星星之火，宛如篝火在夜晚的旷野中发出的一线光明，早已于殷殷诉说中，燃起了不屈的力量，能够打碎万斛黑暗。

号声与瓦片

几粒星子坠入深海，随之跃出一轮骄阳。1921年，烟雨南湖，从碧水中静静漾波的那艘游船中，响起了低沉而铿锵的誓言，披上了历史的红色光辉。一场开天辟地的密谈，共产党高擎镰刀与斧头，如彻夜明亮的火炬一般，照亮了中国的每一个角落。小小红船，在黑暗中踽踽独行，给中国革命带来了新的火种。

我们也曾走入过数不胜数的寒夜，落入过暗不见天日的深渊。但值得庆幸的是，总有勇敢者会在寒夜之中将号角吹响，总有坚毅者会在深渊之中倔强地昂起头颅。对于光明的信仰与渴望，使得我们的民族一次又一次地从灾难与毁灭之中走出，走向那复兴与救赎的道路。

猎猎红旗引领了时代脚步的铿然，巍巍巨轮劈开了逆流阻隔的狂澜。

"我们将面对的，是世界上装备最好的美国军队。战斗，会非常艰苦，但我们要争取胜利。"

"山知道我，江河知道我，祖国不会忘记我。"

"没有冻不死的英雄，更没有打不死的英雄，只有军人的荣耀。"《长津湖》中的话语仍在耳边回响……

看皑皑雪峰巍峨高耸，无数志愿军抱定"一身报国有万死，双鬓向人无再青"的信念，用血肉身躯筑起坚实的城墙，为守卫祖国热土前仆后继，死而后已。初阳在这里缺少的温度也被志愿军战士们烘暖，一缕一缕地洒下温暖的细碎光莹。虽英雄已逝，其精神却如繁星闪烁，化作嘹亮的号声，在黑夜里高唱着激越的军歌，那是天边流光的前奏。

远方的边塞，近处的楼阁，壮丽的河山，与烟雨下的万物……英雄筑下历史高城的瓦片。

我托腮看着窗外，凝视远天被黄昏涂抹的淡黄底色。夕阳在镜框上敲出点点星火，余光能看到碎辉闪动。阳光斑驳，树影摇曳。透过往昔的薄纱，我的目光好似看见了未来。

巨龙与东方

于是绝不言弃，奋起直追，前路漫漫，巨龙不断求索。改革开放的旗帜，树立在九州大地，中国共产党正带领人民，向世界呐喊。

一席长裙，盛装出席。如今，我们向各国提供"中国制造"，让世人惊叹"中国智造"。我国建策创新扶贫，为世界贡献了中国经验和中国方案。新丝绸之路，重续古缘，三洲共享；东非高原，坦赞铁路在呐喊；战火纷飞，中国维和部队前仆后继；西湖烟柳外，G20峰会盛大召开……今日的中国，锐意进取，焕发荣光。

受光于天下则照四方。袁隆平心怀让国人吃饱饭的信念，背灼炎天光，终麦浪田园间，为世界解决温饱问题；屠呦呦历经无数次失败，心怀医者仁心，终青蒿素问世，为人类的健康做出巨大贡献。"我们是同一片大海的海浪，同一棵树上的树叶，同一座花园里的花朵。"在全球疫情肆虐之时，我国有力抗击疫情，不断支援和协助各国共同应对，我们用行动诠释了大国担当。

一代人有一代人的长征，一代人有一代人的担当。纵然世殊时异，英雄风骨，从不曾缺席。我们依然可以睹见清澈透亮的明光。火神山、雷神山的建筑工地上，一盏盏彻夜通明的白炽灯下，数千名建筑工人和逆行者们，他们与时间奔跑，与死神搏斗，绝不可能，也不会放弃任何一条生命；加勒万河谷冲突，四名战士血洒疆场，"清澈的爱，只为中国"，这是他们最铿锵的誓言；且看边疆的守护者，任那一丝一缕的驼铃，在荒原里悠扬，任那一丈一尺的冰雪，在山峦里凄寒，他们嘴唇干裂，艰难地呼吸着稀薄的空气，目光里却有不变的信仰之光。于茫茫夜里亮一盏明灯，挺拔的身姿依旧，那是青年的使命与担当。

不知何时，窗外下起了淅淅沥沥的小雨。我从那点点滴滴的雨声中，仿佛能聆听到似水的低语，悠远的念想。

魂牵梦绕的故土，连结着中华儿女的乡愁。那个日思夜梦的地方，是三毛无根的流浪，最终梦在故乡的一种奢望；是聂华苓"走到千山外，乡情水长流"内心坚强的支柱，脚下前进的动力；亦是让于右任写出"葬我于高山之上兮，望我故乡，故乡不可见兮，永不能忘"的绝笔之处……这便是土地的呼唤，也正是土地之中所蕴含着的不可逃避的血脉与宿命。这永恒的、深邃的土地，它像是一个慈祥的母亲，又好似一颗繁茂的古树，永远孕育着多姿多彩、生动鲜活的生命。

而反观当今世界个别大国因中国日益发展壮大而焦躁不安，妄图干涉我国内政，对此我们更应锻造故土的纽带，让海内外中国人的心紧紧相连。民族复兴、国家统一是大势所趋、大义所在、民心所向。浅浅的海峡，终究无法阻隔两岸人民共同的历史与传承。回归聚首之路难免有波折，但在同样的历史传统下灌溉成长，我相信，有一天炎黄子孙也终究可以毫无芥蒂地回首坎坷往事，携手创建未来。

作为新时代的青年，我们肩负着时代赋予的重任，既不可挥掷美好的青春，也不应狭隘短浅、陷入精致的利己主义。于新征程，我们是发展的见证人，亦是未来的创造者，更应传承"以不息为体，以日新为道"的奋进精神，更应践行"知者行之始，行者知之成"的朴实理念，将火热的青春投入国家事业的壮阔蓝图。将这个时代揣进胸膛，吾辈必将接力狂奔。

一切伟大成就都是接续奋斗的结果，一切伟大事业都需要在继往开来中推进。2021 年是中国共产党的百年华诞，是新的起点、新的征程，在党的带领下，我们也将继续砥砺前行。就像习近平总书记在 2020 年底全国政协新年茶话会上所说的那样：新的一年，党和全国各族人民会积极发扬"三牛"精神，在国家新征程上奋勇前进。

　　峨眉金顶日出东方，其道大光。看，太平盛世！百年光辉历程，所幸，这百年成就，如你们所愿。

　　愿我们的民族，可以继续跨越未来的激流与险滩，将生命的广度与深度无限延伸，直至于无穷。同时，但愿我们的国家可以跨越前路的羁绊，在复兴统一的道路上永不止步地前行，向着那片浩瀚无垠的星辰大海。

桥

华东师范大学　大夏书院　西班牙语　2021 级　台湾　曾荞萱

我站在一座桥上，它宽阔而雄伟。

我向后方望去，在最开始它还是由手工取材搭建而成，窄而简陋。桥的尽头是一艘游艇，它身下是一片早已抚平了波纹的湖，而我眼前仍能浮现出汹涌滔天的水浪——它们曾经在游艇和桥身上拍打，想使其分离，但它们忘记了游艇和桥之间还有一根崭新有力的缆绳。经由百年岁月的洗礼，缆绳已经不再如往日一般年轻，但这只布满伤痕和皱纹的"手"依旧牢牢地抓住了桥，使桥能屹立不倒。

始于漂在南湖上小小游艇的桥在之后的百年间不断壮大，建桥者遍布各地，纷纷建立起通往大桥的小桥——其中的一座更是跨越了那湾难以一眼望穿的海峡，与这座大桥相通。然而潮水涌动，威胁不断，这座从海峡对岸而来的小桥曾被强迫着从大桥上剥离，却又一次次地被修复、连接。桥是有生命的，它会成长，无论是大桥还是小桥都是如此。它们都从最开始的木板桥开始，穿上石制、砖制以至钢筋制的"外衣"，成长到足够坚固牢靠以抵制外来的风雨，照理没有什么能再把它们分离。

但大桥和小桥之间还是出现了间隙，不是因为风雨恶浪，而是桥与桥的连接处那包裹在钢铁外衣里被腐蚀的木板。

但是它们真的分开了吗？作为一名来自台湾的学生，对我来说，我们真的分开了吗？我记得百年前那紧紧抓住桥梁的、从南湖红船中伸出的"手"，记得广东台湾革命青年团呼吁的"台湾乃中国之台湾，民族乃中国之民族，土地乃中国之土地"，记得中国奋战 14 年后终于等到了 1945 年日方归还台湾的降书……桥是有生命的，最初的那如缆绳般坚定党的地位的"手"就是生命的象征之一。那些终身为党奋斗、永远在历史中闪耀着不朽光辉的共产党人也已然成为桥的一部分，他们的精神使党这座桥能够继续成长发展至今。

那我，和许多与我一样来自台湾并在大陆求学的学生们，是不是也像连接桥梁的缆绳一样呢？

我在年幼的时候就与父母来到了大陆，从飞机落地的那一刻起，我就成为连接海峡两岸的"缆绳"。和很多在年纪稍长时才转到大陆生活的同学不一样，我几乎是在大陆长大的，待在故乡的时间反而不多。可正是这一点，让我更清楚地感受到了两岸文化的差异，以及"缆绳"的重要性。由于我从小接受的就是大陆的教育，与大陆的同学一同上课，我更了解大陆的教学模式，以及党给台胞在教育上的关照。深有感触的是党我还在高中读书时，一位台湾的老领导前来我们学校视察，在听到台湾同学在校学习的情况后，他露出了微笑——没有表面客套，无关利益与虚名，他眼中流露着一股家人般的温情，他说："看到你们，我就像回到了家。"在回首百年之路后，我更能体会到党的用意，感受到了自己与两岸的联系之深，也更能体会到党的"与民同心""为民谋福"。

带着这份联系，我用不同的眼光去看我的故乡。我曾与台湾的朋友聊起祖国，发现有非常多人从来没去过大陆，对大陆的了解也仅限于电视剧、电影、社交软件上网友的发言和部分新闻，这些了解十分片面，甚至有一些误解造成的"刻板印象"。同样，也有许多大陆的同学对台湾有着片面的理解。我才意识到民族复兴要依靠的不仅是党的力量，就像连接桥梁需要的不仅是建桥者的奋斗，民族复兴少不了构成民族本身的人民群众的努力，少不了成为"缆绳"的你我。我的任务不仅仅是要做一根连接两岸的"缆绳"，还要建立起更多的联系，从而将两岸的距离拉近。这需要我们策划更多有关两岸的活动，用自身经历为两岸人民"搭桥"。

由于新冠疫情，两岸人民的来往变得不那么频繁，我和身边的许多台湾同学因为学业与安全问题都很久没有回过故乡，可是我相信两岸的联系绝对不会因此变得淡薄。在时间的沉淀下，我们对故乡文化风情以及亲人的思念更加浓厚，许多同学都忍不住拍下引起乡愁的物品的照片，分享至朋友圈，配文一律是："想家了。"如此一来，我们的联系更深了。

我站在这座已有百年历史的宏伟大桥上，再次回首，挥手；然后我向前望去，一片碧海蓝天。这座桥永无止境，未来有无限可能。我相信在百年奋斗史的指引下，经过我们"缆绳"的努力，所有小桥最终都能汇聚到一座大桥上，而这座大桥将引领我们所有人共同迈上复兴的新征程。

百年风华　再续华章

汕头大学　医学院　临床医学　2019 级　香港　黄伟恒

赤潮澎湃，晓霞飞动，犹如鹰击长空凌云志，2021，适逢建党百年，躬逢其盛，何其有幸！

百年征程波澜壮阔，百年初心历久弥坚。诚如习近平总书记所言：中国共产党立志于中华民族千秋伟业，百年恰是风华正茂！

如今，接力棒传到千禧一代手中，赓续辉煌，续写华章，致力于彰显瑰丽文化，将那一抹中国红渲染于世界。

一、忆百年，峥嵘岁月稠

回首百年风雨路，中国犹如凤凰涅槃，浴火重生。百年奋斗路，从长征精神，到大庆精神，再到改革开放精神，时代精神在变，时代内涵在变，而百年初心依旧坚如磐石，傲立于时代之巅！

在伟大的革命者排除万难逆流而上之际，世界被"长征精神"所震撼："为雪国耻洒热血，真理在，恨难消"，正是因为心怀抱负，先烈们跨越山河，为中国共产党的永续发展，乃至新中国的成立夯实基础。

新中国成立初期工业基础相对薄弱之时，"大庆精神"挺起民族"铁"的脊梁。面临着石油匮乏的窘境，中国人民喊出的口号是：困难面前有我们，我们面前无困难！会战队伍仅用三年便成功开发世界级特大油田——大庆油田。自此，一代又一代人用他们的力量，延续大庆油田的佳话，从此打破了石油匮乏的魔咒！

经历十年低迷后，人民以"改革精神"绘出一幅气势恢宏的壮丽诗篇：兴办经济特区，加入世贸组织，共建"一带一路"……从"引进来"到"走出去"，一路披荆斩棘，沉睡的东方巨龙再一次以昂然的姿态面向世界。中国与国际休戚与共，地域之间的交流和联系亦日益紧密。

风起南海，潮涌珠江，粤港澳大湾区应运而生。我有幸见证横跨伶仃洋的港珠澳大桥落成，广深港高铁的顺利通车。这不仅让三地市民享受"1小时生活圈"的便利，亦为港澳青年融入湾区创新创业提供前所未有的机遇：大湾区是经济的加速器，让珠三角地区成熟的市场资源与港澳两地先进的技术体系有机融合；大湾区是政治的定位器，粤港澳大湾区城市群已然成为国家级战略，亦成为"一国两制"下区域协同发展的世界样本。

随着开放的深入推进，科教经文各方面交汇融合。正如梁振英先生寄言香港青年——"祖国这么大，我们一起去看看"，得益于改革开放，香港学生可以通过香港中学文凭考试成绩报读内地高校，这吸引了更多的香港青年到内地接受高等教育，

图1

同时可以了解祖国的大好山河。教育，是影响国家未来命运至关重要的一环。得益于改革，教育真正实现"面向现代化，面向世界，面向未来"的夙愿。

改革四十余载，从经济到教育，辉煌成就并非凭空而来，更不是他人恩赐施舍，而是由14亿中国人民的血汗浇灌而成。

二、扬国威，重尚武崇德

"体育强则中国强，国运兴则体育兴"，百年蜕变，风起潮涌，中国迎来又一个百年的新篇章。在东京举办的2020年奥运会上，千禧一代崭露锋芒。

先有"清华学霸"杨倩临危不惧，以完美10环力压国外选手，率先夺下首金；14岁跳水小将全红婵，首次参加奥运会便一鸣惊人，实力展现水花消失术，夺得跳水金牌，可谓是后生可畏；女乒选手孙颖莎在赛场上"莎气十足"，面对一众外国强手仍斗志昂扬，用精湛的球技和十足的气场征服全球观众……体育健儿的表现撼动着全国人民的心，也承载着无数青年的体育梦。

同为千禧一代的我，亦一直追求着心中的武术梦。自幼习武，已有十余载，曾于2014年12月，作为全国高水平体育后备人才，前往北京什刹海体育运动学校进行武术集训，并参加新加坡国际武术邀请赛，探索武术背后蕴含的文化内涵和民族精神，种种事迹都有幸被载入《当代中华传统武术优秀传承人名录》一书。

习武，这是一条布满荆棘的路，不仅要克服身体上的痛楚，更是对坚韧不拔精神的锤炼。

从小父亲手把手教我各种武术拳路，一遍又一遍训练，逐个动作纠正，对步形、手势、眼神、气势等反复斟酌，直到动作连贯流畅，刚劲有力，方能停下歇息。

初次练习侧空翻的情景至今难忘：这是一个看似简单的动作，但对体力和心态的考验极大。而我在尝试无数次后，依旧毫无进展。此时，一阵阵钻心的痛楚如枷锁般羁绊着我前进的步伐。父亲鼓励的话语在我耳边响起，心中的壮志被点燃，调整呼吸和心态后，我鼓足勇气再次起跳，翻腾，转体，落地！那一刹那，自豪感油然而生！

一招一式、一拳一脚皆有道。在什刹海体育运动学校集训期间，我逐渐领悟到武术的文化内涵。南拳刚猛有劲，进步抛拳接跌扑一套动作游云惊龙；长拳势如破竹，谭腿风驰电掣，步伐稳健，气贯长虹；太极拳阴阳相合，金刚捣碓稳如泰山，搂膝拗步柔而不犯。

刚柔之道展示我们华夏子孙刚可撼山河、柔可润万物的形象："来而不往，非礼也"，我们进退知礼；"力拔山兮气盖世"，面对危难我们亦坚硬如斯，永不退缩。

武术扬名海外。犹记参加新加坡国际武术邀请赛之时，国际友人在赛场上挥洒英姿，一系列动作行云流水。临别

图2

49

之际，他们右拳为武，左掌为文，拇指内扣，实施抱拳礼，寓意谦让和虚心请教。那远扬海外的不仅仅是招式，还有刻在灵魂里的礼仪。那一刻，胸中的自豪感油然而生，我不禁感悟到武术的魅力。

弦歌不辍，薪火相传。我们千禧之辈借自身力量，将华夏精神和中华文化远扬海外，展现我泱泱华夏的磅礴气势！

三、护康宁，济世行良医

"民健康，则国强健"，人民健康是民族昌盛和国家富强的重要标志，守护万千人民康宁是党铭记于心的使命。

新冠疫情抗击战中，中国表现绝佳：除夕前夕，当机立断做出决定与部署，有效遏制病毒的进一步蔓延，全国上万医护人员驰援武汉，雷神山、火神山医院建设展现中国速度，"及时清零"政策进一步保障人民的生命安全；国际抗疫战场上，中国积极分享研究成果，给予他国大力援助。与此同时，中央心系港澳，给予港区人才和资源上的双重支援。祖国伸出援手，香港人万众一心，举国上下众志成城，我真切地感受到狮子山精神：同舟共济，共渡难关！中国在这场抗疫战中，呈现了中国实力、中国担当、中国精神。

难忘初心，还记得高二思考大学专业方向时，我便立志要报考临床医学，希望能成为一名专业医师，用过硬的专业知识与责任担当同死神博弈。

现在的我如愿以偿到内地修读临床医学，步入医学殿堂，融进浓厚的学术氛围。印象深刻的是一次远程观摩眼科肿物移除术，主刀医师在显微镜下进行了一系列精细的操作：从确定手术范围，进行局部麻醉，到分离移除肿物、缝合伤口，全程操作一气呵成，历时仅 15 分钟。主刀医师精湛的医术激励我砥砺前行，精益求精，探索医学奥秘。我参加了学校大学生创新创业计划，将理论与临床相结合，逐步打造出创新成果，期望未来能将其投入临床实践，为大众服务。

学者贵于行之，而不贵于知之。作为医学生，我积极投身基层医疗志愿活动中，将所学造福人民。仍记得第一次下乡家访，我们发现基层居民大多为年迈老人，他们普遍患有高血压等慢性疾病且缺乏对这些健康杀手进行防治的知识。于是我们便前往每家每户进行健康教育宣讲，看见老人仔细听讲，身旁的子女还不时记下宣讲的要点，我深深体会到学医的成就感，也愈发感到肩上的责任重大。

笃定初心，三年求学之旅，让我对基础医学有所涉猎，但深知长路漫漫，定谨记为医者的使命：夫医道者，以济世为良，以愈疾为善。

"时代是出卷人，我们是答卷人，人民是阅卷人。"新征程号角已吹响，千禧吾辈，当以实现民族复兴为己任，以青春之我，以朝气之我，以壮志之我，以逐梦之我，沿着党开辟的道路，在圆梦中乘风破浪，谱写祖国新篇章！

山海情不易，壮志当凌云

对外经济贸易大学　信息学院　电子商务　2021级　香港　黄宝莹

2010年10月1日，一个小女孩在金紫荆广场观看了她生命里第一次现场升旗，那时她适才进入小学；11年后，时逢中国共产党百岁之年，又正是这一举国欢庆的建国之日，18岁的我，一个中国香港公民，一个北京高校学子，站在天安门广场，仰望那冉冉升起、夺目堪比红日的五星红旗，内心已是久久不能平静。

曾经，在香港徒步到这样一个地方：约莫一百米的海，连接着脚下的小渔村，和眼前正对面的维多利亚港。渔村避风港里的渔船身长不过四米，一叶一叶用麻绳系在一起，油漆掉落处有阳光来补上；维港码头，集装箱装卸声和货轮鸣笛声交响，夜里还能见璀璨霓虹。置身此地，我仿佛来了场时空旅行，看到了香港过去和当下的两个主色调；置身此地，我不禁叹一声来之不易，从平淡无奇的小海岛到举世瞩目的东方之珠，有谁完全知晓其中的坎坷曲折？置身此地，我更不能不感慨港人和内地同胞血浓于水的情谊，一路走来，祖国，一直都是香港最坚实的后盾、最义无反顾的守护者。

求木之长者，必固其根本；欲流之远者，必浚其泉源。拼搏执着，从来就是港人灵魂本真的底色；情系祖国，从来就是港人内心深处的情愫。百年前是，如今也是。这份精神和情感贯穿历史、薪火相传，细腻如大榄公园的绿林、双鹿石涧的溪河，壮丽如俯瞰全港的狮子山、环岛奔腾的南海。时代走了，山海情不改；青年来了，承载着新的使命，则当有凌云壮志。

抗日岁月：回首家仇国难史

爷爷还在时，曾带我去过香港西贡的烈士碑园。十四石狮围绕，抗日英烈纪念碑耸立。风吹，林海纷纷扰动闻如鸣咽；日照，海水波光粼粼看似泪光。正面的青石碑和背面、两侧的石碑载满了文字而缄默不语，我瞥见爷爷的脸微微抖动，皱巴巴的嘴唇欲张又合。爷爷说，这是一片英雄的土地。

这里是抗日根据地，是东江纵队港九独立大队遗址，是震惊海内外的"秘密大营救"主通道之一。无数共产党人和香港儿女，在这里和日军浴血奋战，长眠于此。

沉默有时比语言更有力量，年幼的我，第一次感受到战争不由分说的肃杀之感，更感受到战乱里中国共产党和香港儿女万众一心、众志成城。香港沦陷的 3 年零 8 个月里，一方面，是中共创办的《华商报》，茅盾主编的《笔谈》，以及宋庆龄领导的"保卫中国同盟"，唤醒了港人的民族意识；另一方面，是香港社会各界齐心协力，通过各类义演、宣传和募捐，扮演着国际援华中转站的角色，为中国打击日本法西斯提供切实的物质保障。而由中共领导、数千港人参与的东江纵队港九独立大队，更是拯救了众多战俘，搜集了大量情报，有力打击了日寇的嚣张气焰，为驱逐日军、赢得胜利做出巨大贡献。

反观当下，有人怀揣恶意扭曲历史，挑战国家和民族不可逾越的底线。亵渎历史本就没有任何思想价值，诬陷过去绝对称不上反思历史。

不忘来路，才知道接下来怎么走。我曾走进沙头角抗战纪念馆，也曾翻开讲述各地抗日岁月的书册，直面过去的阵痛，共情香港本土与内地的抗战历程。青年，唯有将中国历史上这一道深刻的痕迹铭记于心，才能有更为坚定不移的前进动力。

回归征途：岁月无情人有情

1997 年 7 月 1 日，香港回归祖国，神州大地为之沸腾，华夏儿女为之振奋。

"回归"二字，背后是中国护香港归家的决心，是"一国两制"开创性实践的勇气，是香港的中文文化最终寻得的归宿，是香港经济深度融入内地的必然。

坚毅拼搏的香港精神，展露出愈挫愈勇、不可动摇的姿态。主权，文化，金融……一个个词语，在香港，都是一个个曲折的故事。历经繁荣和动荡，我这命途多舛的家乡，幸有这份与中华牢不可破的牵绊，才不至迷失在尔虞我诈的利益之争中。

中文回归：演绎文化真情时

每当接触香港回归的历史，我总会忆起学习书写繁体字的经历。书法课上，明明提笔姿势仍极为别扭，下笔时还颤颤巍巍，却总忍不住趁老师不注意时跳过一笔一划的基础练习，偷偷摸摸地写那些结构复杂又精巧的繁体字。

老师问，你为什么喜欢写繁体字？我说，因为它好看。

老师说，那你知不知道，如果咱们香港没有回归，你现在可能白话（粤语）都很少有机会说，也几乎不能写繁体字了。

书法老师的粤语没有普通话流利，授课以外的时间里爱讲后者。他常戴着黑框眼镜，穿一件米色衬衫，说着带口音的普通话。他悠悠地向我讲起一段中文在香港的苦旅时，微微眯眼，眼里的光和他写书法的感觉很相似，细腻，又饱满。

曾经的香港，中文教育历经坎坷。在语言上，官方公告、账单罚单全为英文，因此华人民众也只能学习英文；在教育上，不但中文中学数量远不及英文中学，而且中文中学毕业学生不被香港大学——当时唯一的大学承认，学业与就业前途一片灰暗；在历史教育上，中文历史科目更是经过了百年，才得以作为各中学的独立科目出现。

在中文命运黯淡无光之时，钱穆先生建立了香港中文大学，打破了当时香港地区只许一所高等学府存在的惯例，港中大师生发起、社会各界响应中文运动，竭力向港英政府争取中文生存发展之地。自救下，中文教育初现生机，却仍处于放任自流、规范缺失之境地。香港回归后，以"母语教学，中英兼擅"为方针，推行"两文三语"教育，不仅弹性设置课程，实现英中教学过渡，更大力鼓励中文教育，助中文发展蔚然成风。种子，终于破土而出，向着希望，用力生长。香港与内地的文化之缘，得以不断交织。

我爱香港的文艺，除了繁体字，我亦着迷于粤语的十九声母、九声六调，而得益于中文的留存，香港文艺也曾迎来蓬勃发展的高光时刻。于是，小说家金庸先生写下经典级别的武侠系列小说，四大天王的名声震响中国，吴宇森、石天等一代导演让香港电影走向世界……一代港人曾辉煌过一个时代。

浮世新人换旧人，面对粤语歌曲、港片影剧"衰落"之现况，要继续讲好香港故事，就需要新生代港人秉持香港精神的本色，同时立足当下，为经典和情怀赋予新的时代意义。在新时代，港人已经登上更广阔的舞台。北上的香港"导二代"曾国祥怀揣包容的价值观，聚焦社会现实，打磨每个镜头，执导内地电影《少年的你》斩获金像奖；新冠疫情防控期间，香港歌手陈奕迅一天举办两场线上公益演唱会，打破时空限制，让疫情阴霾下的中国乃至世界共温粤语歌的经典，并表达了"重启新生活"之意。香港与内地的关系更加紧密。

进入大学，不同地区的人相遇相识，我既是一名方言初学者，兴奋于接触各地文化人情，又是一位粤语老师，欣喜地分享粤语俗语、歌曲和美食。"老乡"们自发的相识相聚，也缓解了我心中的想念，还令我振奋于香港文化的传播与交流。经典，是老一辈的努力创造，新一代的有机传承。持香港之本，融时代之需，香港的故事，方能迸发出新的活力。

经济回归：同舟共济谱新篇

谈及香港，便绕不开经济。翻读唐涯教授的《金钱永不眠》，我得以一窥香港环环相扣的经济史。暗流汹涌，时序更迭，我的家乡，总是在金钱的浪潮中浮浮沉沉，创下荣光，经历悲怆。

二十世纪，国民军溃败，华资涌入香港；冷战年代，香港崛起。七八十年代，香港不仅通过解开一系列限制，成为名副其实的"自由港"，还借改革开放东风，完成产业升级换代，成为国际资本进入中国内地的桥梁，成为名副其实的亚太金融贸易航运中心。

随着祖国市场迎来改革开放后从封闭到开放的飞跃，中国加入世贸组织，拉近与国际资本市场的距离，香港地区经济转型缺乏动力，优势逐渐式微，时钟慢慢停摆。

失落中，香港似乎在历史三峡中漂流，经济增长放缓，住房就医等民生问题逐渐暴露，民众获得感滞后于经济发展，这些可以循序渐进解决的问题，却在乱港势力的歪曲下成为煽动群众情绪的素材。

香港社会发展近乎停滞之际，中央政府秉持"一国两制"及港人高度自治原则，铿锵发声。外交部和各国大使馆还有媒体一致表明立场，强烈谴责一切反动势力。在中国共产党和中央政府的全力支持下，香港特区政府始终贯彻人道精神，呼吁各界齐心协力，让香港社会重返安宁。

解铃还须系铃人。除了解决治安问题，本质上，只有拯救经济，香港方能安定。身为新一代建设者，我们大可充满信心。香港自回归以来，与祖国持续交融。广深港高铁香港段开通，"世纪工程"港珠澳大桥运营，让"粤港澳一小时生活圈"成为现实；数字化技术不断发展，"粤港澳大湾区购物节"空前成功，让我们看到香港品牌市场之广阔、潜能之巨大；而中国建党百年之际颁发的"十四五"规划纲要中对香港提出的"一个枢纽三个中心"的再定位，亦表明它将扮演中国发展道路上不可或缺的角色。

新时代香港青年，应当紧抓这千载难逢之良机，更当勤勉学习，开拓进取。时序轮替中，始终不变的是奋斗者的身姿；历史坐标上，始终清晰的是奋斗者的步伐。顽强拼搏，本就是港人的精神本色。不是怨天尤人，只会接受短视的金钱犒劳和洗脑言论，用放纵发泄失落、用暴力践踏法治，而是从香港的回归征程中学习成功、剖析失败、思考当下，方能为经济的增长提供不竭的动力，从根源上破解难题。

复兴征途：蓄势待发正青年

1.4亿年前的地质运动，将香港九龙半岛的一处花岗岩山丘塑造成蹲伏雄狮的模样。这座高495米、陪伴香岛历尽沧桑的狮子山，如今也代表着拼搏不止、奋斗不息的香港精神。滔滔南海，浪奔潮涌，奔腾的海水流过中环天星码头、维多利亚港和珠江，其中的滋味，是香港回归进程的艰涩，前进的号角，是香港与祖国风雨同舟的激昂。

爱国爱港，本身就是一份有着深沉历史认同的情愫，一种实践香港精神而得的幸福。它是《狮子山下》里唱的"同舟人誓相随，无畏更无惧，同处海角天边"，是每天升旗仪式和傍晚时分回荡在香港的《义勇军进行曲》；它是全运会赛场上，内地观众在香港代表队进场时的大声喝彩，是香港选手与内地选手高水平的竞赛和交流；它是群众面对暴徒暴行时感恩警察、力挺政府的态度，是大家共贺国庆、欢庆建党百年的淳朴笑容。

中国香港的年轻一代，肩负中华民族伟大复兴的历史使命，应当从祖国的百年奋斗历程里汲取人生的丰厚滋养，让个人命运同祖国同频共振。香港青年王柏荣在内地进行多次交流学习后，选择成为当代"架桥人"，成立专青会帮助更多港青了解内地、走进内地；毕业于中山大学的香港学生陈智鹏投身支教行动，希望通过教书育人改变儿童命运，"用自己的灵魂去唤起另一个灵魂"……吾辈唯有时刻秉持开拓进取的香港精神，方能以青春韶华拥抱香港未来，中国未来。

内心笃定，自有山河。港人的底色，见于坚毅顽强的香港精神，港人的未来，则将写入壮丽昂扬的中华新曲。星光不负赶路人，吾辈，定将传承山海之情，自强不息，怀揣凌云壮志，续写华章。

红与黄，中国人的奋斗故事

华中师范大学　心理学院　心理学　2019级　香港　周子尧

> 镰刀和锤头交叉，代表着工农的重要地位；呼应的红黄两色，代表了一代代中国人前仆后继追逐的——革命以及光明。
>
> ——题记

碧蓝穹顶下铺开广袤的肥沃青草地，温暖阳光照耀的牛羊成群，洁白十字风车朝着天空缓缓转动，这是欧洲人对神圣和光明的崇拜，祈祷福祉能永远眷顾这里的土地和人们。在地球的另一边，世世代代生活着一个名字为中华的民族，这个民族没有得天独厚的天赐馈赠，但这个民族能屹立于世界数千年而不倒，有的只是一双双劳动的手掌，和一代接一代拼搏的人们。祖先用他们的智慧和奋斗，将民族的薪火传至今日仍未熄灭，后世的中华儿女誓要重燃昔日的光芒。

革命·红

2021年2月，在党史学习教育动员大会上，习近平总书记深刻指出："我们党的一百年，是矢志践行初心使命的一百年，是筚路蓝缕奠基立业的一百年，是创造辉煌开辟未来的一百年"。

百年前的一个夏天，浙江嘉兴的游船上灯火通明，小小船只承载了千钧的民族使命，播下了红色革命的火种，中国共产党在这里宣布正式成立。百年岁月弹指一挥间，青山埋忠骨，山河念英魂。脚下这片土地埋藏了多少战乱、纷争和动荡。国家博物馆里放置的绞刑架，金属上流淌过的是李大钊等革命烈士的鲜血，彼时面对死亡的他们，是振臂高呼"共产党万岁"，是不惧生死、没有退缩。重庆歌乐山麓，冷冰冰的刑具上记录了"小萝卜头"等革命烈士不屈的痕迹，渣滓洞的豁口，讲述着先烈们追逐光明、冲破黑暗的革命精神。白公馆里用红色被单和剪纸制作的五星红旗，是先驱者们对革命成功的憧憬和美好生活的想象，是幽暗牢狱生活中照进的一束光。一面红旗被藏匿在地板的灰土之下，就总有一面红旗在天安门城楼上猎猎飘扬；"行路难，不在山不在水，只在人情反复间。"二万五千余里的长征跋涉，从江西瑞金到达甘肃会宁，走的是崇山峻岭，悬崖飞洞，是艰难险阻，九死一生。但这支军队就是这样走了过来，他们不畏艰险、不惧困难的精神就像他们双脚跨过的一座座山峰，留在了奋斗过的这片土地上，被我们永远铭记。电影《长津湖》中讲述的长津湖战役，志愿军们在零下三十摄氏度的冰天雪地中战斗。他们披着夜幕，穿着单衣，一波又一波冲击着装备精良的美军部队，他们无畏生死，不怕牺牲，只为了战斗的胜利，保卫身后乡土的安宁。电影的末尾，有一幕美军行进时遇见被冻成冰雕的中国志愿军部队，这些战士还维持着生前的战斗姿态，扛着枪，凝视着前方。哪怕是敌军首领也为之动容，因为这是对英雄的尊敬，是对这种革命精神的尊敬。

革命精神是什么？是老一辈革命家们勇于实践、勇于探索、勇于思考、奋发进取的开拓精神，不畏艰险、坚韧不拔、顽强拼搏、攻坚克难的奋斗精神和为党和人民的事业"鞠躬尽瘁、死而后已"的献身精神。每个时代都有着独特的时代精神，但不论是"红船精神""长征精神""抗美援朝精神"，还是"雷锋精神""延安精神"，这些根植于中华民族内心的革命精神就是所有时代精神的内核，它们是一代又一代共产党人用生命和鲜血累积下来的宝贵财富，一枚又一枚鲜血铸就的勋章，它们成为点亮新中国天幕的熠熠群星。

光明·黄

从远古的人类祖先摩擦金石碰撞火花，点燃族群的第一缕火焰，到西方贤者柏拉图提出的"洞穴之喻"，讲述着人们摆脱黑暗的枷锁、对光明憧憬的故事。在漫长的历史长河中，有无数的种族变迁、朝代更迭，人类对于光明的定义可能不尽相同。但令我深信不疑的是，对中华民族而言，光明的定义是始终不变的。不同于西方国度那样穷兵黩武，为了形成为我独尊局势的愿望，中华民族固守脚下的土地不容有失，同时一砖一瓦，踏踏实实地将其建设好，得广厦千万，让每一家每一户人民都过上幸福的生活。所以对中国人来说，追逐的光明为何？我认为，是一代又一代传承下来的——家国情怀。

《山海情》生动地讲述了这样一个故事：生活在贫瘠的西海固地区的人们，通过福建—宁夏对口帮扶政策，在基层干部的不懈努力下攻坚克难、走出贫困、建设家园。一个个个性鲜明、立体的人物，把易地扶贫搬迁的故事娓娓道来。这部电视剧没有着眼于讲述一位英雄伟大的功绩和成就，而是将当时中国人所面临的问题：贫穷、艰苦、愚昧、荒凉都完全地展示在荧幕上。就如剧中"涌泉村"的名字一样，中国人饱含着对美好生活的追求和向往，但这种向往不是一蹴而就的。我们没有天降福星，没有侥幸的运气。逢山修路遇水架桥，光明的未来都是靠奋力打拼得来的。

龙韵村，坐落在湖北十堰市郧阳区。富有诗意和韵味的名字来源于和恐龙蛋化石共生的旧址。金秋十月，我有幸来到这个被评为"2020年中国美丽休闲乡村"的地方。漫步村内，可以看见的是鲜有年轻人的出现，这一现象在当今中国乡村并不新鲜，但让我惊讶的是，村里的老人们能够有从事工作的机会，当地政府协同企业为老人们提供了工作岗位，这些工作岗位都是处于家中或者村子里，老人不需要很长的通勤时间，也没有业绩的要求，工资按件计费，并且来去自如。走进他们的工作车间——几十平米的小房子，老人们坐在织布机前，布满皱纹的手熟练操作着，他们有说有笑，那场景仿佛蹲坐在乡村的田垄上，和邻居们叙说着家长里短。不仅如此，龙韵村还在生态旅游方面下足了功夫，旅游民宿，原址更新文化建设。正如村头的标语一样：望得见山，看得见水，记得住乡愁。

相比于剧中的涌泉村，不同村庄的自然条件可谓千差万别。如果说涌泉村反映的是20世纪90年代的贫困帮扶政策，那么龙韵村则是更加适应时代地解决了当下的很多问题。其实易地搬迁一直都是牵动着千万百姓心的大问题。不论是电视剧中的"涌泉村"，还是鸟语花香的"龙韵村"，或是以险峻、穷困闻名的"悬崖村"，一个个乡村从不适宜居住的原址迁出来，到不远处的移居地点改造定居。其实不难想象，这一工程不仅需要巨大的资金投入，也依赖着基层群众的鼎力支持。中国的易地搬迁政策之所以如此不计成本、义无反顾，又是那么独树一帜，背后不仅是符合可持续发展观的国家建设理念，更是"先富带后富"的共富方针，而最深层的意义，还是根植在不论是领导者还是村民心中的乡土情结。

中国人·故事

一、脊梁

外公是个很特别的人，尽管年近耄耋，也依然能在人群中一眼找到他的身影。他一头修剪整齐的、稀疏的头发，腰板挺得笔直，嗓门洪亮，每每和别人说话就如同骂人一样，哪怕顶着大肚腩，穿着人字拖，依旧龙行虎步，英气不减当年。"记住，男子汉随时都要挺直腰杆，这体现出一个精气神！"这是沉默寡言的他常常对我说的话，也是对我为数不多的要求。前不久，外公难得的情绪高涨。他收到了那枚属于他的红色奖章——"光荣在党五十周年"。黄红两色的金属纪念章静静躺在礼盒里，他止不住的笑意绽放在满是皱纹的脸上。"跟着党走，就能过上好日子，你外公我活到现在，能看到国家从一穷二白到现在这样，这辈子算是值了！"每每这样说起，腰杆更是像标枪一样挺得笔直。

二、砥柱

从小在老街区长大的人会有这样一种感觉，总有这样的一些老店，开在熟悉的街道边不起眼的角落，而且一开就是几十年，它好像不为谁而开，也没见有什么生意，但就是一直在那里。记得有一年，正逢新年假期，由于其他店铺都歇业了，我只能走进这样一家理发店。老板名叫红姐，正如她牌匾上写的"红姐理发店"一样，她有着比这个年纪的妇女时髦一些的打扮，有一头烫过的精致卷发，操着一口广味的普通话，热情地和我聊天。她今天似乎特别开心，平时像我这个年纪的人应该是鲜有光顾她家的。熟练地为我套上围裙，抓起梳子和剪子后，她好像打开了话匣子。红姐的年龄是个秘密，据她所说，从几岁来到这里后便开始在这条路上理发，这一剪就是将近三十年。"很久没和你这种靓仔说过话啦，你们这是最好的年纪啊！"她眉飞色舞地和我说到下周要去海南旅游的事情，却突然又向我吐起了苦水。

"我的女儿啊，快三十了都还没结婚，现在年轻人感觉都不想找对象的，都不知道以后怎么搞。"说罢手停了下来，转身换过一把电动推子。"像我们这个年纪的人啊，活着真的是很无趣的，我老爸肺结核了，现在家里就我一个天天往医院里跑。这个女儿又不争气，以后都不知道有没有人娶她。"我不禁感慨，"像姐你这样每天还要开店，下班又要照顾老人家，还有自己的时间吗？"她摆摆手，"肯定没有啦，哪里还有自己的时间，就是希望下礼拜疫情别出情况，能让我放个假去玩一下。"说起旅行，她的兴致又提了起来，"日子都是这样啦，一天天也还是过，也不贪太多啦，我顶上那代能够身体健康，下面那代能过上好日子，真的很知足了。"红姐边说边摆弄着我剪完的头，眼带笑意，好像在欣赏自己的杰作一般。

三、领航

"中国声谷"——隔着老远就能看见醒目的四个大字。"前面就到咱们公司了，这一片都是"，郭总手一挥，热情地向我们介绍着。科大讯飞，是国内甚至是世界上都首屈一指的语音人工智能公司，作为内地在读港生的我，将在这里开展为期一个月的实习生活。在这段不长的时间里面，我不仅对讯飞所获得的成就有了更深入的了解，而且我真正感受到了讯飞这家企业的"年轻"力量。总裁刘庆峰先生从中国科学技术大学毕业并开始独立创业，至今只有二十多个年头。讯飞的员工普遍也非常年轻，官方统计显示，讯飞一万多名员工平均年龄在27岁。"年轻"这一特点也造就了讯飞独特的企业文化——充满愿景，不断创新和突破。"你为什么登山，因为山在那里"，刘总经常用这句话激励员工，这句话也出现在讯飞的每一个角落。我参与的工作就是建立品牌形象和宣传企业文化，在主动了解和接触后才更有感触，一家如此年轻的企业竟有着如此凝聚力，不仅有强大的科研团队，还有完备的保障团队、强大的产品团队。大家心往一处想，劲往一处使，肯定能做出更大的成就。

合肥作为国家的创新发展高地，吸引了许多企业的入驻。而华米科技，这家在我印象中从未出现过的公司，让我感触颇深。在我们参观时，我通过负责人的介绍了解到了这家公司的丰富内涵。华米科技可能在国内知名度并不高，很难想象它就是当年席卷全球的小米手环创造者，并且手握着全球前五的智能穿戴设备市场占有率。据负责人介绍，这家公司的成功离不开小米的支持，同时也离不开团队成员的坚守。这家公司在创业早期十分穷困，领导甚至抵押房产给员工开工资白条，但是大家咬着牙坚持下来。直到不断改良产品，得到小米的融资，推出了那款火遍大江南北的、售价压到 79 元的小米手环，要知道当时智能穿戴设备售价基本都在四位数。而这也使华米真正地站了起来，在随后的几年里，华米不断突破国外的技术壁垒封锁，将来自中国的智能穿戴设备打进国际的市场，并且成功建立起属于自己的技术壁垒。当创始人黄汪在纽约交易所敲响钟声，华米科技挂牌上市，也代表着这家企业真正走在了时代发展的前沿。

中国人是可爱的，中国故事更是可爱的。老一辈人有着最浓重的家国情怀，他们是艰苦时代的革命者，也是新时代的见证者；中年一代成长在飞速发展的七八十年代，他们是时代变迁的亲历者；年轻一代行走在繁荣发达的新时代，我们是新时代的掌舵者。

武汉的著名景点"知音号"载着一个个可歌可泣的动人故事，它是一个时代的缩影，将时空推回 20 世纪 20 年代的武汉。一如共产党走过的百年岁月，像是一艘时代的巨轮。这艘船上有人下来，也有人陆续登上。但时间的洪流、时代的车轮永远推动着它的前进，永不止歇。

百年沧桑，变的是车水马龙，人情反复，不变的是巍巍高山，滚滚江流。在这片 960 万平方公里的土地上发生过太多的故事，经历过太多的苦与难。一代代中国人在不断改变，他们各自有着各自的故事，但我始终相信，每个人的故事里都有着属于这个时代的革命精神，革命精神不是先驱者们独有的，而是在他们身上得到了浓缩的体现，他们像是一个个符号，一代代后辈们的不断奋斗，为革命精神赋予了更丰富的含义。用双手成就梦想，实现中华民族的伟大复兴，是每一个中华儿女的夙愿。在这条布满荆棘的路上负隅前行，一路上翻过的山、迈过的坎，成就了一部部平凡又动人的光明史诗。

红黄两色不只是漂染在旗帜上的颜色，而是要浸到中华儿女血液里，刻到骨头里的一股劲。这是中国精神的浓缩，是中华民族精气神的精炼。新一代的中国青年，当以这种精神不断奋斗，在时代画卷上留下一抹浓厚的中国色彩！

老父微史

厦门大学　人文学院　哲学系　2020级　台湾　艾元

此文献给所有怀念故乡的台湾老兵。愿天下团圆，美满幸福。

——题记

一

15年，父亲去世已经有15年了。

他去世之后，很长一段时间，我试图描摹他的人生，却终于无力地发现：关于自己的父亲，我曾经与他日夜相处，实际却一无所知。

父亲，就像一块沉默的石头，既习惯于给我们支持、力量和依靠，又习惯于悄无声息地静默在自己的岁月里，终于沉寂，不再留下任何足迹。

于是，我开始努力地追寻、翻找，试图在苍茫的宇宙里，看见他的一点点的轨迹。

二

100年前，父亲出生在福建一个小山村。

如果还活着，父亲也是百岁老人了，够资格笑眯眯地听着人们称赞他为"人瑞"。

年幼的他，估计和所有的山村男孩一样，逗狗抓鸟，上山爬树，下地捣乱，一边挨着父母的臭骂，一边在青山绿水中肆意无忧地成长。

世界的动乱理应和群山环绕间的山村无关，理应和被父母庇护的他无关。

但少年终长成，也终走出大山，开始进入他所向往的大世界。

三

80 多年前，他面对着怎样的世界呢？

灰蒙一片的天地、粗陋单薄的衣裳、迷茫前视的呆滞目光、瘫在人间困顿成一片的人群，牲畜的腥臭夹杂着干燥的尘土气息似乎要冲出照片外……

我翻找着历史，看到无数这样的老照片。这是那时的社会群像。

而父亲是不同的，照片里的他，像是灰蒙蒙人群里的一束光。

他穿着笔挺的中山装，胸口插着钢笔，轻松地站立在照片里，清澈的目光像是三月春光的自然明媚，灿烂着他年轻的脸庞。

这样美好的青春，本该在乱世中享受一隅安静的少年，却莫名其妙进了军营，成了一个兵。

而这个老兵，可能连战场都没上过，就被带到了台湾。

从此与家人，生离死别。

四

50 年的空白。

如果翻找亲人们对父亲的记忆，中间一定有将近 50 年是空白的。

一个活生生的人，忽然就消失在彼此的视线里，连偶尔能浮起的记忆都越来越少，直至岁月积淀出无法觉察的关于一个亲人的空白，直至这些空白中只印着清泪与叹息。

阻隔的海峡两岸，在一个少年的人生里，在一个个挂念他的亲人的人生里，堆积出了无数 50 年的空白、50 年的思念煎熬、50 年的悲伤期盼、50 年的无从追索。

五

可一个人的人生，怎么可能是空白呢？

陪伴在父亲身边的每一天，我都试图从他的嘴里，再挖出一些过去的线索，关于他的爱恨情仇。在一个现代青年的胡思乱想里，家国离乱的大时代中，父亲必然可以成为电视剧的主人公。

可是没有。

什么都没有。

父亲的嘴像缝上了隐形的线，常见的只是欲说还休，终归无言。

我不死心。

这颗不死之心成了一粒种子，在悄悄地发芽。在父亲故去后，忽然气势汹汹地破土而出，沿着父亲走过的路，在台湾蜿蜒生长，试图勾勒50年的空白。

六

10年前，金门。

我在乡公所，在密密麻麻的竖排字里，第一次如此清晰地看到父亲的人生。

一个台湾老兵贫乏被动而又丰富坚忍的一生。

70年前，台北龙山寺，曾是台湾有名的眷村所在地之一。

一群又一群老兵，被安排在这里驻扎，留下一些因部队命名的道路，其中一条路上，就有着父亲50年前在台湾的第一个家。我依着地址在地图上找寻，却只看到今天的龙山寺-西门町片区的一片繁华。曾庇护父亲的第一个家，早在40多年前，就随着龙山寺的开发而消失了。

60年前，新店乌来瀑布景区，至今仍是台北人常去的周末游胜地。

国民党为退伍老兵们安排工作，父亲就常年在这里任职，带着家属安家于群山之间。父亲的第二个家，有了孩子们的喧闹声。日暮时分，父亲归家，必有小娃娃扯着童嗓奶气冲天地叫着"爸爸"，扑上前去，惹父亲疲惫脸上的一点微笑。

记忆遥远泛着岁月的黄，身边的山景却炫耀着颜色，在枝叶摇曳间泄露过往的痕迹。当年的小学路上的高墙依然耸立，却原来并不高。校门紧闭，不见孩童踪影，只一条水泥路孤单地延伸向山间的绿色，坚定地通向我回家的路。这条路，我曾走了无数遍，童言童语铺满整条路，再点缀着父亲间或的低语、咳嗽或斥责。

而今，我没有勇气只身再走下去。山路杳渺，只剩寂静。

50 年前，台南。父亲拖家带口，回到了母亲的故乡，这里有了他第三个家。年纪大的亲人都见过父亲，他们跟我说：你父亲人很好啊。

终于在别人嘴里，听到更多关于父亲的细节，我却不知如何回应，好像父亲忽然从一块石头变成了一个人，也有着各种乡邻间的鸡毛蒜皮、柴米油盐。所有关于父亲过去的想象，全被熏上一层厚重的烟火气。父亲不再是高挂在墙上的清俊面孔，他亲切地站立在我身边，传递着生活的温度湿度。

父亲还活着，活在很多人的记忆和讲述中。

听着亲人的絮叨，我终于有点甘心了，但仅有这些是不够的。

我不知台湾戒严的时候，父亲如何惶恐；不知外乡人人人自危的时候，父亲如何安身自保；不知身边同袍化为无处归乡的灰烬时，父亲如何堕入绝望；我不知从一个懵懂无知的少年到保护家业的成人，父亲如何在离乱的岁月里度过所有的艰难困苦和深深思念。

所有时光中的细节都随着父亲的沉默烟消云散，让后人还能稍窥端倪的，是老实巴交的父亲，忽然做出了惊天之举。

19 世纪 80 年代，两岸鸿雁不越，书信难传。

子女环绕的父亲，悄无声息地安排好一切，把多年积累的思念和绝望，毅然决然地变成了艰险的归乡之旅。

七

30 年前，父亲终于归乡了。

一踏上故土，沉默如他，乍见来迎他的亲人，忽然爆哭。

爆哭。

再爆哭。

从一个人的爆哭，变成了一群人的抱头痛哭，变成了所有在场人的默默含泪，也变成了今日我在屏幕前难以自抑的啜泣。

怎样的悲伤，才能让石头也化成了水呢？

怎样的情感，才能让一块漂泊多年的石头落地生根？

父亲没了，母亲没了，还有很多很多人都没了。

但幸好兄弟姐妹还在，发小好友还在，哪怕接下来的不多的时间里，这些人终会一个个离去，哪怕只是这样一面，终于见面了啊。

青山无绿水，何处寄相思？

无论如何，父亲有了他第四个家。

他在福建老家安稳着，舒展着眉头，无事便依在栏杆上，笑对着家对面的群山，笑对着巷弄里玩耍的孩童。

直至生命化为家乡的一抔黄土，与他的父母兄弟相偎依。

八

10个月前，我从台湾来到厦门。

父亲是来过厦门的。大陆翻天覆地的建设，即使是十年前的痕迹也难翻找。尽管仍试图去体会父亲曾经的情感，我却已不再执着于翻找历史的真实痕迹。

父亲留给我他的姓，我的身上流着父亲的血脉。

这样足矣吧。我想着，厦门却送给我一个关于父亲的终极答案。

夜色弥漫，我在厦门环岛路观景台漫步，看着无边无际的黑暗中吞吐着层层海浪，忽然一阵眩晕害怕，忽然想起了海那边的金门，忽然想起了那些从金门游到厦门的老兵。

忽然深刻明白了父亲这五十多年的日子。

故土亲情，魂牵梦萦。

我曾想象过，跟巨人那样

中国政法大学　民商经济法学院　法学　2019级　香港　苏旨彦

活在 2021 以前

迈过二十岁的关卡，本以为对生活的认知会更深刻一些，可惜并没有，充斥在视野内的都是一些繁复而简单的事物，自己只会机械地做，简洁地思考。早已过了青春期，但是还是落下了当时同龄人的通病：关注情绪，追求最简单的加减法，被外界的事务裹挟而被动放弃了思考。

这些问题宛若冬天的被子，压在身上，但是为了舒适却不想掀开它。时常在等待一个契机，即使是窗外一束足够刺眼的阳光，都足以让我离开那些如疾病般缠身的负面思绪。2021年的9月中旬，我参加了一个活动：由一百名港生共同绘制描述建党百年历程的十幅油画（文中仅摘部分——编辑注）。说是一百名，但是现场来的人远不止一百人，看着那些人来来往往，有时又扎堆在同一个地方，我的记忆忽然间被触动了。脑子里有一片海洋，寂静而无风浪，像镜子一样照出生活的状态，但是没有经过丝毫加工。突然间脑海中有浪被卷起来了，翻出了海面底下的旧账。

一年的体量够大的，如果做梦之前回忆当年自己度过的每一天，即使不可能回忆周全，但是重新捡拾起来的碎片足够拼成一段漫长而又奇异的梦。十年，我只活了两个十年，当我检视我的人生，我依然会觉得不可思议。"思想者"会嫉妒人类，因为人类可以回顾自己的一生，可以抓住自己被塑造的过程，但是"思想者"不行，当它成型时，它已是完美的雕塑。百年，我只能说任何一个"百年"都是庞然大物。在场馆的每一个人，都被我视作独特的一年，围绕在十幅画周边的他们，在我的眼里，是流动的时间，如同海河般在奔跑。

1921—1931：我从红船中苏醒

百年由此开始，十幅画中的第一幅画，画布正中的红船对于革命和百年征途来说是起点，但是对于我来说是苏醒。从当下的生活状态苏醒，我的思绪被拉回到百年前，以往涣散的思绪像很多小光点在黑暗中亮起，然后如萤火虫那般集聚。可以看到画布上的镰刀，顺着镰刀洒下的是星星和希望。画者是这样布置意象的：以红船为中心，从右到左，呈现螺旋状。香港的半山洋房、避风塘和内地的三湾改编、枫树坪都是其中重要意象，抓住我眼球的是画者那几何式的表达，画面没有多少复杂的轮廓，但是却抽象出整个历程的曲折。

1931—1941，1941—1951：我流动的血液与长河

当我走到已完成的第二幅画和第三幅画面前，我的思绪又开始跳跃，但是我和她的面貌在恍惚之间开始重叠。血液与长河，皮肤与田野，筋骨与山脊。视野空前开阔，像是来到了无边旷野，百年的时间长河被抽象成会场的空间，而我站在这些画前，回顾以往的各个节点。

第二幅画的人物群像取自惠州东江纵队纪念馆"永志向前"的雕塑形象，身后是祖国抗战处于最严峻时期的地图。思绪难以从这整幅画安然抽身，有几个瞬间我意识到自己的血液是停滞的。

但是在下一幅画，血液又重新活动起来，以至于沸腾。第三幅画跨越了新中国成立这一节点，对于自己而言，也是一种新生。血液宛如小兽，似乎要挣脱血管，从皮肤渗出，那无尽的活力带来的是一阵又一阵冲击，摇晃我原本的生活。我不曾想象过我能与她达到如此协调的共鸣，因而也陷入一轮新的想象。

1951—1961，1961—1971，1971—1981：
从沟壑爬上来，听到她的呼吸

　　第四幅画到第六幅画，记录了中国经济制度的变迁，人民的生活面貌也发生了巨大的改变。虽然伴随着许多不同的挫折与外界钳制，但是每个时期的盛况都接踵而来。在我看来，这三十年，像节奏极快的剧场，每一幕都展现给历史的观众截然不同的场景。这些场景是时代独特及鲜活的记忆。三大改造、公私合营、全面确立社会主义基本制度，这些字眼轻轻地被印刷在历史书上，或者出现在人们的口中，但是转念一想，这些在当时都是开创性的。五十年代的香港交通发展迅速，当时的黄包车、中式帆船、电车和双层巴士相映成趣，但是到了六十年代，"两弹一星"就开启了新的征途。历史的里程碑从地上被搬到天上。若要我描述七十年代，我会说这是一个呼吸的年代，特别是到七十年代末，她的呼吸声愈来愈大、愈来愈自由，向世人和世界宣示她独特的存在，仿佛不同的道路都会通往美好却各异的未来。

1961—1971 吴紫羽 传承与探索

1971—1981 万希玄 走向未来

1981—1991，1991—2001，2001—2011：
明天，明天，无数个明天

　　接下来的三幅画是改革开放后的三十年，香港与内地展开了合作建设，迎来了更繁荣的发展。特别是九十年代末以后，回归之后，两地共同见证了不少激动人心的时刻。千禧年后，我诞生，在生命的前十年，祖国在飞速成长，我虽然能够感受到四周的变化，但是时常也会可惜没有像老一辈那样的意识和体验。假若我是他们，也许更会为这十年的腾飞而欣喜落泪。从第一幅画走到最后一幅画，画面的基调越来越活泼明亮，心情随之雀跃，视野也随之愈渐豁然。但是我也会思索，这种美好来自哪里，我所经受的迷茫是裹在生活之上的薄膜还是本质。当四周的环境在切换，人的心态总是滞后的，香港人的生活节奏固然是快的，但是在这种虚浮的快速当中，没有体察到大环境的变化，相对下来反而心态跟不上了。失望是会有的，反省也固然要有，但是与其自怨自艾不如消除偏见并跟上发展。当生活被自己追上了，就无所谓迷茫。

1981—1991 杨柏滢 龙的故乡

1991—2001 叶臻 定格的时代

2011—2021：我曾想象过，跟巨人那样

　　第十幅画的上半面是北京的建筑群，有天安门、鸟巢、长城、军事博物馆等，下半面是香港的建筑群，有立法会大楼、会展中心、凌霄阁、中银大厦、汇丰银行大厦等，其中还有港珠澳大桥连接两地。我喜欢这幅画，不是因为它的画面有多精致以及俏皮，只是我喜欢这种鸟瞰的感觉，有一种超脱维度的释然。百年若是庞然大物，那么国家和党必是巨人。我也曾想象过，我能跟巨人那样，跳出历史和当下的空间，摆脱平庸的生活体验，去拥有更广阔且超然的视野。但巨人必有很多个复眼，每只复眼所指向的事物都不尽相同。然而大多数人生活的视角往往会倾于单向，偶尔会有分岔，但是做出选择以后又陷入平淡。也许会有许多事项平行进行，但是终归是生活的部分，它们会交织成网，最后成为消解加速度的工具。但我想象过，假若我是巨人，我理解我生存的空间，我能坦然于时间浩瀚的维度，那么必然会挣脱当下的生活。

活在 2021 之后

　　活动结束后，会场人都散了，我留下来收拾会场。许多颜料和画笔还留在这里，最终它们也会成为时间划过的痕迹。每幅画代表一个十年，最后一条长廊摆着这十幅画，我从长廊走过，百年的长河冲刷我的脚尖，到后来因为思想的拖沓，我步履缓慢，似乎底下有许许多多的河沙在阻拦我，但到最后我还是离开了。一个活动而已，我想，并不能让我成为巨人，也没有什么所谓巨人的思想。当代人需要做的是融入，这个时代所寻求的也是融入。百川入海，只有共同奔赴，才能看到最后的景象。

　　不过不得不说，那的确是一次奇妙的体验，我不再是单纯的我，精神上承载的并不只是我简单的二十年光阴。人是由肉体拼凑的，却是靠时间和记忆凝结的，每过一年，原本的人格会产生变化并更为坚固。在这一年中，有意义的事物会被雕刻成大脑的纹路，成了记忆，成了一部分的自己。在绘画之中，我承载了额外的十年，在历史中恢宏的十年。在绘画后，会场上一百

多个人，皆承载了百年。霎时间，我开始展望道路，这道路属于我，又属于她，属于巨人。

融入并不是一件简单的事情，也需要时间去了解、理解，最后将自己也写进未来的故事。精神上会有撕裂的痛楚，因为历史的一些部分是沉痛的，是鲜血和战争筑成的，顶上笼罩着是阴沉的黑夜。但是会有黎明，终究会有的，这是一种待实现的偏执，也是一种勇敢。当社会车轮往前滚动的时候，自己会听到身上筋骨咔嚓作响的声音；当听到号角，血液会像浪一般打在自己的心脏上。到那时，我会开始期望未来，因为往前的征途不再是以往的生活，党和祖国的精神会成为一种信仰。它在精神的殿堂上，至高无上。

扬帆起航吧，少年！

广州中医药大学　第二临床医学院　中医学　2018 级　香港　邹姗珊

　　细看窗外日光弹指过，欣赏席间花影坐间移，人生碌碌，竞短论长可奈何？却不道枯荣有数，得失难量。扬帆起航吧，少年！人生最可怕的莫过于庸庸碌碌过一世，还骗自己平平淡淡才是真。岁月如沙，转瞬即逝，似呼吸之间，暮去朝来几寒暑，愿君牢记"青春须早为，岂能长少年"。扬帆起航吧！少年！趁今夕犹存，扬帆起航吧！别怕路长梦远，愿少年不负青春，愿少年此生辽阔高远，精彩纷呈！

　　扬帆起航吧，少年！纵使海咆风怒，船舶残破不堪，龙骨在，心就在，亦如吾之丹心爱国情，似树之根，是少年立之本！

　　重温旧梦，看！那硝烟四起，炮火轰鸣，子弹横飞，肢体飞溅，尸横遍野！在那哀鸿遍野，赤千里大地上，见战士用舍身以赴的气魄，用血肉撑起被鲜血浸染的旗帜，固守早已被抛弃的四行仓库，只为唤醒桥对岸仍浑噩度日、纸醉金迷、不愿清醒的人们，只想向桥那头的侵略者证明，华北还在！它仍未沦陷，华夏儿女仍未放弃他们脚下的土地，那一天，少年们用破碎的肢体、不屈的目光，向全世界证明，中国未倒下，中华魂仍在！

　　那天，"少年"倒下了，丹心犹在，"少年"从未倒下！

　　他们用铮铮铁骨，撑起搁浅多年残破不堪的船体，旭日初露，霎时铺满阴霾之地，助他们在这条被鲜血浸染的海路扬帆起航！他们失去了生命，却用被鲜血浸染的中华魂唤醒还在浑噩度日的人民的报国之心；他们失去了生命，爱国丹心永存，他们视死如归，却将爱国之情种在无数华夏儿女心头，这般镂心刻骨，如此刻骨铭心！

　　他们有九死而未悔的爱国之心，我们有百折而不挠的爱国之情！

　　时光回溯到 2019 年，美、英、德、澳等各地华侨华人自发举行集会声讨香港激进示威者，他们向全世界宣布"HONGKONG IS PART OF CHINA！"自信骄傲地表达爱国爱港心声。即使阴云密布，大雨滂沱，他们却不管不顾，将雨伞撑向国旗，高喊着"我们爱中国"，让世界看到中华儿女爱国的赤子之心。丹心爱国如吾骨，我愿生是中国人，死是中国魂；我愿肩负新时代，在国家危难之秋，护他周全；我愿为国扬起船帆，手持保卫长枪，只为我之所热爱的国保驾护航！

扬帆起航吧，少年！纵使长路漫漫，途中波涛汹涌，亦带上那股勇往直前，毫不畏惧的气魄！

气魄是何物？那是谭嗣同在狱中高喊"我自横刀向天笑，去留肝胆两昆仑"的那股为改革大义凛然、视死如归的气概；那是王昌龄赴西域所见"但使龙城飞将在，不教胡马度阴山"的战士坚信勇往直前、无所畏惧，便可势如破竹、所向披靡的强烈自信；那是李白行路难所言"长风破浪会有时，直挂云帆济沧海"的那股纵使艰难竭蹶，仍乘风破浪，披荆斩棘的乐观向上。扬帆起航吧，少年！纵使迷茫胆怯，纵使坠入万丈深渊，带上这股气魄，坚信路的前方，是前程万里！

扬帆起航吧，少年！纵使岁月不居，时节如流，亦可知往鉴今，心怀理想，逐梦远方！

于我而言，理想如李大钊笔下"不驰于空想，不骛于虚声"，是纵使生来平庸、却壮志凌云的豪情壮志，亦如张闻天所言"生活的理想，就是为了理想的生活"。怀揣理想，纵使年华垂暮，艰难竭蹶，仍踌躇满志，奋斗拼搏相信有朝一日，终得天道酬勤。我相信，青春的理想，是未来的真实的投影。我愿逐梦远方终不悔，我愿手持宝剑朝着梦的方向，一路高歌，纵使荆棘遍野，也无怨无悔，逐梦远方。

扬帆起航吧，少年！纵使光阴易逝，岁月不待人，仍珍惜当下，脚踏实地，少年未来可期！

时间是一只藏在黑暗中温柔的手，在你一出神、一恍惚之间，物走星移。此时此刻，有的人周末在追剧打游戏；有的人在朋友圈分享吃喝玩乐；有的人身处课堂却盯着墙上的学生守则看了一遍又一遍。而有的人却做出相反的选择，你看！寒风彻骨，白雪皑皑，她却在雪巅之上畅游知识的海洋，信号不好，她执着走上山顶上网课，这便是少年最美的模样；古有少年"凿壁偷光"，今有少年隔墙蹭网，你的专心致志、脚踏实地是青春最好的模样！我不愿年老色衰之时，叹"韶华不为少年留"，也不愿道"莫等闲，白了少年头，空悲切"，留下无尽悔恨。日月既往，不可复追，唯有珍惜每个当下，脚踏实地才能不枉此行，我愿珍视这稍纵即逝的宝藏，纵使年老迟暮也无怨无悔，信天道酬勤，亦扬起风帆！

扬帆起航吧，少年！纵使脚步娑娑，前路漫漫，也不忘笑对人生，活出光芒！

纵使黑夜吞噬了一切，太阳还可以回来；纵使陷身茫茫沙漠，相信希望的绿洲仍存在，你瞧！黑夜翻面之后，白昼如期而至。苏轼因反对新法遭御史弹劾被贬湖州，却对泣不成声的妻儿戏言，"子独不能如杨处士妻，作一诗送我乎？"他再贬惠州，却留得"日啖荔枝三百颗，不辞长作岭南人"。少年如他，人生不意何其多？不自怜自艾，不愤世嫉俗之人却何其少？他的一生，如其笔下所作"努力尽今夕，少年犹可夸"。他秉持着那股豁达开朗，旷达洒脱的姿态，笑迎逆境，笑对人生。他饱经风霜、一生颠沛流离，却依旧愿饮东坡酒之醇香满溢，品东坡肉之回味无穷！

扬帆起航吧，少年！依旧风华正茂，便肆意飞翔吧！即便乌云密布，狂风骤雨，坚信终将迎来星河璀璨！纵情享受吧！去尝遍世间繁华，去赏遍畅快淋漓的文章，如此一来，即便坠入深渊之时，也拥有抬头仰望星河苦中作乐的落拓潇洒！

你瞧！命运如海风轻拂，吹动青春之舟，飘摇曲折却不断成长。如今的国泰民安、万家灯火，是无数小少年夙兴夜寐的拼搏奋斗换来的，那些历史从未遗忘、无法改写，我愿做那执笔者，续写国家新篇章！

少年一路跌跌撞撞，懵懵懂懂，却这般肆意张扬，朝气蓬勃。作为新时代新少年，我会铭记一切来之不易，我愿不负青春，珍惜当下，心怀理想，逐梦远方；我想把握机遇，纵使前方山遥路远，荆棘满途，也乐在其中，笑迎人生；我想肩负使命，保家卫国，为我所爱之国保驾护航，让中华大地屹立在世界民族之巅！

扬帆起航吧，少年！纵浪到底又如何？我已准备好冲锋陷阵，你敢不敢为此生竭尽全力？

以梦为马，不负韶华

广州中医药大学　第二临床医学院　中医学　2017级　香港　李海琪

习近平总书记曾勉励广大青年："青春由磨砺而出彩，人生因奋斗而升华。"在百年前，各地青年学子，在全国人民面临国难时，艰苦奋斗，坚持推动新思想文化运动，巩固国民崇高护国信念。他们不畏艰辛、迎难而上，为了寻求救国良方，有人耕耘学术，背负着国家民族的希望扬帆远洋，苦心孤诣研究哲学思想；也有人投身政坛，积极凝聚思想与力量，一步步启蒙意识的升华，号召同胞为国觉醒；还有人奔走革命前线，不惧强权和武力，最后引领人民在国土上开满胜利之花。

"五四"精神在百年之后，仍然是引领青年的灯塔。当代青年们，仍不负使命，在各自的领域务实向前，克服困难，创新求变，共同造就国家的繁荣富强以及人民安稳幸福的生活。

"道阻且长，行则将至"，百年之后，青年仍以极其相似的信念和方式，日复一日装备自己。为投身强国大业，为实现中华民族伟大复兴，青年们拼搏进取，热情求学，坚守岗位，在一方有难时迅速驰援同胞，为守护人民幸福保驾护航，亦以为国家承传千年的历史、人文、思想精粹为己任。

尽己所能：少年强 · 则国强

有一批来自广东的杏林青年，不区分自己是80后、90后还是00后，在2020年突发的新冠疫情中积极请缨奔赴疫情抗击的最前线。在各地疫情防控工作最紧张的关头，他们从异地驰援，给予素不相识的同胞坚持的力量。哪怕是未毕业的学子，亦纷纷请求出战，担任小小检疫站志愿者、物资"跑腿"员，一个个准医生、准护士在小区、交通枢纽普及防疫意识。初出茅庐的年轻医护也继承"叶欣精神"，无惧逆行，前往各地诊疗量饱和的医院协助抗疫，默默耕耘至抗疫走向胜利的一刻。

让人永远记忆深刻的 2020 年，我国在疫情中展现了全国上下为克服困难、团结筹谋的凝聚力，也见证了青年们在党的思想引领下，将各自多年苦苦练就的能力，发挥在国家最殷切需要青年力量的节点上。当下疫情的持续稳定，亦印证着背后仍有不同岗位的人们一直坚守着，不曾松懈。

作为杏林学子，我在广州中医药大学学习的四年中，无论在学习过程中遭遇过多少次碰壁，多少次因技术苦无进步而陷入自我怀疑，最后仍以各位前辈为榜样，坚持在日常刻苦实践中建立更扎实的基本功，不曾因自满而故步自封，一点一滴地回顾理论知识。因为应用中医中药，为我的亲人、为广大患者解决身心之苦，守护健康，就是我的使命担当。

来粤求学过程中，我在课堂以外也获得了成长。我校积极培育青年巩固理想信念，鼓励学生发挥青春价值，学习勇担使命重责，常举办大小活动，如思政课、博物馆参观、历史文化相关的研学交流团、以"青春告白祖国""扬帆起航"等为主题的文艺汇演等。我曾有机会参与到这些活动当中，从中认真谦卑学习，也留下了足迹。

认识国情：人文强 · 聚力量

潮州，一个拥有独特气质的城市，这里拥有很多美丽之最，但不因此而自满，反而一一珍重保护，并将它们的魅力与所有人分享。我为潮州栩栩如生的通花陶瓷着迷，为巧夺天工的潮绣赞叹，也为琳琅满目的木雕眼前一亮。

图1

2020 年 12 月，有赖于全国上下的努力，疫情走向稳定，我院"中国情·华夏行"国情与文化研学营（潮州团）得以顺利启程。我们一行人在三天两夜的行程中，走过习近平总书记留下足迹的广济门城楼，游走在潮州古城、牌坊街，打卡韩公祠橡木，登上砚峰山，感受淡浮院"道法自然"的山水灵气。广济桥的一江两岸间，古色古香的建筑与现代音乐灯光秀碰撞，一座"启闭式"桥梁，除了经历从古代经商、船运到近代工业化、现代化、城市化的变迁，更见证时代变迁，古今更替。上千年的文化传承，发展演化的痕迹，都一一沉淀并凝练成潮州凤城的瑰宝，这是需要我们这一代人努力守护的宝藏。

人与人之间的差异可以很大，但也可以有很多合契同情的"点"，从而"连成一线"。其实求同存异并不难，关键是人与人之间有拉近距离、互惠互利的心，为了彼此共同利益、为共建美好的社会做出贡献。"道佛一家"思想，不仅带出了道家"无"的概念，也包含了佛家"无我"的思想。潮州人民受到这些古代哲学思想的熏陶，摒除见利忘义和唯利是图的思想，重义多于利，正是如此，人与人之间才能秉持中庸之道，和谐发展，生活才会越发美好。

图 2

潮州人有两大特点，一是善于经商，二是团结亲和。潮州茶文化造就了潮州多个世纪以来茶叶贸易的繁荣，并名扬海外，同时潮州人通过沏茶、敬茶、喝茶，传承了古人重视的修身养德。不论生意做得多大，家底如何丰厚，潮州的生意人依然重视群体利益，重视无私回馈同乡亲朋，故此，很多名人雅士经商在外发迹后，不忘回馈家乡，捐献资财修茸古迹，为商会、同乡会做贡献等，以期共建家乡，让家乡走向繁荣自强。

潮州的古迹与文物除了是当地人珍而重之的历史文化宝藏，也是构成当地特有地理环境所赋予的沿海经济、民生发展的重要组成部分。应以当地历史文化资源为本，围绕建设沿海经济带上特色精品城市，同时惠及民生，照顾到发展，"以文塑城，以文化人，以文彰旅"，使文化产业创新推进，满足人民群众对美好生活的需求。

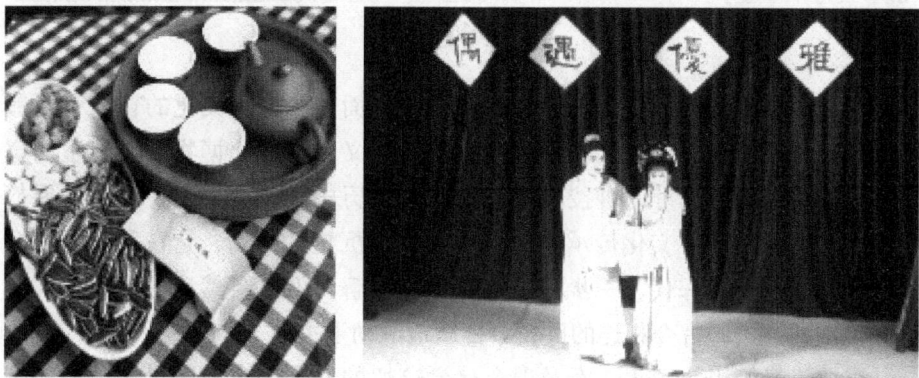

图3

  经过是此次研学考察，我发现潮州民众能够做到将推进文化发展和民生并行。既有成熟且明确的文化推广和发展大方向，更做到了不使民生隔绝在文化旅游业以外的融合感。我能透过当地的风土人情，感受到文化历史凝聚了人们保护、发展、传承的同一信念，并切实反映在城市丰厚的文化脉络与气息之中。

  往更大的层面说，当一个地方拥有并珍视其道德和文化素质，就会自然而然形成一种凝聚力，民众更加团结，更加文明礼让，更加关怀、重视集体利益，进而可以共享繁荣发展的成果。所以我们可以观察到潮州人的礼让、亲切与和谐，贯穿在他们的日常生活、工作、家乡情怀之中。

  我认为长久不衰地让历史文化"活"在人们生活中，文化才能真正被保留、被传承。不少旅游城市做得美中不足的正是缺乏了历史文化的"灵魂"。没有人珍视、深入了解并持续地体会、传播文化与古物，它们仅能够作为存放在该地的旧物的存在，失去其原有的历史文化意义。因此，人们自身在历史文化中的保育角色，应该比一件古物、一座古迹来得更重大和关键。

图 4

　　由此延伸到文化的发展、保育和传承等方面的思考，文化的普及和发展不仅仅是一地人民的功课，也是全民族的共同义务。好比博物馆对孩童的宣传教育，看似平平无奇的讲授，但其实为当地历史文化更长远持续的发展打下了很扎实的基础。文化传承并非很遥远、很沉重的事情，它在我们每一个人的生活中，一代一代、一步一步地认识、了解，就会自然地形成保育、发展、传承的力量，古今相连的巨轮会持续地滚动下去。

　　因此，身为当代青年，面对现今社会迫切的发展需求，面对大环境的竞争心态，我们新时代需要共建一个能平衡发展和保育的社会环境，历史文化与民生相融合，互相兼顾、互相惠及，使得城市在保留其独特风貌的同时，满足人民对美好生活的追求。故此，在国情教育活动的摇篮里，我们得以认识各地历史、文化、饮食、风土人情，在拓宽眼界的过程中，借鉴学习该地对文化古物的保育、发展和传承工作，将来则可在能力所及的范畴内助力所在地区建设更好的人文风貌，使文化成为我国人民长久团结的推动力。

　　总括而言，文化是凝聚人民团结的力量，是无坚不摧而且不停步的发展力量。我们通过不断认识历史文化的本质，珍惜、传承、发展文化，发挥每一个人的力量，回馈到社会，共建一个文明共融的社会。

不逐心欲奋发强，筚路蓝缕亦滚烫

暨南大学　经济学院　经济统计学　2020级　台湾　刘婉榆

用身体尝试去触碰这100年的记忆，今天的我们看到了什么，又想起了什么？新百年，五湖四海聚暨南，知来处，明去处，这便是在祖国学习的魅力。

偶尔会有热带台风夹着密云暴雨吹过这大地。等到雨势渐歇，阳光铺满大地时，我望向那迎风飘扬的五星红旗，我知道在海峡的那边也有人在雨后将那五星红旗重新升起，唱着慷慨激昂的国歌，一同望向那同一面国旗。

知来处，学习的起点

"乡愁是一湾浅浅的海峡，我在这头，大陆在那头"，化不开的乡愁在诗句中流露。台湾是我生长的地方，而梅州是我的根之所在，我曾无数次梦回到那里，与我的爷爷一起。

纵横交错的街道里处处有着道不完的故事与动人的传说；古老的梅州，处处都是文化的气息。梅州是明清以来客家人衍播四海的主要出发地，也是与我一样的台湾同胞重要的祖籍地。

经过上千年的流徙，客家儿女如今遍布五洲四海，他们将古老的中原文化传播到岭表，在流徙之苦中仍继承发扬中华民族的优秀传统。海水波及处，就会有客家梅州人。勤劳刻苦、勇于开拓、团结奋发的精神将与我们一同代代流传。

图1

晓行处，学习的征途

从五湖四海来，我与我身边的港澳台侨同学一同在暨南大学学习。有许多同学与我一样，第一次背上行囊独自前往这既陌生又熟悉的城市。是祖国的政策消除了地理上的距离，给予我们宝贵的学习机会，是祖国的温暖让我们消除了心中的距离，让我们体会到了回家的感觉。从最初的陌生再到如今的熟悉，我们在这里结识了新的朋友，接触了新的知识，遇见了新的机会。经历风雨后，迎接彩虹时我们会一同望向那将我们聚在一起的五星红旗。那走过近百年的它经历了多少次洗礼才会拥有今天的一切？

在这一年里，学校组织了各类活动，鼓励港澳台侨学生一同参与到党史学习中。我们一起学习，一起讨论，一起分享，共同参加了讲座、观影和各类考察活动。在每一次的活动中我都体会到我们建党后的每一步走得有多么艰难，我们如今的生活是多么的来之不易，也能感受到祖国的温暖、热情与包容。

记忆最深刻的应当是在清明节当日参加的追寻英烈的活动，在这个雾霭氤氲的清晨，我们满怀崇高敬意走进了广州烈士陵园。穿过常青松柏，走上台阶，我们面向广州起义烈士纪念碑默哀并敬献鲜花。在整个园区内，我们开展了以广州起义为历史背景的剧本体验活动。布兵作战，在园区内寻找各类线索，一个个关卡重现了当年广州起义惊心动魄、枪林弹雨的革命场景，仿佛英雄在我们身边与我们共同浴血奋战。"岗上红花开满地，卅年前事永难忘"，广州起义最终以失败告终，但留下的革命精神代代相传。

或许是从那次起真正感受到了革命精神，此后每当我到一个新的城市我都会主动探寻那抹红色。走过长沙市的烈士墓园，走过八路军西安办事处纪念馆，走过卢沟桥……站在橘子洲头上，望着奔流不息的湘江，它们好像从未发生过改变，但是它们却也见证了历史的荣辱兴衰。我跨越海峡触摸着这一段段不

图 2

平凡的历史，静静伫立于毛主席青年雕像前，任心旌飘荡……是不是每个雾霭氤氲的清晨，都会有人这样伫立，回首悠远的往事，忆起当年的峥嵘岁月？

明去处，学习的方向

听他们说，中国人一定要去一次首都北京。跨越海峡，我拿起行囊，去向北方。站在六百岁的紫禁城下，抚摸着经历风霜雨雪的红色城墙；走进李大钊、宋美龄的故居，看那一代伟人工作的地方；跟千百名群众一起在北京的中心——天安门焦急地等待旭日升起，望红旗飘扬，与所有人齐声高唱《义勇军进行曲》。那时激动的心情溢于言表，自豪感和幸福感油然而生，至今依旧历历在目。作为中国人我感到无比自豪。

身在广东省学习的我们跟随大湾区一起共同成长，我们因此也被亲切地称为大湾区学子。自 2018 年港珠澳大桥通车以来，香港、澳门与内地更是一同高速发展。而大湾区更是"跨越"海峡"连接"台湾，作为台湾学生的我也切身感受到了大湾区的包容性。深圳前海、惠州等地政府为港澳台青年工

作创业设有各类优惠政策，在这里，可以发现有许多与我们一样来到祖国拼搏的青年和在快速发展的公司。大湾区与时俱进的政策和它年轻的活力令人赞叹。如果有机会我想在这里开启一段新的征程。

图3

作为一名从台湾来广州上学的学子，我庆幸自己选择跨越海峡在广州读书，生于这个时代，体验这个时代，见证这个时代。我希望能更加深入地了解祖国的发展，学习中华优秀传统文化与中华上下五千年的历史，并期许能充分利用自己所学专业知识与广大青年一起建设祖国。

一代人有一代人的长征，一代人有一代人的担当。我们会携手同心，一起实现中国梦，共担民族复兴的责任，共享民族复兴的荣耀。从此乡愁将不再是诗里的船票，它将化作我们共同望向的五星红旗。

站华夏之黄土　追五角之红光

暨南大学　中医学院　中医学　2018级　香港　陈泓伶

如果信仰有颜色，那一定是中国红。这独有的中国红，扬雄风，挺傲骨，它惊艳了时光，沉淀了灵魂。百年追梦，青春激荡，彼时的少年站在华夏之黄土上，回首过去，虽筚路蓝缕，但早已繁花盛开，抬头仰望，是散发光芒的五角星。

一、百年风雪、不忘初心、牢记使命、砥砺前行

我们生在国旗下，长在春风里。今天的那一抹红，格外的闪耀，如北宋著名理学家张载所说："为天地立心，为生民立命，为往圣继绝学，为万世开太平。"筚路蓝缕践初心，奋楫笃行担使命！

《我和我的父辈·乘风篇》中马仁兴团长说："要死，你死在我后头。"以战争中父子关系的视角从另一个侧面体现出了战争的残酷。战争中的每一位战士用个人的牺牲，换来了国家美好的未来。今天看似普通的生活，背后都有着无数战士的努力。《我和我的父辈·诗篇》中施儒宏说："大不了下次用眼睛看。"他结果在火箭发动机试车现场隔壁观察数据，不幸死于事故。领悟过去航空人对祖国航天事业秉持的"朝圣者"心态，重视苦干实干，不计得失，每个人心中都有着忠诚与奉献精神。《长津湖》中指导员梅生说："这场仗我们不打，就是我们的下一代要打。"雷公载着炸药包，带着标识弹冲向敌军营，与敌人同归于尽。领悟伟大抗美援朝精神的震撼，激励我们华夏人民的志气、骨气和底气，于实现中华民族伟大复兴新征程中，传承红色基因，不忘初心，砥砺前行。

我们的前辈为了"两弹一星"牺牲了很多，但他们的牺牲不是莽撞的，更不是盲目的。一生所幸，生于华夏，见证百年历史，奋发有为新时代，扬帆启航新征程。

二、勤学苦练、增强本领、弘扬国医、传承国粹

少年强，则国强。回望百年长征路，一代代青年把"奋斗"二字写在风雨兼程的"赶考路"上，写在拼搏向前的实际行动中，写在复兴征程上奏响青春的奋斗旋律里。

在这个暑假，很荣幸能够成为联合国青年领袖精英班的一员，与国内外的优秀青年们聚在一起交流学习，围绕联合国 2030 年可持续发展议程，共话当下时代的困境与出路。让我印象最深刻的是世界卫生组织的邢军博士的讲话，他强调，青年们要有责任与担当，世界需要青年人敢于发出新声音，勇于探索新想法，在公共卫生事务中，尤其是在现在的疫情防控阶段中做出巨大的努力。他也鼓励我们在未来，要更加积极地面对全球医疗卫生方面的挑战。

在疫情防控期间，我作为一支医学志愿者服务队的队长，向我校医学生和志愿者发出号召——抗击疫情，你我同行。在协助开展疫情防控工作的过程中最让我敬佩的是在最前线的医护人员，他们从早上 8 点开始忙碌至凌晨，在 30 多度的气温下，身着防护服，重复无数次采样动作，为防疫付出辛劳和汗水，无怨无悔。作为志愿者，我们在学校参与抗疫服务有较为完善的安全保护措施，但是在疫情暴发之初，冲在最前线的医护人员是抱着以命换命的决绝去救人，他们无私奉献的精神、他们的"医者仁心"值得我们青年医学生去学习。

图 1

　　我追随的光，是五角星的光。习近平总书记来我校考察时叮嘱，我们要争做更高水平的文化使者，把中华文化传播到五湖四海。学本无止境，学也不应有止步，只有通过学习来装备自己，才能事半功倍，不管是课堂理论知识，还是临床实践操作，都要精益求精。我热心投入公益活动，积极带领同学们做公益项目。在国庆假期，我前往海丰新山村，探望革命烈士家属，学习"攻坚扶贫、乡村振兴"工作，在村里进行中医义诊，与海丰县红十字会合作为当地村民进行急救知识科普，向村里的小朋友们传播中医传统文化，进行医学科普教育。尽我所能地将中华优秀传统文化传播至五湖四海，我坚信，在不久的将来，定能将中医药传统文化发扬光大，成为更高水平的文化使者。

图 2

三、立足当下、开拓创新、百年追梦、青春激荡

　　山河永在，生生不息。习近平总书记来访我校，对我们的殷殷关怀和谆谆嘱托给予我很大的鼓励和自信。作为香港联合学生会的骨干成员，我愿意成为内地与港澳地区的沟通枢纽，将我在内地所学到的中华优秀传统文化带回香港，鼓励更多的香港学子来内地读书就业。加强港澳台侨同学与内地同学之间的融合，一起为粤港澳大湾区的建设做出贡献。

　　在我们生活中，总会碰到一些曲折、磨难，面对新世纪的挑战，传统课堂的学习是远远不够的。我们需要进一步地深造打磨自己，在各个领域不断地开拓自己，充实自己，学习情绪管理，掌握合作、交流和解决问题的能力。

而且，作为优秀的当代青年还应该培养批判性思考的能力，作为青年领袖，在拥有好奇心的同时应具备影响力、适应力、领导力、毅力。所谓的"活到老，学到老"也正是这个道理，只要我们愿意学习，什么时候都不怕晚；只要我们愿意去解决问题，那么所有问题都将迎刃而解，作为当代青年，要勇于创新，勇于挑战！

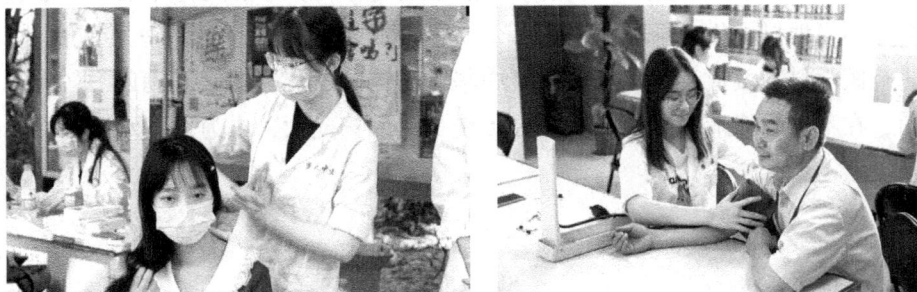

图 3

习近平总书记谈到，"未来属于青年，希望寄予青年"。身为时代的青年先锋，我们要做到不负时代，不负韶华，不负党和人民的殷切期望！不要将自己局限于知识层面，而是要"超越知识"，追求人生智慧。在未来的学习道路上，要使自己成为更优秀的个体，为社会医疗体系贡献一份力。开拓创新，文化碰撞，传承国医，弘扬国粹。

作为一名在内地求学的香港学生，我也曾有幸参加了由团省委组织开展的"百年追梦，青春激荡"粤港澳青少年红色寻根之旅活动，了解党的百年历史，领略岭南传统文化。在建党 100 周年的今年，学习建党 100 周年的讲话，让我更加有"学党史、强信念、跟党走"的信念。我们青年人，要在担当中历练，在尽责中成长、锤炼品德、勇于创新、勤学苦干、奋勇争先，勇做走在时代前列的奉献者、奋斗者、开拓者，一起谱写中华民族的新辉煌、新篇章。

蜕变、信仰、传承：我的通讯员阿嬷

厦门大学 经济学院 经济学 2021级 澳门 黄林

蜕变：从当丫鬟到闹革命

我的嬷嬷生于 1937 年，家里祖祖辈辈都是农民。在她五岁那年，日军轰炸广东鹤山县，当时她的父母在田地里干活，哥哥们早已参军抗日，家中便只剩她一人。当战斗机的轰鸣声传来，村民们慌乱地逃跑，年幼的阿嬷也不知所措，跟着往外跑，尽管逃过了一劫，却从此与家人失散，后来被人贩子卖到地主家当丫鬟。满目疮痍的家中只剩下她常戴的一顶帽子，帽子上缝着嬷嬷的小名——歪歪扭扭的"黎女"二字，她的父母便都以为她被炸死了。

直到她七岁那年，她被东江纵队从地主家里救了出来，与哥哥们相认后便开始跟着东江纵队参加革命，成为一名小通讯员。一开始她只是在山上砍柴放哨，监视着与敌人的距离。在日军逼近时便将山顶上的稻草人放倒，而在其对面稍矮的山上则会有另一名通讯员接收信号后也将稻草人拉倒，村里的人就会知道是鬼子要进村了，便会速速将粮食集中并转移，并且也会派通讯员送信与部队联系。在她刚进部队时，干部们不同意派她单独送信，只让她先跟着其他通讯员学习，但她十分认真地对待每次任务，每次都会提前熟悉地形摸路，寻找捷径，于是不久后队长便允许她独自执行任务。

在执行任务的过程中，她为了更好地隐匿行踪和尽快将情报送到战友手中，阿嬷常常选择走一些陡坡。雨天的时候最为麻烦，走起来都是深一脚浅一脚的，有一次她的腿被树枝刮了道很深的口子，血涌了出来，她也只是随意地从衣服上扯下一块布潦草地进行包扎，直到将信送达才进一步处理伤口。但她并没有因为受伤而留在部队休养，而是继续传讯。伤口烂了又结痂，结痂了又继续磨破，反反复复，后来也因为这个落下了病根。她还会选择走水路，用竹筒装着信，水位高时则用嘴叼着竹筒在水里游上半天，遇到日军经过则沉在水里闭气，不发出半点声音。有时也会穿梭在芦苇地间，水常常淹过膝盖，在冬天她也照样奔走，一定要将信按时送到战友手中。我曾问过她："阿嬷，你不累吗?"她说："自然是累的，可是早一分钟送达，就能让战友们早一点了解情况，这样就可能会多一分胜利的希望也少死一个人。"那时她坐在轮椅上，两鬓斑白，额前饱经风霜的皱纹似乎在这一瞬间舒展开来，挂着拐杖的手变得有力，眼底的坚定更让人难以忽视。

信仰：从普通战士到中共党员

1949 年新中国成立，党组织安排她一边去军校学习知识文化，一边参加建设工作，那时新中国刚刚成立，还没有完全肃清反动分子，她便经常带领队友们拿着红缨枪在村口放哨查路条，负责与其他村的联络工作。有一次，县级长官走访经过时，被她拦了下来，询问编号。因为是生面孔，她认为此人可疑，应迅速报告给上级，后来经过一番解释，她才放行。可是她并没有因此受到批评，反而因为这种严谨认真的工作态度受到上级的称赞。

阿嬷不仅对待工作一丝不苟，在学习上也十分刻苦。她自知自己文化基础比较差，每上完一堂课，她都会将课上所学的字、句、课文熟记熟背。1950 年，她又主动报名参加了抗美援朝的后援工作，集中物资送往朝鲜。她曾同我说那是她最感动的时候，为了新中国，为了下一代的和平安定，人人都心往一处想、劲儿往一处使，还未曾动员，村民们就积极地把自家的土豆、棉衣棉裤拿了出来；她在辽宁省负责后援工作时也是这样，金城战役时军民修桥急需木头，家家户户都把自家挡风的门板拆出来支援志愿军。她说那时她不想收啊，因为那时候是冬天，没有门板冷风直往里吹，百姓的日子肯定不好过啊，可是她没有办法，前线还急需用这批木头，我听着她越来越哽咽的声音，眼眶不由得也跟着泛了红。

抗美援朝胜利后，她的入党申请书得到了批准，正式地成为一名共产党员。由于腿脚不便，她开始从事起文职，可这并没有磨灭掉她骨子里的血性和干劲。阿嬷没有一直坐在办公室里翻看着文件，常常身背钢枪跑到田野里练习打靶，在播种时帮着百姓们踩水车灌溉，在农忙时会挽起裤脚帮着百姓们一块割稻，每周还会组织在广场放映黑白电影，与村里人一起回顾曾经的红色岁月。

传承：从中国红到厦大红

我的阿嬷，大半辈子都在为党、为人民服务，一生跟着党走，扎根在基层，兢兢业业做好自己的本职工作，同时又想尽办法去帮更多人，无私地奉献了自己的一生。我父亲曾和我说过："你阿嬷啊，不常回家吃饭，但总能在田里找到她，不是帮着哪户收粮食就是在村里转，看哪里需要她，但在周末时，总拉着我到广场上看那些革命老电影，尤其是《鸡毛信》，看了几十遍，她告诉我当年她也是这样送信的。"我的父亲也是从小带着我看了一遍又一遍那些黑白电影，所以我自幼便知道，我们如今可以安然无恙地踩在这片红色土地上是多么不易。所以作为他们的子孙后代，我更应继承伟业接续奋斗，为中华民族伟大复兴梦添砖加瓦，贡献自己的一份力量；更要把阿嬷对祖国的热爱，对党的忠诚传承下去，怀抱着赤子之心，投身时代洪流。如果信仰有颜色，那一定是中国红。

2021 年是中国共产党成立一百周年，在今年我顺利考上了与党同龄的厦门大学，成为厦门大学经济学院的一名新生。百年校庆时，我正在为高考日夜奋战，从新闻中看到习近平总书记致厦门大学建校 100 周年的贺信时，我心潮澎湃。习近平总书记说："厦门大学是一所具有光荣传统的大学。100 年来，学校秉持爱国华侨领袖陈嘉庚先生的立校志向，形成了'爱国、革命、自强、科学'的优良校风"。一直以来，我都憧憬着这所素有"南方之强"美誉的象牙塔，拿到录取通知书时，仿佛命运将一份沉甸甸的荣誉和责任交到了我的手上。我和阿嬷说，我即将要去的大学，是一所为党育人、为国育才的大学，那里有"宁可卖大厦，也要支持厦大"的爱国华侨领袖陈嘉庚，有为革命光荣而死的革命烈士罗扬才，有改装自己的汽车为学校发电的校长萨本栋，有翻译资本论、倡导"以中国人的资格来研究政治经济学"的经济学家王亚南，和有证明出哥德巴赫猜想"1+2"、摘取数学王冠上明珠的陈景润。那里发生的故事和阿嬷的故事一样催人奋进，那里同样闪烁着信仰的鲜艳底色，一朵朵盛开在枝头的凤凰花——厦大红！

　　身为在厦门大学百年新起点上的学子，我秉承着从阿嬷身上传承下来的精神，立志要仰望星空，脚踏实地，不负先辈，不辱先辈们的奋斗果实，有一分光，发一分热。自强不息，止于至善，向着更好的明天出发！

以青春之我，创建青春之中国

同济大学　建筑与城市规划学院　建筑学　2020级　台湾　张颖嘉

"你所站立的地方，正是你的中国。你怎么样，中国便怎么样。你是什么，中国便是什么。你若光明，中国便不黑暗。如果你觉得你的祖国不好，你就去建设它。""有一分热，发一分光，此后如竟没有炬火，我便是唯一的光！"

——题记

一人

"暗淡了刀光剑影，远去了鼓角铮鸣，眼前飞扬着一个个鲜活的面容。湮没了黄尘古道，荒芜了烽火边城。岁月啊，你带不走那一串串熟悉的姓名。兴亡谁人定啊，盛衰岂无凭啊。一页风云散啊，变幻了时空。聚散皆是缘哪，离合总关情啊。担当生前事啊，何计身后评。长江有意化作泪，长江有情起歌声。历史的天空闪烁着几颗星，人间一股英雄气在驰骋纵横……"当熟悉的旋律响起，绕梁不散不绝于耳，当时空的信使被唤醒，将历史的大门缓缓敞开，百年间的峥嵘往事瞬间向我卷袭而来……

穹顶下，风萧萧然。我就在这里，不避不退，任一个个陌生的画面在眼前变幻轮转，任一声声呐喊在耳边飞掠消逝，任一个个念头在心间辗转回旋，身为一名台湾大学生，我本是不够了解中国共产党的。但有一人，却作为我心头的红星，一直影响了我许多年。也许从前我对他的了解属实算不上多，也许在此之前我从未以书面的形式将他的名字跃然纸上，甚至也极少在他人面前提起。而我与他的"渊源"，还要追溯到许多年前。

我想大抵许多人在儿时都曾与我一般面临过几个这样的问题：为什么而

读书？长大以后要成为什么样的人？那时的我们是怎么回答的呢，为了变得有学问，为了在亲戚好友面前扬眉吐气，为了有新书包、新玩具，诸如此类。而幼时的所谓理想则是"长大以后要成为科学家、宇航员、工程师"，不外如是。那日，听了我们的豪言壮语，老师却笑开了，他说："在近现代，曾有一人，在与你们这般大的年纪，便立下了'为中华之崛起而读书'的壮志，为此，他笃行不辍。"

从那时起，当别人再来问我"为何而读书时"，我便答他"为了中华之崛起"，因为神气。可那时的我，并不知这句话背后的意义，便想着去细问家中的老人。因为他原是由大陆来到台湾的，后来因为某些原因不好回还。而听我提及此事，老人的眼中竟闪烁起不一样的光彩，他说每每想到过去，便好像回到了年轻时候。同时我也一直记着他予我的答案："'为中华之崛起而读书'，是周恩来总理对祖国和人民深深的爱，是立志报国的信念，也是共产党人的初心所在。"

思及此，我的目光回到了现如今的自己身上，心中更是有一个声音在不住地问：既走出了家门，来到了大陆，又如何能整日闭门不出，又如何能再阻挡自己追寻真理的心？

由此，我背起了行囊，走出了校门，在中华大地上寻找着自己的"初心"。

"高山仰止，景行行止。"温暖的阳光下，安静的思南路上，法国梧桐树丛中，一幢幢老洋房浮光跃金。周公馆，正坐落在这里。仿佛已有很多年，仿佛从来不会老。我一眼便喜欢上了这个地方，喜欢它外墙上泛着玉色光芒的鹅卵石，喜欢夏天将它掩映其中的爬山虎，喜欢那棵同楼房一般高的百年大雪松，喜欢它的清幽雅静，喜欢它的简洁布置。在这里，无论是工作室、卧室、保卫室，还是工作人员办公室，都简单质朴，让人舒心。

这里，便是周恩来总理和中共代表团驻沪办事人员曾居住、工作过的地方吗？我带着心中的遐思，一步步走近。透过那一张张泛黄的照片，透过房间里陈列的收音机、英文打字机、油印机和编辑出版的《新华周刊》，透过汽车间里停放着的"别克"轿车，透过那草木间巍然矗立着的周总理的全身塑像，我仿佛回溯时光，回到了那个长久以来只模糊存在于我记忆中的时代，而那份记忆，还是从他人处得来的。今天，我终于能直视他们，看清他们中的一部分。恍恍明明间，我仿若看到昔日的周总理在这里召开中外记者招待会, 看到他经常在这里工作到深夜, 看到他在这里与大家一起用餐, 看到周公馆宾客盈门, 高朋满座, 而总理就在这里和爱国民主人士、作家、艺术家座谈。

正出神间, 与我同行的大陆朋友感叹: "周公馆, 虽不只是总理的住处, 周身却散发着和他一样的正气、清气、质朴气、温和气, 真是让我辈敬仰不已! 这不禁让我想起许多与我们开国总理周恩来有关的动人事迹。" 我催促着他, 他只略加思索, 便继续道: "孟郊曾于《上达奚舍人》中说'大贤秉高鉴, 公烛无私光', 你可知晓?" 见我不语, 他又道: "习近平总书记说周恩来同志一生心底无私、天下为公的高尚人格, 是中华民族传统美德和中国共产党人优秀品德的集中写照, 永远为后世景仰。" 我不做声, 朋友也不恼, 继续自说自话: "总书记说的是啊, 周公从未利用手中的权力为自己或亲朋好友谋过半点私利, 身后亦没有留下任何个人财产, 他用一生践行着'公烛之下, 不展家书', 他就是这样一个人, 永远设身处地为别人着想, 推己及人, 永远文质彬彬, 真诚守礼……"

一城

周公馆之行, 让我对心中的红星有了更加深刻的认识, 同时也促使我找到了认识大陆的新方式——走出去, 用心去看、去听、去想。将他人的片面之词抛诸脑后, 再不会因一些过激言论去怀疑原本就是子虚乌有的事情。是非曲直, 我早已具有判断的能力。

上海, 既是我求知之路的开始, 亦是我首要探索的起始地。"历史究竟是怎么样的, 不消他人评说, 我自会去寻", 然而纵使是秉持着这样的信念, 纵使知晓过往岁月的峥嵘璀璨, 我依然会在一次次"身临其境"时感叹。譬如那日, 我走近了史书记载中曾数次发生过战役的吴淞炮台, 才发现终究是脑海中想象的概念与场景, 模糊而浮浅。现实, 磅礴而震撼。

那日极其平凡, 站在久闻其名的吴淞炮台, 遥望黄浦江水汇入长江, 奔流向前, 顿觉豁然开朗。海风夹杂着凉意, 将酷暑的炎热浇熄。高耸的灯塔, 缓行的船舶, 宽阔的长江入海口水天一色, 一望无际。可心情, 却再也无法似那些稚童出游一般轻松愉悦。因为我看到, 炮台山上除陈列有清代古炮、抗击日寇的火炮和解放上海时的战炮，还有一门"爱民之炮"。原是当时，为防止误伤平民与损毁建筑，在上海攻城作战中，解放军战士一律放弃使用火炮等重武器，凭血肉之躯筑起坚不可摧的城墙铁壁，换取了上海的解放。

在后续的观摩过程中，我还看到了由蒋光鼐、蔡廷锴率领的十九路军在淞沪抗战中奋起抵抗的故事，看到了在"八·一三事变"中爱国将领张治中率部英勇抵抗的事迹。他们凭借着吴淞炮台英勇奋战，予敌以重创，全是凭着一腔爱国热血和对人民的爱护之心。

我驻足于此良久。而心底，仿若有什么东西在破土而出。我细细思索着、品味着、探寻着，究竟是什么呢，究竟是什么呢？直到一阵清风徐来，我的目光被远处那正迎风飞扬的红旗吸引……我想那或许是敬意，或许是身在祖国母亲的怀抱中，自灵魂深处吐露而出的眷恋，又或许是只有这片温暖、赤诚的土地才能带给我的浓浓的归属感。

我也终于明白，也许一些浅而单薄的东西会在风吹雨打中失了过去，但党在上海留下的故事动人心弦，在历史印下的印迹刻骨铭心，这是任何人、任何事都无法抹去的存在。自那之后，我一步一脚印，沿着党的心路和足迹，又陆陆续续地走过了许多地方。从甲秀里、到中共中央组织部遗址、从凯旋电台旧址，到中共四大和秘密"补习班"。就这样，一路走一路看，一路热血沸腾，一路感念，一路致敬先辈。红色记忆太震撼，上海品格太诚挚，英雄事迹太壮烈。上海，真的是一座名副其实的"光荣之城"。

我想在此之前，我从未打心眼里赞叹过一座城，他满载荣耀，又极多元，有着海纳百川般的胸怀。我也常常在想，或许朋友正是因这土生土长的上海人的身份，所以受尽了这地界的浸润，既和善又热情。他带我见识过老城厢里原汁原味的老弄堂、陆家嘴地区各式各样的摩天大楼、城隍庙间承载记忆的中华园林等，而这一切无不令我心旷神怡，无不让我流连忘返。

当然，还远远不止这些。他告诉我上海迪士尼和惊险刺激的上海欢乐谷会是你尽情享乐的好地方，南京路、淮海路能满足你疯狂购物的愿望。当夜幕降临，搭上一艘夜游外滩的游船尽赏外滩景致，或是在衡山路的酒吧一条街感受都市的灯红酒绿，皆是绝佳之选。

就在前一段时间，位于上海松江新城的 G60 科创云廊灯光秀华彩上演。宇宙星空、深海游鱼、绚丽花束、分裂的细胞、深空的航天员……抬头可见祥云，眼前飘着润雨，脚下踩着沃土，数十万盏电脑联控 LED 灯织就意象万千的光影变幻，美不胜收，如梦似幻。

是啊，是啊。从昔日嘉兴南湖的一叶扁舟，到今朝中华巍巍巨轮，如水拍云崖、月涌江流，百年时光弹指一挥间。百年间，沧海桑田，神州巨变。而大上海也日新月异，她不骄不躁、不卑不亢，将千百年的风光悉数沉淀，在皓月皎皎中、在风霜雨雪里，孕育出一方韵味悠远的"文化胜境"。

一国

都说"一叶落知天下秋"，观一人可见一国，都说"城市是组成国家的脉络"，见一城池可辨国之心志。而今我要说，中国，真的是一个非常神奇的国家。她就是有一种与生俱来的能力，可以召唤跳动在我们胸腔中的这颗赤子之心。

在往昔的岁月中，我读过"安得广厦千万间，大庇天下寒士俱欢颜！风雨不动安如山"的如山胸怀；读过"先天下之忧而忧，后天下之乐而乐"的忧国忧民；读过"苟利国家生死以，岂因祸福避趋之"的奋勇争先；读过"寄意寒星荃不察，我以我血荐轩辕"的正气凛然；亦读过"砍头不要紧，只要主义真。杀了夏明翰，还有后来人"的视死如归。也只是赞叹。

而直到今天，真的走近了我们的国家，真的让"风声雨声读书声，声声入耳"，真的试着去将"家事国事天下事，事事关心"，我才逐渐发现，中国人，骨子里自有一种精神在。在平日里，这种精神就是每个人耕耘在普通的工作岗位上的平平淡淡，而一旦国家需要，民族需要，这种精神就会大放光彩，就会将人与人团结起来，铸成坚不可摧的铜墙铁壁，战胜困难。

二〇二〇庚子鼠年春节，一场新型冠状肺炎的疫情防控阻击战如火如荼地打响。疫情肆虐，国内人心惶惶。钟南山院士实事求是，大胆直言，首先提出疫情存在"人传人"现象，提醒大家闭门不出，严格防范，自己却殚精竭虑，逆流而上，多次往返疫情重灾区，坚守在疫情第一线。更有无数的医务工作者临危受命，从四面八方赶来支援，他们脚步不停，哪怕身着重重的"盔甲"，哪怕雾气蒙住了护目镜，哪怕身体已经疲惫不堪，却依然严阵以待。有一句话说得好：哪有什么白衣天使，只不过是一群孩子，换了一身衣服，学着前辈的样子，治病救人，和死神赛跑罢了。在他们中间，不乏与我们年龄相当的年轻战士，同是祖国的人民、父母的子女，同处大好的青春年华，他们竟以单薄的臂膀支撑起了这个时代！

而令人敬佩的人和事，还远不止于此。在这场无硝烟的战争中，一大批平民英雄涌入大众的视野，他们有的加入了志愿者队伍，和抗疫战士们一起为大家的生命健康安全保驾护航，有的尽自己的努力为重疫区捐款、捐口罩、运蔬菜粮食。而能力甚微者便响应国家号召，闭门不出。每一个人，都在以自己的方式，默默地做事，为了自己，为了这个国家。

中国，真的是一个伟大的国家。为了全面建成小康社会，为了让人民过上更好的生活，她打响了脱贫攻坚战，一战便是近十年；为了让祖国的花朵能接受更好的教育，她大刀阔斧，进行教育改革，不畏艰辛。今日神十二的英雄已归来，神十三又载着期盼赴苍穹再探，筚路蓝缕，初心不变，中国航天人逐梦追星的步伐从未停歇。这样一个为人民的国家，没有不强大的道理。

言及此处，忽然想起习近平总书记曾说："当代中国青年是与新时代同向同行、共同前进的一代，生逢盛世，肩负重任。"我深以为然。我们广大青年要肩负历史使命，坚定前进信心，让青春在为祖国、为民族的不懈奋斗中绽放绚丽之花。因为"青春如初春，如朝日，如百卉之萌动，如利刃之新发于硎，人生最宝贵之时期也。青年之于社会，犹新鲜活泼细胞之在身"，因为那颗正在胸膛中跳动着的赤子之心。

再回首，我曾读过的每一本书都经过风霜的洗礼，化为了深藏心海的至宝，我走过的每一段路都是通往心海的路，在岁月中葳蕤生香。我在生活中、在党史中、在中华上下五千年的文化中学思践悟，为了中华民族的伟大复兴，敢立化身"旗帜"的誓言，并以青春书写——"以青春之我，创建青春之家庭，青春之国家，青春之民族……资以乐其无涯之生！"

煌煌复兴路，百年正当时

西南财经大学　工商管理学院　工商管理双语　2019级　香港　缪嘉荣

"你见过什么样的中国？是960万平方公里的辽阔，还是300万平方公里的澎湃？是四季轮转的天地，还是冰与火演奏的乐章？"当我第一次听到这段话时，我怔住了。对在香港生活的我而言，我所见的，是"月儿弯弯的海港，夜色深深灯火闪亮"，是中环的车水马龙，是尖沙咀的人间烟火。然而，我从未感受过"厥土千里，遄踪诸夏"的豪迈，也不曾体味过"剑阁峥嵘而崔嵬，一夫当关，万夫莫开"的险峻，更不曾见识"落霞与孤鹜齐飞，秋水共长天一色"的浪漫。但一切，都随着一张大学录取通知书的到来而改变。我终于有机会背上行囊，前往这片魂牵梦萦的土地。

你见过什么样的中国？我见过"九天阊阖开宫殿，万国衣冠拜冕旒"的辉煌。

暑假期间，我自成都出发，一路向北，探访华夏文明的源头。历史记载秦王命李冰父子修都江堰，从此巴蜀之地变成了天府之国。西安是一座镌刻了汉唐风雅，亦见证了中华文明千年的古城。当我第一次来到兵马俑展厅时，那栩栩如生的雕像让我见证了千古一帝的风华，"书同文，车同轨"构建了中国大一统的文明基石；当我伫立于未央宫遗址前时，我透过离离野草看到了汉武挥剑，张骞经略丝路，卫霍纵横河西；当我经过华清宫时，我想起"长安回望绣成堆，山顶千门次第开"的大唐盛景。因为这些历史，这座城成为了东方的奇迹之城，也因为这些历史，华夏文明得以延续，中华风骨得以传承。

你见过什么样的中国？我见过"捐躯赴国难，视死忽如归"的悲壮。

今年上半年，《觉醒年代》热播。对于从小在香港接受教育的青年而言，对于这个时期的记忆仅仅只有教科书上的只言片语。但随着这部影视剧的播出，那些静静沉睡于文字间的名字宛如获得生命，鲜活地走进了我的内心。

我看到那个中国历史上的至暗时刻，外部是各路列强瓜分中国作为战胜国的合法权益，内部则是军阀纷争、民不聊生。

而在这样的至暗时刻，陈独秀创办新青年，鲁迅撰写《狂人日记》，李大钊发表《青春》，胡适发起白话文运动。他们启蒙国民思想，为国家权益四处奔走，其间充斥的是一腔难以磨灭的赤诚热血。而最后，李大钊与陈独秀两位先驱在见证流民的悲苦后于海河边相约建党，更是那个年代的一点炬火，在黑暗中如流星般划破的天际，迸发出时代的最强光芒。那是中国共产党百年伟大历史的开端，更是一个苦难的民族走向复兴的坚实一步。对自幼成长于和平年代，而又生活于香港的我而言，这些苦难的历史在我心中烙印下了不可磨灭的家国情怀与民族气节，让我能感受这片土地所迸发出的热度，更让我看到在中国共产党奋斗下走向复兴的中华民族。

你见过什么样的中国？我见过"雄关漫道真如铁，而今迈步从头越"的奋进。

如果说陈独秀与李大钊先生相约建党是那个黑暗年代燃起的一点炬火，那么在毛主席带领下的中国共产党就是星星之火所燃起的燎原烈焰。然而，在新中国成立后，一切还是"百废待兴，百业待举"的状态，如何完成国家振兴与发展又成了亟待解决的难题。

在大二的课程学习中，我所在的课程小组选择将中航工业成飞的发展史作为课题。也正因为这次课题，我有幸能深入了解共和国在建设过程中的艰难与伟大。成飞，正是这样艰难局势下国防工业发展的一个缩影。从在苏联的帮助下初具规模，到歼7的第一次飞翔，再到歼10翱翔蓝天，成飞的每一位成员都兢兢业业，宋文骢、屠基达院士呕心沥血，他们在中国共产党的领导下，铸就了新中国国防工业的锋利长矛。不仅是成飞，整个新中国在外部环境极其恶劣、内部基础薄弱的情况下，凭借中国共产党的有力领导，迸发出强烈的活力，"两弹一星"、杂交水稻……每一步，都夯实了新生共和国的基础，每一步，都凝结着热诚的爱国主义奉献精神。

毛主席在《忆秦娥》中挥笔写就"雄关漫道真如铁，而今迈步从头越"。中国共产党在黑暗的年代中，引领中国人民独立自主，建立中华人民共和国；又在曲折中奋进不息，勇攀难关，为现在繁荣富强的共和国铸就了坚实的根基。我想，这样永远向上的奋进精神将会指引着中华民族走向更远、更美好的明天。

你见过什么样的中国？我见过"春风又绿神州，华夏再沐朝阳"的复兴。

在前往成都学习前，我遇到的第一个内地城市是深圳。这是一个青春的城市，我仍然记得当年听到母亲说国贸大厦三天一层楼的"深圳速度"时的震撼，更对华为、大疆这样的科创巨头心驰神往。真正踏足这片土地，除去眼前鳞次栉比的大厦与行色匆匆的市民，我依稀感受到了一股风——那是改革开放的春风。

"1979 年，那是一个春天。"春天的故事在这里萌芽，而后化作一股春风，吹遍神州大地。在经历曲折探索的短暂迷茫后，共和国乘着这股春风，爆发出了惊人的活力。我依然记得 2008 年，与家人共同坐于电视机前，注视着烟花构成的脚印，一步步走向鸟巢，而后灯火通明，世界为之惊叹；我更记得在新世纪的第二个十年，在中国共产党成立的一百周年，中国完成了举世瞩目的脱贫目标，在共同富裕的基础上走出了坚实的一步，为世界发展展现了杰出的榜样力量。在中国共产党的领导下，中华民族与中国人民的复兴之路，也必将走向更美好的明天。

回首百年奋斗路，迈向复兴新征程。百年中国共产党，在华夏文明的积淀中苏醒，汲取时代的汩汩清泉，在觉醒的年代成长，在探索的年代成熟，在复兴的年代英姿勃发。作为中国青年，我由衷地庆幸自己生于此，长于此；庆幸自己在大学生活中，能去认识这个国家的方方面面，见证历史的辉煌，近代的苦难，与如今的复兴；庆幸自己见证了一个百年大党与中国共同成长的伟大历史，胸怀家国，激励自己永远走在奋进的大道上。

如果奇迹有颜色，那一定是中国红

福州大学　经济与管理学院　工商管理　2021 级　台湾　谢晓非

2021 年 7 月 1 日是一个特殊的日子，是伟大的中国共产党成立一百周年的特殊时间点。回顾百年，中国共产党成立之初，全国仅 50 多名党员；到如今，已经成为拥有 9500 多万名党员、领导着拥有 14 亿多人口大国、具有重大全球影响力的世界第一大执政党。这个百年，中国共产党领导着全国各族人民持续奋斗，实现了第一个百年奋斗目标，全面建成了小康社会，历史性地解决了绝对贫困问题，实现了无数个中国奇迹，这些奇迹都有一个颜色，那就是中国红！

作为一名台胞，更作为一名中国人的我，有幸在祖国大陆学习、生活，并见证了在中国共产党领导下创造的这个新时代中国特色社会主义的伟大成就。在祖国大陆生活的这几年，我感到无比的光荣自豪，作为中国人的光荣自豪！我感受到了前所未有的国家力量，这股力量可以冲破任何困难，带领全国各族人民实现中华民族伟大复兴；我感受到了前所未有的民族信仰，这种信仰可以紧紧团结中华各族儿女，带领全国各族人民实现中华民族伟大复兴；我感受到了前所未有的民族自信，那种站起来、腰杆硬、昂首向未来的自信，我们一定能实现中华民族伟大复兴的自信！我由此坚信，如果奇迹有颜色，那一定是中国红！是中国共产党领导下的中国红！

一、中国共产党领导下的中华人民共和国更加有力量！

如果奇迹有颜色，那一定是中国红，这一抹中国红下的中国更加有力量！

中国共产党自诞生以来，实现中华民族的伟大复兴，团结带领中国人民进行的一切奋斗、一切牺牲、一切创造，实现并创造了新民主主义革命、社会主义革命和建设、改革开放和社会主义现代化建设、新时代中国特色社会主义等伟大成就！在实现这些伟大成就的同时，我们中国从国家蒙辱、人民

104

蒙难、文明蒙尘的半殖民地半封建国家走向了如今的独立自主、繁荣昌盛，成为全面建成了小康社会的世界强国！

我感受到了前所未有的国家力量，这个国家力量可以保护我们免受侵犯！国庆期间，《长津湖》这部爱国主义的战争题材的电影红遍中国，我也怀着崇高的敬意观看了这部影片。无数志愿军英雄在吃不饱、穿不暖的情况下依旧匍匐在零下40度的冰天雪地中，甚至冒着被冻成冰雕的风险，只为一个目标——将妄图入侵我们边境的美帝军队赶出朝鲜，保护国内和平！这场长津湖战役，我们的志愿军英雄创造了中国奇迹，凭借顽强的意志，靠着一把炒面一把雪打赢了全面装备的美军部队，打出了中国力量！守护了几十年的和平，让世界其他国家正视这个拥有五千多年文明的国家——中国！

我感受到了前所未有的国家力量，这股国家力量让身处异乡的中国公民和世界华人感受到祖国的强大和温暖！大家熟悉的《战狼2》是以2011年的利比亚撤侨事件为背景。

2011年1月，利比亚局势紧张，内战全面爆发，当时在利比亚的很多外籍公民的人身安全都得不到保障。只有中国在第一时间内就安排军机和轮船去利比亚进行撤侨。截至当时北京时间3月2日23时10分，有回国意愿的在利比亚的中国公民已全部撤出，共计35 860人。此外，中国还帮助12个国家撤出约2100名外籍公民。

当时现场发生了一个小插曲。其中有1000多名中国公民没有携带护照被拒绝出关。撤侨的负责人费明星听从现场的建议，提出会唱中华人民共和国国歌的就是中国人。随即高亢的国歌响彻在利比亚的拉斯杰迪尔口岸上空。电影中虽然没有这些细节，但通过各个报道，我们可以感受到这股令人振奋又安心的中国力量！2015年初的也门撤侨、2021年的阿富汗撤侨等事件，都彰显了中国的强大！

百年来，在中国共产党领导下的中国更加有力量，更加有担当！从团结带领中国人民浴血奋战、百折不挠建立人民当家作主的中华人民共和国，到实现民族独立、人民解放，再到自力更生、发愤图强、解放思想、锐意进取，中国共产党领导下的中国实现了从生产力相对落后的状况到经济总量跃居世界第二的历史性突破，实现了人民生活从温饱不足到总体小康、奔向全面小康的历史性跨越！从20世纪60年代的"两弹一星"面世到现在万吨级"辽宁舰"航母服役、中国载人航天事业得到空前绝后的发展，这些都是中国力量的源泉！这些都是中国奇迹！

二、中国共产党领导下的中华民族更加有信仰！

如果奇迹有颜色，那一定是中国红，这一抹中国红下的中华民族更加有信仰！

在中国共产党的领导下，我们实现了第一个百年奋斗目标，在中华大地上全面建成了小康社会，历史性地解决了绝对贫困问题。在这期间，无数的革命先烈、改革功勋涌现，用他们的先进事迹告诉我们共产党人敢为人先，不怕牺牲，为人民谋幸福、为民族谋复兴的初心使命！

小时候，我从大人的口中了解到1998年的特大洪水，人民子弟兵跳进齐腰的洪水中，昼夜泡在水中，只为建立人民生命财产安全的防线；2008年汶川大地震时，我正在读初二，这是记事以来印象最为深刻的地震灾害。当时，通向震中的各处道路都被山体滑坡堵住了，且由于信号受损，外界难以得知其受灾状况，为了迅速了解重灾区茂县最新情况，打开生命通道，收到党中央命令的15名跳伞军人英雄为灾情奋不顾身地从高空跳下，他们在跳伞时面临着前所未有的挑战：这里无气象资料、无地面标志、无指挥引导，而且他们还要从将近五千米的高空跳下，一个不慎，就是粉身碎骨。从这两个事件中，我们都看到了在中国共产党领导下的中国军队为了人民的生命财产安全，拥有置自己生死于不顾的勇气，让我们感受到什么是军人使命、军人担当，我对此尤为钦佩！

2017年下半年，我回台湾服兵役，在部队服役的日子里，我真切地领悟到解放军在面对各大灾难时站在危险前的那份勇气，这是作为军人的使命担当，更是作为军人的信仰！这是中国共产党领导下的军队对于中国人民的守护。

而作为中国人，作为中华民族的一分子，我们的民族信仰就是拥护党的领导。2020年，武汉暴发新冠疫情，全中国被按下了暂停键。在面临一切都是未知危险的时候，以张定宇院长为代表的医务人员，同时也是共产党员，首先站在一线，迅速组织开展"生命赛跑"，随后有更多的医务人员志愿加入其中；紧接着，党中央及国务院开始下发一系列围绕新冠疫情防控的工作命令，军队医务人员、全国各地医务人员奔赴武汉，那时候全国人民的心都与武汉同在；与此同时，全国人民都开始居家生活，听从党中央及国务院的指令，直到疫情得到控制，全社会新增连续为零，我们取得了胜利！那年我已经在厦门银行工作了两年，春节期间回到长乐老家过年，村里的党员干部以身作则，不畏风险，外防疫情输入，内控疫情反弹，同时还要落实村民的生活保障等，我亲身感受到党员时刻为人民服务的初心。在与疫情的斗争中，在我们的生命财产得不到保障的时候，共产党人选择站在人民前面，守护我们。我们是有信仰的，我们相信党会带领我们克服眼前的一切困难，我们中华民族会战胜疫情！

百年来，中国共产党一经诞生，就把为中国人民谋幸福、为中华民族谋复兴确立为自己的初心使命！也正是党的初心使命，让中华民族的每个人都拥有一个坚定不移的信仰，就是拥护中国共产党的领导！

三、中国共产党领导下的中华民族更加有自信！

如果奇迹有颜色，那一定是中国红，这一抹中国红下的中华民族更加有自信！

在中国共产党的领导下，中国人民以英勇顽强的奋斗向世界庄严宣告，中华民族迎来了从站起来、富起来到强起来的伟大飞跃，实现中华民族伟大复兴进入了不可逆转的历史进程！我们的民族强大起来，我们民族更加自信起来！

2021年，在政府的严格管控下，大陆的疫情得到有效控制，虽然偶尔暴发地区性的本土新增病例，但是这些也大多是境外输入的关联病例，可以在短时间内实现零新增，感染患者无死亡，全部治愈出院。之所以这么迅速控制病情，并且无大范围的扩散，主要归功于政府强力有效的防疫措施，全民接种疫苗、全民多次核酸检测排查、隔离方舱医院的建立等都是答案。

反观台湾，今年在全球疫情恐慌之下，台湾也从零星的感染变为大规模的暴发，其原因就在于当局抗疫松懈和懒政的行为，没有严格实施筛检、收治、封锁等措施。但是相比于疫情的可怕，当局的作为更是让人气愤，在大陆愿意为台湾免费提供疫苗情况下，台湾当局却抹黑大陆疫苗，最终导致台湾民众对疫苗一针难求。

两相对比下，我十分庆幸如今身处大陆，在大陆生活，不用担心疫情和疫苗的接种。但我为在台湾的亲朋好友身陷困境而担心。

不仅如此，这几年在大陆接受高等教育、参加工作、生活旅游，都让我对祖国大陆有着深深的依赖，比如在大学期间，学校经常组织港澳台的学生参加活动，见证大陆的变化，例如全民移动支付、高速发展的铁路网，让我们享受到无比便捷的生活。在这样的环境下，人民越来越自信，我们自信自己正在过着繁荣富强的生活，我们自信拥有一个美好的未来。

2021年9月25日晚，在被任意拘押了1028天之后，孟晚舟女士乘坐中国政府包机，回到祖国。在孟晚舟事件中，面对美国的强权霸凌，我们强大的政府采取一切必要措施维护中国公民、中国企业的合法权益，为孟晚舟女士提供领事协助，在3年的司法进程中，中国政府和人民不妥协、不让步，为孟晚舟女士坚持无罪辩护提供了最坚强的后盾。这也是中华民族的强大自信！

9月25日晚，孟晚舟女士以事实无罪也不认罪的方式平安回到国内，我们可以自信：我们拥有一个强大的祖国。在孟晚舟女士回国的那晚，深圳宝安国际机场，国人自发举着国旗在机场唱起《歌唱祖国》，正如歌词中唱到的：五星红旗迎风飘扬，胜利歌声多么嘹亮；歌唱我们亲爱的祖国，从今走向繁荣富强。我们取得伟大的胜利，我们自信拥有一个伟大祖国，走向繁荣富强。

电影《战狼2》中最后一幕的中国护照背面有一段话：中华人民共和国公民：当你在海外遭遇危险，不要放弃！请记住，在你身后，有一个强大的祖国！就像这句话所说，中华民族的同胞们，我们自信拥有一个强大的祖国！

在过去一百年的伟大征程中，中国共产党带领着我们实现了无数个中国奇迹，向人民、向历史交出了一份优异的答卷。这一百年，在中国共产党领导下，国家更有力量，民族更有信仰，各族人民更加自信！作为中国人，我相信在接下来的百年，中国共产党会带领我们取得第二个百年奋斗目标的胜利！

最后用网络热门段落结束文章：我们生在国旗下，长在春风里，人民有信仰，国家有力量，目光所至皆为华夏，五星闪耀皆为信仰。我是一名台胞，更是一名中国人！下个百年，我们继续跟党走！

二　等　奖

百年恰是风华时，携手同筑复兴梦

杭州电子科技大学　人文艺术与数字媒体学院　传播学　2020 级　香港　甘泓雅

2021 年，祖国立于中华民族千秋传承，志于百年华诞恰是风华正茂。新时代的中国在中国特色社会主义道路上历经百年征程，伟大事业蒸蒸日上。百年历史，是一部顽强不懈的奋斗史、一部坚毅前进的斗争史，也是一部全体中国人民的创业史。百年时光，一代又一代的中华儿女跟随着中国共产党的步伐不忘初心、牢记使命，砥砺前行创造了一个又一个的伟大成就。回看百年画卷，港澳台同胞与内地（大陆）同胞一起齐心协力，为着民族解放、社会进步、人民幸福和人类进步事业而共同努力；回首百年奋斗路，我们书写着中华民族的波澜壮阔，挥洒着中华儿女的磅礴伟力，在百年历程里歌唱着全体中国人民蓬勃无限的青春赞歌；回望百年征程，站在红旗下，我们对党和人民庄严承诺："请党放心，强国有我！"

1997 年 7 月 1 日，零时零分零秒，中华人民共和国五星红旗和香港特别行政区区旗伴随着激昂的《义勇军进行曲》，在香港上空冉冉升起；1999 年 12 月 20 日，零时零分零秒，中华人民共和国在澳门文化中心花园馆内郑重地从葡萄牙手中接回澳门的主权。香港、澳门从此回归祖国宽阔的怀抱，进入"一国两制""港人治港""澳人治澳"永载史册的历史新篇章。如今，中国共产党团结带领全体中华儿女践行初心、担当使命，向着中华民族伟大复兴而努力奋斗。

百年奋斗路是艰苦奋斗、浴血奋战的一百年。中国共产党自成立那一日起，就承担起了改变中华民族、中国人民悲惨屈辱的命运，救亡图存的历史重任。28 年的艰苦奋战，中国共产党驱散了笼罩在人民上空的阴霾，为半殖民地半封建的中国带来了复兴的曙光，中华人民共和国成立——中国人民从此站起来了！

百年奋斗路是艰难困苦、建立基业的一百年。新中国成立后，一穷二白，百废待兴。党领导全体中国人民进行了社会主义改造，确立了社会主义基本制度，工农业建设迅猛发展，国内一片欣欣向荣。

百年奋斗路是改革开放、激情燃烧的一百年。改革开放和社会主义现代化建设新时期，中国成为世界第二大经济体，人民生活水平普遍改善，各行各业蓬勃发展、前景光明，粤港澳大湾区迸发勃勃生机。

立足当下，这是敢教日月换新天、勇创奇迹的一百年。中国特色社会主义新时代，我国各项事业不断取得辉煌成就，中国制造、中国速度、中国创造、中国建造令世界瞩目。今年是"两个一百年"奋斗目标历史交汇的关键节点，回首百年奋斗征程，我们从未停止前进的步伐，中国共产党始终站在时代潮流的最前列、站在攻坚克难的最前沿、站在广大人民群众的最前方，在百年历程、百年荣光里，在风起云涌的时代潮中，仍坚守初心、牢记使命，把人民幸福记在心里，把民族复兴扛在肩上，开新局、谱新章，凝聚力量书写辉煌崭新的历史章节。

百年征程波澜壮阔，百年大党风华正茂。遥忆起，小学在香港读书后回到内地的那一段时光。刚踏足内地的那一瞬间，窗外的中国给我带来无与伦比的震撼感！记忆中的草房毛坯已然消失，取而代之的是一座座高楼耸立云间。不得不说，改革开放以来的四十多年，在中国共产党的带领下，我们的人民拼搏向上，我们的祖国迅猛发展——中国的经济令世人瞩目，中国的城市建设如火如荼。从以前的人烟稀少，到如今的车水马龙；从以前狭窄拥挤的道路，到如今随处可见的是繁华大道。中国的城市建设与发展经历了翻天覆地的变化——位于政治中心的北京，世界著名古都和现代化国际城市，汇集着八方人才，凝练着厚重的华夏文化底蕴；"江之通津，东南之都会"的上海，处处显现着独特的城市魅力，是一座极具现代化而又不失中国传统特色的海派大都市；辣味的重庆立于山峦间，在交叉重叠的道路上乘着轻轨就能赏遍祖国山涧秀丽；繁华的深圳从一个小渔村到如今的中国"硅谷"，既有着经济大城的内敛，又有着鼓浪屿的文艺与小资；浪漫的青岛，飘香的啤酒，碧海蓝天、红瓦绿树下山美水美人更美……相比香港城市的发展，这些内地城市的发展速度和发展质量令人惊叹称奇。

图1

图2

毫无疑问，是中国共产党在百年征程里，团结并带领着人民将当年物资匮乏的中国，通过每分每秒的拼搏、一步一积的努力，发展成了现在竞争有力、气势磅礴的新中国，将以前的村落发展成了如今个个气势宏伟的城市，这些都见证着这一百年奇迹、见证着新时代属于中国的红色力量！

在祖国的大力支持下，在香港特别行政区政府和全体港澳同胞共同努力下，今天的香港恢复到往日发展轨道，展现出一派欣欣向荣的景象，如今香港上下团结一心，爱国主义已筑牢每个爱港人士的内心。

融入国家发展大局，是包括每一位香港同胞在内的全体中华儿女的共同愿望，香港是祖国大家庭中的一员，每一位香港有志青年都在内心深处激荡着浓浓的爱国心、悠悠的家国情。如今，在祖国的支持下，香港扭转乱局，各项事业蓬勃发展，积极融入粤港澳大湾区整体规划发展蓝图中。我们作为香港青年，深深爱护着香港，为共同的香港梦携手共进。

回首百年过往，展望复兴未来，我们何其有幸，生于华夏，生于盛世，生长在红旗下。百年征程中，时代是出卷人，人民是阅卷人。实践证明，百年来，我们党始终坚持"为人民服务"的宗旨，始终初心如一，未曾改变。在百年的奋进中，中国共产党是赢得民心的，中国成就是得到世界认可的。

作为新时代的新青年，我们骄傲是华夏子女，百年传承中我们汲取历史经验，学习和传承党的伟大精神，将爱国主义筑刻心间。习近平总书记提出："新时代的中国青年要以实现中华民族伟大复兴为己任，增强做中国人的志气、骨气、底气，不负时代，不负韶华，不负党和人民的殷切期望！""请党放心，强国有我"是新时代我们有志青年对党和人民做出的铿锵誓言。青春、奋斗，是新时代青年的象征，站在百年征程的新起点上，我们港澳台同胞同样肩负复兴重任，我们与时代相辉映，与祖国共奋进。

作为新时代的新青年，爱国主义旗帜已在心中高扬。回首百年奋斗路，迈向复兴新征程，祖国在期待着我们，人民也在期待着我们。我们是港澳台青年，我们是祖国不可缺少的一部分，勇担时代大任，我们团结一心，热爱祖国、衷心拥护中国共产党，"爱国情、强国志、报国行"立于心头。

作为新时代的新青年，我们胸怀千秋伟业，将爱国、强国融入进自己的血脉和灵魂中，在这"两个一百年"奋斗目标历史交汇的关键节点，在这"十四五"规划开局之年，我们港澳台青年和内地（大陆）青年团结一致、凝聚力量，在复兴新征程上，担起时代重任、走在潮流前列。我们全体有志青年以"青春之我、奋斗之我"以及"不负盛世"的激情，坚定践行为人民服务的宗旨，将个人理想与党和祖国伟大事业相融合。

回首百年奋斗路，迈向复兴新征程。全体港澳台有志青年不惧艰难险阻，我们敢拼、能拼！请祖国放心，我们绝不会辜负韶华！请党放心，我们立鸿鹄之志，做奋斗青年！请人民放心，强国有我，爱护香港、繁荣香港有我！站在新时代新背景下，我们新时代青年定会积极投身于伟大时代，未来，实现中华民族伟大复兴有我们！全面建设社会主义现代化国家新征程中有我们！繁荣振兴香港有我们！

我乘宝岛风来

华东政法大学　经济法学院　经济法　2020级　台湾　郑裕瑄

　　我从宝岛而来，想到祖国各地去，像叶乘着风，飘回根生长的地方看看。我乘宝岛风来，在哏都摇篮里长大。

　　去年，一首《改革春风吹满地》红遍大江南北，我和朋友戏称，自己也是"改革春风的产物"，毕竟没有改革开放，就没有爸爸妈妈在天津的相遇，自然也就没有我啦。

　　每年都要在天津待很久，久到看枯枝如何钻出新绿，看绿伞再泛黄，最后回归枯枝。这里是我的第二故乡，我知道海河上每一座桥的名字，蹦蹦跳跳踩过和平路上每一块大铜钱，轮滑鞋害我在民园体育场里摔倒过很多次，我想和意式风情街的小洋楼交朋友，我自豪地知道哪个茶馆最晚关门，我也熟知哪家的麻花最大最酥。

　　这是一座含泪微笑的城市，美丽的小洋楼是他的伤疤，就像邮戳盖在信封上，百年后人们称赞他封存的历史，人们不再能感受当时的痛，但是天津豁达，将侵略融化成包容与和谐。我想，义和团的铁拳和异域的风情街在百年间也算是和解了。站起来到强起来，天津不会遗忘，纪念馆耸立着胜利纪念塔，并肩作战大型群雕和

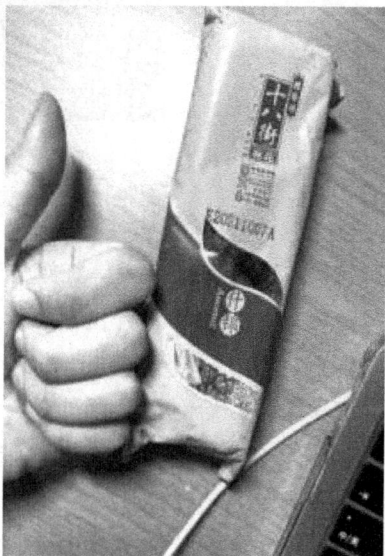

图1

图注：前些日子好友寄来的麻花，
有熟悉的味道和一份牵挂

人民支前大型群雕守护两旁，我在红色基地里感受百年来的发展，每当看到

先辈的牺牲便会热泪盈眶，"男儿立志出乡关，报答国家那肯还"是那个时代人民对党和国家最质朴的爱。人民的根在党的浇灌下，盘虬卧龙，哺育枝繁叶茂。

图 2

图注：即使周末，纪念馆也不会被冷落。历史元件斑斑驳驳，红色的血液连绵不绝

　　我乘宝岛风来，去等红旗升起。

　　第一次去北京看升国旗，是一个国庆假期，人很多，小雨，怎么说呢？从四点、五点一直到六点，从黑夜到白昼。很困，很累，半夜站在雨中等待会怀疑自己，后悔自己的冲动，但是当天空一点点变得蔚蓝，当仪仗队整齐的脚步声响彻广场，当五星红旗缓缓升起，当和平鸽飞过头顶……这一切漫长的等待都是值得的。

　　国旗是一种信仰，《红岩》的原型，是罗广斌、王朴、刘国志、陈然、丁地平五位同志。他们得知第一面五星红旗飘扬在天安门广场上时，立刻决定做一面五星红旗，迎接即将到来的重庆解放。罗广斌有一床红色被面，再请求送饭的李育生带些黄纸来。黄纸，其实就是当时的草纸。他们一边撕着星星，一边商量着五颗星在红旗上的位置，怎么摆啊，摆到哪里啊？想来在艰苦的日子里，这是最大的慰藉，就这样一面大五角星在中间，四颗小五角星在四角的国旗制作完成了。

图3

图注：后来我经常去北京，也时常会看到国旗升起，每次的军人在变，但好像又有什么没在变，同样的信仰、同样的坚守，我也总会有不同的感悟，但感动是同样的

图4

图注：看完《觉醒年代》，内心久久不能平静，尽管剧中讲述的事件耳熟能详，但是此剧是从细节入手，从日常生活入手，从不同的角度向我们展示了这些历史人物，鲜活生动，也更能直击人心

　　"英雄大义为民族，战争残酷以身赴。血肉铺就幸福路，怀念先烈长痛哭。"我前些日子看《觉醒年代》的时候，感受到了这是面怎样鲜红的国旗，面对敌人的严刑逼供却依然傲骨峥嵘的陈延年、陈乔年兄弟，在重重危险中将活动经费由苏区根据地转交给上海党中央的邹书宝同志（影视人物），还有陈独秀、李大钊、瞿秋白、蔡和森、赵世炎、邓中夏……他们为民族、为国家舍身堆筑了一座不朽的桥梁。百年前的五四青年，与当今新时代青年一样，同是要担当的一代，同是奋斗的一代，红色的火炬在代际间交接，薪火相传。

　　我每每念及此处都会心酸落泪，也会感到自豪，我希望当我回忆自己的青年时代时，能像保尔一样不遗憾也不悔恨，像鲁迅先生对青年的要求那样——摆脱冷气，只是向上走，不必听自暴自弃者流的话。能做事的做事，能发声的发声。有一分热，发一分光，就令萤火一般，也可以在黑暗里发一点光，不必等候炬火。此后如竟没有炬火：我便是唯一的光。

　　我乘宝岛风来，到日新月异中去。

　　在刻苦学习之下，我考到了上海的华东政法大学，在这里，我感受到了祖国科技的强大。新中国成立之初，六千多交大青年自黄浦江畔远赴西安，斗志激昂投身国家建设，激扬"向科学进军，建设大西北"的壮志豪情。告别繁华外滩的他们坚信，祖国的深处更有力量。

图 5

　　图注：学习整理装订卷宗是实习必修课，看似简单其实体现的是对案件整个流程进行准确梳理的能力。在装订之前，需要仔细阅览卷宗的资料，并对文件的类型以及顺序进行思考决定。由于对办案流程、文件种类不甚熟知，装订工具使用不当，最开始需要很长时间才能装订完成一本，随着时间的推进，装订次数的增加，工作效率渐渐提高

　　去年的"共和国勋章"颁授，让我认识了曾隐姓埋名二十八载的于敏院士，蘑菇云下的盖世英雄，是他让氢弹成为"中国关键词"。他提出了氢弹从原理到构形基本完整的设想，仅用 26 个月就带领科研团队取得了氢弹试验的成功，创下了世界最短的研究周期记录。

图 6

图注：于老曾于 1999 年被授予两弹一星功勋奖章，获得 2014 年度国家最高科学技术奖，2018 年被授予改革先锋称号，惊天的事业之下，于老无悔地度过了沉静思索、奉献坚守的一生

　　于老常常半跪在地上分析计算纸带，以严谨求真且务实的态度，一丝不苟地进行着优化设计，凭借着超强的记忆力与计算能力，实现了氢弹试验结果与计算数据的完全一致。这让学习时常常偷懒的我羞愧万分，细致和努力正是我所缺少和需要的，在不同的领域，埋骨何须桑梓地，我对自己的专业也更加热爱，坚定而执着。

　　在那些甘坐冷板凳的日子里，他守护着自己真心热爱的科研事业，不声不响地潜心做着自己的研究。在大西北核试验场，他吟诵《出师表》时怆然涕下的画面还历历在目，一句"亲历新旧两时代，愿将一生献宏谋"让无数人潸然泪下。青年一代的浮躁风气也正应被矫正，抛去功利的追求，去真正地发光发热，像一颗螺丝钉一样，勤勤恳恳、踏踏实实。

图7

图注："离乱中寻觅一张安静的书桌，未曾向洋已经砺就了锋锷。受命之日，寝不安席，当年吴钩，申城淬火，十月出塞，大器初成。一句嘱托，许下了一生；一声巨响，惊诧了世界；一个名字，荡涤了人心。"

还在为万民计、为全球奔波的钟南山院士是 2020 年最值得为之喝彩的人。他建议公众"没什么特殊情况，不要去武汉"，自己却做了"逆行者"，义无反顾赶往武汉防疫第一线，满满的行程安排，风尘仆仆。他两鬓斑白，满脸皱纹，虽已高寿，但依然不忘被病痛折磨的人们。他带领医护人员与病毒做抗争，与死神争分夺秒，拉走生死线上一个个生命。他的话犹如定海神针，让中国成千上万的人民看到了战胜病毒的希望。

这个身影在 2003 年，就给了国人力量，"把全国最重的病人送到我这里来"。二十年后钟老依旧矍铄，84 岁，在这个应安享天年的年龄，是数十年如一日的体育锻炼支撑他出山，承担如此大的身体与精神负荷。

图注：他是一位长者，一位医者，一位仁者，他有院士的专业，有战士的勇猛，更有国士的担当，是共和国的星，是真正的"偶像"

图8

最令我动容的还是今年永远离开了我们的袁老，得知这个消息的时候，我抬头看到路上许多人都神情凝重。明明感觉袁老还在和我们亲切地交流他下一个小目标，却不想突然就离开了。

袁老的一生，穿梭在田间垄亩，凝视着子孙千秋。60年汗水浇灌出一片金色的沃土，91岁高龄缔造出一派绿色的希望。在精明的世界甘愿做一个"顽愚"的痴者，把一生奉献给人类温饱；在贪闲的世界甘愿做一个永恒的"行者"，用一生追逐科技前沿。他就是这样的一位耕耘者，在稻谷飘香中，让自己成为一个传奇。所有人都期待着袁爷爷两个梦的实现，一个"禾下乘凉梦"，另一个"杂交水稻覆盖全球梦"。把人生追求与祖国需要联系起来，是实现人生价值的最高理想，而当今有些青年把眼光局限在一己之私上，是无知且狭隘的，精致的利己主义不可取，袁老是我们完善自身路上的一盏明灯。

图9

图注：袁老曾说，我不在家，就在试验田；不在试验田，就在去试验田的路上

如今，在中华民族伟大复兴的新时代，人生阅历有限的我们，面对目不暇接的机遇与挑战，更应利用这伟大时代给予我们的丰富资源，在不断学习中，坚定理想，增强本领，勇于担当，不啻微芒，造炬成阳，在追求个人理想的同时，为祖国的繁荣发展踵事增华。

图 10

图注：有一点是明确的，就是法学的学习和实践的确是有一段距离的，法学是一门实践性很强的学科，法学需要理论的指导，但法学理论发挥作用确实要在实践中完成

国家因英雄辈出而强大，民族因拼搏奋斗而复兴。作为青年一代，我们应有青年一代的担当，将个人命运与国家命运紧密相连，将个人梦想与中华民族伟大复兴梦炙热相融，以吾辈青年之幸，与国家共同前行。让新时代的祖国换上新装，让理想随五星红旗迎风飘扬。

我在宝岛等风来，让时代的风将我送去需要我奋斗一生的地方。

回首，成长，展望

华南理工大学　材料科学与工程学院　材料科学与工程　2020级

台湾　林允博

嘈杂的鸣笛声在耳边回响，车流从眼前呼啸而过，留下一串串黑烟。尚未学习多普勒效应的我只觉得那忽高忽低的喇叭声是在向我示威。

黑烟缓缓上升，却并不像想象中的那样消散在空气中。视线跟着它向上看去，只见一团团乌云伏在城市的上空，从一个小小的缺口隐隐露出的蓝天像是一张嘴，好像在试着控诉些什么……

它的声音却被工地的施工声狠狠地盖过了。

这是2006年的昆山。或许听起来有些夸张，但在只有5岁的我的眼中，这座城市仿佛一只灰色的巨兽、凶猛咆哮的巨兽、吞噬天地的巨兽。

为什么父亲要来这种地方工作呢？我好想回家，回到那个天空很蓝、水稻很茂盛的乡下。

但没办法，我只能战战兢兢地斜眼看着这头巨兽，试着和它和平共处。"叭——!"尽管它仍在对我咆哮着。

幸好，这只巨兽被驯化的速度异常地快。

小学时我发现这只巨兽好像变乖了一点，没了那么多的乌烟瘴气，没了那么多的怒吼。短短的几年，昆山的发展只能用"惊人的速度"来形容，许许多多的道路、建筑都竣工了，原本随处可见的脚手架、防护墙等退出了视野。如果说初见时的昆山是一只眼冒红光的机械怪兽的话，它现在应该是一只算得上温顺，只是身体多处还绑着绷带的大型动物。虽然它偶尔还是会吼几声。

随着升上初中，除了书桌上日渐增多的作业本，这只"大型动物"也变得可爱了一点。它身上的"伤"都好得差不多了，也长出了绿油油的皮毛。从学生公交的窗口向上看去，天空不能说"很蓝"，但"有点蓝"还是有的。

回想起 5 岁时仿佛要让我窒息的那片灰色，这片淡蓝真是让人心情愉悦。

高中时的昆山已经可以说是一只可爱的大猫了。良好的绿化，发达的交通，便利的生活。和母亲一起去菜市场时我发现菜市场也变干净了，以前我对那里是避之唯恐不及，鱼腥味、猪骚味、叶菜类泡水烂掉的味道……现在这些都不见了，倒是熟食、拌菜的香气勾起了我的食欲。

考上了远在广州的华南理工大学，我依依不舍地和昆山这只可爱的大猫分别了。但对广州早茶的美味早有耳闻，我倒也没有那么害怕这座陌生的城市。

要说大学与以往小初高最大的不同，应该就是学习压力没那么大了，学习课本上的知识不再需要占用几乎百分之一百的时间，多了很多用来思考其他事情的闲暇。

大一的思修课上，我所在的组被分配到的讲题是面对新时代我们新青年应该有什么作为。以前完全没考虑过这种事情，只是愉悦地看着生活环境的变化。原来不知不觉间，我们已经迈入新时代了吗？新时代和以前有什么不同呢？为什么我们是"新青年"？我们该做什么？

看到选题的我怔怔地思考着，翻开书页寻找新时代的定义。

"中国特色社会主义进入新时代，意味着近代以来久经磨难的中华民族迎来了从站起来、富起来到强起来的伟大飞跃，迎来了实现中华民族伟大复兴的光明前景；意味着科学社会主义在 21 世纪的中国焕发出强大生机活力，在世界上高高举起了中国特色社会主义伟大旗帜；意味着中国特色社会主义道路、理论、制度、文化不断发展，拓展了发展中国家走向现代化的途径，给世界上那些既希望加快发展又希望保持自身独立性的国家和民族提供了全新的选择，为解决人类问题贡献了中国智慧和中国方案……"

原来，在我被熟食、拌菜的香气吸引时，我已经走在新时代了啊。仔细回想最近看到的新闻，"中国"两个字似乎以前所未有的极高频率出现在各式各样的报道当中：中国突破 5G 技术难关，中国防疫表现优秀，中国 2021 年全球创新指数榜单排名第 12 位……

真是令人幸福、令人自豪的时代。

而生活在这新时代的我们，就是新青年啊。

我开始察觉到，我现在在生活中所感到的一切幸福，都来源于前辈的奋斗。他们怀抱着一腔热血，辛苦地拼搏着，才创造出了我们所处的"新时代"。

奔驰的车流，那是前辈的忙碌。

铿锵的施工声，那是前辈的呐喊。

牢靠的脚手架，那是前辈为新时代搭建的骨架！

而随着时间的流逝，我们这些"新青年"终将成为"新新青年"的前辈，他们将会活在我们创造的"新新时代"中。

那会是一个怎么样的时代呢？

城市发展更加进步了吗？自然环境变得更美好吗？人们感到更幸福吗？

我们不得而知。

但身处现在这个幸福的新时代，我只想让后来者们活在一个更加幸福的新新时代，我会努力，我会尽力。

这是对前辈的感恩，这是对后辈的关爱，这是对自己的负责。

当然，在世界的洪流中，渺小如我，独自一人并不具备开创时代的力量，但当千千万万的新青年联合在一起时，就能在这洪流中渲染出一道美丽而崭新的中国红。

努力学习，锤炼身心，不断地提高自我，为新时代的进步添砖加瓦，这就是生活在新时代的新青年——我们的使命！

变局中扬理想之帆逐梦不止

——凡是过往，皆是序章，志之所趋，无远弗届

吉林大学　考古学院　文物与博物馆学　2020级　香港　黄雅鑫

　　"让海风吹拂了五千年，每一滴泪珠仿佛都说出你的尊严，让海潮伴我来保佑你，请别忘记我永远不变黄色的脸，请别忘记我永远不变黄色的脸……"这是一首香港人从小耳熟能详的金曲，小时候的我不明白歌词的深意，只是能从婉转悠扬的旋律里感受到历史洄流的熟悉感。直到长大后才明白五千年悠悠的海风拂过维港，哪怕经历过战争，哪怕经历过离别，这座在动荡变更中生长的城市，也在文化包容中坚守着民族的底色。港岛人来人往步履匆匆，看着各色各样的人来自不同的国家和地区，却共同在这里学习、工作和生活，我总是心生感动。街上不乏有异国风情浓郁的小店，也能看见横街窄巷的庙宇或宗祠门面挂着大花牌随微风飘逸。原来看似漂泊的城市，在变动中让外来文化在地化，扛起传承非物质文化遗产的大旗。过去百年里，香港抓住时机迅速发展，渐渐发展成为国际城市，将发展根基稳稳地扎在旅游业、金融业上。回归后，在国家强有力的支持下，本土经济纵向、横向全方位发展，同时本土文化亦得以保存和繁荣。我知道，她在奔赴她的未来，寻找她的根。

　　直到高中学习了地理，薄薄的书册却交融着内地和香港的发展，儿时对内地朦胧的熟悉感逐渐清晰。香港从往昔的小渔村，已经蜕变成一个国际大都市，从发展制造业，到发展金融业，再到成为旅游大都市发展旅游业和服务业，这座城市一直在变革发展中进行经济转型。而更让我惊叹振奋的莫过于内地的发展图景。回顾来时路，可以说是蜿蜒坎坷，却一步一个脚印坚定前行，其中饱含了令人缅怀的革命前辈的艰苦卓绝。从建党到新中国成立，从社会主义三大改造到改革开放，从实现温饱到全面建成小康社会，中国共产党一百年来劈波斩浪、高歌猛进。现在我们站在"两个一百年"的路口，实现了第一个百年奋斗目标，向光辉岁月书写了一张完美的答卷。犹记得老

师上课时讲到以前的珠三角有着大片平地和大量人力却苦于无规划经验和无资金支援，是港商和侨商记挂家乡发展，毅然决然从各地赶回援助，此后珠三角才开启了建桥建路、拉电线建厂房的基建征途。在书里，我看到了珠三角的蓬勃发展，从发展农业到发展工业，再到发展科技。改革开放一笔圈出一个新世界，将改革春风吹向祖国大江南北。此后，珠三角从"世界工厂"到"全球创新枢纽"，逐步走向新时代。如今粤港澳大湾区的提出，像是故乡对自己的孩子的馈赠，以大湾区为代表的中国正式书写了未来发展的无限可能。前海的规划欲崛起一座新兴城市，地上构建立体化城市，地下规划深层排水通道，发展多个产业，逐渐剥离传统产业。以制度创新为核心的"前海模式"，丰富了"一国两制"的内涵，促进了湾区的繁荣昌盛。这些政策和制度模式惠港利港，是两地并肩齐行最好的映照。在这一章节的教学中，老师的神情从担忧到欣然，地理书上关于香港和内地的发展的文字和图片跃然纸上，两地相辅相成、互相成就、征途如虹。

"让海风吹拂了五千年，每一滴泪珠仿佛都说出你的尊严，让海潮伴我来保佑你，请别忘记我永远不变黄色的脸，请别忘记我永远不变黄色的脸……"这歌词流露出真情，旋律更让人澎湃不已。回忆起高二那年的国庆，我从香港回到内地的时候，看了一部国庆献礼大片。剧情里英国的国旗降下，中国的红旗在旗手的手中毅然挥出后缓缓升起，此时电影的插曲猛然响起，不知不觉中我已热泪盈眶，回归的钟声敲响一个新纪元，沉重的回音在维港上飘荡。声声回荡宣告着这是香港的新征程，也是一个新机遇。总是听到对内地的讨论，当自己亲身回来的时候，一切景象都与记忆中的模糊景象渐渐重合，似也不似。走出影院看着这座城市的街巷，家里老照片中满是坑坑洼洼的泥泞路在记忆中崩塌，重塑记忆的是那宽敞大道。街道两侧红旗飘扬，街上行人熙熙攘攘，原来安康社会就具象在他们举着小旗子，脸上贴着国旗，小孩追逐打闹，大人笑谈日常琐事的每一天之中。远观街道的尽头是一片繁华，各家灯火和车水马龙交映在五彩洋流中，与"人民有信仰，国家有力量，民族有希望"的标语相辉映。这几年两地的交流学习机会增多，高中三年我得益于此，参加了不少内地城市的游学。这些年来眼见平地高楼起，高速列车飞驰而过，中国航空叩问苍穹，5G信号领跑世界，感受了移动支付的便捷和高效。科技日新月异的进步续写了古人的智慧，却也没抹去城市的悠远历史，每一座既旧且新的城市都有着她的文化底蕴，也蓄力着新发展。那时，我总飘飘然地想要去触碰脑海中迸发的一些灵感，却总是抓不住。在和内地同学的交流中，我感受到他们的博古通今和观大势谋大局，对未来有规划，对自己负责任，拥有担起时代先锋的责任感。其中不少人都有青云之志，希望投身医学与疾病抗争，希望传道授业解惑……一个民族的复兴离不开年轻一辈的奋发图强，一个国家的复兴梦奠基于千千万万国民的理想信念，集星火为炬，耀国家之路。

　　了解了神州的百年风雨路，我走过那座大桥远赴祖国北疆实现理想。过去几年的访学之地，其中不乏有千年古城古都，而城市的现代化和历史感矛盾却融合，每座城市的博物馆都是城市的名片，在每座城市结识的朋友都怀有赤子之心，为自己的宏图远志而奋斗。这些经历慢慢驱散了我对前途的迷茫，蓦然间我好像抓住了自己的想法。我想做什么？我想做一个考古人。我总醉心于博物馆里的文物，我像与展柜里的文物冥冥之中有了灵魂缠绕，让我生起炽热期许。考古不是沉睡在远古时期的古老学科，而是可以承继过往、远望未来的。它历史悠久却又与时俱进，科技考古、分子考古等先进科技手段与考古的结合无不展现了考古已经进入新时代，打破了过往的局限。于是，我持着赤诚滚烫的理想抱负奔赴我的未来，可其中不免有种种生活学业上的不习惯，每当我想放弃的时候，都会记得大学新入学那年，一场突如其来的疫情席卷全球，中国人是如何以勇敢、坚毅、智慧和纪律再次克服灾祸。中国在背负诬陷中涅槃重生，以德报怨支援外国。疫苗的发明和中药的对症下药再一次让中国领跑于世界，跑赢了病毒。每个人做着社会的齿轮，各司其职，为国为民，奋楫笃行，参与到抗击病毒的战斗之中。那一场疫情令人们心中蒙上一层阴霾，但中国人从来都是自强不息的。尽管余疫仍存，但各种疫苗的研发如雨后春笋，人人做好防疫措施。在危机四伏情况下的中国人却是无畏坚韧的，古有大禹治水治山通水脉，今有国人携手抗疫渡难关。昔日大水淹没山和田，而后水退山陵露峥嵘，粮田上建米仓，活着的人们携起治水而亡的前人对生活的期盼安居乐业。如今的人们不也正是秉承大禹治水的精神，百折不挠地与病毒对抗、与困难抗争吗？上古中国在水覆山田的眉睫之祸下，中国人在大禹的引导下，栉风沐雨，渡过难关；近代中国在救亡图存的危急关头前，中国人寻到了马克思主义为前行的火炬；今人在复杂多变的世界中，在党的领导下，实行创新的理论结合国情，团结起来再一次为美好生活与光辉理想奋斗。这些鲜活的历史与现实让我明白了，我们的血液中本就烙印了这个民族生而带来的坚持不懈和迎难而上的精神。我来，为理想而来；我在，应自己的选择而坚持；我想，不坠青云之志。

"让海风吹拂了五千年，每一滴泪珠仿佛都说出你的尊严，让海潮伴我来保佑你，请别忘记我永远不变黄色的脸，请别忘记我永远不变黄色的脸……"再听到这首歌时，正是中国共产党成立一百周年，也正好是仰韶文化发现和中国现代考古学诞生一百周年。百年筚路蓝缕，百年砥砺前行。远在当时一望香港古屋、本土文物、非物质文化遗产时，我已生出做文物保护人、考古人的朦胧想法。一个理想的诞生到成熟再到实现，从不是一时兴起，而是脚踏实地一步步实现。身为一个中国人，一个考古人，这两个身份让我倍感自豪，也让我充满对筑梦未来的坚定。近期国家规划建设中国特色、中国风格、中国气派的考古学，我看到了中国考古学的未来，它将挤破世界既定体系的磐石生出绿芽，它本就有源远流长、博大精深的中华文明基底，这会是最好的养料。而我将担负历史使命感和责任感，无愧时代馈赠，一起创造中国和考古学的未来百年，为实现中华民族的伟大复兴做出更大贡献。当前，我们正处于世界百年未有之大变局和中华民族伟大复兴的鸿业远图，挑战和机遇并存，从党的百年奋斗中累土筑高台，全面深化改革蓄势待发。于己、于中国考古，这都意味着将迈向新征程，树立新目标，建功新时代。世界格局总是在不断地消长变化，但不变的是中国人那流淌在血液里浓浓的民族情、民族义。我知道，她在熟悉的故土开创未来，她已寻到她的根。

百年征程路，璀璨新时代

暨南大学　国际商学院　市场营销　2020级　香港　侯悦

时间，宛如指中沙，在斑驳的岁月中悄悄从指缝间流逝，一眨眼，中国共产党成立一百周年的日子如约而至。一百年的时间，记载了无数共产党员的奋斗历程，一百年的时间，铭记了无数为国捐躯的时代英雄，一百年的时间，见证了中国现代化发展的日新月异。

回首过去，一百年之前，国家局势四分五裂，列强欺压，民族处于生死存亡之际。在这样的乱世之中，爱国志士纷纷挺身而出，寻找道路反抗外界的欺压胁迫，可惜大多以失败告终。在这样风雨飘摇的乱世之中，中国共产党成立了，宛如一朵开于荒僻杂草中、长于风吹雨淋下的花朵。即使生存的环境十分恶劣，即使没有足够的养料，但它仍然顽强地成长着，朝着阳光，努力成长，只为了那一束光、那一抹希望。实现中华民族伟大复兴是中国共产党的初心，为了这个梦想，共产党带领人民浴血奋战，冲锋陷阵，用自己的生命和热血维护着民族的尊严。在中国共产党的不懈努力奋斗下，革命取得了胜利，中国终于结束了任人宰割、被人欺凌的局面，中华民族靠着顽强不屈的力量再次站立起来，向世界宣告它的新生。

着眼现在，一百年之后，21世纪的中国风华正茂。这一百年，改变的是新的面孔、新的故事、新的使命，不变的是党的初心、党的力量、党的精神。无论何时，共产党人始终继承伟大建党精神并发扬光大，不同的面孔不断地传承着坚持真理、坚守理想、践行初心、担当使命，不怕牺牲、英勇斗争，对党忠诚、不负人民的伟大建党精神。而军人就是这精神的体现者之一。

"绝不把领土守小了，绝不把主权守丢了"，那四位在中印边境冲突中牺牲的解放军——"卫国戍边英雄"陈红军、陈祥榕、肖思远、王焯冉用生命坚守了这句话。"清澈的爱，只为中国"，卫国戍边从来不是易事，面对外方非法侵权和蓄意挑起事端的行径，我国边防官兵保持克制忍让，释放最大诚意。在印方的暴力攻击前，面对个人生死和国家边防安全的取舍，他们大义凛然，勇敢无畏，决然地与敌方奋斗直至生命的最后一刻，他们是真正的英雄。而在我们看不到的地方，还有无数和他们一样的无名英雄，他们可以在零下四十摄氏度的冰天雪地中屹然不动地坚守着自己的岗位，任凭霜雪袭来瞬间染白头发，仍然目不斜视，谨守岗位；他们可以在无数个本该与家人闲坐、灯火可亲的节日里，压制着个人对家庭的思念、对父母的牵挂，化作在苦寒恶劣的万里边防线上一个个坚守阵地的身影；他们可以在自己身负重伤、兄弟们来关心自己伤势时，强忍着疼痛对身边的兄弟大喊"队长在里面，先救队长"。

他们本是血肉之躯，有七情六欲，却为了家国大义，将自己的生死置之度外。他们或为人子女，或为人父母，但却只能克制对家人的思念之情，背负着对家人的歉疚，无法侍奉在父母身边尽孝道，无法守护在儿女身边尽责任，因为他们清楚地知道，自己身上背负的是全国人民的生命，是全国家庭的幸福安康。在家国大义面前，他们舍弃了个人的情绪和幸福，奉献了自己的生命，他们用自己的一生守护着这片华夏土地，把自己的鲜血化为利刃保卫中华，将一腔热血洒在国防的那片土地上，他们的身上最能体现出不怕牺牲、浴血奋战、不屈不挠、以人民为本的建党精神。

国庆之前最令人激动的新闻无异于是"孟晚舟回国"了。1028 天的恶意监控，加拿大数次施压企图让孟晚舟女士承认不实指控。孟女士出行要戴着电子脚镣，承受着不公平的对待和蓄意的伤害威胁，多次收到警告信、恐吓信，还有众多极度挑战人类心理承受能力的行为。明眼人一看就知道，这些别有用心之人企图用控制孟晚舟女士来抑制中国 5G 技术发展，旨在打压中国高技术企业，阻挠中国的发展进程。让他们跌破眼镜的是他们低估了孟晚舟女士的爱国之心，低估了华为的爱国之情，更加低估了中国共产党坚决不允许任何势力侵犯、侮辱中国的决心。在面对有所企图之人的重重刁难，中国没有示弱退缩，在坚持谈判、向加拿大要求释放孟晚舟女士的同时，坚决不向捏造事实的恶势力低头，坚定地维护国家的利益和尊严。孟晚舟女士没有颓废丧志，即使身在异国他乡被人控制，即使脚腕上戴着碍眼的脚镣，她依然衣着优雅、步伐轻松地出现在大众面前谈笑风生，充分地诠释了东方人的优雅得体。

　　我至今还记得孟晚舟女士乘坐政府包机回国时的场景，众多网友在线评论，众多媒体争相报道最新动态，深圳宝安国际机场人山人海，位于深圳的华为总部灯火通明，中华儿女在用自己的方式热烈欢迎孟晚舟女士的归来。她走出机舱、走下舷梯，那一身代表性的中国红长裙，黑色的秀发在晚风吹拂下在空中划出温柔的弧度，她说"如果信念有颜色，那一定是中国红"。"轻舟虽晚，终回家国"，正义也许会迟到，但一定不会缺席。每一位中华儿女都明白，孟晚舟女士的归来代表着党中央坚强领导的胜利，代表着中国高技术企业的胜利，代表着中国未来科技发展的胜利，代表着全中国人民的胜利，再次体现了中国人民不畏强暴、敢于斗争、团结一致、不负人民的建党精神，这是我辈需要永远铭记、坚守的。

　　2020 年的农历新年，这个本当家国欢庆的日子，"新冠疫情"犹如一颗重磅炸弹惊走了本该属于新年的欢庆气氛，一时间确诊个案不断增加，各省各市日夜排查、追踪密切接触者，中国各行各业的发展不得不按下了"暂停键"，全国上下人心惶惶，不知所措。在这危急时刻，习近平总书记高度重视，多次召开会议、多次听取汇报并做出重要指示，全面部署疫情防控阻击战，强调"疫情就是命令，防控就是责任""把人民群众生命安全和身体健康放在第一位"。无数个普通人挺身而出，他们或是除人类之病痛、为健康保驾护航的白衣天使，或是加班加点、不惧风吹雨淋、在短短时间里迅速搭建起"火神山医院"和"雷神山医院"的建筑工人，或是夜以继日、马不停蹄奔走四方运送物资的司机大哥，或是身在他乡却惦念着祖国人民安危、捐款捐物的爱国志士，或是不问危险、不问报酬、无私奉献并努力为他人带去一束光芒的志愿者……病毒无情、人间有爱，在面对新中国成立以来传播速度最快、感染范围最广、防控难度最大的一次重大突发公共卫生事件中，中国人民众志成城、守望相助，各条战线、各个行业各尽其职、各尽其力，用智慧和勇气在短时间内完成了一项项看似不可能完成的任务，坚定了国际社会对中国战胜疫情的信心。

　　"沧海横流，方显英雄本色"，疫情得到控制后，党中央迅速、有序地逐步安排复工复产，各地政府贯彻执行，人民用勤劳的双手再次开启美好生活之门。这次"战役"，中国尽显大国之风，有责任有担当，再一次书写了中国共产党不负人民、坚忍不拔、攻坚克难的崇高精神。

　　中国共产党的路，是一条永不停歇的奋斗之路。在这条路上，曾经，他们万里长征，翻山越岭，泛舟渡河，身上肩负着抵御外敌、振兴中华的责任。现在，他们以百年为期，发展经济，脱贫摘帽，保护环境，身上肩负着国家富强、人民安康的重担。回望历史，点点滴滴，而今的和平美满，是共产党和无数英雄烈士用生命奋战到底的成果，我中国少年有幸生于盛世、长于安乐，盛世繁华，祖国建设发展一日千里，国际地位不容小觑，脱贫攻坚战取得胜利，再为这盛世锦上添花。我辈生来就被祖国庇护在羽翼之下，不受离别、战乱之苦，而今生活富足、安居乐业、平和稳定，但我辈不应满足于现状，新时代，新青年，当有新的榜样、新的楷模、新的奋斗目标。

　　发展科技、提升经济、建设国家、发展国家的宏图壮志将是我辈应当肩负起来的责任，因此，我辈当以一颗感恩和敬畏之心缅怀英雄先烈，同时还要有一颗求知之心，但求以己之力报效国家。

　　路漫漫其修远兮，吾将上下而求索，未来长路漫漫，我辈应当坚持梦想，努力充实自己，打好基础，走好当前的路，才能建设更好的未来，我们应当化意志为铁，化信心为钢，努力前进，争取在实现下一个百年奋斗目标的伟大征程上添一块砖、加一块瓦。

百年勾勒强国梦，今朝晕染中国红

厦门大学　管理学院　会计　2021级　台湾　刘逸菲

　　百年奋斗，弹指一挥间；百年奋斗，沧海变桑田；百年奋斗，青丝换苍颜；百年奋斗，赤子心可鉴。

　　有一种颜色叫中国红。传统精髓底蕴淀，积极奋进但擎红。翩翩剪纸，盛满了在台老人的满腔思念。我的奶奶，非遗剪纸的传承人，一生的所见、所闻、所思都用一枚枚中国红承载。那年新年将至，我与父母通过小三通航线回台湾过年。回到家见奶奶拿着把生了锈的剪子和一沓红纸摆弄着什么，眼中充满难得的欣喜与活力，她沉浸在那么迷人的色彩中。随着剪刀声的响起，红粉似的纸屑落了奶奶满怀。奶奶的手在那抹红艳中舞蹈，好似以剪刀为指挥棒，演奏着一场无声的音乐剧。我静静地守着奶奶，最初的浮躁和疑惑，恰似那多余的纸片，被一剪一剪地铰去了。留下的是一片被赋予感情的红剪纸，它被奶奶小心翼翼地摊在手心。她带着浓浓的乡音介绍着，"这是道海峡，就是那座连着祖国大陆和台湾的桥！这老人便是我，正在这一头望着呢，囡囡过年回来看我了，而我也回不成了啊……"年夜围炉，奶奶和长辈们张罗着年夜饭。片片耀眼的中国红填满了窗子，仿佛冲淡了奶奶的伤感。我坐在餐桌旁，举着奶奶的窗花，仔细端详着，竟出了神。我发现剪纸上老人的脸上有一枚针尖大小的洞。不知是奶奶不留神的小失误，还是奶奶的思乡泪？"开饭喽！"窗花在围炉中显得分外的红，分外的温暖……新年尾声，临走时奶奶还给我一包包得严实的包裹，紧紧揣着我的手："明年一定回来啊！"登上船，伴着海面滚滚浪花的起起伏伏，奶奶剪纸时那传神的模样，揩着思乡泪的红窗花，一湾连着两岸的海峡桥……断断续续地在我的脑海中闪烁。船即将靠港，窗外的招牌有繁体，也有简体。我猛然想起什么，从包裹中取出载着思乡泪的窗花贴在窗户上。愿这抹中国红能伴着船只在海峡桥中顺利航行，愿流下这滴思乡泪的奶奶早日回家，更愿这中国红在两岸间架桥，回家……

有一种颜色叫中国红。几经热烈血和火，化作浓厚爱国情。铮铮铁骨，道尽了在台老兵对于国家的忠。

我的爷爷，解放战争老兵。在战争时期被迫举家搬迁，从湖南迁至台湾。直至今日爷爷的身上仍留有当年战场上的印记——3处子弹擦伤的伤疤，右耳永久性失聪，1颗子弹留存体内。每当有人关心爷爷的伤情，爷爷没有为刺眼的伤疤黯然感伤，而是自豪地讲述着抗争过程。"身上的伤时时刻刻提醒着我，我与祖国在一起，这中国红值得我用一生时间来怀念呐……"让光辉的革命史迹与南国秀丽的景色交融在一起，让人们在大风海涛的沐浴之中，永远勿忘往昔血与火的洗礼。华夏五千年，无数先辈用热血镌刻出壮美蓝图。大河滚滚向前，万里江山如画，少不了无数革命先辈用鲜血铺染出的康庄大道，少不了千千万热血青年薪火相继。

有一种颜色叫中国红。一抹中国古典红，今朝且看新青年。站在国旗下庄严宣誓，旦旦誓词，唱响了新时代青年振兴中华的决心。

共产党久久为功、百年风华正茂，新中国七十余年筚路蓝缕、玉汝于成。作为台籍生，我们更应该寻找、重温、坚守、发扬这些初心、使命、精神，"在学思践悟中坚定理想信念，在奋发有为中践行初心使命"。

"信"是"行远"的原动力，更是远行的指南针：作为厦大学子，我们的"信"是博学笃志、切问近思的坚定信条；作为时代青年，我们的"信"是勇于奉献、不怕牺牲的崇高信念；作为社会主义接班人和建设者、实现中国梦的关键一代，我们的"信"是忠诚于党、赤诚为民的炽热信仰。

有了坚实的"信"，我们更要坚定地"行"：我们"行"的是一条与国家共命运、与时代共呼吸、与人民共休戚的个人发展之路；是一条寄个人于宏大时代、存壮志于博大华夏、立初心于伟大梦想的新时代长征路；是一条虽然挑战丛生、任务艰巨，但必将圆梦九州、星耀中华地走向中华民族伟大复兴的道路。

一百年前，共和国的开创者筚路蓝缕，星火燎原；一百年里，共和国的开拓者砥砺前行，初心不变；一百年间，共和国的建设者艰难困苦，玉汝俱成；一百年后，我们作为祖国的接班人，更应该纷华不染、粗粝能甘、久久为功、驰而不息。

　　我们自信满满地说：祖国母亲，在您的臂弯下，在您的怀抱里，我们深知，历史可作教科书，今天需要行动派，未来呼唤梦想家。

　　我们深情款款地说：祖国母亲，您用江河之水哺育我，用辽阔幅员拥抱我，用恢宏文化滋养我，用深邃智慧引领我。

　　我们满怀感激地说：祖国母亲，您呵护我也教导我，您抱着我也放开我，您要求我也激励我，您陪伴我也相信我！

我心中的中国红

上海外国语大学　高级翻译学院　英语笔译　2021 级　香港　陈子盈

还记得，第一次看到五星红旗的标志，是在香港就读幼儿园的时候。当时的教室呈五角星排列，中间则专门供小孩子玩耍。我记得很清楚，我在课上表现乖巧，老师奖励了我一枚小红花，还有一个印着五星红旗的小徽章。那天和妈妈走在回家的路上时，我自豪地向妈妈展示我的成果。看到我手里的五星红旗小徽章，妈妈问我："你知道这是什么吗？"当时的我摇摇头说不知道。妈妈和我说，那是我们祖国的国旗，是中国的国旗。

之后，来到深圳读小学。第一次踏入深圳，我对周围的一切充满好奇。刚入学的时候，我看到有些学生衣领处绑着红色的带子，看起来既威风又精神，想着我也要带上这条红色的带子。在五年级的时候，我终于实现了这个小小的愿望。那天，在礼堂上，高年级同学为我戴上红领巾，老师解释了国旗和红领巾的意义，我从此成为少先队的一员。每到升国旗时，我都会骄傲地戴上我的红领巾，看着鲜红的五星红旗冉冉升起，当庄严的国歌声戛然而止时，国旗也恰恰升到杆顶。

小学的时候，老师就教导我们爱祖国、爱人民、为中华民族崛起而读书。我报名参加了学校升旗鼓号队，光荣成为升旗小鼓手。当我第一次背上对那时的我来说还算硕大的旗鼓，在升旗仪式上和其他鼓号队成员一同奏乐时，我觉得我与五星红旗的关系更加紧密了。我们开始学雷锋，懂得了即使在打赤脚、穿补丁衣的日子里，也可以通过帮助他人得到快乐，至今我还能轻哼出"学习雷锋，好榜样……"。慢慢地，我的灵魂仿佛得到了滋养，懂得了人不仅要好好学习，还要心怀远方，更懂得了人生在世，不应该只是为了自己而活着。这正是党和国家给予我的最重要的东西，它使我渺小的人生不那么狭隘，让我的灵魂沐浴着阳光。

迈入初高中，中国的崛起之路通过历史的课堂在我眼前一一展现。当我第一次读到近代史，看到鸦片战争时期社会的黑暗，看到香港曾经被割让，我心情沉重。往后读，当我看到共产党在危急时刻做出的艰苦斗争，看到新中国的成立，看到1997年香港回归祖国怀抱，我心情激动。当时我就感受到了这本教科书是一本沉甸甸的书，记载了无数人艰苦奋斗的一生，还记载了一个国家从屈辱到强盛的转变；而五星红旗也是一面沉甸甸的国旗，记载着革命先辈的血与泪，承载着亘古不变的民族魂。

长大后，我逐渐了解到，和平原来并非常态。我们祖国经历了各种磨难才成为如今的新中国，而对世界上有些地方来说和平已是奢侈。我们现在和平安稳的生活来之不易。大学期间，我有幸参观深圳党史馆，展厅墙上陈列着暗沉的老照片，从中我看到了红色交通线、解放军入城和保卫祖国海疆的民兵。原来，红色交通线以香港为中心绵延数千里，跨越沪、港、粤三地，肩负着传送文件、运送物资补给、护送高级干部等重任，是由无数英雄筑起的革命防线。我还看到了改革开放唱响春天，想起那句"没有共产党，就没有新中国"。

随着我不断长大，越发庆幸我身在中国。"团结就是力量"，中华民族不仅有坚实的脊梁，还有深深刻在中国人基因里的团结精神。郑州特大暴雨来袭，当一名女子被洪水冲下水坑，众人拿出绳子将这名女子拉了上来，将她从死神的手里夺回；因为暴雨，

图1

交响乐团的孩子们被困高铁站，齐奏《我和我的祖国》来驱散面对灾难的恐惧……我想，如果团结有颜色，那一定是中国红！我想，我越发有自信，因为不论发生什么，祖国都牢牢地为我们撑起了一片天，而我们中国人也会团结一心，共克时艰。

如今，站在中国共产党百年华诞的时间点，回望百载风雨兼程，是忆苦思甜的复杂，犹看今朝百舸争流，是勇立潮头的无畏，而展望未来前路漫漫，

是不忘初心的坚定。

不忘初心，是不忘红船精神。百年历程中，中国人民慷慨激昂地高喊着"雄关漫道真如铁，而今迈步从头越"的不畏艰险，歌唱着"千磨万击还坚劲，任尔东西南北风"的豪情壮志，传颂着"横眉冷对千夫指，俯首甘为孺子牛"的无私奉献。而百年之后，更有许多勇担国家大任的新时代青年：神舟十二号运载火箭总设计师废寝忘食投身航天事业，面对困难迎难而上，最终神舟十二号载人飞船成功发射，中国人首次进入了自己的空间站。种种伟绩，我与有荣焉。作为新青年的一员，我定不忘红船精神，敢为人先、百折不挠、勇于奉献。

不忘初心，也是不忘人民重托。百年之前，人民生活在水深火热之中，肩负着"为人民谋幸福、为民族谋复兴"重任的红船就此诞生；百年之后，红船已成巨轮，始终铭记"根基在人民、血脉在人民、力量在人民"。前有1933年，日军将战火引到了长城一线。面对日军的猛烈攻击，赵登禹率领战士多次与日军展开肉搏战，击退了日军的攻击，坚守住了长城阵地，他激励战士们说："抗日救国，乃军人天职，养兵千日报国一时，只有不怕牺牲，才能为国争光。"后有2019年底，新冠疫情暴发，面对人类未知病毒，金银潭医院院长张定宇身患渐冻症依然战斗在抗疫一线。他踩着高低不平的脚步、拖着"渐冻"之躯在医院来回穿梭，他道："我必须跑得更快，才能跑赢时间；我必须跑得更快，才能从病毒手里抢回更多病人。"百年征途，船上激昂的入党宣誓声不见终点，反而滔滔不竭。作为新青年的我们，必须牢记人民在心，传承人民重托。

不忘初心，更是不忘凯歌前行。一叶红船映初心，一心为民勇前行。如今，清波荡漾的江河绵绵不绝，高耸入云的大厦拔地而起。只身漫步在路上，能听见稚嫩孩童的欢快嬉闹，能看见年迈老者的和蔼微笑。想到百年前人们的愁容满面，看到如今人们的昂扬向上，我深刻感受到这份改变弥足珍贵。我坚信，不忘初心，绝不止于今日的成就，不忘初心，定能延续今朝的佳绩。作为新时代青年，我们不仅要守护这份来之不易的改变，更是要继续让中国这艘巍巍巨轮凯歌前行。

我熟知《新华字典》并非一劳永逸的成就，而是一场旷日持久、薪火相传的文化接力；更深悉改革开放不是"一时之举"，而是一路砥砺磨练和攻坚克难的万里长征。每思及此，我便感觉浑身充满力量，心中更是满腔赤诚之情。生来自带"中国红"，我既庆幸又自豪。

我的祖国，养育了我，滋润了我。能成长在这片天地，是我最大的骄傲。我深爱我的祖国，我也深信不仅是我，成长在这片锦绣河山的人们都是爱着她的。前人的负重前行让我们远离了战火纷飞的动荡时代，爱国的形式也不只有为国家献出宝贵的生命。我爱国，爱我的同胞，爱我们国家的文化，更爱领导着我们国家的共产党。我会坚决捍卫国家领土主权，坚定地与党和全国人民站在一起，同时我也会努力学习，提升自己的专业能力，为国家贡献自己的力量。

当"我和我的祖国，一刻也不能分割！"于国庆在香港街头响起，一抹抹"中国红"在香港迎风飘扬，鲜艳的五星红旗和紫荆花区旗冉冉升起，我想起了大胆制定"一国两制"崭新政策的中国共产党。回归祖国二十多年来，"一国两制"事业栉风沐雨，稳步前行。如今香港与内地人文相通，同心同德，正是这样的爱国情怀推动了"一国两制"实践，并温润着香港年轻一代阳光成长。香港人民真切感受到了祖国心系所有子民，祖国的强大惠及所有子民，爱国之情及"中国红"在香港薪火相传。作为中国的一分子，作为香港的一分子，

图2

我衷心希望看到祖国越发繁荣昌盛，为此，我也会好好传递爱国、爱港声音。

从红领巾到五星红旗，从红色交通线到红船精神，"中国红"已然嵌入我心。我逐渐意识到中国红蕴含的民族精神重如山，中国红蕴藏的民族力量深似海。作为新时代新青年，我必将坚定传承弘扬红色精神，让红色精神生生不息！

中华儿女百年奋斗　中华民族伟大复兴
东方之珠重焕光彩　保护国家不忘初心

香港　倪采欣

中国人民公安大学校友（2015 年香港警察赴内地研修班学员）

2021 年是中国共产党成立 100 周年，也是香港特别行政区回归祖国 24 周年。在 1997 年 7 月 1 日，国家恢复对香港行使主权，中华人民共和国香港特别行政区正式成立，历史从此揭开了崭新的篇章。那时候我还只是一名中学生，但我已深深地明白，内地与香港血肉相连的民族之情、同甘共苦命运的民族之义一直都在，香港一直以来的成就，与国家的发展和同胞的支持是分不开的。国家一直支持香港的社会稳定和经济发展，实行改革开放以来，香港从国家得到了更为强劲的支持和依托。当时香港作为国家与世界进行经济、科技、文化交流的重要桥梁，发挥了独特的作用，经济因此起飞，香港的广大市民也因此受惠。

在 2007 年 4 月 2 日，我通过了严谨的遴选，加入了香港警队，成为一名警务督察。作为生于这个大时代的中华儿女，我的使命就是保护市民、保护国家。在之后的几年，我继续努力进修，更有幸被推荐到中国人民公安大学参加国情研修班，对北京的民生、社会、经济、警政发展等有了更深入及立体的了解，而通过学习交流、教学相长，我们也建立了深厚的友谊。那次北京之行，大大加深了我对内地警务工作的认知，当中的各种体会和经验都十分宝贵，对我回港后的警务工作有莫大裨益。

2017 年 7 月 1 日，香港特别行政区回归祖国 20 周年之时，我已经晋升总督察，负责国家领导人访港的安保工作。那一年，我有机会一睹习近平主席的风采，心情真的十分兴奋、激动，深深感激国家对香港的支持。国家经济进入新纪元，国际话语权日益提升，逐步实现中华民族伟大复兴的中国梦，令我们深深感到骄傲。

在 2019 年 6 月，一些别有用心的人和外部势力不断弱化香港人的国家身份认同，企图动摇香港的根基，将暴力不断升级，"打、砸、烧"等暴力行为几乎日日出现，使香港笼罩在"黑暴"之中。身为香港警察，我当时驻守在机动部队，担任大队副队长，守在最前线，纵然面对危险，亦无畏无惧，果断执法。

2020 年 6 月 30 日，《中华人民共和国香港特别行政区维护国家安全法》颁布实施，犹如定海神针，从根本上消除风波的祸源，一举扭转此前肆虐约一年的黑暴乱港局面。该法的落实，不单是针对 2019 年 6 月修例风波的止暴治乱，更是从根本上坚持和完善"一国两制"的制度体系，确保"一国两制"行稳致远。

今年 7 月 1 日，中共中央总书记、国家主席、中央军委主席习近平于北京天安门城楼庆祝中国共产党成立 100 周年发表了重要讲话，祖国人民上下团结一致，不但全面建成了小康社会，历史性地解决了绝对贫困问题，跃升为世界第二大经济体，朝着全面建成社会主义现代化强国这下一个百年目标进发；而且在国际舞台上展现了前所未有的自信，高举和平、发展、合作、共赢旗帜，推动建设新型国际关系和构建人类命运共同体，谋求合力应对新冠疫情和全球暖化等人类共同挑战，使得所有的中华儿女，包括我们香港警察在内，都感到非常荣耀，为身为中华民族的一分子感到非常自豪！

现在，我在香港警察学院担任特别职务组的警司，负责筹备 2022 年香港特别行政区回归祖国 25 周年的大型庆祝活动，令香港这一颗东方之珠重焕光彩。维护国家安全是头等大事，没有任何事情比维护国家主权统一和领土完整更重要。我们一定会继续不忘初心，以无比的勇气和坚毅的意志迎难而上，砥砺前行，实践警队的抱负，并把实现中华民族伟大复兴视为我们共同的奋斗目标！

真的爱你

中央民族大学　新闻与传播学院　新闻与传播学　2021级　香港　蔡湘儿

"春风化雨暖透我的心，一生眷顾无言地送赠。"

人总会把各种情绪注入曲调中，也许欢乐，也许悲伤，可终归逃不过一种被世人称为"爱"的情感。未来的某刻我们戴上耳机，过去的音符从耳道直灌入胸膛，以唤醒往日的情感。这种听觉上的呼应总会鼓动泪水，它让我们更懂得何为爱，如何爱。而回忆也会告诉我们，有一种爱，是对时代的爱。

这里有三封信件，来自不同时代，不同角色，但都被同一首歌所相系。祝愿你能从残存的字符里听见远方的歌声，在起伏中与笔者一起，共鸣爱，共鸣时代。

一

国光：

展信佳。

可想现在，你应该已经越过海关，甚至要登上去往香港岛的渡轮，开启你的事业了。广东的日子似烟火，绚丽美好，也刹那易逝。大辣甲岛浅滩上，我们的脚印一定早就被浪头掩去了吧。多想和你就像昨日一样，一直执手牵引，从晨曦到晌午到黄昏，想用脚印量一量香港岛到深圳的距离。

你知道我非广州人，听不懂粤语。你总会小心翼翼地拗着普通话，对我说："再等几年，香港回归啦，我们就结婚，我们就留在这里，永远留在广州。"

我这次写信给你，也是想告诉你，放心去吧，我会等你回来。

我知道你听到了昨晚我和我父亲在电话里的争执。即使你在我回来的时候假装睡着了（用你平时说我的话是叫"假寐"），但房间里的烟草味是不会骗我的。你答应过我要戒烟，可你总在遇着烦事的时候抽上两口。放心，我父亲是喜欢你的，他只是担心我……而爸爸知道你之后，常常把那厚厚一沓的旧报纸翻出来，找香港，找回归，从大标题到小字幕。

秀云是身边唯一一个把心托付于维多利亚海峡那头的人。我是真的爱你。你也尊重我的父亲，愿意为我等待，等待带我回家，等待你自己回家。我发誓，我不会再向你提及姜喜宝和汉斯来让你半夜做无用的宣誓了！我也明白，在得知香港将回归的消息后，你就立刻从加拿大回到了香港。再等等吧，我同你，同我的父亲，再守候几年，这艘渡轮啊定是会返航的。

昨日余晖里，你望着粼粼波光中的幻影，和我说，你要把香港陆离光怪的繁荣搬到内陆，你要成立自己的交流公司。彻夜的思虑后，我决定不再为你担忧：放手去做吧！趁我们还年轻，趁香港正新生，为这一卷中华的新史书，浸注一些我们爱的热墨。就像 Beyond 所唱："理想今天终于等到，分享光辉盼做到。"

黄家驹走了。但我还记得那次你带我去的忘我大汇演上，他们唱完《大地》之后，黄家驹说：

"我相信中华民族，是受得起风雨，能够战胜困难的。"

我相信我们的爱也是。

祝一路平安，一切顺利。

你的秀云
1993 年 10 月 24 日

二

湘儿：

在我写下这些文字的时候，你还在你母亲的温室里，就要睁开眼去见证美丽的新纪元。此刻的我还是一个青涩的父亲。第一次与你对话，我既兴奋，又紧张。我不知道这封信你会何时开启它，读它的时候你是怎样的心情、怎样的处境，莫测的时代又走向了何方。但我想让你知道，这是一个父亲在你生命起点的时候，对你一生的祈盼。

首先，我想告诉你你是谁，你从哪里来。因为人只有知道他的故乡，他未来的探索才不会变成迷惘的流浪。你叫蔡湘儿，三个方块字里融着三个人的血脉。"蔡"是你和爸爸共同的姓，就像是长江从山峰一路汇入遥远的平原，我们的姓也是一代一代，从五千年的中华文明里承接下来的。我们要对它有着历史的敬畏。而"湘儿"二字，有着你的母亲和祖父两个人的影子。孩子，你是一个特别的人，因为你的父亲来自香港，母亲来自湖南，可你却出生在了我们的相识地：广东。在爸爸妈妈相恋之时，外公在遥远的湖南，一边牵挂着爸爸妈妈并不安稳的情感，一边守着香港。可后来香港回家了，他却没能来得及见证圆满就匆匆离去。但是你又是一个平凡的人，因为不论香港、湖南，或是广东，它们都有一个共同的归属，叫中国。我的孩子叫蔡湘儿，她是一个时代变革的见证者，更是香港与内地共同孕育下的牵系人。

　　其次，你在未来一定会遇到一个问题，那便是"我究竟要成为怎样的一个人"？这个问题或许要用上一生去思考，爸爸在这里只能给你两句话作为指引。一是"你要成为你自己"。在21世纪的新时代，高楼平起，经济沸腾，即使是一天之差也足以堪比过往一年之变化。爸爸更无法想象到你的青年时代，中国会翻覆成何样。但我知道那一定是一个属于你们的时代，充满可能的未来。在那时，我祝愿你能在多元的世界里找到自己所爱，并尽力为之奋斗，挖掘自己生命的厚度。二是"你要担负起社会的责任"。人除了要有自我的信念，更要有历史与社会的信念。我们都是社会和国家的一分子，我们既享用着前辈创下的资源，也肩负着一代代的使命与担当。爸爸当年从国外回到香港，又从香港回到内地，当见证了回归初期的差别后，我便决心用我所能为弥补缝隙而奋斗终生。如今我的使命似乎快要完成，这把炬火就要传到你的掌中，相信我的女儿会从热爱里，找到自己在社会的归属，不愧前人，共筑中华复兴。

图1

　　最后，就是爸爸的一些个人的琐话了。相比你的妈妈，我不是一个善于言表的人，看完上面所写下的话，你也许正念叨着"严肃""无趣"。这也可能是未来，你的父亲，我，一直给你的印象。但我想让你知道，不论爸爸在何方、做何事，不论你与我相隔地理上、心理上有多远，爸爸永远爱你，我们永远爱你。我和你的妈妈都想成为曲词里的那个，教你坚毅望着前路，叮嘱你跌倒不应放弃的亲人、家长。可如果我没有做到，女儿，爸爸只希望你记住，你永远，永远是我的骄傲。我不知道我和你的妈妈有没有福分能听到你唱一首《真的爱你》，但是毋庸置疑的是，你的父亲母亲，真的爱你。

快点儿来吧，快点儿成长吧。我的女儿，蔡湘儿。

你的父亲：蔡国光

2003 年 1 月 12 日

三

敬爱的母亲：

祝您生日快乐！

您拿到这封信的时候，应该正好是农历的九月初七。过去的十八年都是您为我点上蜡烛，催着我许愿、切蛋糕。今年我在北京，没有办法回广东陪伴您，就让这封信托着我的思念和祝福与您相见吧！

祝祖国母亲生日快乐！

图 2

看见明信片封面了吗？那是您的女儿，我。在天安门城楼前拍下这张照片后，我将信和明信片一起寄给您。我寄出这张明信片的时候，是十月一日。

妈妈，我离您愈来愈远了。我终于圆了京城梦，来到了祖国的心脏，去求学，去感知。北京和广东区别很大，在这里十月份就得穿毛衣了，天天洗澡是吃不消的。不过您也不必太担心，一段时间下来我便发现，这里好像与南方区别也并不大，交通一样的便捷，加之迅捷的信息沟通，人心一样的热乎，让我很快适应了北京的生活。

母亲，我离您愈来愈近了。曾经我在您身体的最南端，吸纳着您赐予我几近最耀眼的日光，如今我来到了您的心房，倾听您每分每秒的心跳。律动的节奏里，有觉醒年代深沉的呜咽，有反抗年代裂肺的呐喊，有港澳回归亲切的呼唤，还有发展年代越发铿锵的鼓点。

妈妈，那天与您微信视频电话的时候，我忽地发现您在慢慢变老。我曾一直以为，您床头的那支正红色口红可以抹去所有岁月的痕迹，直到我来到北京后，您的脸庞被框在对面的几寸屏幕里，我才看见，一条条沟纹和慢慢变形的面廓。是我那次联考的失误让您变成这样？还是那次我很晚回家？还是那次我和您赌气中午没吃饭？还是……

可是，母亲，您好像又在慢慢变得年轻，变得强盛，变得生机勃勃。过去驼铃声摇了几个世纪，今天是高铁站的一声声上站提醒；碧空被诗人仰望了几千年，今天是神舟与嫦娥在寰宇中相会；乡村被人遗忘了多少代，今天又响起多少新青年的脉搏；还有我的家乡，二十年前就要离别的情侣不用再用双脚丈量海湾的长度，一次港澳归乡后，一座大桥的诞辰，天堑变通途……

我知道，这是一封即将寄向广东省东莞市的信件，我想让妈妈在生日那天看见女儿文字的祝福。但同时，我想在这封信件南下路经的每一寸大地，祝福我们共同的母亲：我们的祖国，我们的党。我要感谢每一处山川，并告诉他们，您的女儿正在一条自己热爱的大道上，用新闻传播专业的话筒，讲好中国故事，讲好我的故事，同时以一名团员的身份，把我们党的故事，一个复兴中华民族的故事，继续讲下去。

今天是您的生日，我多想借此机会，给我的母亲献上一首歌：
"是你多么温馨的目光，
教我坚毅望着前路。
叮嘱我跌倒不应放弃。
没法解释怎可报尽亲恩，
爱意宽大是无限，
请准我说声真的爱你。"
妈妈，不如叫上爸爸，一起听我唱的这首歌吧。

我是真的爱你们，年年岁岁，岁岁年年。

您的女儿：蔡湘儿

2021 年 10 月 1 日

我们的信看到这里就要结束了。你一定早已发现，三封信件都来自同一个小家庭，一首粤语歌曲在一个家庭里传唱。只是他们唱在不同年代，唱给不同的人。可有两件事是肯定的，一是在那些年代里，一定不止这三个人在歌唱《真的爱你》；二是这首歌曲，这些信件，会一直传唱、一直书写下去。

在最后，美丽的人们，伟大的民族，壮阔的梦想，请准我们说声：真的爱你。

图 3

登前人之高山，励青年之征途

河海大学　商学院　市场营销　2021级　香港　张海霞

岁月更迭不休，薪火相传不尽。我们从历史中走来，也向历史中走去，于历史的缅怀便是前进的动力，回首百年笃志向前。

百年倏忽，建党百年，风雨百年。于民族风雨中建立，自复兴风雨中成长。百年倏忽，渺小事物转瞬即逝，党之精神却于民众之土壤中茁壮成长。

百年艰苦，于乱世动荡，力量微小时苦其心智；于内外交困，忧于建设中劳其筋骨；于经济困难，外界封锁中饿其体肤；却弗能乱其所为。艰苦奋斗是百年党史，更是百年初心！

百年复兴，党为复兴始，更为复兴行。百年前嘉兴南湖中那一艘红船的出现，便于人民之希望、民族之复兴的重任推动下，于漫漫历史长河中奔流，于历史的波涛惊浪嶙峋奇石中穿越，成为领航中国、行稳致远的巍巍巨轮。百年征程，波澜壮阔；百年初心，历久弥坚；百年复兴，近在眼前！

于历史的新篇章，以青年自身为坐标原点，回望历史，励志征途！穿过漫漫长河，穿过浩瀚长空，穿过重重树影，向历史回望，去探索！去寻找！去发现！那些让奔腾长河曲折分流的巨石意志，让黑夜长空闪烁星光的不灭精神，让贫瘠大地重现生机的勃勃绿意。立于先辈之臂膀，立于人民之富强，立于中国之复兴的新篇章，向未来进发。去描绘人民的生活，去书写科技的进步，去建设祖国的未来，带上历史出发，是回望更是向前！

重重山水，毅可往之

时光流过，红船不止。若问我对幼时还有什么深刻的记忆？那便是家乡村口的那位老者，那位老者在我幼时已是古稀之年了，却无古稀之年老者的身形，既不佝偻也不无力，他的腰背挺直，目光坚定明亮，仿佛布满皱纹的，只是他的外表，他还有灵魂之火、青春之光！他时常穿着一身老式的中山服端坐在村口的大树荫下，虽然衣服被洗得褪色发白，但却很是干净平整，像他的人一般板正、正直。乍一看，他好似和其他的老者也并无太多的不同，仿佛只有他家中那一枚枚布满了岁月痕迹的斑驳的徽章在诉说着他曾经的荣光。是的，他曾是一名革命老兵。脸上的沟壑中流淌过的是岁月的长河，泛黄的皮肤上映照的是夕阳的光辉。他曾见证过多少光辉岁月，又曾经历过几多似水年华我们不曾得知，但在他的讲述中，在他的回忆里，他仿佛又回到了那段年少的时光。鬓角的斑白变成东北1953年的大雪。口中呢喃的回忆变成了一句激昂的歌词。"雄赳赳，气昂昂，跨过鸭绿江，保和平，卫祖国，就是保家乡"，一句句断断续续却充满激昂精神的歌从雪地中传来，从那一条长长队伍中传来，从被大雪冻得发紫的嘴唇中传来。那是一队即将离开故土，为保家卫国而战斗的士兵。虽然是士兵，但他们大多都只有十七八岁，脸庞都还尚未褪去稚嫩。只有那坚定的仿佛能穿越一切困难的眼光，能彰显他们的身份——中国军人！他们在本该是无忧无虑的年纪，早早地用单薄的肩膀承担起了保卫家国的重任。

迎着寒风，冒着暴雪，翻过家乡的河流，越过异国的山水，向号称第一军事大国的美国发起挑战！战士们身上虽穿的是破旧的棉衣，喝的是冰冷的雪水，吃的是冰硬的土豆，手上是硬硬的冻疮，可这些都不能使他们退缩。不为名利，不为利益，只为背后，是他们的家，是他们的祖国！是需要他们守护的天空，是需要他们保护的土地。支撑他们的是心中对祖国的澎湃热爱，是眼中为祖国的坚定意志。为此，他们背井离乡，跨越重重山水，在异国的土地上为家国安宁而奋力斗争。这一战是中流击水，更是浪遏飞舟。一战扬威，保卫国家！一战雪耻，立我中华！血战上甘岭、冰雪长津湖、肉搏飞虎山，战士们用钢铁般的意志化为桥梁，填平了两军之间的装备差异。让美军在世界战争上的第一次败仗，从此属于我们。战争早已过去，英雄永垂不朽。

可我们要知道强大奋进的祖国、无忧无虑的生活、和谐美满的家庭，甚至是天顶湛蓝的天空、脚下的松软土地，这些我们习以为常的一切，其实并不是历史的必然结果，而是先辈们用血与泪堆砌，在生与死间奋斗，前赴后继、舍生忘死的拼搏成果。

记住他们荣光的不仅只有那一枚枚有着斑驳痕迹的徽章。英雄永在，精神不朽。他们的精神化作红船上的那一面红帆，指引着我们在历史的长河中砥砺向前。他们是历史的篇章。是国家的英雄，更是人民的英雄！他们的荣光连亘古不变的太阳都要为之黯淡。阳光的温度洒在皮肤上，树荫下的那位老者仿佛还在呢喃着那首歌，只有他知道，这就是他为之奋斗的生活。他为此努力过，战斗过。那个地方他们已经去过。这一仗，他们已经打完，往后的日子就交给下一代去建设。

块块基石，艰苦奋斗

> 我为美好的事物消耗着自己的情感，它们的光辉来自我不断地燃烧，但这是一种美妙的消耗。
>
> ——纪德

新中国成立初期，那是一个艰苦的年代，也是一个充实的年代，是奋斗的年代，更是基石的年代。一座城堡，它首先要稳固，其次才是华美。而每一座稳固而坚实的堡垒，底下都有深固优良的基石。这些深埋于地下的基石朴素且紧密相连。它们没有华美的外表，没有优良的环境，没有一丝的装饰。但却有无私于奉献的心。正是它们一块块地堆砌、一层层地累积，才有了堡垒地面上的高耸入云，才有了堡垒外表上的华美装饰，才有了堡垒内部便利的层次构造。这些一切的前提都来自基石的贡献！

那是一个艰苦的年代，也是一个奉献的年代。青年学子放弃城市的便利条件，放弃家人的圆满团聚，到祖国的边疆去，到祖国的山岗去，到祖国的乡村去。去建设，去守护，去发展属于祖国的土地。去帮助祖国的同胞。

是三大改造、一五计划中人民的无条件配合、工人的无条件贡献；是联产承包责任制中为产量上升而在土地中挥洒汗水的农民；是散落在世界各地的中国人民，他们是港胞，是台胞，是侨胞。这片土地是他心之所向，寄托着他们缕缕乡愁。他们多想回到她的怀抱，就像孩子奔向母亲，落叶归根大地。于是他们把毕生的经验、毕生的积蓄、毕生的情感都投入到这片土地中，他们知道那将是最后要回到的地方。正是因为他们如基石般的无私奉献，才有了如今无忧无虑、衣食无忧的生活，他们今天的努力，是为了祖国更好的明天。这是物质的基石，更是幸福生活的开始。

1964 年 10 月 16 日，在我国西部地区新疆罗布泊上空，中国第一次将原子核裂变形成的巨大火球和蘑菇云升上了戈壁荒漠。中国第一颗原子弹爆炸成功了，成为在美国、苏联、英国、法国之后，世界上第五个拥有核武器的国家。自此中国人民真正地在世界面前站起来了！随后是第一颗氢弹爆炸成功，东方红一号卫星发射成功，第一枚导弹发射成功，杂交水稻攻克研发难题，这些成功是我们看得见的。而我们看不见的是，这背后数十年如一日的艰苦研究；是数十年难以团聚的科研家庭；是高强度工作下不堪重任的身体状况；是放弃优越生活；是放弃高薪工作；是放弃家庭团圆；是放弃本职工作。我国著名物理学家钱伟长弃文从理，只因新中国成立初期国家科研人员的异常缺乏，国家工作难以推进。为了国家科研工作的需要而后转学物理，随后在力学上做出重大贡献，与钱学森、钱三强并称"三钱"。他曾说过"国家需要什么，我就去学什么"。

这是他们的放弃，而他们的放弃，是为了国家的得到，是为了人民的得到。这是他们传于我们的科技基石，让中国在数十年后得以在世界中站着说话、大声说话。这也是他们给我们的精神基石，是舍小家为大家的艰苦奋斗，是永不言弃的巨石意志。正是这些坚固"基石"，才有了我们如今幸福安稳的生活。

代代相承，步步向前

习近平总书记曾说，从英雄人物和时代楷模的身上感受道德风范，从自身内省中提升道德修为。明大德，守公德，严私德，自觉抵制拜金主义、享乐主义、极端主义、历史虚无主义等错误思想是青年学习的重要所在。我们向历史回望，向未来进发。

一代人有一代人的长征，变的是环境，不变的是精神。一代人有一代人的担当，变的是事况，不变的是责任。建成社会主义现代化强国、实现中华民族伟大复兴是一场接力跑。我们有信心、有决心作为青年跑出一个好成绩，接过时代的接力棒，去迎接新的时代、新的使命、新的征程！

时光流转不歇，精神亘古不变。美哉我少年中国，与天不老！壮哉我中国少年，与国无疆！中国青年要传承更要向前！港澳台同胞们要发展更要同心！中国的未来需要人民的努力奋斗！更需要团结一心！

大陆、台湾、我

华中农业大学　动科动医学院　动物医学　2020 级　台湾　吴宇贤

我，出生了

　　距离现今三百万年前，我在冰河时期来到世上，立刻置身于一个陌生，却又令人熟悉安稳的环境。我感受到我活着，随着海水面的升降，我连结了岛屿与陆地，为犀牛、剑齿象、梅花鹿、弥猴、水鹿、山羌、野猪开辟新的道路，成为连通大陆与岛屿的生物走廊。岛上高山耸立，形成兼具热暖温寒垂直分布的多样生物居栖带，大陆南下避寒的、东移觅水的生物大举迁徙，小岛便如同聚宝盆般聚集了大陆性及岛屿特有种的各类生物，小岛甚至成为气候变迁中的避难所。

与人类的第一次会面

　　原本在我身上爬行的动物们，也纷纷到了两边定居了下来。随后，我成了五彩缤纷、景色奇异的海峡，在我身体里，有似红血球的血红色水母们随着波浪一股一股的流动，也有可怕的鲨鱼，宛如我血管中的白细胞，负责吞噬各式各样的敌人。在夏天，我的血液从南边温热的太平洋流过，到了冬天，就会被北方的海水滋润，带来许多海水中的营养，在被海水浇灌着的同时，我感受到我活着。

　　某一天，有只小船，小船上面挂着旗子，那是我第一次见到有人类在我身上穿行。随着时间的推移，贸易也越来越频繁，我成了台湾与大陆之间不可或缺的角色，慢慢地察觉到我身上的重责大任，联系着两块陆地。

　　一个跟我关系不太好的邻居，身边的人都以"日本"称呼他。在 1874 年，他曾经因自身的利益，攻打了我的家乡，导致清政府与日本产生外交冲突，而日本却自称是为了达到保民义举的目标与精神才出兵的。清政府方面，不言赔偿兵费，而将五十万两白银拆成十万两的"抚恤"与四十万两的"购买道路房屋"，算是在保存颜面的情况下息事罢兵。清政府将这件事情称作"牡丹社事件"，从这次事件开始，我逐渐得到了重视。此后，虽然常常受到英国、日本与法国的压力，但我并不是独自一人走在这条留下碎梦和幻想的孤独长街，清政府从没有放手，总是给我完美的一切。

痛失家人的五十年

在 1895 年到 1945 年间，我被割让给日本，日本为了达成一系列的侵略，尝试各种洗脑手段与愚民政策。

日本推行一系列同化政策，强迫我认同日本与日本天皇。日本开始强烈要求台湾人民说日语、穿和服、住日式房子、放弃台湾民间信仰，同时也要每日向日本天皇的居所膜拜，虽然不强制，但是如果没有遵守的话，日本政府就会把一切的权利剥夺，连正常的生活都没办法继续，这五十年，是我的耻辱，我失去了与家人的联系。

我，回来了？

抗日战争是我们中国人抵抗日本侵略的一场民族保卫战，许多台湾同胞也投入了这场战争。1945 年，第二次世界大战结束，日本战败并签署《终战诏书》，我终于可以回到祖国的怀抱，在这五十年间，我一心向着我的祖国，朝思暮想着光复。今天，终于来了。

我双手打开迎接我的祖国，发现来的是无情而愚昧的国民党。每夜间均有满载尸体的卡车数辆，来往于台北—淡水或基隆间。至 3 月底，我在基隆候船 10 天，几乎每天都能看到从海中漂上岸来的尸体，有的尸体旁亲属围坐而哭，有的尸体则无人认殓，任其腐烂。累积一年多的不满国民党政府倒行逆施导致民不聊生的庞大民怨至此总爆发，各地发生军民冲突。

我，是谁？

　　我是连接两岸的桥梁，从三百万年前至今都紧紧连接着台湾与大陆。在21世纪，我在台湾出生，之后来到了华中农业大学，深入了解两岸的文化。

　　我是台湾人，我是中国人。我知道，简单几句赞美祖国的话对于这个题目来说太过苍白无力，但我又想不出更好的表达方式，只得反复斟酌，力争完美。

　　但因各种情势影响，岛内有些人不知道台湾人民曾参与祖国的近代历史，甚至不知道曾参加了十四年抗战。值此21世纪初始之际，我们需要铭记历史，铭记无数先烈投身抗战，用生命、鲜血写下的历史，让英雄事迹永远流传，革命精神继续发扬。

民族复兴　你我同行

济南大学　外国语学院　法语　2018级　台湾　邱柏勋

　　1921年，在那个一片死寂且黯淡无光的时代，一盏微弱却耀眼的烛火被点燃了，在黑暗笼罩的背景下，随着烛光熠熠，希望的光芒照亮了沉寂已久的神州大地。饱受战乱之苦的农民，身处山壑，满是茧子的双手，缓缓拾起镰刀；尝尽生离死别的工人，身处工厂，满是煤渣的双手，慢慢握紧锤子；他们都开始勇敢地昂首望向希望之光，而后的数十载，让人民惴惴不安、芒刺在背的帝国主义、封建主义和官僚资本主义"三座大山"被彻底推翻了，中华民族的复兴之路也正式步入正轨。

　　这就是家喻户晓的建党历史。今年是中国共产党建党的第一百个春秋，亲临建党一百周年的我，身处在大陆，我不禁在心中感慨：这改变中国命运的历史事迹，自红船扬帆起航的那天起，航行了一个世纪，如今恰是风华正茂。其中不乏爱国志士和知识分子的伟大贡献，这段漫长且艰辛的奋斗之路，一路走来，着实不易，他们在民族存亡之秋，担起民族复兴重任，为唤醒中华民族的团结精神殚精竭虑，怀揣"前不见古人，后不见来者"的决心，争做有远大抱负的时代先人，可以说是真正做到了不忘初心，牢记使命，在百年奋斗路上，无所畏惧，勇往直前。

　　百川东到海，何时复西归。时光荏苒，我才惊觉今年已经是我来到大陆的第四年，同时也是大学的最后一年了。遥想刚入学的我，拖着沉重的行李箱，目光闪烁着未知，迈着小心翼翼的步伐进入校园，如今的我，在四年大学教育的洗礼后，对自己的心之所向有了更明确的定义，眼神变得更加坚定，昂首阔步，迈出自信的步伐，跃跃欲试地去面对未知却又五彩斑斓的未来，续写人生新征程的精彩篇章。

　　这四年里，在祖国大陆生活的点点滴滴，必定是令我永志不忘的，我深信自己当初做的决定，也倍感荣幸位列十四亿多人口之中，身临其境地去体会、参与和感受祖国的壮大。从祖国的一草一木、一砖一瓦，到市民的一言一行、一箪食一瓢饮，无论是用慷慨激昂的心胸去感悟，或是用朴实无华的日常去融入，始终都让我觉得深有感触，正所谓不是一家人，不进一家门，民族认同感是我们华夏子民团结起来的根本依据，也是我们中华民族赖以茁壮成长的根基，更是我们中国人在这无穷尽之奋斗路上的灯塔。

在这四年里，我经历了四次国庆节，也经历了新中国成立 70 周年。每当国庆节来临的前一周，路上都能看见张灯结彩的景象，一面面鲜红的国旗悬挂在路边，衬着路灯上一个个大红灯笼和闪烁的红灯，形成鲜明的"中国红"画面，这个画面不禁让我泪眼婆娑，打动我的不只是"中国红"这个颜色，而是它代表的意义，国旗上那一抹红就如同流淌在我们中国人血液中的那股坚韧。它伴随我们走过动荡不安，好不容易换取到现在的国泰民安、安居乐业，我心中必然充斥着无尽的感激、赞叹、欣慰和祝福。

今年 5 月，天问一号的巡视器成功着陆于火星表面，开展中国首次火星探测任务，实现了我国在航空探测领域的技术跨越。同年 6 月，神舟十二号载人飞船在酒泉卫星发射中心成功发射，三位航天员的飞行任务取得圆满成功。这两件具有划时代意义的事件让我深刻感受到祖国的伟大，从前期的技术研发，到后期的程序规划以及针对航天员缜密且严格的训练工作，每一个环节无不经过国家高科技人才的长期坚持和付出，方能收获傲人的成果。曾经，外国人眼中或许只有美国人能实践的航空任务，如今我们凭借自己强大的实力，逐一实现了，这些成就无不彰显我们正迈向民族复兴的新征程。

近年来，在中国共产党的带领之下，中国发展尤为迅速，这是大家有目共睹的。在疫情期间，我们党发挥了强大的调度能力，人民的生命安全获得了最基本的保障，生活的幸福感也大幅提升。在祖国的悉心栽培下，我得以茁壮成长，并可深度挖掘自身价值，那份最真挚的感谢是不言而喻的，因此，我立誓要将感谢化为行动，唯愿自己可以全身心投入建设祖国的行列中，哪怕是微不足道的贡献，我也希望在往后的人生里，为中华民族复兴之路尽绵薄之力，延续奋斗之精神。

今年 7 月，正值盛夏的酷热，对于即将大四的我来说，寻找实习机会迫在眉睫，各种紊乱无序的想法涌上心头，综合评估自己的专业方向、就业渠道和市场前沿后，由于许多就业资讯的缺乏，始终得不出一个明确的定论，而这件事在我参加了山东省台港澳事务办公室组织的"鲁台港澳大学生齐鲁行活动"后，逐渐出现了转机。

图1

图2

此次活动中，我们在台港澳事务办公室领导的带领下，走访了济南、威海和烟台等地，除了参观当地著名景点，我们也参访了许多企业、自贸片区和创就业辅导中心，其中不乏夏普、旺仔、富士康等多家知名台资企业，几乎每一个地方都给我留下了深刻的印象，而自贸区烟台片区的展示厅尤其令人惊艳。从烟台自贸区的展示厅中，我们了解到：今年是"十四五"开局之年，习近平总书记针对新业态新模式的产业结构提出了明确指示，未来将会持续扩大改革开放的力度，自由贸易区的设立也就起到至关重要的作用，再结合综合保税区的关税优惠，两者相辅相成，鼓励进出口贸易，带动区域性经济成长。在此次活动中，我受益匪浅，了解了很多优惠政策，涉猎了许多产业结构和市场需求，最大的收获莫过于对自己的就业定向、企业实习和职业规划产生了初步的定义、想法，也加深了我想在祖国大陆创就业和扎根的决心。

李大钊曾言："凡事都要脚踏实地去做，不驰于空想，不骛于虚声，而惟以求真的态度作踏实的工夫。以此态度求学，则真理可明，以此态度做事，则功业可就。"脚踏实地去做任何事既是成功的真理，也是我们实现民族复兴不可或缺的品格。作为马上要步入职场的时代新人，我已经迫不及待地想为国家建设做出贡献，我势必善加利用自己大学四年积累的外语知识，发挥个人的性格优势，在瞬息万变的市场生态和波谲云诡的国际局势下，无论自己身处哪一个岗位、哪一个产业，我都会效仿革命先烈不屈不挠的奋斗精神，在其位谋其职，树立良好的价值观，为我国社会主义现代化建设拼搏。我必将顺应国家政策的引领，将中华民族复兴视为人生理想和终身奋斗目标，成为推动党和国家事业发展整体向好的储备军和中坚力量。

图3

"我们中华民族有同自己的敌人血战到底的气概，有在自力更生的基础上光复旧物的决心，有自立于世界民族之林的能力"，这是毛主席对于中华民族之坚毅做出的评价。"这场抗击新冠肺炎疫情的严峻斗争，让你们这届高校毕业生经受了磨练、收获了成长，也使你们切身体会到了'志不求易者成，事不避难者进'的道理。前进的道路从不会一帆风顺，实现中华民族伟大复兴的中国梦需要一代一代青年矢志奋斗。同学们生逢其时、肩负重任。"这是2020年7月7日，习近平总书记给中国石油大学（北京）克拉玛依校区毕业生的回信，化用《后汉书·虞诩传》的诗句，期许广大毕业生不畏困难，奋勇拼搏。回首百年奋斗路，根深蒂固的民族气节使我们无惧险恶；远眺复兴征程路，层出不穷的各种考验使我们越挫越勇。

孙中山曾说过："惟愿诸君将振兴中华之责任，置之于自身之肩上。"今天的我们有幸身处在这太平盛世，也是中华民族复兴的最好时代，作为新时代的中国青年，我们能做到的反馈正是传承中华民族之精神，实践民族复兴之任务，缔造百年计划之辉煌。道阻且长，但志气犹在，百年奋斗精神之传递，终会让我们无所不及，也终会实现中华民族伟大复兴的中国梦！

此心安处是吾乡

厦门大学　经济学院　金融　2019级　台湾　刘天财

> "小时候，乡愁是一枚小小的邮票，我在这头，母亲在那头……而现在，乡愁是一湾浅浅的海峡，我在这头，大陆在那头。"曾几何时，我像诗人余光中一样，隔海相望，对这片神奇的土地心驰神往；如今，我同十四亿中华儿女一道，生活在这崛起腾飞的中国，自豪而幸福。
>
> ——题记

一、何人不起故园情，心驰神往最相思

我父亲是台湾人。20世纪90年代，他得益于改革开放的国家政策，于广州开办了自己的工厂。在广州他与离开家乡南下羊城的母亲相遇，并在此迎来了他们各自人生的转折点。

1997年，我在台南出生，这是一个位于台湾西南部的城市，西临台湾海峡、东依阿里山，急水溪的清流如母亲的乳汁，滋养了这片土地。而母亲的家乡浙江衢州，也有一座被称为"母亲山"的三衢山。小时候，当妈妈给我讲起台湾的阿里山和福建的武夷山是由母女变化而来，隔海相望而不能相聚的传说时，眼中总是不由地泛起闪烁的光。然而当时年幼的我只觉得故事有趣，却还不知道她那是想家了。

稍稍长大以后，我才知道看似一望无际的大海原来也不过只是一湾浅浅的海峡，而它的尽头，还有一个更加幅员辽阔、人口众多的地方。随着时间的推移，我渐渐识字以后，自己就会主动阅览一些图书。不过我最喜欢看的还是百科全书，里面的插图和故事都特别吸引我。我跟随百科全书上的图画和介绍，领略中华民族五千年的灿烂文化和期间涌现的诸多历史人物、长城

故宫、秦俑汉雕、可爱的熊猫、丰富的美食等，这些都无一不深深地激发了我的好奇心。

晓事后，随着对历史的进一步学习，我才真正开始明白这片土地的神奇之处。1895 年马关条约的签订，台湾被割让给了日本侵略者，给台湾的历史留下了不堪回首的一页。"四万万人齐下泪，天涯何处是神州"，每读至此，愤然不已，但这也不过是中华民族近百年屈辱历史的一个缩影。

1840 年以后，近代中国在战败、割地、赔款的泥淖中越陷越深，一步步沦为半殖民地半封建社会。而我们的民族并未就此沉沦，而是勇于在绝境中求生存，虽然屡战屡败，但屡败屡战。地主阶级抵抗派、洋务派、维新派、资产阶级革命派、激进派先后登上历史舞台。但农业文明面对工业文明时的不堪一击，让先辈们用血泪为我们书写了"落后就要挨打"这一不变的铁律。1921 年，伴随着中国共产党的成立，无产阶级开始走向中国革命的中心。"千淘万漉虽辛苦，吹尽狂沙始到金。"历经 28 年的浴血奋战，这个年轻的政党带领国家实现了民族的解放、国家的独立和人民的自由。

我们的民族具有勇于在困难中谋发展的优秀品质。新中国成立之后，在中国共产党的带领下，这个国家走上了社会主义道路。"一桥飞架南北，天堑变通途。"选择了正确的道路，古老而辽阔的中华大地自此发生了翻天覆地的变化。"两弹一星"、杂交水稻、超级计算机……这些都在向所有轻视我们的人诘问："外国人能干的，中国人为什么不能干？"中国人终于在世界面前挺直腰杆了！

因此我时常会好奇地想，对岸的大陆到底是一片怎样的土地，能孕育出这样英雄的人民？创造出这样非凡的业绩？自此，这种莫名的乡愁在我的心底扎根，更加期盼着什么时候能到妈妈的家乡看一看。

二、今朝一跃梦成真，无限眷恋归家乡

2004 年的寒假，我终于迎来了记忆中和大陆的第一次邂逅。更令我感到兴奋的是，我要去的，正是母亲的老家——浙江省衢州市开化县金村乡。而这一连串地名的背后，是一段难忘的旅程。为了去开化县城，我们凌晨四点就从台南出发赶到高雄，搭乘飞往香港的早班机，再从香港转机到杭州。在杭州机场，我们与前来接机的舅舅汇合，一起坐出租车在蜿蜒的山路上穿过大半个浙江北部，才终于在凌晨两点到达开化的四姨家。

　　四姨家是位于县城边缘小村庄的两层半小楼，是母亲娘家亲戚中生活条件偏好的。然而当时她屋里地面抹的是水泥，楼梯没有扶手，家里没有热水器也没有浴室，最值钱的家电还是一台过时的小彩电。对门的老屋墙壁是拿石头掺黄泥垒起来，作为全家人共用的旱厕。村子里没有正经的道路，狭窄的黄泥路上垫着大小相近的鹅卵石，往县城方向延伸数百米后，突兀地变成水泥路。县城里总体还算整洁，但空旷的马路上汽车稀少，绝大多数都是人力三轮车。至于路旁的店铺，餐馆里烧的是蜂窝煤，杂货店里灯光昏暗，商品像是蒙了一层灰。

　　转眼到了 2008 年，由于父亲工作变动的原因，我们举家来到莆田定居。这里是与齐白石并称"北齐南李"的国画大家李耕的家乡，而福建如画般美丽的青山葱林、蓝天碧水也让我想起了童年记忆中的阿里山。

　　来福建以后，要去浙江就容易多了。2012 年中考结束后，我的第二次衢州之行悄然到来。不一样的是，这一次我们是从福州直接搭乘火车前往衢州。刚到四姨家，我还以为她们搬到城里住了。后来才知道，原来是随着开化县城的扩张，四姨家已经"来到"县城中心区附近，原来的小楼翻新为三层半的独栋别墅，各种生活设施也翻新了。县城里到处铺的是柏油路，人力三轮车早已不见踪影，路上汽车也多了起来，各类店铺在马路两边鳞次栉比。虽然有些地方依然能够看到当年那个老县城的影子，但整体上俨然是一座繁华的小城了。

　　这次再回到我的老家，台南市柳营区，心里多少有些不是滋味——因为它和紧邻的新营市一样，这十几年里几乎没有发生太大变化。由于缺乏更新基础设施的动力，这座老城"一如当年"，时光的雕琢在城市的脸上留下了斑驳的痕迹，曾经的繁华在现代化的步伐面前也有点英雄迟暮。

　　说来也巧，第三次回到衢州又是时隔八年的 2020 年。这年 8 月，我在上海结束 14 天的隔离之后，于返回厦门上学之前乘坐动车再次来到久违的开化。与这里久别重逢的我，站在高楼上眺望，已经完全认不出这座曾经的小城。开化真的是"开化"了！曾经横亘在城区中央的若干座小山不知被哪位"愚公"搬走了，写字楼、大型商场、各式建筑拔地而起，星罗棋布于这"扩容"的山间平原。宽阔的马路竟然也有了上下班高峰期堵车的"烦恼"，夜幕之下的县城灯光闪烁，璀璨耀光。恍惚间，我感觉自己仿佛身处厦门。

图1

图注：开化朴岭村党群服务中心

图2

图注：开化新农村

图3

图注：开化市景

三、试问岭南应不好？此心安处是吾乡

元丰六年（1083年），苏轼设宴为北归的好友王巩接风，因忧心其在岭

南受苦，席间便问及广南风土。而我定居莆田以后，台湾的亲友、儿时的伙伴也和北宋的东坡居士一样，十分关心我在大陆生活的情况。

回望这过去的十几年，我绝大部分时间生活在大陆，亲眼见证了祖国的快速发展和惊人成就。2003 年，准备第一次去大陆的我，知道太空刚刚留下了中国人的身影；2008 年我来到福建，那一年，我们众志成城，战胜了汶川大地震的天崩地裂，实现了百年奥运扬我国威的梦想；2012 年当我第二次回到母亲的故乡时，我们国家拥有了自己的第一艘航母，在和菲律宾的黄岩岛对峙中没有后退一步；2020 年，在全球新冠疫情肆虐的情况下，中国率先取得了疫情防控的阶段性胜利，我也得以顺利返校上学。

如今的中国，已经是世界第二大经济体，工业体系齐全完备，科技创新层出不穷，社会发展日新月异，这足以让每一个中国人都感到自豪，也在我的心中激起了澎湃的浪花。2021 年 6 月，作为青年志愿者，我参加了厦门市湖里区汇元台青基地的开幕式和厦门市银行业保险业台胞台企服务站的揭牌仪式，也在全国台联台胞青年千人夏令营和厦门银行台籍实习生计划中收获了锻炼和成长。

图 4

图注：参加台胞青年千人夏令营——参访乌兰塔拉纪念馆

图 5

图注：参加厦门银行台籍实习生计划

图 6

图注：参加厦门银行台籍实习生计划

在这些活动中，我能够深切感受到祖国大陆对于台胞的照顾与支持，感受到祖国为增进台湾青年对大陆了解、加强两岸间联系所做出的努力。

中国坚持在"扩大对外开放"中抓住机遇的同时，台湾正逐渐背离开放合作的时代潮流，地区发展也慢慢落后于祖国大陆，且经济差距还在不断拉大。

岁月如流，时节不居，虽然诗人余光中最终还是没能化解"从这头到那头"的乡愁，但海峡两岸都迎来了他们年轻的一代。如果台湾的每一位青年，都能够主动了解祖国大陆的发展成就和广阔前景，那么这将帮助台湾的新生代，把目光放到祖国大陆、放到全世界。像我们这样生活在大陆的台湾青年，或许就可以在这个过程中，起到架桥铺路的作用，而我也愿意为这座两岸间桥梁的建设添砖加瓦。

我的童年在台南度过，那里有我割舍不下的羁绊；而在福建生活、学习十几年的时间中，这片土地日新月异的变化伴随着我成长，早已成为我的第二故乡。

我想我无疑是幸运的，因为我找到了自己的故乡，也寻到了自己的根。这一路走来，我感受着每座城市快速发展的节奏律动，聆听到人们奔向美好生活的欢声笑语。我沐浴在新时代的阳光下，感受到了沁人心脾的温暖和从未有过的平和。每当我站于高山之上，回望海峡另一端儿时的我时，就会想着海峡那端除了埋藏着我从前的好奇之外，还藏有过去、现在和将来的无数双隔海相望的眼睛。

百年奋斗 十秩征程 一世辉煌

厦门大学 化学化工学院 生物工程 2020级 香港 黄润萍

奔小康，富安邦，脱贫攻坚全摘帽。
高低平地心相牵，中华儿女谱新篇；
红色血脉得赓续，七一授勋许荣誉；
现代考古一百载，继往开来绽风采；
厦大期颐得一函，细习慢品心波澜。

时时变，日日新，生化科学领军跑。
二氧化碳固淀粉，中国科研技术稳；
合成效率节节高，《科学》刊中频频现。
神箭神舟齐亮眼，天和核心居天边。
辛勤汗水为航天，"太空之吻"心头甜。
五谷丰登报袁老，黄金稻谷粒粒饱；
湖南衡南双季稻，三千斤亩压弯腰。
粮食薪水样样足，闲暇出行不含糊；
听闻何事新出炉，中国中车磁悬浮。
六百时速贴地飞，地表最快君莫属；
独特结构靠技术，惊艳世界皆羡慕。

拼意志，展实力，世界舞台显气派。
国际军事大比拼，群英荟萃高水平；
震耳欲聋最强音，当属中国子弟兵。
奥运健儿渡重洋，神清气爽斗志扬；
雄姿勃发士气足，摘得奖牌兜儿鼓。

倡低碳，护环境，保卫生态"金饭碗"。
"绿化将军"张连印，生命为线织绿荫；
荒山野岭风吹打，一锹一土造密林。
绿水青山育人民，爱家爱国植入心；
莺歌燕舞云飞翔，净水蓝天新风尚。
中华遍地是瑰宝，美丽家园携手造。

家家好，户户赞，幸福社会创新局。
开放三孩家美满，社会均衡稳发展；
农村厕改无小事，贯彻落实齐整治。
扫黑除恶见效好，恶虎苍蝇无处跑。
清朗风纪不可少，违法违纪进大牢。
廉洁奉公君之道，信念坚定实可靠；
忠诚担当素质高，人民群众需依靠。
上下齐心为抗疫，把控病源严管理；
查漏补缺新例宜，不法之徒勿喊冤。
"一国两制"稳致远，国安护国心愿圆；
治港当由爱国者，主权明确不可割；
为家平安出良策，安居乐业人人得。

初心牢记，砥砺前行不能停。
上合组织二十岁，牢抓合作新机会；
对外开放走出去，求同存异和为贵。
金砖十三齐联手，恪守原则正步走；
互利共赢求奋斗，同舟共济不忘根。
互学互鉴及人文，科学溯源担责任；
外交主动助发展，强势霸凌不沾染。
洁身自好多相助，宽宏大量知荣辱；
棉花软来骨气硬，黑白颠倒君可停？
晚舟晚归灯火明，正气凛然直道行。

忆往昔承大道，启精神开盛世

深圳职业技术学院　管理学院　人力资源　2021级　香港　方浩楠

百年已去，焕然一新，贫苦已褪，富强崛起。民族觉醒，国家复兴，峥嵘岁月，方待乘续。我国青年为国家树风尚，为进步立榜样。灿烂国家之文明，绚烂民族之精神。为世界创文明，为人类造幸福。以青春之躯体，立青春之国家，树青春之精神。

忆往昔，垂死病中惊坐起，暗风吹雨入寒窗。近代中国内忧外患，内部各路军阀混战，外部列强虎视眈眈。腐朽的清王朝已沉疴难治，疾病缠身，致使买办横行，军阀割据。农民被压迫，工人被盘剥。国家利益受到侵害，却无人伸出援手，只能将胶东半岛拱手让人。或许，世人皆"以相取国"吧？或许，"白银"会摧毁"青铜"吧？可惜可惜，他们忘了春秋战国，百家争鸣。斜风细雨不断，狂风骤雨将至！

"19加2等于几？""21。""21减2等于几？""19。""两年的雨能否积水成渊？""对，还能蛟龙生焉！"

1919年5月4日，北京，愤怒席卷了大街小巷。以红楼为中心的学生集团与工人阶级散落在大街小巷，抗议丧权辱国的二十一条。抗议声由北向南扩散，这一声声呼喊，如一滴滴甘露聚集流向每一条湖泊河流，一个鲜为人知的主义正在这片大地上蔓延，一个党派将于湖泊上悄然诞生。与此同时，中国工人阶级正式登上历史的舞台，国际歌也第一次在这里奏起，半殖民地半封建时代里的最后斗争即将拉开帷幕。

"踏入丛林觅大义，方晓豺狼虎豹集。子欲铸剑劈贼寇，汲水淬火锋芒露！"

1921年7月23日，嘉兴，南湖上染着层层迷雾，一艘渔船泛着红。初立伟业，不过13人而已，中国革命在这艘船上得到升华。一块块铁在淬马克思主义之火、汲列宁主义之水后，锻造成了属于人民的"英特纳雄耐尔"之剑。

从此，人民以此破旧立新，除暴安良。从此，剑的锋芒，让中国人民心里敞亮，让反动分子惧得发慌。

"豺狼虎豹势炎盛，东瀛贼寇占宫阙。鸡犬不宁夜三更，枪弹倾泻扰明月。适时当应行大义，蒋公一派胡言拒。虎将狼兵皆不满，腊月十二起义反。终联赤刃齐抗敌，中华大地泛旌旗。"

1937 年 7 月 7 日，北京，卢沟桥事变，全面抗战开始。这是一场农业国家与工业国家的战争；这是一场捍卫国家领土的战争；这是一场反法西斯的战争；这是一场唤醒民族改变国运的战争。以血肉之躯挡钢铁巨兽，以爱国之心舍生取义；为天地立心，为生民立命，承往圣绝学，以求开万世之太平；执正义之旗，抗文明之敌，舍己之性命，捍世界之和平；纵山河破碎，身世浮沉，不惧流落四方，但惧家国危亡。纵天下人笑吾国以螳臂当车，但使吾国家之人民牺牲多壮士，叫日月换新天。

"纵观古今山河碎，分久必合合久分。自古辈有豪杰出，今执赤忍将虎屠。"

1945 年 10 月 10 日，国共双方在重庆签订了"双十协定"。几个月后，蒋介石撕毁了这份协议，向我党根据地发起进攻。而他想不到，他眼中不堪一击的共产党，会让他败走台湾。"辽沈战役"，我军奇招百出，一举击败东三省的反动势力，使国民党军队叫苦不迭。"平津战役"，在军队以及我军情报部门的配合下，通过一场场大大小小的战役，不仅创造了一个个军事奇迹，还和平收复大块版图，包括我国三朝古都北京（当时称"北平"），极大地保护了我国的文化古迹。"淮海战役"，节节败退的国民党军队已成强弩之末，在我军赢下徐州会战后，国民党高层纷纷卷款潜逃至台湾。

"钟山风雨起苍黄，百万雄师过大江。"

1949 年中，我党军队纷纷渡江，将我国南部大片领土收复，并将众多为解放战争做出了重大贡献的民主人士接至北京。1949 年 10 月 1 日，中华人民共和国于北京成立，从此那个曾经备受欺辱的半殖民地半封建国家一去不复返，中国人民在我党的带领下站起来了！

"雄赳赳，气昂昂，跨过鸭绿江。雪濛濛，势涌涌，将士气势壮。前路漫，气候寒，莫言抗美难。卫家国，助盟友，炮声似狮吼。连夜战，血汗散，直取三八线。枪声急，炮鸣密，无惧但前行……"

新中国成立之初，内忧外患。核威胁如一片厚厚的乌云笼罩在我国上空，全国各地开掘了大大小小的防空洞。此时，我国一穷二白，在核技术方面的研究基本上可以说是空白状态。但家国有难，万方支援，旅居于外的各路科研人才知悉祖国和人民的艰难与不易之后，纷纷归乡。他们为了祖国的国防事业，不辞辛劳，不计个人利益得失，舍生忘死，只为一心一意地为祖国和人民从事核技术及导弹研究。抗战前，大量的科研人才赴美学习。而当时，美国视我国为远东的最大威胁。无数心怀精忠报国之志的能人志士在归国路上被阻拦、迫害。而以钱学森学士为首的一批高级知识分子，经过千难万险，远渡重洋，终于回到祖国的怀抱。他们经过十几年的刻苦研究，仅靠着苏联在初期给予的一些资料，以及较少的科研资金，艰苦卓绝，数十年如一日地奋战于科研前线，最后白手起家，为我国研发出了举世瞩目的"两弹一星"，破除了他国的核威胁。为维护我国的国家主权以及人民利益，他们奉献出了一把用血汗铸成的"尚方宝剑"。

敌乱除，百废待兴。党的十一大，春风得意。改革开放，百业齐鸣。南方谈话，市场经济绚烂社会主义。20 世纪 90 年代，圣龙昂首。百年流离，港澳终归。百年征途，克无数艰难险阻。如今，盛唐气象，东京梦华再现。但我们是否因此就可以停下脚步，好好享受先辈们给我们创造的丰厚成果呢？

生于忧患，死于安乐。物质文明的发达往往带来精神文明的破落以及心理上的自私。纵使今日，全民小康。若他日，危机再现。若我们总自满于自己过去的成就、安逸的现状，以及仅为了个人发展不择手段（精致的利己主义者），我们是否还能像应对抗战般、疫情般的危机一样，同仇敌忾，众志成城呢？"天下之患，最不可为者，名为治平无事，而其实有不测之忧。坐观其变而不为之所，则恐至于不可救"，"秦人不暇自哀……亦使后人复哀后人也。"如今，虽举世太平，却暗流涌动，野心狼依旧狠狠地盯着我们，用各种各样的手段渗透我们的文明。复兴大业尚未成，怎能止步不前！

士不可不弘毅，任重而道远，仁以为己任。助力祖国复兴，我们青年责无旁贷。我们要心怀天下，心系家国，扼杀抬头的精致的利己主义，让年轻人不再"卷"。为最后的斗争作准备，发奋图强，强健体魄。缅怀先烈，铭记精神，承先人之志。勤于思考，大胆创新，开华夏之新。百年征程路漫漫，我辈今日回首看。早立壮志承旧志，开新征程造复兴！

回首百年奋斗，走上复兴之路

苏州大学　东吴商学院　会计　2020 级　台湾　詹明烨

五月初我和远在台北的朋友通电话，告诉他在假期里我乘飞机去长沙喂老虎，告诉他我在动物园做志愿者的过程中，认识了许多性格友好的湖南朋友。他很诧异："为什么可以到处玩？大陆的疫情真的已经结束了？原来这不是媒体的虚假宣传啊？"我嘲弄他："你信新闻还是信我呀，这边已经完全安定了，大家都很幸福。"

类似的对话还发生在我和家人、朋友的交谈中。我无法让他们与我一起亲历大陆生活的种种，我只能用自己的双眼去看上海大都会的不夜繁华；看烟雨姑苏的清新俊美；看长沙小吃市集的人山人海；看无数城市里无数幸福的人间烟火并暗自赞叹，

于是揶揄他们："别听什么信什么，赶紧找个空来大陆亲眼看看啦！"——然后忽觉自己也才来到这里一年，却已经深深折服，只余自豪了。

是呀，才一年而已。一年多前我怀着忐忑的心情申请了大陆的高校，惊喜地收到了录取的通知，新冠疫情却突然席卷全国。正当我觉得全国人民生活艰难、开学遥遥无期时，突然又收到了正常开学的消息。这么快？困惑、不安、将信将疑，一切疑问却在我抵达上海隔离的宾馆、打开电视观看新闻时得到了令人心安的回复：电视中播放着疫情收尾阶段隔离在家的武汉人民

自发在晚上打开窗户合唱《我和我的祖国》的实拍视频，歌声与万家明亮的灯火点亮了视频中的小小夜空——莫名的心安。是的，在灰白的磨难与危机面前，在坚强有信仰的人民身后，有一位可靠的红色巨人在。看着看着我突然明白，只要党在，这里的人民就无所畏惧。

铭记历史，红色永在

今年，这位红色的巨人正在度过他的百岁生日。他从五四青年的呐喊中被孕育、在浙江嘉兴南湖一条小小的红船上诞生、在磨难与阵痛中成长，与侵犯家园的敌人浴血奋战，击败了误入歧途的兄弟、在谬误与思索中砥砺前行、如今又在新时代的浪潮中勇立浪头、迈向新的征程。百年风雨没给这位红色的巨人留下丝毫衰老的痕迹，世纪的负重前行无非使他更加成熟有力，党，似乎永远年轻。

为什么会这样？后来发现，答案鲜活地显现在党的每段历史中。国庆假期时我去看了以抗美援朝战争为背景的历史影片《长津湖》，电影的末尾把一段真实的历史场景再现：南逃的美军被这样的情景震撼——一排排志愿军战士伏卧在零下40摄氏度的阵地上，手握钢枪、手榴弹，保持着整齐的战斗队形和战斗姿态，仿佛是将要跃然而起的"冰雕"群像。让这些"最可爱的人"不惜放弃生命也要坚守的，不仅仅是实体上的阵地、军令，更是高于理性与意志之上的信仰。

回首百年，红船上的志士有遇险的、有罹难的，共产党的思想浪潮却从未停歇；民族危难之际，无数血肉筑成的新的长城让血脉得以连续；兄弟反目之时，渣滓洞的革命战士用生命的绝响为祖国庆生。黄河决堤、汶川地震、守卫边疆，用汗水与泪水洗去人民的苦痛的军人们啊！用个人的孤寂承担整个中华民族航天梦想的宇航员们啊！用自己的生命垂危去换患病者生命的"逆行者"啊！你们怎会老去？又怎么可能老去？你们每个人都将注定在人民的历史中永存，而党也因为你们才会在人民的信仰中永远年轻。

我怀着这样的想法走出影院，发现道路边、建筑旁的红色标语不再是铺陈的可能被忽略的东西，此前它们之所以会被我们忽视，只因为我们认为轻飘飘的它们负担不起信仰与历史的沉重意义。

红色精神，永续延传

没错，只有人会老去、死去，"人民"却会永远年轻，因为信仰不灭，每个人的生命都将在"人民"的历史中永存，党也就会在"人民"的信仰当中永远年轻。

把目光向一块"庆党的百年华诞"标语后面的城区望一望，看到了苏州城的高楼群、城中公园与遥远的湖泊。美好的城市景观就在庆百年华诞的立牌之后，好像无声诉说着"百年奋斗路之后就是新时代的复兴征程！"，我以为这是人为的却极富韵味的巧合。

古色苏州，创新发展

苏州真的是一个非常奇妙的城市，传统的江南文化、中国文化与新时代改革开放的思潮在这里是荟萃的。换句话说，历史感与时代性在这座城市是融合的，这种并存的发展特点与整个中国的发展道路不谋而合，这让我觉得苏州这个江南小城就像是庞大的中国在新时代发展道路上的投影与写照。

我曾在平江路的偏路小巷中伴着细软的评弹声徒步穿行，看苏式建筑墙面上的现代涂鸦、看苏式窗棂上的欧式防盗窗、看小巷尽头中忽然闪现的极具现代极简风格的咖啡厅。我偶尔会坐在咖啡厅中，感受舒服的沙发与墙上墙边现代工艺品的错落。如果我在咖啡厅歇久了，只需出门再走几步，又会看见闹嚷的水街与人们。一切的一切都好像是在无声地提醒着我们，在这里，在苏州，历史性与现代感是共生的，中外文化与文明是荟萃的。苏州在以古老历史文化为底蕴，在现代与创新中谋求发展与崭新的力量。

我们从苏州的发展历程中以小见大，反观新时代的中国发展进程不也正是这样的吗？中国共产党领导下的中国拥有百年的党史信仰积累、拥有上下五千年的卓越的历史文化、拥有在时代变迁中不曾磨灭的坚韧民族性格。厚重的伟大的文明正是中国在新时代复兴道路上，才能具有面对来自四面八方的种种思潮而能够岿然不动并且博采众长的强大底蕴。这样的底蕴使得中国在如今改革开放的社会浪潮中得以最大限度地伸展身体、积聚令人讶异的发展潜能。习近平总书记在庆祝中国共产党成立 100 周年大会上郑重指出："实现中华民族伟大复兴进入了不可逆转的历史进程!"无论是在十几年间异军突起的苏州城,还是日益庞大的中国力量都在印证着这种"不可逆转"的必然实现。

百年复兴,指日可待

百年的坚定付出让整个民族都拥有对于未来民族复兴必然实现的信任感。回看百年党史,很容易想起"为有牺牲多壮志,敢教日月换新天"的诗句,这是毛主席在新中国成立不久回首过去所发出的慨叹与同时立下的豪言壮志,这首诗在前段时间的建党一百周年大会上又被习近平主席再次引用。

两个时代,同一句诗。如今的再次提起仿佛就是对几十年前的一次答复、一种肯定、一种印证:中国共产党在百年历史中所付出的一切全都充满了意义,无数的"牺牲"终使"壮志"成为现实。这盛世,如你们所愿。而现在的中国力量、中国道路、中国制度,也必将"教日月"再"换新天",中华民族的伟大复兴不可逆转、终将实现!

或许就是因为这样不可动摇的理念根植于大家的心中,我觉得大陆青年的精神面貌都是积极向上的。所以我很喜欢和那些热爱祖国、思想坚定的同学交流,他们也不会刻意回避社会当下存在的一些问题,因为他们知道问题终将得到解决,困难和阻碍都是暂时的。他们深信着祖国的未来必然一片光明,因为他们明白亿万人民团结一心的力量是无可阻挡的,百年的世代付出必将得到应有的回报。我觉得青年是时代风貌的展示者,热情而坚定的青年就已经足以宣告一个民族、一个国家在一个时代的长久伟大,而这种必将伟大的昂扬态势也会反过来让整个民族呈现美好的风貌。

当一个民族的每个人都在自觉或不自觉地为着同一个梦想、同一个目标而付出努力,时代便会被这样的合力搅动着,充满热情与希望。更何况伟大的中华民族已经在中国共产党的领导下为这样的事业奋斗百年并且必将持续下去,这样的时代到底有着多么强大的力量、这样的民族到底拥有着怎样的一幅愿景,我们现在已经从种种崛起与兴旺中窥见端倪了。我很庆幸当初的自己做出了这样的选择来到了苏州大学、来到了大陆,使我能见证并且参与这时代的巨变。仅仅是一年的时间，我就已经开始怀着一种充满兴奋与希望的心情打量着我的未来了。毫无疑问，红色巨人正卷席着无可阻挡的浪潮、释放着积压百年的强大潜能，而这样的厚积薄发会带来怎样的一个未来，我们大可以拭目以待！

筚路蓝缕，以启山林

——游井冈山有感

华中科技大学　第一临床学院　口腔医学　2017 级　香港　萧亦芝

我上山时，天还是雾蒙蒙的。

路牌分明指示着，这条蔓延不见尽头的石梯，便是我的路。而石梯两旁，全是树，满山满坡的树，不见房，也不见人。

天开始下起细雨。雨丝划过皮肤，你几乎感觉不到它的滑落，只觉得渗入皮肉的凉意。而天也变得更阴沉了。

图1

百年前，也有那么一群人走过同样的路。他们忧国忧民，心怀天下。生逢乱世，每个人都为探寻这路的尽头究竟为何物而忧心忡忡。当时，年轻的共产党正经历生死攸关的转折点，一场轰轰烈烈的大革命，由胜利在望到一败涂地。一粒星火在挣扎般地闪烁，所有人倾尽所能守护着这能让已昏暗不

178

见天日的中国重现光明的希望。当有人提议，不如就此打道回府，兴许还有别的出路时，这群志士中的一人，站了出来。他义正辞严地回绝道："我不愿意跟你们去住高楼大厦，我要上山结交绿林朋友。"至此，这粒星火得以点燃，中国第一个农村革命根据地得以创立。此人，便是毛泽东。

路越走，身后的石梯愈加陡曲，像长不可及的丝带，画下一条波动的曲线，曲线一端，紧系脚下。此时，回去似乎已经不可能了。

那就，走，只管走。

我相信曾在这路上留下的痕迹的人们，当时也是怀揣着这份义无反顾。走，只管走，弯弯小路终归会通往光辉大道。

不知过了多久，突然发觉眼前不变的长路似乎有了异样，仔细端详，长梯的尽头不再仅仅是长梯，还多了一抹红。眨眼间，随着山林晨间的风飘动，每一次的起伏，都把午夜最后的阴霾驱散，它像搏动的心脏，突破着要跳出黑暗的胸膛。

脚下突然平实，眼前突然开阔，抬头——那是一面飘扬的红旗。

果然，那群人做到了。他们上山时小心翼翼怀揣呵护的小火星，如今已是熊熊燃烧足以燎原的烈焰。

"中国人民从此站起来了！"新中国成立70多年来，幸福的生活来之不易。从新中国成立初期的一穷二白，到今天的国家富强，这些奇迹离不开中国共产党的领导，更离不开一代又一代的中国人民。无论是科研救国的科学家，用血肉之躯保卫祖国的解放军，还是普普通通的工人农民，每一个人都是时代的见证者和参与者。如果每个人是一滴

图 2

水，中国共产党就是把这万亿滴水凝聚起来的领导核心，汇聚成大江大河，奔腾而行，一往无前。

从土地革命到解放战争，从中央苏区到中华人民共和国，从社会主义建设到改革开放，百年前红船上的十余人是否也坚定地预料到了100年后的今天拥有9500万的继承者。那艘小小红船，载的是人民的重托，人民的希望。经过了激流险滩，越过了惊涛骇浪，旅程虽颠簸异常，危险万分，却始终在航行。历经百年，一代又一代的继承者，接过桨舵，而那在长河中飘荡的一叶孤舟今已是行稳致远的巍巍巨轮。远航的方向仍在不断摸索，终要留下不可磨灭的印记。唯独不变的，是坚定的初心。

而这山，名为井冈山。红旗，名为五星红旗。

雨已停，天已亮。

黎明刺破云层，洒落在飘扬的红旗上，十分灿烂。

图3

《新青年》第六卷有一段："有一分热，发一分光，就令萤火一般，也可以在黑暗里发一点光，不必等候炬火。此后如竟没有炬火：我便是唯一的光。"我非常喜欢这句话，因为这句话让我看到生于微末的萤火，可乘长风汇成熠熠星河，那便是这个国家的颜色。我乃长于春风的青年，与前辈并肩前行责无旁贷。"三万里河东入海，五千仞岳上摩天"，我们必将牢记初心使命，续写复兴历史。

中国人民的前路注定光明灿烂。

华夏魂，中国梦

华中师范大学　历史文化学院　历史学　2020级　澳门　黄少婷

一、传爱党精神，扬红色荣光

（一）举国上下庆贺百年华诞

今年是中国共产党建党100周年，生活周遭都洋溢着庆党百年华诞的氛围，这是举国欢庆的喜悦。但我不时在思考，如今在中国共产党的领导下，国家繁荣昌盛、国泰民安，人们在这安宁幸福的日子中，是否会遗忘这风光背后的艰苦不易？我说不清楚是因为铭记于心而甚为感动，抑或只是氛围使然，但如今的盛世景象，的确会引起我对那段艰苦岁月的追思。思忆往昔，中国共产党在过去70年的峥嵘岁月里经历了千难万险，劈波斩浪地渡过一道道难关从而得以涅槃重生，成为今日引领新中国走向强大、走向繁荣、走向世界的伟大"引路人"。

（二）中国共产党的蜕变及革新

中国共产党是中国工人阶级的先锋队，同时亦是中国人民和中华民族的先锋队，是中国特色社会主义事业的领导核心。它代表了中国先进生产力的发展要求，代表中国先进文化的前进方向，代表中国最广大人民的根本利益。从宏观来看，我党虽然还只是一个年轻的党，建党至今不过百年。但我党能够在改革开放之后及时拨乱反正，能够面对错综复杂的社会问题以及世界霸权主义和强权政治的国际环境不断进行政策调整，能够逐步建设中国特色社会主义道路，以至于祖国能够具有今日的辉煌景况。即使世界各国的任何政党面临类似问题，我也会坚定地认为没有任何一个党派可以做到像中国共产党这样成功，至少暂时还未有这个可能。我党无论是对于内部问题的有效解决，还是对待外部干扰因素的正面抗衡，都在国际社会上展现出了极高的政治水平及大国风范。

（三）党中央领导有方，中国实现质的飞跃

于内，近年来我国的经济发展取得了举世瞩目的新成就，其中长三角地区以及粤港澳大湾区的发展便是最直观的数据指标。长三角区域作为我国经济发展最活跃、开放程度最高、创新能力最强的区域之一，科技创新资源丰富，并且"长三角一体化上升为国家政策后，各省市积极进行规划纷纷出台行动方案，极大地推进了互联网、人工智能、大数据，以及云计算等新技术新业态逐步走向成熟"。而随着长三角一体化战略的不断推进，一方面，自媒体运营得到更好的发展空间，有力地解决了部分人的就业问题，同时亦为广大百姓的生活创造了更多的趣味性，实现了生活与媒体深度融合的可能性。另一方面，作为发展粤港澳大湾区的受益者，我感到无比荣幸！建设粤港澳大湾区乃是习近平总书记亲自谋划、亲自部署、亲自推动的国家战略，不仅是为新时代下国家经济发展的重要举措，更是在对外开放中起到了支撑、引领作用。同时亦深刻体现出国家对于大湾区的绝对信任和充分重视，大湾区人民也因此得到了更多选择机会。而港珠澳大桥的通行则是三地人民的又一福音。大桥的建设不仅极大缩短三地间的时空距离，更有效打通湾区内部交通网络的"任督二脉"，从而促进人流、物流、资金流等创新要素的高效流动和配置，为国家对外发展搭建了坚实的桥梁。

对外，我国用几十年的时间走完了他国几百年的路，改革开放以来我国经济发展迅速，同时也在各个领域取得重大成就，亦在国际上得到了极大的认可。近几年来，我国不断遭受资本主义霸权的欺压，这是因为如今中国的发展速度之快使西方国家产生畏惧，中国已然成为西方霸权国家最有力的挑战者，一个蓄势待发的中国如凤凰涅槃屹立在东方。

（四）当今中国，未来可期

当前的中国处于近代以来最好的发展时期，相信我党定能把握大好局势，利用历史机遇，抢占先机，更高效地统筹工作。在中国共产党的带领下，中华民族伟大复兴历史进程定能早日实现！"生逢盛世，当不负盛世；生逢其时，当奋斗其时。"我们作为祖国未来的建设者，更应该要做到不忘过去，铭记党史，了解党，相信党，热爱并忠于党。山河虽无恙，吾辈当自强！

二、弘扬抗疫精神，筑牢家国情怀

（一）举国防疫，展现国力

乙亥末，庚子初，荆楚大疫，染者甚多，众人惶恐，举国防疫。一场突如其来的新冠病毒使全国人民被迫陷入到抗疫的水深火热中。病毒肆虐，但在党中央坚强有力的领导下，中国人民团结一心、同舟共济、众志成城，形成了抗击疫情的磅礴力量！在疫情面前，大家都竭力配合防疫布控，做好个人防护，一场未知战疫却体现了伟大的民族精神以及中国综合实力。

（二）疫情之快，病毒之远

印象颇深，从病毒的发现到确立再到命名以及飞速蔓延都只是不到一个月的时间，就好像一觉醒来突然发现病毒已经环绕在身边似的。它仿佛无处不在，它的身影充斥在人们的口中、在电视新闻上、在手机各个软件的推送里，总之就是令人震惊不已！因是春节期间加上病毒暴发的城市又是我国九省通衢之地，人源多，流动大，这使疫情的扩散更加迅速，各个城市陷入非常被动的局面。一时间，健康平安地活着似乎成了人们最大的愿望。令人庆幸的是，中央很快就发布了一系列抗疫相关指令，各地政府积极落实，人民也相当配合。虽然病毒的飞速传播及其强大的生存力使得感染人数不断剧增，但至少社会各界已经有了初步的抗疫措施。国家在面临如此大的难题时做出的反应和取舍充分体现了我国的格局之大、效率之高。

（三）以协和万邦为特质的文化精神

所谓患难见真情，抗疫固然是持久的、艰辛的，但过程中来自各国政府及海外华侨华人的支持与温暖仿佛是抗疫途上一盏盏的明灯，一处又一处的加油站！这是值得骄傲的，我想正因为中国是友谊之邦，在世界舞台上总以和平友善的外交方式与其他国家保持良好的关系并时常以身作则地向贫困国家/地区施以援助，才会有多达几十个国家在关键时刻尽自己所能地向中国提供紧缺物资，甚至有些友国不惜集结自己国家几乎所有的口罩来捐赠给中国。在感动之余亦庆幸着自己乃中华儿女，无论发生任何困难背后都有强大的祖国让我依靠。

（四）华夏民族的坚韧品性

中华民族的子孙从来都是不畏艰险、团结一致的！新冠肺炎疫情防控能有今日较为稳定的局面是数不清的医护人员和志愿者们牺牲了他们"无法衡量的宝贵时间"，冒着生命危险换来的。那时候，电视荧幕里一辆辆载满了全国各地医护人员的大巴车井然有序地驶过，记录着他们在新春之际离开了家人们去往那座最"危险的城市"。我觉得可能连他们自己也做好了不能回归的最坏打算，但他们仍是坚持舍己救人，义无反顾。除了医护人员，同样还有其他许多奋战在前线的各界人士，他们一样冒着生命危险坚守在抗疫战争中最艰难的一线前沿。那一幕幕的画面永远地刻在数亿中国人民的心中，是他们用生命在诠释华夏儿女团结一致、敢于斗争、舍生忘死的伟大抗疫精神！不仅深深感染了无数中国人，更是感动了全世界……

（五）现今中国，未来可期

在丛林法则下，在资本主义的强权压榨下，中国所强调的命运共同体尽显真正的大国之范！正如习近平总书记所说："中华民族历史上经历过很多磨难，但从来没有被压垮过，而是愈挫愈勇，不断在磨难中成长、从磨难中奋起。"

为了以后能够更好地报答祖国和人民，为祖国尽一份自己的力，发一份自己的光。我定会奋力提升自己，努力成为国之栋梁，为实现中华民族伟大复兴的中国梦做出贡献，愿此后百年，风调雨顺，国泰民安！

红色梦想

——终身浪漫的开始

天津大学　外国语言与文学学院　汉语言文学　2019级　香港　雷楚中

一、梦的开端

遥想三年前，一份沉甸甸的、以中国红为基调的录取通知书寄到家里，把我带到了中国的北方，带到了天津大学，带到了这个我既熟悉又陌生的地方。

与所有刚来内地读书的港澳台学生一样，我内心既激动澎湃，又充满了离家的愁绪，我最终还是坚定地选择来津念书。为了诠释我的选择，作为大一新生的我，写了一篇以《新生》命名的文章，它传达着我的心声：

中学的一个同学在我来天津前约我吃饭，快吃完的时候，她问我到底为什么要去内地读书。我知道培养独立的能力是来这边读书的同学的官方回答，但这却不是我非来内地读书的理由。我思索了一阵……回答说，或许……是为了真正了解这个离我们很近，我们却了解甚微的自己的国家吧。虽然近几年内地的文化对香港的青少年有些影响，但也只是限于从网络了解到一些文化。因为不够了解，还有许许多多关于内地的奇怪传闻也无从考证。现在我虽然才来这边数十日，但也考证了不少以往很是疑惑的事情。想来自己眼中看到的世界，终究和别人口中讲述的世界是不同的。

我离开的地方，是我完全熟知的世界；而现在我来到的河的那一边——我新生的地方，离我原来的世界很远。但我知道，它们就是同一个世界，是由同一条河哺育长大的孩子，流淌着一样的血液。

它们头顶着同一片星空，欣赏着同一轮圆月。

我新生在我的故乡。

我新生在我的故乡，我的梦也由此开始。

二、梦的扬帆

今年是特殊的一年，百年前，中国共产党在这片黄土大地上诞生；百年来，中国共产党与人民同进步；百年后，中国共产党引领着亿万同胞走向繁荣昌盛。

"不以非常之力，何以成就非凡之业？"我知道，现今中国的发展成果必定不是一朝一夕，以一人之力能达成的，其中的辛酸自不必多说。抱着敬畏之心，许多文艺工作者把这些震撼的历史场景拍成长篇巨制，放上大银幕。怀着激动之情，我一次次走进电影院，一遍遍感受那激情飞扬的年代。2019年国庆期间上映的《我和我的祖国》，其中香港回归的一幕，更是让我热泪盈眶，于我而言意义非凡；2020年上映的电影《八佰》，让我体会到中国军人的坚毅，那是一种崇高的伟大。

到了2021年，《长津湖》《我和我的父辈》等接踵而至，共同为百年华章添上浓墨重彩的一笔。好的作品层出不穷，与我结缘最深的却是年初的一部电视剧——《觉醒年代》。也许是身为中文学子的一种天然亲近感使然，剧中的陈独秀、李大钊、鲁迅、蔡元培、辜鸿铭等只出现在中国现代文学史里的人物，一下子有血有肉地出现在我面前，他们极力尝试用文化的途径治疗中国人心里的疾病，用文学的方式救治病弱的民族。

图 1

图注：截图自电视剧《觉醒年代》

鲁迅先生为了揭露当时的"吃人"本质而写成中国第一部白话文小说《狂人日记》。

图 2

图注：截图自电视剧《觉醒年代》

我们如今经常说的"文化自信"，其实在百年前就已经被辜鸿铭先生在《中国人的精神》中提到了。他说："不要让我们心中的辫子把自己桎梏着，当一个中国人西化成一个洋人的时候，恰恰会引起洋人的蔑视，只有让他们看到，我们中国人有着和他们不同的文明与精神，他们才会在心里对我们有真正的尊重。"

除了辜鸿铭先生，还有许多许多，我之前未听过名字的大家，如陈延年、陈乔年、赵世炎、邓中夏、邵飘萍等，是他们让我看到了独属于那个年代少年人的朝气和志向。如梁启超先生在《少年中国说》里写的那样："美哉我少年中国，与天不老！壮哉我中国少年，与国无疆！"又如央视节目《经典咏流传》中《少年中国说》里也同样唱到的那样："少年自有少年狂，心似骄阳万丈光，千难万挡我去闯，今朝唯我少年郎，天高海阔万里长，华夏少年意气扬，发愤图强做栋梁，不负年少！"

这些青年战士、国家栋梁们，化为一幕幕对信仰坚定不移的追寻和守护，融入了我的梦。

我的梦从此充满了鲜活的底色。

先辈们的身影一直在前方指引着我，我虽看不真切，但是我确信那就是他们。无数激励人心的话语响彻天际，我听见陈乔年烈士在临终前的期望："让我们的子孙后代享受前人披荆斩棘的幸福吧！"

他们装饰了我的梦，给了我勇气和方向，我决定扬帆启航。这绝不是梦的尽头，一定还有更多的瑰丽等着我去发掘和了解。我期待不已！

三、梦的光点

于是，趁着这有意义的年份，循着先人们的足迹，追着梦的光点，我参观了大量博物馆内陈列的历史文物，寻访了革命烈士的故居，亲至了曾洒满中华儿女热血的战地遗址……这厚重的经历，请容我在此细细说来。

便从我所求学的城市——天津说起吧。我的记忆回溯到不久前刚参观过的那些地方，第一站是位于天津市滨海新区的大沽口炮台遗址博物馆，俗称"津门之屏"，是曾经保家卫国的重要屏障。

图3

图注：摄于大沽口炮台遗址博物馆

如今的博物馆，通过古铁炮、古钟、炮轮、石碑等文物，展示了19世纪旧中国屈辱的历史，让我了解到当年国人抗击外敌的奋勇和无奈，也深深体会到一个硬道理：弱国无外交，弱国也无法自保。国家只有强盛起来，拥有良好的军事实力，才能抵御外敌，才能在国际上有一席之地，才能让同胞们过上安稳的生活。

随着外敌的入侵，天津不幸沦为九国租界地，我的步伐也从遗址博物馆移到了近代天津博物馆，这个保存了许多珍贵影像资料和图片的建筑物。博物馆中陈列了大大小小的展板，将天津百年的历史变迁浓缩成一张张图片、一段段文字，展现出不同国家在天津留下的痕迹。

秉持着敏而好学的求学原则，我了解到天津旧日九国租

图4

图注：摄于大沽口炮台遗址

界风貌各异的场景；我还知道了天津从左车道改为右车道是在 1945 年。

　　天津本地的历史暂时先告一段落，我又在天津其他地方找寻更宽更广的红色记忆，最终我在天津博物馆和天津美术馆遇到了它。

图 5

图注：摄于天津博物馆

位于天津博物馆的天津革命文物展分为"开天辟地""奠基立业""富国裕民""复兴伟业"四个部分。今年暑假期间，天津市青联曾组织在津港澳台学生前往参观，而在国庆当天，我又与同学结伴前往，再次感受革命文物中所承载的党带领人民英勇奋斗的光荣历史。

图 6

图注：摄于天津美术馆

在相邻的天津美术馆中，展示的则是今人对于祖国美好的期望和对历史伟人的致敬。

"盛世中国"——无数先辈们的梦，也是我们的梦，更是未来千千万万个中国人的梦。

中国人骨子里对传承的执着，在这里体现得淋漓尽致。

图7

图注：摄于天津美术馆

图8

图注：摄于河北博物馆

走出天津，我依旧没有停下对中华民族发展历程、对中国革命史诗的追寻。

步入河北，我与众多来自祖国各高校的台湾同学，一起在河北博物馆参观"英雄的土地 辉煌的历程——庆祝中国共产党成立100周年河北党史图片档案文献展"，走访了金山岭长城、喜峰口长城抗战遗址、潘家峪水下长城、山海关及长城文化博物馆等地，共同感悟河北长城抗战文化的历史底蕴，领略燕赵大地的壮美风光，并且走进河北乡村振兴示范区，体验新农村日新月异的发展巨变。

踏进重庆，我继续共同学们携手向前——参观红岩革命纪念馆，近距离感受"红岩精神"，并参观中国民主党派历史陈列馆、中国重庆三峡博物馆、抗战遗址博物馆等。毛主席赠与柳亚子的诗作《沁园春·雪》被讲解员们反复提及，此后的每一天，都在我的心头萦绕着："俱往矣，数风流人物，还看今朝！"

图 9

图注：摄于喜峰口长城抗战遗址

图 10

图注：摄于河北乡村振兴示范区

图 11

图注：摄于中国重庆三峡博物馆

　　为了离我心中的英雄更进一步，我毅然前往酉阳县，参观赵世炎烈士故居。在参观完陈列室后，我不得不感叹：赵世炎烈士的整个家族当真不负"琴鹤世家"之名！

图 12

图注：摄于赵世炎烈士陈列馆

图 13

图注：摄于赵世炎烈士故居

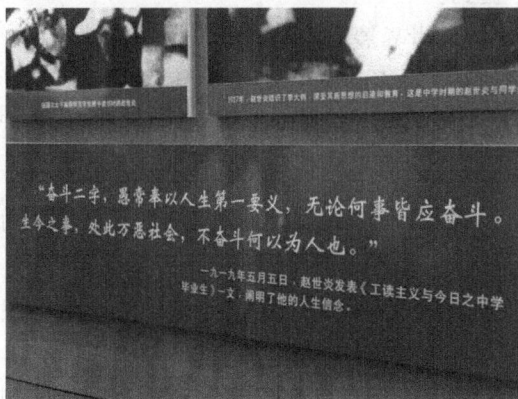

图 14

图注：摄于赵世炎烈士陈列馆

1921，2021。

我与百年前的中国先辈站在同一片土地上，感受着同一个太阳洒下来的温度，做着同一场梦。

他们在寻求中国的未来时，会不会感到很迷茫？

他们在义无反顾地为国家牺牲时，会不会感到害怕、胆怯？

他们在抬头遥望夜空时，会不会没有一颗星能指引他们前行？

……

不会的，他们坚定信念，相信众志成城。迷茫只是暂时的，他们从风雨中走来，后来人踏着他们走出的路，奔赴黎明。

不会的，只因那句"为有牺牲多壮志，敢教日月换新天"的豪情壮志。

不会的，即使命运如蝼蚁，但仍有人心中有光。新中国的出路，那就是他们的信仰，他们夜空中永恒的星。

伟人的光点、党的光点、历史的光点，每个人、党的每个事迹、每段历史都有一种特殊的能量场，汇聚起来就是一个光团，就像一颗恒星，它闪闪发亮，因此我们迫不及待成为追光者，于是我们披荆斩棘，再下一城！

四、梦的延续

2021 年 7 月 1 日，习近平总书记在庆祝中国共产党成立 100 周年大会上发表的重要讲话中提到：

"今天，中华民族向世界展现的是一派欣欣向荣的气象，正以不可阻挡的步伐迈向伟大复兴。"

"现在，中国共产党团结带领中国人民又踏上了实现第二个百年奋斗目标新的赶考之路。"

这无疑是百年大党的宣言书，是新征程的动员令，激励着亿万中华儿女在新的征程上奋勇前进。

在新征程的路上，中国一直稳步成长，给中国，给人民，给先辈交出了满意的答卷。

新冠疫情暴发以来，中国迅速制定政策、采取措施、积极行动，短短几日，火神山、雷神山医院相继在武汉修建、落成，向所有人展现了何谓"中国速度"，如今的中国早已进入常态化疫情防控的阶段。中国还积极建设绿色生态城市，今年 9 月，我作为香港学生代表与团市委统战部部长和一众海外华侨一同参观天津市津南区和西青区的绿色生态屏障，切身体会到天津市为响应国家政策做出的一系列努力和建设。

图 15
图注：摄于西青区绿色生态屏障区

中国的基建水平亦令人叹服，港珠澳大桥、北京大兴国际机场等一批世界级标志性重大工程相继建成。"我们实现了第一个百年奋斗目标，在中华大地上全面建成了小康社会"——小康社会的全面建成，昭示着中国脱贫攻坚任务取得一定的胜利，这在任何其他一个国家看来，都几乎是不可能完成的任务！

今年，我深切感受到所有中国人民对"生逢盛世，当不负盛世"的理解和践行。神舟十二号、神舟十三号载人飞船顺利出征，他们继续为我们探索宇宙的奥秘，为中国航天事业做出贡献；9月25日，孟晚舟女士乘坐中国政府包机抵达深圳宝安国际机场，顺利回到祖国，这是一次重大的国家行动，犹如孟晚舟女士在致辞中所言："有五星红旗的地方，就有信念的灯塔。如果信念有颜色，那一定是中国红！"

一切都朝着美好的方向发展，我们正在迈向中华民族伟大复兴的新征程。这时，我的梦与这大地上成千上万的梦想叠加在一起，那是一幅振奋人心的画卷：

李大钊先生站在历史洪流的彼岸，他高举右拳，坚定的嗓音自彼岸响起："社会主义不会辜负中国！"

我与亿万同胞站在历史进程的此岸，扬起手上的五星红旗，对着守常先生，对着无数先辈呐喊："社会主义没有辜负中国！"

五、梦的未完待续

一代人有一代人的长征路，一代人有一代人的责任、使命和担当。

陈独秀先生曾说，《新青年》编辑部的责任就是要通过办杂志，辨析、选择和验证出一种当代最先进的思想理论，作为改造中国青年和改造社会的指导思想，来探索出一条振兴中华的道路。

他们作为时代的先锋，为我们造就了一整片熠熠生辉的星空。而我们这一代人的责任、必达的使命，便是头顶星空，奔赴未来，如习近平总书记所说的"不忘初心，砥砺前行"，让梦照进现实，让现实成为我们梦想的模样。

中华民族是一个浪漫的民族，将梦逐步变为现实的人，就是中国最浪漫的人。记得袁隆平先生期待的禾下乘凉梦，这是他穷尽一生的理想追求，那其实也是千千万万中国人的梦。

以梦为马，我斗胆，化用海子的诗来总结，来做出我的承诺和决心：

　　　　"和所有以梦为马的先驱一样，
　　　　　　我选择永恒的事业，
　　　　我的事业，就是要循着前路的明灯，
　　　　　为社会主义奋斗终身！"

百年荣耀复兴路·千万台青与党行

复旦大学　法学院　法学　2020级　台湾　吴宛蓉

　　百年波澜壮阔，百年砥砺不屈，中国共产党迎来百年华诞。回顾百年征途，中国在党的领导下，历经从"站起来"到"富起来"，甚至"强起来"的历史性的跨越，一路上凝结了无数中国人民心血与智慧，铸造出如今屹立于世界之林的东方巨龙。我们生活在新时代，更沐浴在自百年前就屹立在历史长河的中国共产党的光辉下。

图1

图注：亲摄于复旦大学邯郸校区

无惧风雨·砥砺前行

　　十月革命的曙光点亮了世界，随着马克思主义的传播，以及共产国际的协助，最终在以李大钊、陈独秀、毛泽东为代表的先进知识分子们的孕育下，中国共产党于 1921 年诞生了。

党成立后就肩负组织和领导工人运动的重任，省港大罢工、安源路矿工人大罢工、香港海员大罢工、京汉铁路工人大罢工……中国共产党为反对资本家压迫、谋求工人阶级权益的事业不断奋斗着，实现了全国工人运动组织的统一性和工人阶级的大团结。

日本军国主义者暴戾恣睢，进犯我中华。在民族存亡危急之际，中国共产党领导军民共同抗击日本侵略者，举国上下军民同心，中华儿女浴血奋战，一个个刚毅的灵魂没有屈服在敌人的长枪短炮下。用血肉筑成的长城啊，不仅守住了中国，也阻挡了法西斯向世界进犯的脚步。

从建党以来，中国共产党带领中国人民历经无数风霜，开始时筚路蓝缕，一步一脚印，一步一脚印，翻过战争的创伤、跨过建设的曲折、迈开改革的脚步、书写开放

图 2

图注：亲摄于复旦大学邯郸校区

的乐章，历经几代领导人的卓越贡献，发展出属于中国独一无二的中国特色社会主义，成就如今无比辉煌的中华人民共和国。

不忘使命·与时俱进

党在岁月的波涛中光被四表，党在新时代下依旧熠熠生辉。中国共产党不忘初心，牢记使命，坚持为人民服务，坚持"群众路线、群众观点"；不断提高执政能力和水平，紧随时代步伐加强自身建设，保持先进性和纯洁性；加强中国特色社会主义现代化建设，为实现中华民族伟大复兴制定新战略，更富新时代特色。

近年来，影视产业的兴盛，加上人们对历史的关注度提高，越来越多历史被翻拍成影视剧作品，《长征》《建国大业》《觉醒年代》《1950 他们正年轻》《长津湖》等。新时代利用先进的拍摄技术，依据史实记录和老革命战士的描述，将祖国的故事搬上大银幕，还原出一位位为创建新中国、保卫新中国而浴血奋战的烈士的身影。它们让历史走进生活，使得我们对可亲可敬的先辈们愈加熟悉亲切、对中国百年风雨更加铭记在心。

摩擦丛生 · 面临困境

我们生活在和平的年代，生长在强大的国家。全球化给中国带来了机遇，同时也带来了挑战。但看似平静的水面却暗波涌动，国际局势变幻莫测，中国在新时代下也面临着新一轮的国际问题。随着我国日益壮大富足，为了维持其世界霸权地位的美国企图通过恣意封锁、恶意制裁等不当手段压制中国；为了持续掌握互联网和通信领域的绝对优势、抑制中国在高端科技领域迎头赶上的势头，美国对华为、中兴等中国高尖端企业进行打压；以人民币汇率为由对中国进行金融制裁引发贸易战；利用地缘政治武器——结合日本、印度、越南等中国周边国家企图对中国形成包围圈。

我国作为一个历史悠久、幅员辽阔的统一的多民族国家，自古以来，觊觎和挑拨离间时有发生，一些境外反动势力虎视眈眈。

去年一场突如其来的疫情席卷全球，我国以及世界各国都受到巨大的冲击，肆虐的病毒带走了数千人的性命。

以上这些严峻挑战都在考验着我们每一个中华儿女。

和平崛起 · 民族气节

中国绝不为他国打压而胆怯，也绝不欺压任何一个国家。中国对于国际关系始终秉持独立自主的和平外交政策和和平共处五项原则，在坚持维护国家利益的前提下和他国友好协作。即便国际局势发生着深刻的变化，和平与发展仍是当今中国崛起的基本主轴。

中华儿女同文同种、血浓于水的骨肉亲情乃是无可争辩之事实，绝非任何政治势力或团体所能阻隔或改变的！大陆（内地）和台港澳的经济、文化联系更加紧密，越来越多台港澳同胞来到大陆（内地）就业或学习，增强了民族的凝聚力和认同感。

面对突如其来的新冠疫情，党中央有条不紊的指挥保证了最大程度地缓解疫情带来的危害。国家派遣大量的医疗团队携带物资前往疫情重灾区支援，安置居民，更有广大党员干部和医护人员主动请缨，在政府和人民共同努力下，疫情得到了有效的控制。国家同样心系台港澳同胞，无偿提供疫苗接种。习近平总书记与世卫组织总干事谭德塞会见时指出"疫情是魔鬼，我们不能让魔鬼藏匿"。这不仅是习近平总书记个人的表示，更是中国人民面对疫情的决心——在疫情面前，中华儿女绝不畏惧、绝不退缩、抗击到底！即便近日我国部分地区的疫情由于境外输入而有所反弹，但是我相信在党和国家正确领导指挥下，科学防控、精准施策、齐心协力，我们必能打赢这场"疫情歼灭战"！

祖国统一·历史责任

中国共产党是中国的脊梁，是中华民族历经千难万险仍屹立于世界民族之林的基石，无论经过多少个百年，党的领导地位是不可动摇的。身为中华民族的儿女，身为新时代的台湾青年，在两岸交流和联系中发挥桥梁作用是义不容辞的使命。我们应当循着中国共产党的领导不断提高思想觉悟和水平，牢记党的教诲并听从党的指挥，为中华民族伟大复兴、为实现中国梦、为建设社会主义现代化事业添砖加瓦。

我们身处祖国大陆学习或工作的所有台湾青年，必须奋身而起，坚持一个中国原则，发挥积极作用，携手台湾岛内的亲人与千万青年朋友，坚决粉碎任何形式的反动行为，为祖国的和平统一大业贡献出自己的力量！

我的新征程

华南师范大学　历史文化学院　历史学（师范）　2018级　香港　郑君豪

　　2020年因新冠疫情被困在香港的生活仍恍如隔日，时间的齿轮却悄悄转动，转眼之间已经需要面对实习、毕业、工作的烦恼。用外公的话来说，现在的我是"半只脚已经踏入了社会"。随着疫情防控措施进入常态化阶段，国际上病毒的变种、反复也令香港与内地之间的通关时间一再推迟，这也影响了我最初回港从警的计划。因为香港警队的遴选程序较多，周期也可能长达半年，通关上的困难使我将难以兼顾大四的学业与招聘，不得已之下只能对自己未来的道路再思考。所幸这种迷茫并没有困扰我太久，在专业实习中我找到了未来前进的方向。

　　作为一名师范生，学校会为每一位学生安排专业实习，到中学中进行实战磨练，提升我们的个人素质。而我有幸被分配到位处于深圳的西乡中学初中部实习。深圳作为改革开放的前沿阵地，吸引着全国各地的人前来打拼，那句"来了就是深圳人"的口号也是家喻户晓。惭愧的是，虽然我就在距离深圳不远的广州读书，却没有多少机会来到这里深入了解这座城市。所以当我获知能够有机会到这片热土上实习时，对即将到来的实习充满了期待。在期待之余也给自己定下了小目标——要好好认识一下这座活力之城，尤其是教育行业的发展情况。

图1

图注：西乡中学的日落

初来乍到，学校的领导和老师对我们都非常的热情和包容，也非常欢迎我们来到西中实习，期望我们能够在这里学有所成。胡老师更是把多年来的教学经验毫无保留地传授给我。

胡老师是一名充满活力与激情的老师，在他的课堂上可以忽入高山深谷，忽入平静的港湾，每节课都能赢得学生的心灵共鸣，每节课也都像一同乘坐时光机回到过去的历史中观察、思考。他一般都会在课间时提前10分钟到班里写好板书。还记得第一次去听课时，刚走进教室就被他密密麻麻的板书所震撼，那种对历史学、对教学的热情随着粉笔散发的尘埃蔓延到整个教室，使人不由自主地沉浸到课堂之中。整个讲授过程极其流畅，他对于历史事件、历史人物的情感表达正如滔滔江水，绵延不绝，一发而不可收拾。上他课的体验丝毫不亚于欣赏一部史诗大片，因此给我留下了深刻的记忆。

图 2

图注：胡老师的课堂、丰富的板书

在胡老师的指导之下，我也迎来了我人生中的第一次课，那节课讲的是《法国大革命与拿破仑帝国》。备课的过程十分困难，以前在校练习的备课更多是针对10分钟至15分钟师范技能比赛型的说课，而这次是真真正正40分钟的实战课堂。课堂内容的量、对于时间的把控、与学生的互动，对我这个新手实习老师来说都是一个不小的挑战。加上还需要制作课件，前前后后加起来有整整四天时间我都全身心投入到备课工作之中。这个过程也确实会令人感觉到疲惫，针对一处问题都需要反复斟酌打磨，甚至有时反复修改后，还是觉得不如最初的版本。所幸最后的课堂发挥很好，课堂上学生们专心听讲、积极反馈、回答问题，这不仅给了我信心，也给了我成就感，课后学生们都纷纷希望能够有机会再上我的课。学生从我身上学到了知识，而我也在学生身上收获了幸福，这种感觉让我享受其中。

图3

图注：我的课堂

我想起去年一个网络爆火的视频《走进教室前，那个男人变成了光》。讲述的是一名老师连续讲了三节课，身体十分疲惫，在上第四节课走进教室前多次深呼吸，调整自己的仪容，面带微笑踏进了教室，"孩子们在里面都很期待，我就不能垂头丧气的"，我想正是学生们的盼望给了这名老师幸福感，使他能够面带微笑走进每一个课室。我也在实习的过程中收获了这份难能可贵的情感，虽然备课、改作业等工作繁琐零碎，但是我也在学生的期盼中收获了幸福。

在对教育行业的了解逐渐深入后我发现，随着深圳的人口增长，人民对教育的需求也越来越大，因此近年来深圳新建的学校数量在不断增加，也产生了巨大的教师缺口。每年深圳教师招聘的数量相对其他城市而言都更多。在去年，《粤港澳大湾区（内地）事业单位公开招聘港澳居民管理办法（试行）》正式实施，使我在内地从事教师行业成为可能，这是一个非常珍贵的机会，我决定要牢牢把握住它。

在求职的过程中也并非一帆风顺，我曾经接受过数所中学的线上、线下面试邀请，但都无一例外的失败了，也因此曾经对自己的能力产生过怀疑。幸运的是，在后来深圳宝安区教育局的招聘会中我成功脱颖而出，通过了面试，在明年的9月份将会来到深圳成为一名中学历史教师，为深圳的教育建设贡献自己的一份力量，在灌溉祖国未来花朵的同时，也滋养着我的心灵。

我相信这将会是一份有意义且幸福的工作。

虽然我未来的事业已经尘埃落定，但这并不是终点。深圳作为改革开放的排头兵，2021 年 9 月中共中央、国务院印发了《全面深化前海深港现代服务业合作区改革开放方案》，将前海合作区总面积扩展，打造粤港澳大湾区全面深化改革创新试验平台，进一步深化改革开放。在可预见的未来，也必定将会有更多的港人来到前海谋发展。我未来工作的地点将十分接近，甚至就在前海，我期望自己能够在教师的岗位上为深圳乃至大湾区的教育事业贡献一份力量之余，也能充分发挥运用自己在香港与内地的阅历，充当两地的沟通桥梁，帮助有意来深圳发展的朋友们融入大湾区。

愿以微光汇星海，百载春风化龙吟

华南师范大学　文学院　汉语言文学（师范）　2020级　香港　陈思怡

仰望星空，愿以先辈之意志为火种，以榜样之力量为旗帜，以萤萤微光，汇入万家灯火的浪潮。一百年风雨沧桑，一百年阔步前行，正值中国共产党成立100周年，在这个祖国繁荣、人民强盛的新时代，我们也时刻与祖国同行。

人生中的榜样力量

如果要问我党与我最亲近的接触是什么？那就是爷爷在我的人生中树立的榜样力量。

我的爷爷是一名在党56年的老党员，今年建党节，他被授予了"光荣在党50年"纪念章，全家人都感到骄傲与自豪。我的爷爷虽然只是一名普通的党员，但他以佩戴着熠熠生辉的党徽为荣，挺直脊背，展现出56年勤勤恳恳沉淀的党员风采。

在我小时候他跟我讲过他的两次当兵经历，一次是为了保护祖国，一次是为了建设祖国。1970年，爷爷进入福建建设兵团作为机要人员参与保密工作，认真细致且保密工作没有一丝差错。他告诉我，这是信念的力量，是对党的忠诚之心。退伍后他被分配到镇上任职党支部书记，鼓励并发展了众多团员，以一己之力为祖国建设不断贡献着。1989年他退休回到家乡，仍时常被评为优秀党员，凡是党员大会他从没有缺过席。我身边有爷爷这么优秀的党员为我立下标杆，让我不禁感叹：在党的领导下的祖国是多么繁荣和美好！

进取、奋斗、做好每一件小事，是每一位党员都拥有的最质朴的闪光点，更是每一位青年学生都应践行的精神品质。让我们一起汲取精神力量，传承红色基因，激情共建祖国！

图 1

生活中的精神引领

如果要问我，祖国最牵动着我激情的是什么时刻？那一定是奥运会上奋进不止的奥运健儿们。成就自我，报答祖国，须坚持不懈。朱婷年少时曾遭质疑，许多人认为她不适合排球。可她毫不在意，用累累战果粉碎舆论。今年的她虽负伤上场，但仍用毅力去拼搏，成为赛场上的明星，她的行动吸引着我的目光，牵动着我的心。反观我们的生活中，坚持不懈的人少而又少。青年者不惧挫折，大胆向前，此为成就自我，奉献祖国的阶梯。杨倩的百发百中，苏炳添的飞人之姿，他们身上所展现的奥林匹克精神，对青年来说实则良药。三毛说："人应该有坚强的意志、广泛的认知，而不是一架只会学习的机器。"岁月流转，吾辈当前，生逢其时，责任在肩，立宏志，坚远行。

夜空中的点点星辰

如果要问我，与祖国同频共振，我能做些什么来靠近我的信仰？我会说……

我愿意以一名真诚热情的共青团员身份来向祖国祝福！

在这一个特别的年份里，作为一名共青团员和班级委员，我很荣幸可以参与到"青春向党，奋斗强国"的团日活动中。从提供创新方案、设计活动流程到广泛发动同学参与，我一步一步加深了对党的了解，看到了充满无数底蕴的历史长河，也感受到了"良辰美景好时光"的幸福与自豪；踏着祖国母亲的脚印，看万山红遍，看铮铮铁骨，看时代精神，与祖国形神相交！

我愿意以一名坚定努力的国旗护卫队队员身份来向祖国、向军人靠近！

今年是我加入校国旗护卫队的第二年，我也如愿以偿地担任了护旗手。在每一个周一升旗仪式上，卡着国歌的乐点，一拉一揽中庄严又神圣地将国旗升起。当国旗卡在国歌结束到达旗杆顶部的同时，我也完成了这一次光荣的使命。我相信以后回想起大学期间在国旗护卫队哭过、笑过、流汗也流泪的时光，我会骄傲地带着这一份与众不同且意义非凡的信仰，更加有底气地面对生活。而如今我也成了有担当有责任的师姐，带领新鲜的血液继续守护国旗，继续以政务长的职务来负责队伍的宣传工作。或许在很多人看来，这是一件"为爱发电"、不求回报的辛苦工作，但我愿意用我自己的能力为我的队伍、我的信仰做一份贡献，因为这是我永远热爱且为之坚定的事业。我知道我需要在训练与执行任务中磨练品质、挑战自我、突破极限，在属于我的生活角色里努力向党靠近，向祖国敬礼！

图 2

图 3

"市列珠玑，户盈罗绮"，我们生在国旗下，长在春风里。如今，这有桂子满山，这有荷花十里；长城上下两千年，纵横天下；故宫环绕红墙黄瓦，汇聚历史；峨眉金顶日出东方，其道大光。冰心在《繁星·春水》中写道：
"创造新陆地的，不是那滚滚的波浪，却是它地下细小的泥沙。"细看这繁华
璀璨之盛世，我不禁感叹创造历史、维护历史和成就历史的不就是每一个日
常生活中热爱生活、憧憬幸福和向往未来的平凡人吗？外卖小哥马不停蹄，
医务人员坚持抗疫，环卫工人披星戴月。进而，我也会想到我们在享受安稳
生活的同时，我们也不能忘记革命先烈"抛头颅洒热血"换来的来之不易的
和平，不能忘记革命先烈说过"我们这一代不打仗，这仗就要我们的下一代
来打"的无私与大义，不能忘记为国为民、兢兢业业的无数平凡的人。

　　百年风雨，百年荣光。从爷爷身上，我看到了老一辈革命人的坚强无畏；
从奥运健儿身上，我看到了与祖国一荣俱荣的爱国热情和奋进不息的体育精
神；从同学们身上，我看到了新时代青年为积极向党组织靠拢的青春激情。
而对于我来说，青年人的奋斗还只是一个起点，时代在前行，时代在召唤，
那关于青春岁月里的每个梦想都是一样的，能感到坚持就是幸福，其实你活
得已经很出色了，每个人都在以自己的方式发光，一点点光亮汇聚成璀璨的
星海……

心中有信仰，照耀山河万里

集美大学　财经学院　投资学　2020级　台湾　蔡诗彬

"青年如初春，如朝日，如百卉之萌动，如利刃之新发于硎，人生最可宝贵之时期也"，陈独秀曾在《敬告青年》里写道。我们欣逢盛世，应用奋斗的青春谱写新时代华章。作为青年的一员，何其有幸见证党的百年。从1921年至今，中国共产党带领中国人民进行了一切奋斗，一切牺牲，一切创造……初心易得，始终难守。但是我们始终坚信心中有信仰，脚下有力量。

一、心中有信仰

百年前，中国共产党第一次全国代表大会在上海召开，意味着我们翻开了崭新的一页。在这百年里，党带着人民在革命根据地里燃起了"星星之火"，成立了中华人民共和国，推动中国特色社会主义进入新时代。

中国共产党建立至今，历经磨难与生死，最终都化险为夷，取得了伟大胜利。既是经历住了历史的考验，也是通过了人民群众的考验。无论在革命、建设还是改革的各个时期，我们的党从未停下奋进的脚步，不惧风雨、昂首前行。长征、社会主义建设、抗击疫情、脱贫攻坚等征程都展现了党以奋斗精神走向胜利的英雄气概。

在武汉抗击疫情的特殊时期，有无数是共产党员的医护工作者争先填写志愿报名表甚至手写"请战书"。在白纸黑字上按下鲜红的手印，他们说："我不仅是医生，更是一名党员。"他们是中国共产党人，只要国家需要，他们没有任何喘口气、歇歇脚的想法，发扬了中国人大无畏的精神。

而在1950年，毛岸英，作为一名共产党员的他不顾个人安危，立即向组织提交了请战书，决定入朝作战。在当时，普通民众积极参军，全国人民全力支援前线，党和人民是生死相依的血肉联系，展现出了万众一心、齐力同心的民族力量。

毛泽东曾说过："文明其精神，野蛮其体魄。心力体力合二为一，世上事未有不成。"正是因为信仰，我们战胜了一个又一个的艰难险阻。先辈们坚定不移的信仰是他们牺牲时心中满怀的信念。他们值得我们敬佩，因此我们更应该"摆脱冷气，向上走"。

二、永不褪色的国旗

为什么国旗永远不会褪色？每天升起来的都是崭新的国旗，每一面国旗在完成升旗仪式后都会更换下来进行编号并消毒。在北京天安门广场上，总会有人从凌晨就开始等待那伴着日出一同升起的永不褪色的国旗。国歌奏响，所有人注目合唱，他们一定是在为国泰民安、祖国富强而自豪。

那一刻他们能看到漫漫长夜东方破晓的美景，看到不分昼夜执勤的安保人员，看到每个默默守护着那座城市的守夜人和冉冉升起的五星红旗。

2021年的今天，一部以抗美援朝战争中长津湖战役为背景的电影《长津湖》热映，取得了不错的票房成绩。在电影中，伟大的抗美援朝精神历久弥新，激励着后辈前行。而影片中的神枪手常说的一句话便是"希望下一代，能够生长在一个没有硝烟的年代"。

一位参加了抗美援朝的老兵在接受采访时说："我们来朝鲜干什么的，不就是保家卫国？"是啊，他们把该打的仗都打了，后辈就不用打了。我们深知如此和平年代是他们用鲜血换来的，因此面对万里山河已无恙更加敬佩先辈。

作为生在国旗下，长在春风里的青年一代，是多么幸运见证祖国的强大。传承英烈精神，汲取奋进力量，是时代赋予我们这代人伟大的使命。

三、脚下有力量

如今我们的征途是星辰大海。第一颗人造卫星发射成功，载人航天事业取得巨大成就，"嫦娥揽月""天问探火"的一座座里程碑和一次次辉煌，使我们仰望星空更脚踏实地。

在信息技术高速发展的今天，国家的科技创新显得十分重要，体现着"创新关乎命运，科技引领未来"。在科技创新方面我们并没有落下，蛟龙号、墨子号、C919、天眼、北斗系统……新世纪的我们上天入海不断超越。不仅如此中国工程也是中国的一张"名片"：西电东输、南水北调、港珠澳大桥……他们彰显了中国精度、中国长度、中国高度及中国速度，令国人骄傲，让世界惊艳。在今天，中国品牌"华为"通过 5G 走向了世界，主动拥抱世界。祖国品牌的强大让我们感到自豪。

2018 年 12 月 1 日，在美国一手策划下，华为公司首席财务官孟晚舟在加拿大转机时，被加拿大无理拘押。然而她每一次出现在大众面前时，都展示她最好的一面，从容大气，精致的妆容，温婉的笑容，只是她的电子脚铐与这一切格格不入。在当地时间 2021 年 9 月 24 日，孟晚舟在不认罪、不支付罚金的情况下乘坐中国政府包机踏上返回祖国的征途。当晚"灯塔在守望，晚舟早归航"成为热搜词条。

经历了 1028 天，她不再戴着电子脚铐出现在大众的眼前。任正非说："自己早已做好一生不再见女儿的准备。"为了国家，他选择暂时放下亲情，我们除了敬佩，还是敬佩。"如果信念有颜色，那一定是中国红！"这是孟晚舟发言里的话。心中有信仰，脚下才有力量。做好自己，即便是微弱的光。

如今的我们肩负着新使命，迈向新征程。祖国日益强大，我们自豪而骄傲，生逢盛世更当不负韶华，在中国梦的道路上跑出奋斗圆梦的加速度。

作为青年的我们，有一分热，发一分光，如萤火一般，也可以在黑暗里发一点光，不必等候炬火。萤火虽小，但相信千千万万萤火能照耀万里山河。

小人物观大中国

厦门大学　人文学院　哲学系　2018级　台湾　林至恒

习近平主席在纪念辛亥革命110周年大会中提到："经过近代以来的长期艰苦奋斗，中国人民创造了令世界刮目相看的伟大成就，迎来了民族复兴的光明前景。"这场胜利不管是谁，只要目睹都将感同身受和无比悸动，尤其在那条通往成功的道路上，最终证明了中国人的奋斗成就，对于世界上的华人来说必定感到敬佩与自豪。

有些时候，我会去思索那股真挚的感动从何而来，在那个当下，专属于中国人的记忆与故事顿时如同幻灯片般涌出脑海，原来最终熬过来的胜利之所以有共鸣，是磨难与曲折的剧本堆叠；比起胜利的滋味虽然不值一提，但却是无比真实的历程。那些辛酸的、血泪的、挫败的，亦是勇敢的、奋斗的、不屈的历程并没有随着历史的潮流如尘埃般散去，反而在历史漫漫长河的打磨中显得更加熠熠生辉、光彩夺目。我们即将乘坐回忆的"红船"，游弋在历史中，追逐那段流光溢彩的伟大征程，走入那段鎏金岁月铭刻的故事。

回首百年奋斗路

1840年的鸦片战争，西方列强并吞中国的野心暴露无遗，在往后的100年间，外国势力毫不避讳地展露出丑恶的嘴脸，瓜分不属于自己的财产。中国的土地被当作商品交易，而中国人在精神与肉体都被蹂躏的双重打击下，失去了很多原本属于我们的东西，我们甚至差点忘记自己是谁，忘记自己有多大的能耐，更忘记自己有创造伟大的可能性，只能在心中默默地祈求光明的到来。那时候的我们没有想过今天的成就，更不敢想象现今的强盛，而这靠的正是中国人民一步一脚印的耕耘。

台湾的境遇也是悲惨的，感触最深的就是 1895 年清政府与日本签订的《马关条约》，那是中国近代史上被迫受到的极不平等且无理的要求。中国主权与领土的完整遭到破坏，台湾也是在当时被写入了割地条款中。当此条约被迫签订，日本随即派军开展接收工作，但当时的台湾人民反对割让，奋起抵抗日军的侵略占据。从南北各地集结一支支小型军队，虽然装备简陋、素质参差但决心不减，展现出一种不认命的精神，即使知道最终可能会因为悬殊的各项差距，导致伤亡惨重失败收场，但仍要拼搏到只剩下一兵一卒。那是一种精神也是一句句无声的呐喊，仿佛是告诫外来的侵略者："中国人民不好欺负！如果要打就奉陪到底，千万不要以为你不用为此付出代价！"

看到一篇篇关于列强的侵略历史文章，对于当时的中国受到外强欺负打压，还必须认命地为输掉的战争赔款，虽然无奈但也无力。然而在不断失去的过程中，或许以卵击石在外人看来是多么的可笑，但那份虽然知道会输却战到最后的精神，令我感到无比的动容。在这段灰暗的历史中隐隐闪耀着光芒的，那是人民顽强抵抗的意志，从来不曾因为列强的胁迫而屈服。我想，这就是中国人独有的韧性，也是最终能取得胜利的精神武器。

身处当代我见闻

台湾地区有些人对大陆常带有因认识不够而产生的偏见，但在我就读的私立学校，是以教导中国传统文化为核心理念，所以对古文、礼教等文化有了认识的契机，后来也有了深入的理解，发现那是中国非常珍贵的财富，却成为部分反动势力操控的牺牲品，我为此感到十分懊恼与遗憾。于是高中毕业后毅然决然申请了大陆的学校，一方面是要拓宽自己的眼界；另一方面则是希望感受大陆真实的生活，期许自己能够作为新时代的青年，为两岸的和平贡献一份心力。听到国台办说道："台湾是祖国的宝岛，是包括 2300 万台湾同胞在内的全体中国人民的台湾，台湾的前途由全体中国人民共同决定。"唯有遵循中华民族伟大复兴的道路，才能为两岸都带来最大的利益。

在大陆的生活是朴实的，也是光鲜亮丽的。行走在厦门的街道上，就能品尝到台湾的小吃，也能听到熟悉的闽南话。此外，我也趁着大学的寒暑假期间拓宽眼界，到北京游历名胜古迹，故宫那些富丽堂皇的宫殿，是中国古代历史的见证。很荣幸在 21 世纪还能亲眼看到这些，这有赖于相关部门对修缮工作的重视与严谨落实，也体现出中国对于古代文物的保存特别重视，我想，这或许是某种对于先人的敬仰情怀，也是对于中华民族文化延续的重视。从这个层面上来理解中国的先进伟大，就不单单只是经济实力、硬体建设方面的领先，也兼顾内部文化底蕴的培养。我真的为此感到骄傲！

迈向复兴新征程

虽然在 2019 年经历了新冠疫情，一时之间全球陷入恐惧和慌乱，但在政府积极有效的带领之下，我国有条不紊地行动着。医护人员冒着风险赶往第一线，为患者治疗、为密接人群一再地做筛检，人民自觉配合遵守防疫规定，我们很快就迎来了第一道曙光。这不仅证明中国的体制是伟大的，也再次证明了中国人的坚不可摧，在国家危急的时刻中国人民能够排除万难，团结一心，汇聚成一股势不可挡的强大合力。当国外还在抹黑中国，还在奉行所谓的"民主自由"而吵着不戴口罩，甚至集体上街游行时，中国人民已经在抗疫的道路上，为世界做出了极大的贡献，足以成为各国的榜样。身在台湾的我也充满了民族自豪感，中华民族坚忍不拔，中国政府领导有方，在富强与复兴的道路上，必定能走得更快也能走得更远！

中华民族的复兴之路，已然获得阶段性的成功。对内，纵向对比华夏发展的历史长河，新中国正以一种不可思议的速度螺旋上升到一个全新境界，既保留传统文化精髓，同时也扬弃对过去自身的不满意；对外，也从未在奋斗道路上停歇，转而担当起大国的责任，才是中国必须要做的事，也是目前正在做的事。也包含"一带一路"的成就，中国与丝绸之路周边国家建立紧密的联系，在当今各国争相追逐利益的趋势下，更显得伟大、无私、绝无仅有。当周边相对贫困的国家纷纷在中国的帮助下，人民生活获得改善、国家经济得到舒缓，这不仅是该国家的成功，也是中国的成功。不仅如此，当新冠肺炎肆虐全球，中国首当其冲受到冲击，还要面对各国落井下石的挑战，但我们展现出坚毅的精神，并且这次还拥有强大的反击实力。相比而言，美国至今依然陷于疫情泥沼，中国没有嘲讽也没有攻击，反而将国产疫苗的成就无偿地分享给全世界，这展现了我们身为大国所抱持的气度：坚强的实力不是为了打压异己，而是更有余力能够帮助需要帮助的弱势者。在这层意义上，中华民族的复兴已然跳脱民族框架，迎来新篇章。

百年巨变铭党恩　砥砺奋进谱华章

山东大学　基础医学院　临床医学（双语班）　2020 级　香港　吴杰桦

岁月不居，时节如流，转瞬之间，中国共产党已经走过 100 年的风风雨雨。当最早的一批播种者升起第一面以镰刀、锤头为标志的鲜红的党旗时，集结在这面庄严旗帜下的共产党员便开始了救国、建国、强国的漫长征程。正是这千千万万的共产党员，在漫长的征途上，前赴后继，用鲜血和生命染红了这面旗帜、保卫了这面旗帜永不褪色，使中国人民看到了民族复兴的灿烂曙光。在新时代党的创新理论指引下，经济社会持续健康发展，城乡建设品位不断提升，老百姓日子越过越红火，各项事业实现历史性跨越。

今年是建党 100 周年，同时共产党也将带领中华儿女开启一段新征程。习近平总书记强调，走得再远都不能忘记来时的路。回首党的百年历程，始于红船，敬于信仰，合于实践，久于为民。如今香港回归也已二十四年，香港的命运从来都是同祖国紧密相连，中国共产党建党百年，每个发展阶段亦都和香港有所关联，香港可以骄傲地分享国家的发展成果，祖国也成为香港应对一切局面的坚强后盾，香港的未来繁荣离不开内地强有力的支持。身为新时代香港青年，学习回顾百年党史，从党史学习教育中汲取信仰之力、破浪之力、发展之力，奋力走好新时代的长征路，把革命薪火燃亮并传承下去，为开启全面建设社会主义现代化国家新征程汇聚磅礴力量。

以英雄模范为坐标，凝聚信仰之力。"天地英雄气，千秋尚凛然。"一部中国共产党领导人民进行革命的历史，就是一部奋斗史，也是不断孕育革命精神、弘扬革命文化的红色历史。"为有牺牲多壮志，敢教日月换新天。"大义凛然、慷慨赴死的英勇先烈以及他们创造的伟大功勋，值得永远铭记。从硝烟弥漫的战争年代，到激情燃烧的建设岁月、波澜壮阔的改革时期，再到继续夺取伟大胜利的新时代，一代代英雄模范在党的正确领导下，英勇无畏、前仆后继、走在前列、干在实处，正如科学院院士罗俊潜心二十载测量引力常数最精确值；病毒学专家顾方舟倾尽心血研制的"糖丸"；天文学家南仁东一生逐梦星辰大海，研发最大单口径天文望远镜。无数英雄带领人民群众书写了气壮山河的伟大史诗、创造了世所罕见的伟大奇迹，使中华民族焕发出新的蓬勃生机。英雄模范是"奋斗许国"的基础，没有英雄模范的齿轮，所有的"奋斗许国"都将空档滑行，民族将不再拥有走向复兴与进步的未来。人民创造历史，而人物标志历史。在迈向第二个百年奋斗目标的新征程中，我们要深切感悟英雄模范的精神价值和时代意义，以他们身上所展现的非凡品格和伟大精神为前行坐标，努力争做堪当大任的时代新人、红色传人，不断激发出迈向发展新征程、谱写新篇章的信仰力量，为实现中国梦做出新的更大贡献。

以为民服务为初心，凝聚破浪之力。从毛泽东同志的"全心全意为人民服务"，到习近平总书记的"我将无我，不负人民"。一代代共产党人用实际行动谱写了"许党报国，初心为民"的动人故事。2008 年汶川地震，2008 年南方雪灾，2020 年新冠病毒，党和人民共呼吸，共产党员迎难而上，冲在第一线，在党的带领下，我们坚强地走过一个个坎儿，看到了一个又一个奇迹被创造，用生动的实践印证了"党的根基在人民、血脉在人民、力量在人民"。在奋进新时代、迈向新征程的关键时刻，我们要保持"越是艰险越向前"的英雄气概，保持"敢教日月换新天"的昂扬斗志；作为新时代的青年，也要向党员那样"在平常时候看得出来、关键时刻站得出来、危急关头豁得出来"，立足岗位、脚踏实地、埋头苦干，顶起自己的那片天。

以劳动精神为灯塔，凝聚发展之力。自《共产党宣言》为"劳动光荣"一锤定音以来，近代中国人民波澜壮阔的历史命运更紧密地与劳动结合在了一起。每个时代都有与之相对应的劳动者和劳动精神，共产党人将劳动精神发扬光大。20 世纪五六十年代，石油工业面临困踬穷途，王进喜在国家的支持下不畏惊涛骇浪，我国终于实现了"贫油国"脱帽的壮举；七八十年代，科学家们焚膏继晷、日夜兼程，将知识转化为力量，在戈壁上空绽放出中国崛起的信号礼花。在新征程中，我们要有做社会机器顺利运转的铆钉的决心，更要有为社会肌理负起责任的毛细血管的觉悟。劈波斩浪、再辟天地正是我们这代青年人"敢为天下先"的劳动精神。唯如此，方能屹立于革新浪潮的峰顶不倒，才能为中华民族在新时代崛起争出一线生机。

在心里种一簇迎着新的烈日而生的花，用这浓郁而滚烫的馨香淹没这个时代下你我每个逐梦赤子的胸膛。百年党史，奋斗起航。让我们怀揣草扎的坚韧的精神，一起为新的时代奋斗，吹响属于我们的历史号角，书写属于我们的历史篇章！

恰是百年芳华路，誓以青春许家国

中国人民大学　财政金融学院　税收学　2019级　台湾　梁晴玟

　　红船泛于南湖，尔后千帆竞过，东方欲晓，只待星火迸发，呈燎原之势。如今巨轮正驶于波澜壮阔，中华再迎盛世篇章。百年芳华，风华正茂；百年青春，历久弥坚。回首百年路，星火与革命先辈的信念不期而遇，曙光与有志青年的心火撞了个满怀；回首百年路，挺风驶浪不畏险，红旗招展破劲勍；回首百年路，东风曾吹醒往日的颓唐，如今山头斜阳相迎，满是春的模样。一代人有一代人的使命，如今我们站在新起点上，不妨回首忆往昔，尔后迈进新征程！

"生逢乱世，即使命运如蝼蚁，但仍有人心向光明。"

　　"此后如竟没有炬火，我便是唯一的光"，这既是鲁迅先生在《热风》中发出的呐喊，也是中国革命路上成千上万革命者的真实写照。他们或投身战场，以生命守卫我们的钢铁长城；或以笔为戈，刺破旧中国的黑暗，带来曙光；他们怀揣着革命理想，心中信念丝毫未减。回首百年奋斗路，从小小红船到巍巍巨轮，从延安到北京，从"春天的故事"到新时代华章，涌现了一批批以中华民族伟大复兴为己任的革命者，使中国在时间的长流中逐渐昂首屹立于世界东方。回首百年奋斗路，陈独秀、李大钊等循着光的方向，大声呐喊，唤醒民众心中民主的光芒；我看到革命路上无数革命英雄感时思报国，拔剑起蒿莱；我听到"踏遍青山人未老，风景这边独好"的革命精神，正拨云见雾，指引正确的方向。恰是百年，风华正茂，一切正是希望的模样。

　　"心之所向是我的家乡，惟愿再回故土"，1949年国民党退居台湾，我的爷爷也是其中的一员。海峡两岸仿佛成了最远的距离，我在这头，故乡在那头，爷爷不止一次提到他的故乡安徽省淮南市寿县，那里甘甜的泉水滋润着一代代村民，我也好奇那片满是诗意与恬静的田野。"乡愁是一湾浅浅的海峡"，爷爷望向那头，眼中满是思念。在我的印象里，爷爷每隔一段时间都会向寿县寄一封信。在那个通信并不发达的年代，信是爷爷与故乡联系的枢纽。从台湾海峡到金门，再到厦门，驶向安徽，这是一封信寄往故土要走过的路，也是我的爷爷走过的路。1979年，大陆与台湾实行三通，已成家的爷爷带着奶奶踏上了回家路，"从金门到厦门只要半个小时，可我只觉得慢极了"，提到这里的时候，爷爷眼中满是回忆，他好像再一次踏上了回家的路。"到厦门后，我们又坐火车到安徽，我手里只有一个地址，村里变化可真大啊，东问西走，终于是找到了。家里也变得不像小时候了，门口那棵大树不见了，我小时候惯爱在这棵树上爬上爬下，下来又免不了一顿揍。树不见了，揍我的人也……"爷爷的眼中已满是湿润，时光不等思念，给思乡的人留下的只有回忆与遗憾，看到熟悉的人，听到熟悉的乡音，思念终于迎来了停靠的港湾，可它终会随着告别再次启航。

生逢乱世，非吾所愿；心向光明，是吾所求。纵有海峡分隔，我们心中仍有一个共同的目标，那就是守卫家国。

"学成文武兮，吾辈自将货与中华。"

我问爷爷："您经常想家吗？"

爷爷说："火车上的那晚，是我最后一次想家。"

站在明德广场前，砖红色的楼群耸立，祲威盛容。来来往往的老师和同学口中谈论着对我来说高深莫测的知识，没有迷茫，我用热情拥抱即将到来的大学生活。

清晨6点，在地铁上囫囵着塞下早餐面包，跨越半个岛去一所更好的高中读书，这是我的求学路；日日在知行、公教和明德楼群间不断往返，倾听各自领域中最优秀的老师剖幽析微，这也是我的求学路。为了获得更好的教育，我曾经从家乡的城市每天挤地铁到另一个城市，现在又离开生活了十八年的宝岛独自前往北京。

很多人都曾问我，"家附近也有很多不错的学校，何苦花费这么多时间在路上呢？"

面对疑问，我常常一笑置之。是啊，在路上，我们难道不是一直在路上吗？学术的道路是艰难的，然志意充然，囊括于天地，定会朝饮坠露、夕餐落英、上下求索。在求学的路上，地理的远近从来不会是阻隔我的障碍，我只愿在知识的海洋里离那颗珍珠再近一点、更近一点！

我曾在学校的带领下亲临陕北公学原址。坐在广场前，吟唱起亲切熟悉的校歌，我仿佛置身于陕北公学的课堂。前人在纷飞的战火中成立了这所学校，它走过八十年，成为如今的中国人民大学。延安的黄土不再是岁月侵蚀留下的遗迹，而是先辈们用脚踏出的路，更是共产党人发展教育、投身公共事业的路。

大浪淘沙，古时中华文明的缔造者们闻鸡起舞、发愤忘食；五四运动北京三千学生高举"反帝反封建"的旗帜激扬报国热血。他山之石，可以攻玉。21世纪以来，中国学生走向海外，学成归国，为祖国发展事业添砖加瓦。上下五千年，中国人求索的脚步从未停歇，在我继续求学的道路上，必将潜心钻研，纳中西学问，化用于实践。

人生不得行胸怀，虽寿百岁犹为无也。然吾辈前途似海，来日方长，定学以报国，筑盛世繁昌！

"以青春之我，创建青春之家庭、青春之国家、青春之民族、青春之人类。"

"地球即成白首，吾人尚在青春，以吾人之青春，柔化地球之白首，虽老犹未老也。"青年与国家前途、民族命运血脉相连，青春豪情只有在时代潮流中迸发，方能凝聚奋发精神和革新力量。回首百年波澜壮阔，一代代青年挥洒热忱，前赴后继奔赴伟大征程，作为革命与改革事业的中流砥柱历久弥新，贡献青年力量，奏响青春华章。在新造民族之生命、挽回民族之危机的解放思想运动中，青春是击碎蒙昧带来星火、为真理和正义而战的信念勇气；在艰苦卓绝、悲兮壮兮的抗日战争中，青春是千磨万击还坚劲、马革裹尸终不悔的铮铮铁骨；在披星戴月、千帆竞渡的改革开放中，青春是攻坚克难唯创新、敢做时代弄潮儿的开拓先锋。感念先辈无畏无惧的青春篇章，我亦甘愿燃青春之年华，献于泱泱之大国。

青春逢盛世，奋斗正当时，一代人有一代人的使命与担当。今日的我们，无需面对国土沦丧，无需承受硝烟战火，我们处在一个蓬勃向上、奋发有为的历史新时代，也面临着前所未有的机遇和挑战。马克思曾说："一个时代的精神，是青年代表的精神；一个时代的性格，是青春代表的性格。"我辈青年，自当求学以自强、求学以报国，将青春热血献与祖国，将个人小我融进祖国发展的新浪潮，为中华之繁荣昌盛贡献自己的智慧和力量。

"聚浩荡而击中流，集百川而汇苍生，兴甘霖而润万物，固堤坝而安黎民。"一百年的大浪淘沙，更加锤炼一个民族的坚韧品格；一百年的砥砺奋进，书写了人类历史改天换地的最美华章；一百年的始终如一，更加彰显我们共同的目标与使命。沧海横流，彰显英雄本色，一代人有一代人的责任；一代人有一代人的担当。如今我们站在新的起点上。

重温奋斗史，共筑复兴梦

北方工业大学　文法学院　汉语言文学　2021级　香港　庄嘉颖

站在"两个一百年"历史交汇期，回顾建党百年光辉历程，自己内心澎湃久久不能平复。无数共产党人坚定共产主义理想和社会主义信念，前仆后继用自己的热血和生命谱写了一部波澜壮阔的革命史；无数革命先烈不断用马克思主义科学理论武装头脑，为中华民族谋复兴，为中国人民谋幸福。

回顾历史，党的事业虽然在整体发展进程中一路前进，但党带领人民革命、建设和改革的道路并非一帆风顺，而是在曲折中不断向前发展。

2020年是极为不同寻常的一年，年初来势凶猛的新冠病毒迅速传播并蔓延至全国。面对这一紧急情况，党中央统筹全局，迅速采取有力措施，全国人民上下齐心共同努力抗击疫情。春节本应该是一个阖家幸福的日子，然而突如其来的新冠疫情打破了人们平静的生活，医务工作者不得不在春节之时冲锋在防疫第一线。他们义无反顾的"逆行"，是最勇敢的坚守，是最温暖的守护，值得我们每一个人点赞和致敬。"生活哪有什么岁月静好，只不过有人在负重前行。"白衣天使都是一个个血肉之躯的平凡人，但他们拥有一颗强大的心、一颗爱国的心、一颗坚持不懈为人民服务的心，他们不畏艰辛地从死神手里夺回生命，他们的这种无私奉献的精神值得我们去学习、去敬重。面对肆虐的新冠疫情，大家众志成城，坚定不移跟党走，坚决做好疫情防控，为战胜疫情尽一份自己的力量。在疫情常态化的形式下，每个人都应该有这样一颗团结的心，只有每个人都配合疫情防控工作，才能更好地保护自己和家人。

艰苦奋斗是永恒的时代精神，一代人有一代人的使命，一代人有一代人的担当。且看革命时代，青年毛泽东在《湘江评论》中写道："天下者，我们的天下；国家者，我们的国家；社会者，我们的社会。我们不说，谁说？我们不干，谁干？"且看建设岁月，铁人王进喜一生献身石油事业，以钱学森为代表的无数科学家隐姓埋名，奔赴沙漠戈壁滩涂研制原子弹成功；且看脱贫攻坚新时代，80 后驻村干部余静主动请缨报名参加，用实际行动践行"一户不脱贫，我就不撤岗"的信念。

当前，我们比历史上任何时期都更有信心和能力实现中华民族伟大复兴的目标。习近平总书记勉励新时代广大青年："青年兴则国家兴，青年强则国家强。青年一代有理想、有本领、有担当，国家就有前途，民族就有希望。"

作为一名新时代的大学生和建设者，面临着"天将降大任于斯人"的时代使命，担当起民族复兴大任并不是一件容易的事，要继承革命前辈的优良传统、发扬革命前辈的优良精神、树立远大理想、热爱伟大祖国、担当时代责任、勇于砥砺奋斗、练就过硬本领、锤炼品德修为，不断锻炼自己、提高自己、完善自己，才能担当起民族复兴大任。每当听到振奋人心的歌声"没有共产党就没有新中国！"我都很激动。作为中国人，这是刻在我们骨子里的一首歌，它代表着党的心声、人民的心声、时代的心声，这首歌唱出了颠扑不破的真理：只有中国共产党才能救中国，只有中国共产党才能建设新中国！每当听到这首歌我的心都暖暖的。

我在香港出生，老家是泉州。每次放假回家，我经常与爷爷还有父亲他们聊起家里这么多年的变化。爷爷讲起了过去：20 世纪 50 年代，乡里还没有水泥路，只有泥泞不堪的泥土路，一下雨脚一踩上去都是坑坑洼洼的。有时还要在干燥的茅草上睡觉，那时也没有蚊帐，被蚊子"嗡嗡嗡"扰得难以入眠。爸爸说起他小时候的生活条件随着时间逐渐变好、变得更幸福。在 70 年代，许多人陆续有了自己的自行车和手表，家里摆放着缝纫机。到了 80 年代，随着改革开放，大家都更富裕了，陆续添置了冰箱、电视和洗衣机。到了夏天，天气热了还可以打开电风扇降温。进入 90 年代，随着物质生活逐渐被满足，精神生活也逐渐充实起来，空调、电脑和录像机走入千家万户。进入新世纪，一座座高楼大厦拔地而起，道路四通八达，交通也十分便利，大家的生活也丰富起来。到了晚上许多老年人开始了他们欢乐的夜生活——跳广场舞，他们正沐浴着党的温暖。而我们这一代年轻人赶上了改革开放带来的好生活，互联网、电子商务等给我们的生活带来了意想不到的便捷。

随着时间的飞逝，在党和人民的共同努力下生活质量不断提升。当汶川地震来临时，是党时刻牵挂人民的安危，把人民的生命安全放在第一位；奥运会、世博会的成功举办，神舟飞船一次又一次的成功发射，再一次向世界证明了在中国共产党的领导下，中国人民从此站起来了，昂首挺胸屹立于世界的东方。作为一名新世纪的大学生，在感恩党的同时，要牢记党的教导，练好本领，将来为建设繁荣富强的新中国而添砖加瓦！

在历史的长河中，中外使臣执节往返、各国商人贸易繁忙、宗教之间相互传播弘法，这些都发生在我的故乡泉州——海上丝绸之路的发源地。海上丝绸之路在文化、历史、经济上都有着巨大的影响力。在文化上，通过海上丝绸之路，中国传播了民族工艺，让许多国家都认识到了瓷器，也品尝到了茶叶的味道。在历史上，海上丝绸之路推动了世界的进步与发展，开放的国际化的交流让我们更好地发展思想共识。在经济上，中国的造船技术和航海技术也大大提升，海上贸易也得到大大的发展。从小在泉州长大的我也更加深刻地体会到了文化的底蕴。

历史和现实都证明，中华民族有强大的创造力。每到重大历史关头，我们都能感国运之变化、立时代之潮头、发时代之先声，为亿万人民、为伟大祖国欢呼。

当代中国，正处在中华民族伟大复兴和世界百年未有之大变局的历史交汇点上，民族复兴既需要强大的物质力量，也需要强大的精神力量。

我们要以历史的眼光、文化的自觉、国际的视野看待未来的发展趋势。既坚定地走好中国道路，又善于借鉴"他山之石"；既保持中华民族自信力和文化创造力，又以中华文明价值和人类命运共同体理念引领人类共同价值。如此增强文化自信，便会看到中国与世界更美好的未来。

回首百年复兴路，迈向复兴新征程

东南大学　法学院　法学　2019 级　香港　石卓言

一、绪论

2021 年是中国共产党成立 100 周年，也是香港回归 24 周年。在百年风雨中，中国共产党的历史是气壮山河的。身为一名香港学生回望国家过去百年复兴路，映入眼帘是那一个个为国之复兴冲在前线的有志之士的身影；镌刻在脑海中的是那在国家奋斗复兴中的红色精神；耳边回响的是在革命战争年代，打响新中国革命复兴的第一声枪响。百年，每一帧蕴含着丰富的革命精神和厚重的历史文化内涵。百年历史让我时刻感触到中国共产党是在重重考验下栉风沐雨、砥砺前行的朝灯，引领人民绘就了一幅声势浩大、源远流长的烽火岁月，谱写了一曲惊天动地、气壮山河的光辉乐章。港澳台的学生们应以缅怀感恩的精神回望百年复兴的道路，以自强不息的姿态迈向复兴的新征程。

二、古城余韵长千年，今亦不忘赤子心

在 20 世纪初，有这样一群人，他们不甘自己的境遇和周遭的环境，面对前方崎岖道路，毫不退缩，坚守自我，抓住机遇，拼搏而上，因为他们坚信：星星之火，可以燎原。就是这样一批有志之士，用他们的平凡之躯造就了我们如今强大的中国。在党一百年的非凡奋斗历程中，一代又一代共产党人顽强拼搏、不懈奋斗，涌现了一大批视死如归的革命烈士、一大批顽强奋斗的英雄人物，形成了一系列伟大精神，构筑起中国共产党人的精神谱系，为我们立党、兴党、强党提供了丰厚滋养。

回顾百年的复兴历史，我眼前总浮现出商丘古城内的一片不起眼的院落。院内松柏郁郁，肃穆庄严。一座座朴素的房屋、一棵棵苍郁的树木静默无声，

却又无时无刻不在倾诉着这座旧址所代表的意义。六间瓦房，两亩园地，却正是在这间不起眼的院落里，多少青年为了人民的解放挥斥方遒，多少同志为了党的命运、国家的未来争论不休。这正是中共中央中原局扩大会议秘书处旧址，现坐落于河南省商丘市睢阳区商丘古城内的红色教育基地。一曾到访，经年难忘。小小的旧址不大占地，不足几方，却书写过我国老一辈革命家战斗、工作的历史。无论是谁站在这片黄土地上，看着那些陈旧的矮房，心中都会不由溢满肃静。1949 年 1 月，淮海战役刚结束，中共中央中原局在商丘县城召开了扩大会议。大会由中共中央中原局书记邓小平同志主持，出席这次会议的还有中共中央中原局负责同志和淮海战役总前委领导人刘伯承、陈毅等同志。中共中央中原局扩大会议，是解放战争期间我党召开的一次重要的会议，统一了中原局所属各级党政军领导的思想，提高了认识，为组织支援渡江作战、解放全中国做了充分的思想准备。

三、沉舟侧畔千帆过，病树前头万木春

不久之后，百万雄师过大江，龙蟠虎踞的中国就此翻开了新的篇章。回望革命先辈们百年的复兴路，感悟革命先辈们所留下的那份情感，中国共产党在一次次战争洗礼中变得强大，而中国也在一次次改革开放中变得富强。中国还有许许多多类似于中共中央中原局扩大会议秘书处旧址这样的红色教育基地，这些地方所留下的不仅仅是一间房屋、一块纪念碑、一座纪念堂，其中的意蕴更不是几段故事、几本读物可说得清道得完的。它们所留给我们更多的则是那份红色基因，是革命先辈们不怕流血、不怕牺牲，甘愿为人民、为群众奉献一切的精神。吾辈应当学习革命先辈们"夙兴夜寐、激情工作、不等不靠、事不避难、艰苦奋斗"的红色革命精神，坚定中国文化自信，中国自会在重重考验下栉风沐雨，砥砺前行，我辈亦可领会"让革命文化成为激励人民奋勇前进的精神力量"的深刻意蕴。这股内生于中国共产党信念中的浩然正气和精神意志，在攻坚克难的实践中铸就了伟大的民族精神、时代精神。吾辈在方向和目标问题上始终遵循着马克思主义指明的方向，坚定执着，矢志不移，为中华民族的复兴和无产阶级的使命不断奋斗。

四、沾衣欲湿杏花雨，吹面不寒杨柳风

再遥望那距离商丘古城数千里的香港新界，如果你翻开地图，看到最广

阔的平原一带，那里就是元朗。而元朗的西侧就是香港最著名的红色遗迹——西贡抗日英烈纪念碑。纪念碑位于西贡斩竹湾西北方一处山岗上，木棉树、松树和柏树环绕在四周。碑园的另一边是大海，海风习习，树叶哗哗作响。走进碑园，一尊高约 20 米、由原东江纵队司令员曾生手书的"抗日英烈纪念碑"置身于宏伟壮丽的中央公园之中，气势雄伟壮观。纪念碑以步枪为形状，象征坚决抗日的澎湃力量。纪念碑正面和两侧向中央倾斜，象征着革命的骄傲和宏伟。而纪念碑基座的"西贡抗日英烈纪念碑志"，以及碑园西侧巨大的石书，记载着东江纵队港九独立大队历史：在日本占领香港期间，许多来自香港和九龙营的士兵和西贡人在西贡这个抗日活动的主要地区英勇牺牲。为缅怀先烈，1983 年至 1984 年间，游击队老兵和西贡人民开始筹建抗日英烈纪念碑，得到香港各界人士以及海内外西贡乡亲的支持，最终 1989 年纪念碑园落成。2004 年 5 月，纪念全民族和海外侨胞共同抗日救亡复兴的大型雕塑《赤子报国》在纪念碑园内竖起。西贡抗日英烈纪念碑落成后，每年迎来成千上万的参观瞻仰者。在香港回归祖国后的次年，1998 年重阳节，香港特区政府特意隆重举行"原东江纵队港九独立大队阵亡战士名册安放仪式"，将港九大队牺牲的 115 名烈士的名册安放在香港大会堂纪念龛，供市民凭吊。同时正式宣布：东江纵队港九独立大队是香港沦陷时期一支正式的武装部队，在保卫香港的战斗中做出了重大的贡献。即使相隔万里，红色的精神也依旧镌刻在我们每一个人的心中，商丘的古城、西贡的纪念碑，它们留下的是历史的痕迹，而传承的是每一个国人都应该铭记的历史、是先辈为复兴而奏响的战歌、是团结自强的精神、是我们永远都不应该忘记的红色传承。特别是在政治局势动荡不定的当下国际社会中，身为港澳台青年的我们更是必须稳住自己的脚步，勇担祖国未来、民族希望，防止有预谋的敌对势力分裂我国，做好推动中国发展的后备军。我们应怀揣着使命感，继承先辈们高尚的精神，努力实现中华民族伟大复兴的中国梦。为了实现理想，我辈唯有勤学笃志，学以致用，在改革开放和社会主义现代化的进程中，学习真正的技能，努力成为国家的支柱。

五、总结与感悟

中国共产党已经走过了一百年的光辉历程。习近平总书记指出，在一百年的非凡奋斗历程中，一代又一代中国共产党人顽强拼搏、不懈奋斗，涌现了一大批视死如归的革命烈士、一大批顽强奋斗的英雄人物、一大批忘我奉献的先进模范，形成了伟大建党精神、井冈山精神、长征精神、延安精神、抗战精神、抗美援朝精神、"两弹一星"精神、特区精神、抗洪精神、抗震救灾精神、抗疫精神、脱贫攻坚精神等宝贵精神，构筑起了中国共产党人的精神谱系——崇高的理想信念，坚定的奋斗探索，伟大的精神力量，使我们党永葆青春活力。如果不是怀着为国家谋复兴、为人民谋幸福的使命，我们无法克服艰难险阻，经历一次次涅槃重生、迎来新中国的成立，无法在改革开放中一步步走向富强，屹立世界民族之林，更无法收复香港。1997 年香港回归祖国母亲怀抱的故事，我从小就听着母亲一遍遍念叨，每次说起这个故事，母亲的目光总是柔和且骄傲着，母亲说："一个再发达的地方如果失去了根也便没了回去的路，你们真是生在了一个好的时代！"回望那百年的奋斗历史，生在中国的光荣感越来越强烈。无论是港澳台还是内地（大陆）的大学生都是祖国的未来、民族的希望，是国家民族复兴的主力军。通过回望过去百年历史征程，吾辈对革命精神、复兴理念的理解和感触会更加深刻，对先烈的献身之情更加崇敬，对党的发展历程有了进一步的了解，也更好地发挥了身为国家未来人才的表率作用。在今后的学习生活中，吾辈也应全力以赴做到以下几点：

（一）笃志勤学，自强不息

回首百年奋斗历史，要学习革命先辈坚定的理想信念，增强责任感、使命感，为中华之崛起而读书。自力更生、艰苦奋斗是迈向复兴的重要组成部分，港澳台青年更是应当做国家复兴的开拓者，坚决反对有心之人对于国家的分裂，努力实现中华民族伟大复兴的中国梦。为此理想，我辈唯有勤学笃志，学以致用，在改革开放和社会主义现代化建设的新时期，掌握真才实学，增益所不能，努力成为国家的栋梁之材。

（二）牢记使命，奋勇直前

中国共产党成立之初，就带着为国家谋发展、为人民谋幸福的目标奋进发展。青年一代作为党未来的接班人，要不忘初心、牢记使命。中华人民共和国成立之初，老一辈共产党人身处国际形势恶化、物质生活贫困的困境中，却依然心系人民，怀揣着乐观向上精神，为国家的伟大复兴而不懈奋斗。在今日安定的环境下，我们更应感受到幸福和平的来之不易，在学习和工作上高标准要求自己，将艰苦奋斗、知难不退、奋勇前进的复兴为国精神厚植于心，在国家高速发展之际，献出自己的一份绵薄之力。

（三）传承精神，发扬文化

在中国共产党走过的百年光辉历程中，一个个生动的经典红色故事传递了丰富的精神内涵，先辈们用热血铸就了抗战精神、长征精神、解放精神。时刻回望复兴的不易不仅是中国共产党人的本色，也是中国人民的精神食粮，凝聚了中华民族的强大力量，实现了中华民族伟大复兴的基础。自古便有"后人哀之而不鉴之，亦使后人而复哀后人也"，而时刻守望人民便是中国共产党永葆青春的关键。我们也有义务肩负起时代赋予的重任，从中国革命历史、优良传统和精神中汲取养分，为国之复兴再造辉煌。吾辈应为党、为人民、为国家，奉献自己的微薄之力，团结一心，让党的信念在代际中无限传承，迈向复兴新征程。征途漫漫，唯有奋斗，吾辈青年要继续加油！

风雨苍黄百年路　踔厉奋发新征程

复旦大学　文物与博物馆学系　文物与博物馆学　2021级　台湾　林心怡

百年征程波澜壮阔，百年初心历久弥坚。回望百年风云，我看见了那个在简陋柴房里笔耕不辍、潜心翻译《共产党宣言》的青年，蘸着墨汁吃掉了一碗粽子，边吃边说："真甜"；我看见了上海法租界望志路106号内秘密相聚的13名青年，在沉沉黑夜中点燃了一颗新的革命火种；我看见了陈延年、陈乔年在狱中背负着满身伤痕，为心中理想慷慨赴死；我看见了孟良崮战役的枪林弹雨间，"沂蒙六姐妹"为子弟兵送军粮、做军鞋、看护伤病员，置个人安危于不顾；我看见了雷锋、焦裕禄、谷文昌、钱学森；我看见了抗疫期间由52名青年组成的"克冠行动"团队；我也看见了助力中国圆梦深水大气田的"深海宇航员"韩超……

心有所信，方能行远。每个年代都不乏如此的青年，他们在艰苦岁月里衣衫褴褛，在奋斗时光里不眠不休，以青春之躯撑起民族脊梁。"青春"是我们相似的符号，"奋斗"是我们共行的道路，"中国青年"是我们共有的名字。我们——当代的青年，生逢其时，肩负重任，我们既是追梦人，也是梦想的铸造者。

愿以尘雾之微补益山海，以萤烛末光增辉日月，虽然我们刚与这个时代交手，或许我们的声音还有些许稚嫩，但是我们却足够真挚、足够热烈。作为文物与博物馆学系的一名硕士生，在过去的几年光阴中，我一直努力严格要求自己，兼顾学业思想、学生工作、实践服务、文体活动等各方面，以坚实脚步丈量生活，用自身能力服务社会，努力使自己成为实现中华民族伟大复兴的先锋力量。

一、文博初心

作为一名文博系的学生，我始于一份情怀，认为文博工作是一项神圣的、充满意义的事业。正因一代代辛勤的文博人筚路蓝缕，在各自的领域深耕，才能让世人有机会亲历历史、审视当下、放眼未来。与此同时，"弘扬中华优秀传统文化，实现中华民族伟大复兴"也是我国一直所倡导的理念，文化是一个国家、一个民族的立足根本和灵魂。新时代也非常需要推动中华优秀传统文化创造性转化、创新性发展，以此增强中华文化的影响力和吸引力，创造中华文化新的辉煌。事实上，今年亦是中国现代考古学诞生的 100 周年。习近平总书记也明确表示，希望广大考古工作者增强历史使命感和责任感，发扬严谨求实、艰苦奋斗、敬业奉献的优良传统，继续探索未知、揭示本源，努力建设中国特色、中国风格、中国气派的考古学，更好展示中华文明风采，弘扬中华优秀传统文化，为实现中华民族伟大复兴的中国梦作出新的更大贡献。一想到我所学习的专业能够在这一领域内作出贡献，我的肩上也多了一份时代责任。

而光有一份热情是远远不够的，我国的博物馆事业处于起步阶段，仍有大量的问题亟待新一代文博人去探索、解决。在复旦文博系学习期间，我充分利用各方平台对自身专业水平、学术能力、实践能力进行提升，逐步形成了作为复旦文博人的身份意识与使命感，打磨自己朝目标迈进，始终秉承严于律己的态度。在这一过程中，我也意识到科研思维的不可或缺性，因此聚焦于感兴趣的问题做了专项的学术研究，作为负责人成功立项"曦源项目"，跟随导师周婧景副教授对于"中美博物馆精品展览评比活动"进行对比研究，并在老师的指导下进行了论文的修改与投稿工作。

图1

图注：复旦大学文物与博物馆学系本科生学术论坛合影

我也参加了复旦大学文物与博物馆学系首届本科生学术论坛，并获得了一等奖的成绩，我会把这些经历和成绩当作对我现阶段学习成果的一种肯定。

文博也是一门需要专业理论知识与实地实践紧密结合的专业，除了校内的课程学习外，我也积极参与了多项社会实践项目，如在"新中国成立七十周年以来高校博物馆在校园文化建设中的影响——以上海各高校博物馆为例"
项目中，我与项目成员一同调研上海地区13家高校博物馆。我也参与了复旦
大学校博物馆《止水映人间——王纲怀先生铜镜捐赠展》、国家电网上海电力
公司档案馆的展览策划工作，积累经验素材。

图2

图注：与同学在上海财经大学
博物馆进行调研

图3

图注：《止水映人间——王纲怀
先生铜镜捐赠展》展览海报

在未来的道路上，我期待自己能不忘文博初心和使命，在这片领域做出
更多的成果。与此同时，我也深知，只有把人生理想融入国家和民族的事业
之中，才能最终成就一番事业。

二、多元活动

新时代的人才观见证着社会的开放、包容与多元，当代国家发展需要的
是多元化的人才。在这一过程中，艺术教育作为素质教育不可或缺的重要内容，
肩负着以美育人、以文化人的重要使命。在高校的环境中，我一直致力于成为
校园内多元艺术的观察者与发掘者，希望与校园中各种形式的艺术成分尽可能
地建立联系。因此我也热衷于和志同道合的同学们一起，一面"向外"探索校
园艺术文化的无穷可能，一面"向内"孵化学生艺术文化项目的全新样式。

作为系团委学生会文体部副部长，我积极投身团学工作，组织过包括"I
COME I SHOW才艺大赛""大文科杯足球赛""上巳节游园会"等多场校级

活动，满足系内外师生的文体活动需求；作为校团委艺术团新艺术工坊部门干事，我多次作为导演组的核心成员，参与策划、筹备过复旦大学纪念五四运动100周年文艺晚会、第九届"复调与华章"钢琴大赛、第一届"古今风雅——传统文化汇演"等校级文艺活动。

从构思到实施，意味着将天马行空化为现实。在参与并举办多元活动的过程中，我学会了不仅要作为创造者敢于想象，迸发灵感，也要作为负责人、执行者对于演出活动每一步骤环节进行谨慎细致的检查核对，以保证一个个高质量活动的产出。

此外，志愿活动也是贯穿我生活的一大主线。习近平总书记曾殷切期望青年一代"弘扬奉献、友爱、互助、进步的志愿精神，坚持与祖国同行、为人民奉献，以青春梦想、用实际行动为实现中国梦作出新的更大贡献"。我时常将习总书记的这句话当作我行事的要求和准则，因此在多元的志愿活动中，我时常会以不同的身份，为人们提供服务，展现奉献精神。我曾在枫林 Medbridge 组织的"泰迪熊医院"项目中，为蓝天幼儿园的小朋友普及医学常识，帮助孩子们消除对医疗环境的恐惧感；在五星级公益社团"仁己社英语领导力训练营"项目中，在青浦中学作为助教帮助英语教学的顺利开展。此外，还在大学生艺术展演活动、上海市"青春放歌——上海大学生校园歌会"、复旦毕业晚会等多项校级及以上活动中担任志愿者，出色完成了相关服务工作，展现了复旦志愿者的风采，并结识了来自各地的同学们。

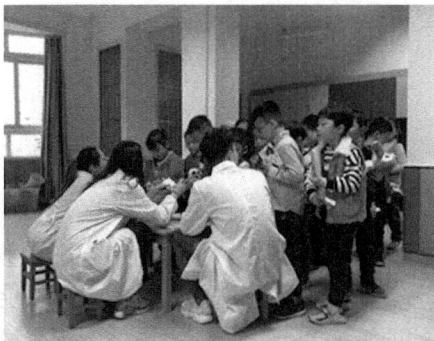

图4

图注：Medbridge "泰迪熊医院"
项目中担任志愿者

图5

图注：青浦中学"仁己社英语领导力
训练营"项目中为中学生授课

三、国际视野

随着全球化发展以及我国国际地位的提升，我国的发展愈发需要兼备家国情怀与国际视野的人才。拥有国际视野，有国际对话与跨文化沟通的能力，是这个时代下社会和个人未来发展的重要"工具"。无论是在专业学习，还是在个人发展过程中，我都在不断拓宽自己的国际视野，体验、感受和吸纳不同国家的文化与思想。

图 6

图注：参与英国伯明翰大学"英国文化遗产"（British Cultural Heritage）项目交流学习

图 7

图注：担任"从长城出发探秘英格兰遗产"耳朵里的博物馆世界文明主题分享讲座翻译

2018 年暑假期间，我参与了英国伯明翰大学"英国文化遗产"（British Cultural Heritage）的交流项目，不仅亲身体验到国外的留学生活方式，也在学习过程中，将国外相关领域专家学者教授的知识与实地考察实践内容相结合，收获颇丰。期间小组项目汇报还获得了教授们的赞许和嘉奖。同时，我还为在上海举办青少年文化遗产讲座的英格兰遗产资深馆长 Dr. Mark Douglas 提供相关的翻译帮助。

2019 年寒假期间，我在美国埃伦斯堡中央华盛顿大学（Central Washington University）举办的"中国新年联欢会"上，帮助校方筹备、布置中国文化活动，并为当地社区的人们带来了大提琴的中国曲目表演，宣扬了中国的优秀传统文化。

图 8

图注：美国埃伦斯堡中央华盛顿大学举办的"中国新年联欢会"

在疫情期间，我也以实习生的身份参与了由全国高校博物馆育人联盟、国际博协大学博物馆与藏品委员会、上海市高校博物馆育人联盟、上海交通大学钱学森图书馆联合主办的 2021 高校博物馆国际培训班，在为学员提供翻译、整理文稿等相关服务工作的同时，也与世界各地高校博物馆的馆长、学者们共同探讨、相互学习，进一步加深了我对诸多问题的思考和理解。

这些别样的异国文化体验，都给我带来了极为深刻的印象，也帮助我逐渐形成更为广阔的人生视野和格局，以迎接未来更多的机遇和挑战。

"广大青年要肩负历史使命，坚定前进信心，立大志、明大德、成大才、担大任，努力成为堪当民族复兴重任的时代新人，让青春在为祖国、为民族、为人民、为人类的不懈奋斗中绽放绚丽之花。"这是习近平总书记对我们千千万万青年学子的深情寄语，站在"两个一百年"奋斗目标历史交汇点的我们，也将努力参与并见证这个目标成为现实。作为台湾青年学生，我对祖国的未来繁荣发展充满了美好憧憬，希望能够从自我做起，以爱国、励志、求真、力行为指引，不忘文博初心，坚定理想信念；增长智慧才干，多元全面发展；心系家国情怀，拓展国际视野；磨炼意志品质，不负时代重托，在实现中国梦的生动实践中放飞青春梦想，书写人生和祖国的复兴华章。

朝 阳

广州中医药大学　第一临床医学院　中医骨伤科学　2019级　香港　翁存心

　　旭日升，朝阳起，于苍茫大地是复苏的新生，是元稹的"绮树满朝阳，融融有露光"，是崔颢的"青翠满寒山，藤萝覆冬沼"；于高楼林立是城市的苏醒，是路上熙熙攘攘的车水马龙，是早点铺袅袅炊烟中的人来人往。于我而言，是从儿时的懵懂开始，初日下摇摇晃晃的队列，胸前笨拙地系着鲜艳的红领巾，仰头时不可避免的刺目晨光，以及在光芒中冉冉升起的五星红旗的记忆。

　　"那是我们的五星红旗，那是我们的紫荆花旗。"第一次到金紫荆广场看升旗仪式的时候，父亲拉着我的小手告诉我，那面鲜红的五星红旗凝聚了无数奋勇的烈士鲜血。那个战火纷飞、遍地尸骸的年代，他们以满腔热血和信念，用生命换取了民族的解放、如今的和平。"那紫荆花旗呢？紫荆花旗也是红色的，也是烈士用鲜血换来的吗？"维港的风徐徐吹来，旗帜在风中飘扬，我听了父亲的话似懂非懂，反问道。父亲闻言轻轻笑了笑，他仰头看着金紫荆广场上飘扬的旗帜，眼里有着我当时无法理解的热忱。我仰头望着他，只听他说："是我们的祖国强大了。"

　　结束高中生活的那个暑假，和朋友一起去了北京，入夏的北京烈日炎炎，平均气温攀升至30度，迎面的风都是热的。旅程结束的前两天，突然和朋友决定去天安门前看升旗仪式。"怎么，怕上了大学没有升旗仪式吗？"朋友打趣道，我摇摇头，回想到小时候在金紫荆广场观看的升旗仪式，心里有股说不出的情感，似是有千言万语感慨，但是到了嘴边却支支吾吾说了句，"我就想去看看"。

　　清晨的北京被笼罩在淡淡的云雾中，似要为这繁忙的都市覆上一层薄纱般的平静，好让那彻夜不息的车流与灯火清净片刻。观看升旗仪式的人不少，人群熙熙攘攘。伴随着晨阳初晓、国歌奏响，四周嘈杂的声音低下了许多。我远远地瞧见，那面鲜艳的五星红旗在红墙黄瓦的天安门前徐徐升起，底下的仪仗队整齐划一地排着队列。我忽地想起了和爷爷一起在电视上观看的60周年阅兵仪式，爷爷指着电视机里路过的军人，让我好好地看看他们经过训练的军姿。爷爷和我说，他们都是保卫祖国的英雄。

而望着眼前冉冉上升的五星红旗，我又似乎能够透过这面红色的旗帜，看到辉煌庄严的大门后几百年前歌舞升平、富丽繁荣的景象，而后渐渐走向落败。《义勇军进行曲》行至结尾，一字一句铿锵有力的"前进，前进"下，五星红旗升至顶端，朝阳落下金光漫漫，鲜红的旗帜迎风飘扬，心中有股热烈的情绪在流动，我想到了周总理"为中华之崛起而读书"那般的抱负，是了，少年强，则国强。那一刻，我又好像明白了那时候父亲眼里的热忱是为何。

2019年是新中国成立70年周年，10年前和爷爷一起坐在电视机前似懂非懂地看着阅兵仪式的我，或许也不会想到10年后也能从手机、电脑上通过直播观看70周年的阅兵仪式。那天刚刚结束实验的我和同学在自修室打开了电脑上的直播软件，准备一起观看阅兵仪式，只见一旁已经有同学正开着电脑看着阅兵直播，还有师姐到自修室问我们去不去会议室里的大屏幕和其他同学一同观看。我想现在虽然是互联网时代，人和人的联系看似紧密却又疏离，或许我们回不到从前字字落笔的情真意切，但是我能确切地感受到大家对于祖国的热诚及自豪。那时候我觉得，我们这一代人的未来，或许也不会太差。

而关于2020年，对于每个人而言都是艰难的一年。停课、停工让人们蜷缩在忧心忡忡下，直至火神山与雷神山医院的接连搭建、疫苗的研发还有逐渐得到控制并且下降的感染数目，街边店铺的灯又点亮了，路上渐渐多了行人的踪迹，我看到了许许多多与我一样的年轻人为了抗疫坚守岗位却不知疲惫的模样，也看到了许许多多没有因为疫情而松懈怠慢工作、学业的人。那天和爷爷一起看电视新闻，新闻上报道疫情得到了控制，复工复学在望，爷爷露出欣慰的笑容说道："好啊，我们的国家是真的好啊。"随即他又瞅了我一眼，笑着说道："你们这些年轻人，也很好啊。"那时候早晨的阳光刚刚洒进阳台，阳台上的盆栽影子又落入屋内，我别过头望向窗外，万里无云，初日入照，它似是新生，似是开始，也似是未来。

三 等 奖

我与国旗有个约定

广州中医药大学　第一临床医学院　中医学　2019 级　香港　霍政朋

> 1949 年 9 月 27 日，中国人民政治协商会议第一届全体会议正式决定采纳"红底五星旗"的方案，将其改名"五星红旗"。
>
> —— 题记

"起来，不愿做奴隶的人们……"，歌声奏起的那个时刻，我内心的血液在澎湃。我很骄傲，我很自豪，在我们中国的土地上，升起五星红旗。第一次是小时候听爸爸说香港回归的故事，7 月 1 日零时零分零秒，那是饱受沧桑的香港回归祖国母亲怀抱的时刻，分秒不让，那是祖国领土完整不可分割的象征。第二次来到了 2008 年，我和家人围在电视机前，等候着北京奥运会开幕式，在全世界瞩目下，五星红旗迎风飘扬，那是祖国日益强大的历史见证。"回首百年奋斗路，迈向复兴新征程"，在中国共产党成立 100 周年之际，我与师友相约在国旗之下，见证着那一刻的到来。

"第二排第二个同学，挺直腰杆，身体微向前倾"，那是我在 6 月 30 日的夜晚，为迎接建党 100 周年升旗仪式进行加训。还记得那时最难的就是要克服"徒手摆臂"的整齐性问题，为此我们还绑上了训练沙袋。数个小时下来，虽然感觉自己的手已不属于自己，但同时我也感到很开心，因为自己能在那么多优秀战友之中被选拔到光荣的升旗仪式方阵之中。那晚，我在床上欣欣自喜，开心了一整夜。

2021 年 7 月 1 日，那一天我起得格外的早，外面的天色还是朦朦胧胧，我对着镜子整理了胸前的领带，戴上了我的大檐帽，从抽屉中拿出了一双崭新的手套，最重要的还是我的臂章，因为我觉得带上臂章意味着真正肩负起护卫国旗的任务。在经过去往教学区的必经之路上，我能发现，旁边有和我一样着装的人，在朝同一个方向，难道他们也是……

当我来到了广场中央，在人群当中，感觉自己就像陷入了一片"红海"，当太阳慢慢地爬上来之际，一侧的通道中迎来了曙光。我们的擎旗手，是那么的气宇轩昂，他在升旗仪式前一天晚上就换上了全新的国旗，整个国旗都显得格外的红艳，象征着人民以全新的姿态迎接中国共产党的百年生日。

八点整，入场仪式的音乐响起，护旗手们开始护送国旗。"齐步走""正步走"，整齐摆臂，正步的每一步声音，都是那么的整齐划一，眼神是那么的坚定，感觉有一股用不完的力量。随着"向国旗敬礼"的口令，《义勇军进行曲》的奏响，国旗正在缓缓升起，万人行注目礼，我的心里在唱响着国歌，当红旗到达顶部的那一刻，它飘扬在上空，是那么的耀眼，是那么的有感染力，我告诉自己："我，就是护旗手"。"前进，前进，前进进……"声音落下，此时此刻我万分感慨："四万万人齐下泪，天涯何处是神州"，中国人民从此站了起来，中国人民在共产党的带领下站了起来，我们不再受列强屈辱，我们能自力更生，挺直腰杆做炎黄子孙，做这一片土地真正的当家人。

我与国旗有个约定，回首往昔，在祖祖辈辈的辛苦耕耘之下，一代代人的传承，让这面红旗冉冉升起。不知从何时开始，我对红旗产生了敬畏之心，我凝望着它，我注视着它，只觉清风袭来，久久相看不厌。我是中国人，我们中华民族能屹立在世界之林当中，我为我的祖国感到骄傲。"红旗上的红色是用先辈的鲜血染成的。"作为新时代的青年，更需要去了解国旗背后的故事，国旗上每一颗星代表的意义。爱国教育不能少，每一名香港青年都要接受爱国教育，增加自己的身份认同感、民族认同感和国家认同感，让爱党爱国的氛围洋溢在香港街头。我坚信，在中国共产党的带领之下，我们能够完成中华民族伟大复兴梦，让中华民族生生不息。

望洋山歌

暨南大学　新闻与传闻学院　广播电视艺术　2021 级　澳门　黎昌晟

望洋山

绿树婆娑

枝头挂果

海风从南海

悠悠飘荡

掠过细碎的白浪

多少透明的心

多少风霜雪雨

祈求风能赐予双翼

飞过遥远的土地

触摸梦里的家乡

那天的星辰

真的从亘古长空而下

飒沓坠落

火红的旗帜

风把其中的星光

吹得闪耀

没有人会嘲笑彼此的痴语

眼角泛起泪光

多少个黑夜

借着飘零的风

倾听母亲拼搏的坚毅

太多的故事
由风传来
北平的第一声呐喊
南昌城头的第一声枪响
所有的星火在此汇聚
孕育着古老民族的新生
但他们还记得
温暖的红曾淌过上海石库门
偎在嘉兴南湖的波中
悄悄地
揽下船中细语
当时的风许是太柔
把胸中的火
眼中的热
对着朗朗晴空徐徐吹去

风还说
云贵高原上的一栋小楼
阳光正烈
这片土地同火相拥
红色的旗帜
金黄的镰刀
还有他们敬爱的母亲
驱逐了冰冷的铁骑

风从东北方的钢铁轰鸣中吹过
从咆哮的河
湍流的江
驻足在一座小渔村
风说他遇到了一位老人

他有饱含沧桑的眼睛
喃语着"想让中国去世界看看"
等风来到濠江之畔
听说那里已是高阁林立

此时此刻
我终于无法按捺
"听风说！听风说！"
这次它是我的行囊
我带着那些血脉的记忆
望洋山上的硕果
用肌肤去触碰
我的母亲
温暖的怀抱！
我不是一个歌者
却甘愿做一个歌者
在母亲重塑的青山绿水旁
为她讴歌
我不是一簇火焰
却甘愿做一簇火焰
用坚强的臂膀
推起天宫驶入深邃的长空
我不是一粒尘
却甘愿做一粒尘
在人海中俯下身躯
只为撑起心中最朴实的信仰
曾经的我
也许无法和母亲共同生长
但现在的我
也有了坚实的臂膀

在这里！
在这新时代的浪潮中
我终于不借风
也可与母亲站在一起
去拥抱新的使命和辉煌

一颗种子

暨南大学　　新闻与传播学院　　新闻与传播（公共传播）　　2020级
香港　寻艺

　　小时候常听爷爷讲故事，在那个战火纷飞的年代，一个黄土高坡上的放羊娃，到底是秉持着什么样的信念走出茫茫大山参加红军，又是什么样的信念支撑着他四渡赤水，走完二万五千里长征直至解放全中国！这一直让我困惑不已。

　　回顾历史，积蓄力量。当我们走过了红色的革命年代与动荡的战争时期，回首那一段历史，我们的内心不免有许许多多的触动。我的爷爷是一名陕北红军战士，在土地革命、抗日战争和解放战争时期，先后参加了直罗镇大捷、平型关大捷等著名战役，以及著名的辽沈、平津、淮海三大战役，并在1950年作为首批赴朝参战的志愿军，可谓是身经百战。但其中最让他老人家记忆深刻的经历是发生在五台山的一场遭遇战。在面对敌人"扬土一般的火力"下，一颗子弹"嗖"的一声击中了爷爷的右手食指，钻心的疼痛让他无法再继续战斗，此时旁边一名"洋大夫"同几名医疗兵立马拽着他就冲进了地下室。食指指骨已经粉碎，"洋大夫"却在此时托翻译问爷爷平时喝酒能喝多少，"能喝个三四碗吧"，"那坏了，麻药没剩多少了"，"那留给重伤员，直接给我手术吧！"手术就这么开始了，明晃晃的刀刃在指尖上跳舞，每一下都是钻心的疼，爷爷突然没忍住，一脚踹在了"洋大夫"肚子上，只见"洋大夫"被踹了个人仰马翻却又挣扎着起来拍拍灰就继续做手术，并用一节柳枝接好了爷爷的手指。

　　手术就这么做完了，爷爷一直都不知道那个鼻子大大的"洋医生"是谁，后来才听人说，原来那给自己动手术的就是大名鼎鼎的白求恩。爷爷每次回想起这件事，都在称赞白求恩医生医术医德高超，然后教育我们要学习白求恩同志的国际主义精神，要胸怀世界为人类命运共同体做出贡献，这也在我幼小的心中埋下了一颗对世界充满爱的种子。

"我们共产党人好比种子，人民好比土地，我们到了一个地方，就要同那里的人民结合起来，在人民中间生根开花。"这是根据毛泽东 1945 年的《关于重庆谈判》中的一段话改编而成的。当我第一次读到这段话时，我顿时明白了，记忆中的那个放羊娃贫困迷茫的身世与黄土高坡的千沟万壑俨然不能阻挡爷爷保家卫国，建立新中国的梦想。"在人民中间生根开花"，开的是重整山河，开的是太平盛世，而如今祥和稳定又强大的祖国，是无数革命先辈挥洒热血换来的，在他们热血的滋养与人民土地的托举下，一代又一代党员前仆后继，迈向复兴新征程。

在那个硝烟弥漫的时代，爷爷那一代人的中国梦，就是为了祖国的独立和民族的自强而奋斗。他们身上所具有的"将生死置之度外"的大无畏精神，也值得我们学习和敬仰。虽然那一段历史已经渐渐离我们远去，但是在新时代发展的今天，在和平盛世之中的我们要始终不忘那一段艰苦卓绝的岁月，要回顾历史，积蓄力量，迈向复兴新征程。

迈向复兴新征程，要紧跟时代，奋斗向前。爷爷那一代人的中国梦的关键是"独立"，而我们今天的中国梦则在独立的基础上强调更好的发展。现如今，新时代的世界主题为"和平与发展"，但是世界上还有很多不安定的因素。作为新时代的一名青年人，我们要在新时代中为国家的发展奉献青春力量，为实现中国梦而奋斗。

中国梦凝聚了每一个人的力量和每一个人的梦想，从爷爷那一代的红色老革命的中国梦，传承到我这个新世纪的青年，我们的梦一直都未曾改变，那就是实现中国梦，实现中华民族的伟大复兴。作为一名长期生活于香港、内地的青年学子，我个人的中国梦就是能够将香港和内地的文化紧密地联系起来，实现两地文化上的共同繁荣，并将优秀的传统文化散播到世界各地。在我小的时候，我的父亲也常常拿我国乒乓球队的"国球精神"教育我要拼搏、向上，所以从小就对我进行了专业的乒乓球训练，一直未曾中断。也常常和我讲 20 世纪的"乒乓外交小球转动大球"的佳话典故，中美两国的关系正是在这一次的外交活动中得到了历史性的突破，这给我带来了极大的震撼，原来体育也可以连接世界民族友谊，为中国外交做出贡献！从此，我便梦想着将来有一天也能够作为一名"乒乓使者"向世界各地传播我国优良的传统技艺与文化。

　　几年前习近平总书记访问我的母校暨南大学时也给我们全校师生留下了嘱咐，要弘扬暨南精神，擦亮金字招牌，"将中华优秀传统文化传播到五洲四海"。我听完后倍感责任与使命，并激励我把中国的"国球精神"在全世界进行传播。直至今日我都很荣幸能够成为我的母校暨南大学乒乓球校队的一分子。前年，新加坡南洋理工大学校队一行 11 名师生来母校进行为期 5 天的访问交流。自 1996 年以来，两校轮流互派体育代表团到对方学校进行体育交流，已是第 24 个年头，我作为学生代表与他们进行友谊赛并负责接待工作，在相处的过程中，时刻不忘将"国球精神"与传统技艺同他们交流，也为母校和自己能够贯彻落实总书记视察暨南大学时提出的"将中华优秀传统文化传播到五湖四海"的指示努力做出贡献而感到自豪。

　　古人曾言"天下兴亡匹夫有责"，习近平总书记曾说"一个时期有一个时期的历史使命和任务，一代人有一代人的历史担当和责任"，回首历史，我们已经走过了几十年的风风雨雨，中国也在发展中不断地实现飞跃。中国梦的花朵要想开得绚丽，需要我们用青春与热血进行浇灌，需要我们团结一心，不忘初心，奋斗不息。我愿做一名新时代的追梦人，为共筑中国梦，献出自己最美好的青春年华！

筑梦、追梦，圆梦新征程

暨南大学　人文学院　汉语言文学（编辑与出版）　2018 级

香港　王燕婕

"每一只兔子都有一个大国梦。"

写下这句话时，我的电脑上正播放着《那年那兔那些事儿》，屏幕上活泼可爱的卡通动漫形象们正演绎着一段段奋斗史。此时此刻，望向窗外，清风明月，夜晚静谧，高楼林立，灯火可亲。若将大国梦视作那天幕中的一轮皓月，那么在奋斗征途的一代代兔子们就是那满腔热血、不断追寻、誓上九天揽月的追梦人。在追梦人奋斗史的进程中寻觅，就让那高悬的明月做路标，我一路向上追溯，再度见证那些光辉的追梦时刻，与前人携手并进。

走入百年前的中国图景之中。清政府天朝上国的幻梦被觉醒群众震碎，维新、变法、革命、战争，即便迎来那前所未有的黑暗时代，但中国人骨血里流淌千年的坚韧亦能让这个民族绝地反击。一抹红撕裂了黑暗，自此，黑夜迎来破晓，光明开天辟地。

我曾观察过不同时代追梦人的模样，也看到他们如何坚实地构筑那梦想。我看到如《觉醒年代》中陈延年这样的有志之士就算浑身血污，但仍挺直背脊，拖着重重的镣铐，走在混杂着鲜血的泥泞上。他们虽是赴死，于血水中却开出了一朵朵花——正如鲁迅《药》中那一圈象征着革命力量的红白小花。他们的炽热照亮了那个年代，吸引无数人前仆后继投入那道微弱的光芒，化作黑暗中一束耀眼的光。这一束光在今天同样引领着我们构筑梦想，我们运用智慧与科技在此建起高楼，牢牢地撑起这一片广阔的天地。同样地，这束光也让我们在失败面前毫不气馁，绝不墨守成规，继承前人志向，于泥泞之中开辟出一条全新的、属于我们自己的发展道路。

我们许下"两个一百年"的宏愿，第一个一百年，是到中国共产党成立一百年时全面建成小康社会；第二个一百年，是到新中国成立一百年时建成富强、民主、文明、和谐的社会主义现代化国家。实现中华民族伟大复兴的中国梦，就是要实现国家富强、民族振兴、人民幸福。"大道之行也，天下为公"是古代儒者们致力于构建和期望实现的社会理想，革命先烈抛头颅洒热血就是为了让人民各得其所，过上幸福的生活。不忘初心，牢记使命，中国一直致力于建设小康社会。

七十多年前，天安门城楼上，毛泽东庄严宣告了中华人民共和国的成立，中国人民从此站起来了，一切都百废待兴。新中国在起步阶段尝尽了各种苦难。"宝剑锋从磨砺出，梅花香自苦寒来"，如果没有被艰难打倒，便将这一块块绊脚石变成通往成功路上的踏脚石，重新踏上新的征程。

改革开放，是一个重要的历史转折点，它带来了翻天覆地的变化：走出去，引进来，打通了与世界的联系。新中国就像是嗷嗷待哺的雏鸟，孜孜不倦地汲取新知识，转化为自身的能量。靠山山倒，靠人人倒，唯有靠自己，才能把主动权掌握手中。于是，从新中国成立到现在，从站起来，富起来，到强起来，中国是地面上露出尖角的小笋，以迅雷不及掩耳之势，节节攀升——这就是令世人都惊艳赞叹的中国速度。

中国速度始于大漠戈壁的那一声巨响，拉动历史齿轮高速转动，追梦人也加快了步伐。

小如圆珠笔，此前从设备到原材料都需要进口，那小小的笔头，需要十分精细的制作工艺来完成，如今能够自主生产，其中艰辛自不是三言两语便能道尽。大如军事武器，面对国外的虎视眈眈，唯有将硬实力提升，才能够在世界占有一席之地。为此，多少先辈隐姓埋名，埋首于实验室，一想到"落后就要挨打"，咬紧牙关也要攻克难关。即使没有先进的机器，也要用算盘打造出核武器。"不但要有更多的飞机和大炮，而且还要有原子弹，在今天这个世界上，我们要不受人家欺负，就不能没有这个东西。"

在国庆阅兵和珠海航展上我们都能一起分享胜利的果实，并心怀感激。天安门前人头攒动，灿烂的五星红旗迎风飘扬，飒爽英姿的士兵踏着整齐的步伐向天安门走来，抬起的军靴仿佛落在每一个中国人的心上，与心跳节奏重叠，心潮澎湃，豪气万千。由中国自主研发生产的精良武器"昂首挺胸"地接受人民的检阅，一代代人接下前人的重担，用钢铁灌溉出一支雄师铁军保家卫国。香港花车缓缓驶过，在 24 年前香港终于回归祖国母亲的怀抱，洗刷了民族百年耻辱，更是给了西方一个有力的回击，也是完成中华民族复兴的重要一步。"东风快递，使命必达"的口号言简意赅地表达"犯我中华者，虽远必诛"，让人热血沸腾，这是我们的强国梦。

新中国用了短短几十年的时间就走过了西方国家几百年的工业化历程。中国总是创造奇迹，在建设现代化社会的速度方面，有北盘江大桥、港珠澳大桥、"复兴号"、"和谐号"等一系列硕果；中国的救灾速度也是令人惊叹，2020年新冠疫情在武汉蔓延时，建设火神山、雷神山医院只用了短短九日便实现从完成设计方案到交付的全过程。在这次行动中更是有不少企业自发参与，成为中国速度的践行者，也是新征程的领路人之一。2021年河南的一场特大暴雨，国家在第一时间快速做出反应，救援官兵迅速集结奔往前线，全国各地的救援力量也随之奔赴河南，共同击退这冷酷无情的水龙。

这种种速度宣示着中国的脱胎换骨。以前的中国就如小草一般在夹缝中艰难生存，但只要有根，不管石块有多坚硬，罅隙多狭窄，小草也能茁壮生长，将阻止它成长的石块一一掀翻，向世人展现出惊人的生命力，"有条件要上，没有条件创造条件也要上"，王进喜的这句话代表的正是敢于斗争、敢于坚持的中国精神。

在1979年定下的建设全面小康社会的梦想，于2020年收获成果。2021年7月1日，习近平总书记在庆祝中国共产党成立100周年大会上庄严宣告，我们实现了第一个百年奋斗目标，全面建成了小康社会。2021年9月28日，国务院新闻办公室发表了三万两千字的《中国的全面小康》白皮书，那一串串漂亮的数据是给先辈最好的交代，也是给人民的一份完满答卷。"我们相信，中国一定有个可赞美的光明前途。"方志敏先生所畅想的中国成为现实，身为中华民族儿女，我们有自信有底气站在全世界的面前，而我们最美丽的祖国母亲也与世界上各位母亲平等携手。

在这条复兴路上，努力不让每一个追梦人掉队，打造出一个安稳的且充满机遇的社会。放眼望去，现在的中国走在高速发展的路上，城市化的进程稳步推进，人民的生活逐渐改善。"洪范八政，食为政首"，只要碗里还剩有米粒，就会被父母耳提面命说道不准浪费粮食，也时常听长辈说羡慕现在年轻的一代，不似那个年代要勒紧裤腰带生活。在那个大饥荒的年代里有一个个如同袁隆平先生立志不让老百姓挨饿的人，用农业科学战胜饥饿。他们细心呵护着这些幼苗，它们纤细的身躯承载着"禾下乘凉梦"，而这片杂交水稻田终不负期望，结出了饱满的稻穗，饥饿开始远离人民。

矮矮的瓦房逐渐变成了高楼大厦，如雨后春笋，坑坑洼洼的泥路变成了平坦的水泥路，被画上纵横交错的白线。纵然是极为偏远的地区，总能送去清风，他们将贫瘠的生活变得精彩，发展特色旅游业，推广农产品，利用高科技来提高农产品的种植技术。山区的孩子也可以接触到课本，握着铅笔，看着黑板上白色的笔迹，让读书不再成为奢望。

曾是小渔村的香港和深圳，也华丽蜕变成令人向往的大都市，充满着机遇。虽香港近年稍有动荡，但随着香港国安法的颁布以及粤港澳大湾区的建设，身为香港学生的我们对于香港的繁荣稳定充满信心，也看到了作为一名湾区青年的良好发展机遇和空间。这些城市的成功是复兴之路的映射，无数人的命运就此改变，有了实现梦想的机会，为那幅山乡巨变、山河锦绣的时代画卷添上几笔色彩。

东方冉冉升起的旭日，照亮了这片土地，赋予它昂扬的精神和向上的力量。一个崭新的时代在我们的手中诞生，每一个中国人都有一个大国梦，民族复兴的梦想也由我们实现。我们在新征程上逐梦，以青春之我，创建青春之家庭，青春之国家，青春之民族。

回首奋斗新征程之我见

暨南大学　法学院/知识产权学院　知识产权　2018 级　台湾　施明君

我时刻铭记"不忘初心，牢记使命，以中华民族伟大复兴为己任"。今年是中国共产党成立一百周年，此文将"回首百年奋斗路，迈向复兴新征程"作为主题，以新时代、新使命、新征程为中心思想记录我的所见、所闻、所想。我主要围绕我校法学院知识产权学院精心策划的、适合本专业特色的对宁夏水资源展开"研法究规，保护水源"三下乡调研活动为具体事例，介绍我这一路上的听闻与感受。

宁夏回族自治区作为我国西部重要省份之一，在西部开发中有举足轻重的作用，保持好宁夏回族自治区的繁荣发展是实现民族团结、减小区域差距的重要环节。

下了从广州飞往银川的飞机，当地气候非常凉爽，原以为烈日炎炎的宁夏，却给人一种拂面而来的舒适感，平坦的柏油路，养眼的绿化，无一不是在颠覆着我对宁夏的发展较为落后、尘烟四起、遍地牛马的刻板印象。

第一站是银川市城市规划馆，我们从银川的历史建制、城际变迁、百姓生活等各个方面了解了银川总体、产城方面的规划等。紧接着，出发前往宁夏最大的政务服务综合体——银川市民大厅，以实地观察银川行政。在市民大厅，观察到该厅的服务流量甚大，服务能力极强，了解到银川市的行政效率极高，对宁夏的行政机关以及有关人员有了较为深入的了解。

当日下午，到达宁夏回族自治区第一个大学生创业基地——北方民族大学创业孵化园，和工作人员交流该校的创新创业四育政策，即"育种、育苗、育树、育果"。北方民族大学创业孵化园的主旨是鼓励在校大学生自主创业，也在培养适应经济发展形势的复合型人才和创新创业人才，锻炼学生与市场对接、适应社会的能力，为大学生自主创业打下坚实的基础。在园区内，我看到多个类型的大学生创业项目，有科技，有影视等，也看到与我们年龄相仿的学长已经拿下几个专利，这政策既获得了一定的经济效益，又带动了大学生对创业的热情。

接着来到"渔稻空间"。一下车，一片片整齐的稻田映入眼帘，顺着台阶上到园中观景塔，登高望远，绿意盎然的田园风光尽收眼底。前往稻田附近的灌溉水渠对灌溉方式进行调查，该地高效利用有限的水资源，打造有机水稻特色农业生产、渔业养殖等多项为一体的黄河金岸农业产业示范基地，凸显了宁夏塞上江南、鱼米之乡的新型农业发展特色。

下一站就是宁夏贺兰山环境资源保护法庭，唐庭长介绍了法庭的基本工作环境，也有幸碰巧旁听贺兰山环境资源保护法庭审理的一起民事案件，让我更加深入地了解了法庭的运行情况以及审理的具体过程，也从中了解到贺兰山国家级自然保护区的保护现状，而后我们还与唐庭长等人进行了交流。

图1

图注：贺兰山环境资源保护法庭座谈会

隔日到青铜峡黄河大峡谷，我了解到青铜峡水利枢纽的基本建设历程和工作现状以及其建设的作用和意义，也看到它存在的问题。青铜峡黄河大峡谷的问题除了泥沙本身的堆积之外，也有人为制造的污染因素在其中。我看到那些垃圾漂在河面上，感叹也幸好是被青铜峡挡在上游，有人定时清理，不然那些污染垃圾根本就没办法处理。

时间到了当日下午，我们一行人来到盐环定扬水工程处，工作人员为调研团大致讲解"陕甘宁盐环定扬黄工程总体布置图"的当前技术，让我们了解到这项工程计划的范围足以覆盖三省（陕甘宁）。我去宁夏之前就对宁夏缺乏水资源有所耳闻，但到了当地，我才更加感受到工作人员们迫切希望改善环境和群众生活的毅力和决心，因为我在他们身上看到了一种面对困难也不惧的大无畏精神。皇天不负有心人，工程顺利建成以后，对解决老百姓生态灌溉脱贫起到了决定性的作用。在座谈过程中，调研团深刻体会到水资源的重要性以及节水的必要性。接下来，我们来到由宗立冬一手建立的吴忠市利通区健康产业园，工作人员为我们详细介绍了产业园的总体规划、中医药研创基地建设项目，以及对未来健康产业转型、促进服务业态创新的展望。

图 2

图注：盐环定扬水管理处座谈

最后一天来到沙坡头，来这里之前我就已经对这里充满了兴趣。在我的记忆里，我一直以为沙漠一定伴随着高温，但是到了现场才发现沙漠异常的凉爽。我想也许是季节的问题，但是当我面对沙漠，不仅没有因为沙漠的高温想"投降"跑路，反而想改变沙漠环境，使沙漠绿化。于是我去到中国科学院沙坡头沙漠研究试验站了解如何绿化沙漠的知识。我从技术人员那里了解到，技术人员是如何一步步培育出能在沙漠中生存的植物，看到那些沙漠植物的时候，我还是狠狠地被震撼了。虽然在沙漠中种植瓜果的经历被几句话带过了，但我深知其中的艰辛历程，也就注定这是一条很少人愿意去走的路。

图3

图注：宁夏沙地农业的代表
——硒砂瓜种植业

图4

图注：沙坡头沙漠研究试验站试验田

以上的种种工程使我想起习近平总书记在阐述新时代中国共产党的历史使命时所说的，实现中华民族伟大复兴是近代以来中华民族最伟大的梦想。"实现伟大梦想，必须进行伟大斗争"，"实现伟大梦想，必须建设伟大工程"，"实现伟大梦想，必须推进伟大事业"。习近平总书记强调，伟大斗争，伟大工程，伟大事业，伟大梦想，紧密联系、相互贯通、相互作用，其中起决定性作用的是党的建设新的伟大工程。

这次宁夏调研不仅仅是调研，也让我稍微了解到宁夏的风情以及当地的文化风俗，许多人选择旅行地点时也大都略过宁夏，以为这里发展较为落后，或者认为这是一个尘土飞扬的地方，但是真正来到这里才会发现这里与大城市相差无几，并且，这里的民族氛围十分融洽。这次调研也是一个社会实践，从中真的收获许多，增长了见闻。这一次调研让我更加知道水资源的重要性，也知道很多地方不是自己想象中的那样，而这些都是要亲眼去看看的。习近平总书记强调，我们要坚忍不拔、锲而不舍，奋力谱写社会主义现代化新征程的壮丽篇章。新时代是属于每一个人的，每一个人都是新时代的见证者、开创者、建设者，一个时代有一个时代的主题，一代人有一代人的使命。了解到前人所做的，我们作为后人也应用创造、用奋斗书写新时代的壮丽篇章。

万里国疆宜子弟，百年奋斗长风烟

清华大学　计算机系　计算机科学与技术　2020级　台湾　林念宜

艾青曾言："个人的痛苦与欢乐，必须融合在时代的痛苦与欢乐里。"通过十八年来，我对于生长于今天中国的所闻所见，越发地让我对这句话深以为然。

百年前的七月，一个酷热难耐的夏日，在浙江嘉兴南湖的一艘游船上，诞生了引领水深火热中的中国走向光明的中国共产党。彼时的他们不过寥寥几十人，前路未卜，前有日本间谍虎视眈眈，后有国民党特务围追堵截。尽管形势万分危险，但他们坚守着自己的理想信念，以拳拳爱国之心，拉开了中国革命的新序幕，改写了整个中国历史。

曾几何时，中国共产党数次经历绝境，但又数次绝处逢生：从北伐的四一二反革命政变损失大量党员，到南昌起义首次独立领导武装革命战争和创建人民军队；从第五次反"围剿"失败，到万里长征胜利结束；从一开始的地下活动，到最终建立中华人民共和国……我想，中国共产党之所以能够成功开辟中国历史新纪元，一方面固然要归功于马列主义的先进性与正确性，但另一方面更离不开党员先辈们的奋斗与坚守。百年来，革命先辈在黑暗中探寻，在苦难中求索，在生死中开拓出一条前所未有的救国救民之路，期间留下多少可歌可泣的故事，我辈也只能管中窥豹而已。

百年薪火相传，同样离不开党在自我纠错中前行，在实践反思中进步的理念。"不驰于空想，不骛于虚声"，李大钊的这句话也恰恰是百年来党的真实写照。中国共产党并非没走过弯路，但先辈们从未就此迷失，而是在一次又一次的反思纠错中回归正轨，这才让党和国家一步一步成长得愈发强大成熟。遵义会议于中国革命最危急的关头挽救了党，成为中国共产党历史上一个生死攸关的转折点；中共十一届三中全会确立了党的实事求是的思想路线，并揭开了改革开放的新篇章。这两次重要会议，充分体现了党强大的自我纠错能力。

诞于今日的华夏，我向上回溯先辈的脚印，由衷地敬佩先辈的高瞻远瞩、坚忍不拔，也由衷庆幸自己能生在这样一个强大的国家，庆幸这个国家的人民选择了中国共产党。且看今朝，神舟飞天、蛟龙入海、嫦娥奔月、天眼探空、东方明珠屹立浦东、港珠澳大桥长虹卧波，这是新时代共产党领导下的人民用毅力与汗水共同谱写的华章。回到当下，我可以看到，在百年诞辰之际，中国共产党在肆虐的新冠疫情中又交出了一份世所罕见、令人满意的"中国答卷"。在不到一年的时间里，中国就完全控制住了疫情，充分证明了中国共产党的领导是强有力的、对疫情形势的判断是准确的、各项工作部署是及时的、采取的举措是到位有效的。防控工作取得的显著成效，再次彰显了中国共产党领导和中国特色社会主义制度的显著优势，展示了强大的综合国力、治理能力和动员能力。"哪有什么岁月静好，只不过有人替你负重前行"，中国共产党充分回馈了人民的信任与支持，始终做到了习近平总书记所说的"我将无我，不负人民"，把人民生命安全和身体健康摆在第一位。

知所从来，方知所去；欲知大道，必先为史。一切伟大成就都是持续奋斗的结果，一切伟大事业都需要在继往开来中推进。中国共产党立志于中华民族千秋伟业，百年恰是风华正茂。百年以前，一艘小小的红船承载着希望的种子在嘉兴南湖上飘摇；百年以后，我辈乘着巍巍巨轮在时代的浪潮中溯迎而上。生于华夏，何其幸哉！冀以尘雾之微补益山海，以萤烛末光增辉日月。庆贺党的百年华诞！

在海峡梦与时代的回廊疾走

中国政法大学　民商经济法学院　民商经济法　2020级　台湾　郭宇嘉

"外交部表示，台湾作为中国的一个省，根本没有资格加入联合国。台湾个别人在国际上炒作这一议题，是对一个中国原则的公然挑战和严重挑衅，是对联大第2758号决议的公然违反……"

耳机里低声播放着当日新闻，小复望向飞机舷窗外，无边际的云海扑面而来，台湾和祖国，孩子与他的母亲，共享这一片天空——他正跨越海峡回到台湾。疫情仍肆虐各地，出行十分不便，但当父亲得知爷爷病危后，还是做下了带他回去的决定。

他在飞行途中做了个梦，梦到疫情之前的日子，像金子一样发着光，自由的生活仍未成为一种奢望，没有口罩的脸上都挂着笑。他醒来发了下呆，然后回忆起疫情的暴发，疫情的出现犹如洪水猛兽突然挡在人们面前。但万幸的是，中国人民万众一心的意志、党和政府的有力举措使疫情得到了有效的控制。如今，疫苗也得到了普及，港澳台侨胞也有资格免费接种，祖国的防疫措施让小复的心中充满了温暖的安全感。

飞机落地的广播响起，小复一家就准备进入隔离区域实行隔离。台湾的防疫政策也严谨有序，机场的所有人都积极配合工作人员工作，他一瞬间意识到，战胜疫情是新时代所有人的使命和挑战，大陆和台湾是不可分割的命运共同体，团结的精神是不可或缺的支撑点。想到这，他又仔细用酒精擦了擦手。他总想做些什么贡献，奈何自己还只是一名学生。去年，他捐出了大部分的零用钱给疫区，在新闻上看到挣扎的同胞，他心生无尽的苦痛，为自己的绵薄之力感到无助。父亲安慰他，注意自身防护，就是对防疫最大的帮助。

掰着手指数日子，小复一家人的十四天隔离期结束了。

小复有关于爷爷的记忆是模糊的。

父亲与爷爷貌似十分疏离。1994年，全国人大常委会审议通过《中华人民共和国台湾同胞投资保护法》，有力地推动了两岸间的经济交流与合作。在改革开放与两岸交往有利政策的浪潮下，父亲前往大陆经商、定居、结婚生子，之后便很少返回台湾。

一结束隔离，父亲带着小复抓紧时间前往医院。

一个风烛残年的老人睡在病床上，周围堆放许多医疗器材和管子，他仿佛连睁开眼都吃力，这大概就是我的爷爷了，小复心想。父亲一见此景，平日一家之主的形象崩塌，捂着嘴就背过身出门去了。

小复坐在病床旁，轻轻握住爷爷输液的右手。他一直听父亲说，爷爷是了不起的老兵，参加抗日战争时，失去了一根手指，身体落下了不少病根。小复想让爷爷知道，他感到十分自豪，课本中的英雄就是自己的爷爷，抗日民族统一战线的精神深深影响着中华儿女，百折不挠、共赴国难的精神传承至今，这些精神正是如今美好生活和实现伟大复兴的基石。

陪床的过程中，小复趴在床边睡着了。

过了很久，他的手被睡醒的爷爷拍了两下，"小复……你来了。"

"阿公，你醒了！我做了个梦。你带我去了一个海边，我们就这样肩并肩坐在滩上，看着一海之隔的若隐若现的对岸，从白天，直到晚上。"

"这不是梦，小复，你肯定不记得了，那时你还太小。我带你去金门，对面就是我们的祖国大陆。我年轻的时候经常一个人在海边看着对岸。"

1979年元旦，全国人大常委会发表《告台湾同胞书》，宣布采用和平方式统一祖国的方针，并首倡海峡两岸早日实行通航、通邮、通商和探亲旅游。直到1987年11月，台湾当局开放台湾同胞赴大陆探亲，受到大陆方面的热烈欢迎。

"我们的老家在福建，我当年一腔热血参军，一走就是几十年，开放探亲后，回去却再也找不到我的亲人……虽然我已经在这边成家立业，始终还是放不下祖国那边。现在哦，阿公最大的愿望就是看到祖国统一，可惜阿公我能感觉到自己快要不行了……"

爷爷的声音逐渐颤抖，小复也不禁落泪，原来时代下的人承受了如此多的事情，就像无数巨石滚落在身上。他告诉爷爷，两岸三通在当初看来也是很遥远的事情，在人民不断反映夙愿后，党和政府最后实现了他们的心愿，提出了著名的"叶九条"，也证实了，统一是大势所趋，民心所愿。

"祖国统一不是梦啊！阿公，习近平主席在《告台湾同胞书》发表 40 周年纪念会上说了中国梦是两岸同胞共同的梦，民族复兴、国家强盛，两岸中国人才能过上富足美好的生活。在中华民族走向伟大复兴的进程中，台湾同胞定然不会缺席。两岸同胞要携手同心，共圆中国梦，共担民族复兴的责任，共享民族复兴的荣耀。台湾问题因民族弱乱而产生，必将随着民族复兴而终结！相信在正确领导下，民族复兴和统一都很快实现的！"

"我也常常听主席的讲话，都很值得你们年轻人学习，小复真不错。你要好好学习，以后做对社会、祖国有用的人，好吗？可惜，我也看不到你成才那天了……"

"小复，如果有机会，帮我和你爸爸阿光道个歉，好吗？当年被迫离开故土来到台湾，一心想念大陆，忽视了家人，作为军人，对他们也太严肃。阿光他不愿见我，可以理解。"

随着 1949 年国民党的溃败，不同地方背景的人撤退到台湾这座孤岛，数十年来，他们的下一代出生、成长，历经了初期物质匮乏、战乱流离、文化混杂的影响。阿光便是这不安的一代人。

门外的阿光抽着烟，听到了一切，他没想到，在父亲生命的尾声才得到这个道歉，他早已泣不成声。他走进病房，光复父子和阿公抱作一团，这连接了三代人的、跨越海峡的、怒放的生命之花，代表着百年来奋斗的精神。

近代历史风云下，台湾和大陆人民同根同源，同文同种，命运与共。作为新时代的青年，加强两岸联系，以中华民族伟大复兴为己任使国家富强是包括台胞在内每个中国人的使命，是未来努力的目标，也是对党百年奋斗历史精神的继承！

乘时代新风，传百年奋进

重庆大学 经济与工商管理学院 会计学 **2019** 级 香港 唐韵萍

　　峥嵘岁月迎辉煌百年，这是我党不忘初心，砥砺前行的百年；这是我党始终站位人民，为人民谋幸福，为时代谋发展的百年。百年齐心奋进，奏响时代凯歌。恰逢我党百年华诞之际，港澳台学子学习党史，感受党的光辉过往，深知幸福来之不易，必当与时代同行，与国家同行。

一、思想理论"定星盘"

　　1921 年，梦之初始，一群有志青年以天下大道为己任，奋勇前行。长征路上，红军战士志气方刚，爬雪山，过草地，飞夺泸定桥，任凭艰难险阻但却未曾有过丝毫的退却。抗日战争，一寸山河一寸血，硬是凭借着小米加步枪对抗敌人坚船利炮，壮我中华之脊柱。抗美援朝战争，烈火焚身自岿然不动，冻成冰雕仍保持战斗状态。正是凭借此般"不破楼兰终不还"的执着战斗精神，将敌人从鸭绿江赶回三八线上。改革春风创新路，时代复兴新征程。改革开放二十年，香港回到祖国的怀抱，在党的领导下，稳定发展二十多年，取得举世瞩目成就。这一路走来，"毛泽东思想"指导中国共产党取得一场又一场战争的胜利，"邓小平理论"提出的"一国两制"切实解决香港和澳门的问题，"习近平新时代中国特色社会主义思想"为新时代中国指出全新的发展道路。身为港澳台学子的我们，通过学校教育和日常接触了解到党史思想，充分认识到我党始终带领全国人民投入伟大的复兴征程。

二、时代新风"动力帆"

　　早年爷爷奶奶还健在时，每逢春节都会聚集我们吃团年饭，小小的屋子里坐了二三十来号人。由于家族人数众多，刚上幼儿园的我记不清长辈们的具体称呼，我打招呼只会"舅父""姑姐""哥哥姐姐"地叫。虽然那时的我不怎么记事，但还是能够依稀地记得爷爷谈起他每日清晨都会望向窗外的北方——他的家乡时，他眼角泛动泪光的模样。父亲知道爷爷身体每况愈下，又因为我的年纪太小，所以父亲决定带上爷爷和哥哥姐姐踏上"回家"的路，回到广东祖籍地，那也是哥哥姐姐第一次回老家。久违的故乡的味道，不知道用何种言语表达，只是爸爸后来与我分享时，早已泪流满面。爷爷拜访几个儿时的玩伴，微笑着拥抱，眼神里满是想念。"喂，老家伙，这是给你带的香港特产，等条件再好些了，记得常来香港走走。""好好好，一定一定。"满口答应，也不知道下一回是什么时候。时代在变，所有的事物都在变化，唯有老家的祠堂没有改变，有石狮和两根圆木。走进门的墙壁上刻着祖爷爷的名字，父亲回忆："轻轻擦拭，褪去上面的灰尘，幼时记忆在那一刻全被唤起……"父亲跪拜过后便被"老家伙"拉去他的家里吃饭。临走的时候，"老家伙"对他们说了一句："多回家看看，这里才是你们的家！"挥手告别，这一次定格成为父亲永远的记忆……

时代年轮转动，记得那年五星红旗飘满整个香港街头，从新闻中得知是建国 60 周年。父亲说起："有五星红旗的地方就是你的家。"我笑父亲："爹地，你在想什么吗？"父亲说："放假我们回去一趟？"幼时的我可爱乱动了，有这个机会，总要出去溜达溜达。过了关口，就是深圳，那时候的深圳普遍还能用粤语沟通，没有什么大不同。乘车一路前行，街道车水马龙，城市高楼林立，深圳的市区和香港那边的已没有太多区别。小城故事多，走进小城，恰逢祭祖大典，和脑海中父亲说起的故乡相差无几，只是父亲所说的"门前老树长新芽，小脚丫在村口泥土上蹦跶"，现在已是村村通马路，家家挂灯笼。那里蓝天白云，涓涓溪流，不远处还有小山坡。下车往村子走去，我忍不住在村口的健身器材上玩一会，摆动秋千，认识了一些小伙伴，娱乐甚欢，心想这趟没白来。玩得差不多，我向村内走去，村里走来一些中老年人，作揖式地欢迎，父亲告诉我"照着我的样子回礼"，我便跟着照做。村支书也就是党代表，在有石狮和两根圆木的稍显破旧的老房子前宣读祭文，祭文宣读完毕，舞龙舞狮队伍开始表演，一场场娱乐节目令人心旷神怡。这时，人群中的一个老大爷向我们走来："老家伙怎么没来？"父亲欲言又止，半天才说上一句："他腿脚不好，不太方便过来了。""要不要我去看看他，现在条件好了，去香港方便多哩！"父亲给老大爷递上一个地址说："有空常来看看，整个城市活起来了，是要多走走才行。"大爷拉着我们去他家吃饭，我看见他家里东西很多，笔记本，彩电，设备应有尽有，和香港的家似乎没有多大差别。吃完饭，父亲带我在村子周围转了转，走了蛮久，依稀记得腿很酸，父亲就背着懒惰的我坚持走完，他说："时代变化太快，我怕忘了回家的路，忘了这里最初的样子。"待了不久之后，我们便启程回到香港家中。"小城里的故事，黑夜里最相思"，小孩子也总喜欢新鲜的事物，那一晚，父亲和我似乎都对另外一个家有着独有的眷恋，吵嚷着希望父亲带自己日后再去。

父亲在那年十一带我回了老家，而在十年后的国庆，我们再次踏上故乡的路，在内地已有居室的我们，去任何地方都变得方便了起来。驱车前行回小城，一切又是崭新的面貌，村落的路比起之前更宽，墙壁上鲜红的"中国特色社会主义"大字映入眼帘。可村里没什么人，原来正当农忙时节，稻田的收割机在收割稻谷。自己也想去体验一番，证明一下力气，可实在有些力不从心，最终还是放弃。每次到来，我都会去祠堂那走走，这次也不例外。门前的石狮和两根圆木，依旧在那矗立着。不过也有变化，祠堂前挂上电视大屏，门前添上几分生机，多人在祠堂前跳起广场舞。村口的老大爷悠闲和别人下着象棋，我也略懂一二，一同游戏时分，了解到老大爷是一名教师，退休回到村里，养老保险保障后半辈子无忧，退休金能够让老年生活悠哉悠哉。幼有所养，老有所依，我想这才是欣欣向荣的社会！

三、实现中国梦"压舱石"

乾坤天地和，万象添喜庆。成长的路途，我看到香港和内地日新月异的变化，我看到祖国的日渐强盛，更加明白家是我的家，国是我的国。

20 世纪 90 年代初期的香港无人治理，电视里全是黑帮镜头，而镜头下是社会真实的反映。香港回归后，在祖国制度基础框架下，建立健全社会法制，推动自身稳定发展。经济始终保持高质量发展。随着"一带一路"倡议的落地落实，香港作为重要的海上门户，成为中国对外贸易的一面旗帜，为祖国增添光彩。

对普通香港居民而言，港珠澳大桥通车意味着来往内地更为便捷，日后回家探亲的次数肯定会更多。常回家看看，这是爷爷的愿望，也是父亲的愿望，更是我的愿望。一切都在变化，只有那石狮和两根圆木未变，只有我们的初心未变。当自己有能力时，也希望为另外一个家助力。

作为一个普通的公民，深刻认识到祖国繁荣的背后，是一代又一代人不断在党中央的领导下接力前行，随着时代发展，我不断加深对党和国家的认识。了解《中华人民共和国香港特别行政区维护国家安全法》的颁布历程，让我明白香港法治还有很长的路要走，但是我党始终能够妥善处理好问题，也更加坚定我跟党走的决心。了解故土和香港的发展，始终相信我党站位人民，为人民服务。虽道路千里，不行不至，青年我辈继续前行，用激情创造人生！

在新中国成立 72 周年之际，党成立 100 周年之际，我们为党唱首歌，是青春之歌；我们为党送上一份礼，是我们乘着改革的春风，进入发展的快车道，为社会贡献的一份的价值。党旗飘扬，时代荣光，新时代的我们将不忘初心，继续奋斗，用激情挑战人生。这一路继续向前走，我们一定会遇见最美的 2035——最美的社会主义现代化！

潮起东方万象新，大道不孤青年行

福州大学　经济与管理学院　金融学　2018级　台湾　陈佳宇

> 历史是时间雕刻现实的缩影，每一次向历史的回眸都是一次思想的点名、精神的整顿。从"伟大开端"到"民族新生"、从"春天的故事"到"新时代的华章"，南湖上的小小红船，行过百年长河，成为今天的中国号巍巍巨轮。在那头，百年党史连接着先辈过往的峥嵘岁月；而这头，我辈青年也必将初心不改地向更光辉的未来奋进！
>
> ——题记

小学时，语文课文《日月潭》带我第一次正式地认识了"两岸同胞"这个概念，一笔一划的简体字，让我学到了"同胞"就是"我们是一家人"的意思；上了初中，在地理课学习了《宝岛台湾》，一幅幅完整的中国地图，让我明白了"同胞"就是"我和你不可分割"的意思；到了高中，历史课上生动地讲述着的《台湾史》，一帧帧闪过的真实的历史画面，让我懂得了"同胞"就是"我们永远应该心手相牵"的意思。

到了大学时期，面对一些偏激的舆论，我抓耳挠腮，困惑无比。我不解，所以我努力寻找着答案。我广泛地阅读台湾与大陆的各种历史资料，希望在不同的言论中寻找中正，寻找客观；我用心地感受着台湾和大陆带给我的不同体验，希望在真实的情感中融化偏见，消除误解。

现在，我终于有了自己的看法。作为一名生于台湾，长于大陆的青年，我想与诸君在这特殊的历史节点上分享我眼中的中国共产党。

一

百年前，那个"覆屋之下，漏舟之中，薪火之上"的中国，从肌体到思想都充满着梁启超先生笔下那个"老大帝国"的气息，既没有"常思将来"的青春脉动，更不见"能造世界"的生机活力，鲁迅先生将之称为绝无窗户且万难破毁的"铁屋子"。然而就在 1921 年 7 月 23 日，一个看似平凡的日子，嘉兴南湖的一条小船上诞生了中国共产党。"夫风生于地，起于青萍之末"，那时谁也不敢相信这能改变中国的命运。

我生于世纪之交，有幸亲眼看到了大陆与台湾的许多"不变"与"变"。

对于大多数台湾人而言，大陆一直"不变"。

这一结论的得出，并非空穴来风，它源于我在台湾参加的一次聚会。这次聚会，与会者有七八十岁的爷爷奶奶，有四五十岁的叔叔伯伯，也有与我年纪相仿的一些青年人。除我之外，大多数人久居台湾，鲜少亲身到访大陆。会上，长辈们关心我在大陆的状况遂询问。但我尚未开口，长辈们就已七嘴八舌地道了起来："那边条件不好吧，你们生活质量能保证吗?"一旁的同龄人也跟着表示了对我生活状况的担忧。听后我为之一震。

在我看来，"不变"的似乎一直是台湾。

二十年前，我回台湾的时候看到的街道是这样的；二十年后再回到台湾，所见的街道竟还是如此。若非街道上留下的昭告岁月流逝的车辙，恍惚间我都不知是台湾的建设水平太好，能够二十年不需变动，还是岁月轮转，但偏偏漏过了台湾。

其实小时候我也和大多数台胞一样，认为无论是经济发展还是城市建设，台湾都比大陆好一些。直到大陆的街道不断翻新，房屋不断重建，以支付宝、淘宝为代表的互联网经济横空出世，我才意识到变化。最心酸的是，我看到了某一节目在夸"台湾速度"，内容大概是"在台湾手机欠费了，只要跑到门店缴费，30 分钟就能够恢复通话功能"，我只能苦笑，台湾究竟要自欺欺人到什么时候。

我是幸运的，我有幸见证了大陆的发展，每次过年回台湾之后再回到大陆时，我总会感觉大陆又有不一样的变化。而部分生活在台湾的同胞们，在媒体的洗脑下，思想还停留在过去，做着美梦。

但黄粱美梦，终有一醒。梦醒时分，我们都应当睁眼看看如今之大陆，如今之中国。

二

2020 庚子鼠年，突如其来的新冠疫情打破了新年的团圆安宁，一场没有硝烟的战争悄然在华夏大地打响。新冠病毒犹如龙卷风般在武汉肆虐，不断跳动增加的确诊人数令所有人终日惶惶，仿佛深陷迷雾失去了前行的方向。

西方世界都等着看中国笑话，但中国交出的答卷，却令世界震惊。

疫情当前，共产党临危不乱，习近平总书记迅速作出决策部署，凝聚民族力量。中国人民上下一心，誓要打赢这场疫情防控阻击战。在共产党的领导下，坚持中国特色社会主义制度、采用科学防治的有效措施、构筑了一道道铜墙铁壁般的抗疫防线、展现出了令人咋舌的"中国速度"——以钟南山、李兰娟等为首的多名专家在党的组织下，亲临疫情现场调研会诊提出应对方案。各界力量积极展开应急攻坚，调动各方资源，10 天搬来"火神山"，12 天筑就"雷神山"。无数逆行者迎难而上，有党员干部挺身而出深入社区，排查管控，为居民送药送菜；有滴滴司机不计感染风险为白衣天使保驾护航；有环卫工人依然在无人的城市街头清扫城市的灰尘……纵然前路艰险，深渊在侧，但他们还是去赴了这场千难万险的"盛会"。

我作为从小生活在大陆的台胞之中的一员，疫情期间祖国大陆表现出来的果敢以及人民对政府的信任仍令我十分赞叹。国家一声令下，上至各级政府，下至普通民众，无一不服从党的指挥。而且在民众之间，大家同样心手相牵，患难与共，纷纷通过捐献物资、运输物资和协助救援等方式贡献出自己的一份力量。我想，或许正是因为这份双向的担当与信任，才能使得这场防疫阻击战得以最快的速度取得胜利。

回顾疫情期间的种种，祖国大陆对台胞的关爱与保护亦令我感慨万分。

当我过完年从台湾回来，一落地，便接到了社区管理局的电话，大致意思是让我们不要恐慌，好好待在家里做好隔离工作，疫情很快就能控制下来。伴随着暖心慰问而来的，还有及时补给的口罩等物资；新冠疫苗问世后，国家秉承着一视同仁的原则，没有因疫苗资源短缺而落下任何一位想要接种的台湾同胞。国台办发言人朱凤莲更是直言："我们也看到，直到现在台湾岛内疫苗仍是一剂难求。我们多次表示愿尽最大努力协助广大台胞应对疫情，让广大台胞有疫苗可用，这仍然是我们当前最大的关切。希望台湾当局不要再政治凌驾科学，要以台湾民众利益为重，采取实际行动保护他们的生命健康福祉"。

"多难兴邦者，涉庶事之艰而知敕慎也。"人类在苦难中见到真情，明白团结的珍贵。

三

辩证唯物主义认为："事物发展的总趋势总是螺旋式上升、波浪式前进的。螺旋式发展具有周期性，它似乎是在重复以往的阶段，但它是以另一种方式重复，是在更高的基础上重复；发展的道路是曲折的，但前途是光明的。"站在新的历史起点上回望，无数交织的历史事实使我对此更深信不疑。

1900年，是一个庚子年。八国联军的隆隆炮声已经传进了北京故宫，慈禧太后乔装打扮，身穿青衣小帽，带着光绪皇帝仓皇出逃西安。途中，光绪皇帝因饥寒交加，感染了肺炎。2020年，也是一个庚子年。欧洲疫情的新闻传进了伦敦白金汉宫，伊丽莎白女王低调出行，坐车前往温莎城堡。不久消息传来，查尔斯王子因为保护不力，感染了新冠肺炎。

上一个庚子年，英国人来了，他们进入了北京，带着刺刀和大炮，带来了他们的丛林文化，横行霸道，弱肉强食；这一个庚子年，中国人来了，进入了伦敦，但我们带着口罩和药品，带去我们的和合文化。因为我们始终信奉大道不孤，仁者爱人。

1901年，是一个辛丑年。天安门广场东南角，如今依然叫东交民巷的地方，集中了一批外交使馆。这一年的9月7日，西班牙驻华使馆，一个丧权辱国的条约在这里签订了。条约上的每个字仿佛都透露着当时的无奈和辛酸，以慈禧太后为首的清政府完全沦为"洋人的朝廷"。2021年，也是一个辛丑年。中方在高层战略对话中正告美国："美国没有资格居高临下同中国说话，中国人不吃这一套"，"你们没有资格在中国的面前说，你们从实力的地位出发同中国谈话。"

上一个辛丑年,《辛丑条约》的签订,中国沦为了半殖民地半封建社会;这一个辛丑年,中美高层战略对话让世界看到了中国的崛起与实力。

两个甲子,在历史的长河中也许只是一朵朵不起眼的水花,但对这只"东方雄狮"而言,从遍体鳞伤到觉醒振作,这一百多年显得漫长而又艰辛。伟大的祖国用它崭新的面貌展示着这一百多年来的变化,也诉说着一百多年来中国人民不屈奋斗的精神。希望越来越多的台湾同胞能够意识到:所有的偏见都只是因为缺乏对对方正确客观的认识。毕竟,两岸终是同根同源,祖国永远是我们最温暖的家。只有我们勠力同心,才能真正无畏天灾外敌,实现更长足的发展。

"时和盛世千般举,景泰人间万象新。" 2021 年是中国共产党建党一百周年的大庆年,如今,时代的接力棒已然交到了我们新一代的青年手上。当代的中国青年是与新时代同向同行、共同前进的一代,生逢盛世,也重任在肩。作为华夏儿女,作为亲身感受祖国之温暖的台胞,我想我们有义务站出来,撕碎那些虚假的言论。维护祖国的团结统一,实现中华民族的伟大复兴,是每位炎黄子孙义不容辞的使命!时代赋予了我们责任,未来,我们一同前行!

我眼中的新中国

华侨大学　土木工程学院　土木　2021 级　香港　林俊龙

今年是中国共产党成立 100 周年，中国共产党领导下的中国发生了重大变化。今天，中国是一个积极推进世界发展进步的大国，沉睡的雄狮已经苏醒，中国巍然屹立于世界的东方。作为一名中国人，我以祖国为自豪，为能够生在这样的盛世而庆幸感激。

在我的眼中，中国具有的特点是历史悠久、发展迅速和标杆引领。我眼中的中国，它伴随着历史的隆隆车轮声滚滚而来，卷携着五千年的风尘仆仆。中国的每一个细节都像流淌的时间之沙，不断裹挟着中国人民、中国文化、中国语言和中国传统向前推进，向我们诉说着悠久的泱泱华夏。从黄帝时期开始，中华民族就自强不息地奋斗着。春秋战国时期，中国就有了老子、孔子、墨子等许多伟大的思想家，形成了百花齐放、百家争鸣的局面。先秦文化对中国人民思想观念的塑造具有深远的影响，至今仍为我们所借鉴、沿用，是我们中华传统文化的瑰宝。唐诗宋词至今仍为人们吟诵，宋明理学和阳明心学同样也还在为学者持续研究。正是悠久的文化传统和坚强的民族精神影响，使得中国无论面对顺境还是逆境，都能够凝聚起万众一心的磅礴之力，例如在汶川地震、新冠疫情等大灾难面前，就充分展现了中华民族的伟大力量。

我眼中的中国，它走在发展的快车道上，踩满了油门极速向前。中国保持着世界历史上发展最快的大国的记录，是疫情期间全球唯一保持正增长的主要经济体，这充分体现了中国发展深厚的潜力。中国很好地经受住了全球经济放缓的考验。中国的城市化进展十分迅速，过去 30 年有 3 亿人从农村向城市迁移，预计未来 30 年还将有 3 亿人从农村迁移到城市，一座座高楼大厦拔地而起，一条条宽阔大路四通八达，城市中的塔式起重机像表盘一样盘旋回转，见证着中国的城市化进展事实。中国具有非常庞大的人口数量，但中国也正是充分依靠庞大的人口支撑，依靠每一个人的辛勤付出和艰苦劳动，使得庞大的人口不仅没有成为一个国家经济改善的制约力量，而且成为经济繁荣的强大动力和战略支撑。在这个快速发展的时代中，每一个中国人都在为中国这座大厦添砖加瓦。2020年，占全世界近五分之一人口的中国消除了绝对贫困，这在人类的发展史上具有非常重要的意义。这也让我坚信生活在当下的中国是幸福的，人民正走在共同富裕之路上，相信未来的生活会更加幸福美好。在发展进步的漫漫征途上，有你我携手前行，共同凝聚成推动中国前进的磅礴力量，聚力实现中华民族的伟大复兴和中国梦。

我眼中的中国，它正肩负着光荣的历史使命，推动构建人类命运共同体。中国不仅仅关注国内的建设和发展，也为全球的发展进步做出了巨大的贡献。历史上，中国曾经引领世界发展，开辟了丝绸之路，驼铃声声把西域的工艺品和美食引入中国，把中国瓷器和四大发明出口到西域，实现了中外的深度交流融合。如今，习近平总书记再次提出"一带一路"倡议，有效地促进了中国及周边地区的经济发展，中国以开放包容的态度与世界开展深度的经济合作交流，形成了一个高效优质的经济循环。不仅是在经济发展方面，在生态环保、和平发展、医学医疗等方面，中国也积极承担起相应的大国责任，引领了世界发展的前进方向。比如在抗击新冠疫情的战斗中，中国积极支持世界各国的抗疫，支持了大量的抗疫物资，派出了医疗专家组，充分展现了大国责任和大国担当。通过坚持开放包容和互利共赢的原则，推进中国和各个国家之间的彼此信任和相互支持，就一定能创造一个更为美丽的世界，打造同舟共济、发展繁荣的人类命运共同体。

我眼中的中国，是能够在深厚的历史文化中汲取力量，人民团结奋进实现迅速发展，从而成为世界的标杆榜样，引领世界的发展潮流的中国。所以，让我们一同携手吧，为中国的发展建设不断添砖加瓦，让祖国更加强大，实现中华民族的伟大复兴！

耳闻过去，目睹变迁后的广州

暨南大学　新闻与传播学院　新闻与传播　2021级　台湾　郑纬浩

立志于中华民族千秋伟业，百年恰是风华正茂。1921年至2021年，中国共产党终于在2021年迎来百年华诞。历经百年风雨，中国共产党从小到大、由弱到强，由建党时50多名党员，发展至今成为拥有9500多万名党员的大党，是何等的艰苦奋斗精神才能铸就此等伟业。

"回首百年奋斗路，迈向复兴新征程"，这看似是个很大的概念，可实际上，我们现在生活中的一切，我们所踏上的每一寸土地，都是这百年奋斗的成果。

一、曾经我所听说的广州

眨眼间我的本科四年已经过去了。虽然我依旧在暨南园，但是身份变成了研究生，心态多多少少也是有了些改变。作为一个在上大学前从未踏入广州的人，我在读大学前从家人口中所听到的广州总是不乏批评，而四年来在广州的所见所闻倒是让广州这座城市在我心里被彻底"洗白"了，也让我感受到了"复兴"二字的真正意义。

犹记得高三毕业的暑假，我收到了两封大学录取通知书，一封来自家乡的一所知名一本大学，另一封就来自暨南大学。那时候的我仅仅在考试期间来过一次广州，对广州可谓是一无所知。而我的父母作为比较传统的中国式家长，反对我到离家千里之外的广州读书。

根据外婆外公所说，在爸爸妈妈年轻的时候，因为工作需要经常到广州出差，而当时的广州确实有些"乱"。当妈妈知道我执意想要到暨大求学时，她甚至气得睡不着觉。那段时间每当我和她提"广州"二字，她的情绪就会忍不住爆发，因此那个暑假的每一天我都在和家人"唇枪舌战"。

最后，拗不过我固执的性子，家人们最终还是在2017年9月7日当天送我上了前往广州的航班。不过在家人们对广州"批评"下，原本对大学生活充满期待的我也开始产生了一丝疑虑。

二、我所感受到的广州

等到真正开始大学生活之后，我作为一个连"雷猴"都听不懂的外地人，深刻感受到了语言不通的不便，人生地不熟的我如何跟别人沟通着实成了一个大问题。刚到广州的时候，无论走到哪里，路上的人都在讲着粤语，让我感到非常恐慌。即使是去便利店买瓶水，我都会因为自己不会粤语而心惊胆战。刚开学几天，又恰逢外祖父离世，不能及时回家参加葬礼的我把这一切不幸都归因于广州与我气场不和，还没正式开学就在想什么时候能毕业了。

但在随后一段时间之中，我发现广州是一个非常温暖的地方，即使是一个人不认识、性格也不咋地的我也很轻松地在广州交到了新的朋友。辅导员老师的关心和朋友们的帮助，让我在这个陌生的城市，感受到了家人般的温暖。

大一的我因为不熟悉广州，总是喜欢把自己闷在学校里。当我真正开始认识广州的时候，大一已经结束了。在友人的建议下，大二的我为了能在大学期间尽可能地走走看看，就开始在不影响学习成绩的情况下打工存钱。

打工的经历不仅丰富了我的大学生活，锤炼了我自立的能力，也让我有机会走出校门，看看最真实的广州。除此之外，打工的工资也让我的钱包不再总是瘪瘪的，我变得开始喜欢和朋友出去逛街、吃饭、看电影，也算重新认识了广州。

粤语确实是广州的通用语言没错，不过四年来没有一个人强迫过我用粤语对话，即使有些人普通话很蹩脚，但都会考虑到我不会粤语而努力用普通话沟通。

广州有点像上海，又和上海十分不同。它们的相似在于发达程度，但是广州却没有上海那样的充满压迫感，反而更多地能让我闻到一种轻快、自由的气息。

行走在珠江新城和行走在陆家嘴的感受是截然不同的，虽然同样是一片繁荣、发达的光景，但是珠江新城的人们不像陆家嘴的人们那样焦虑和匆忙。这是一种很舒服的慢节奏，也终于让我理解了为什么广州人走在街上都显得很有精神劲头。

这里生活便利，街边商家卖的东西好吃又便宜，并且我遇到的每一个广州人都十分温暖淳朴。真正开始了解广州的时候我才明白，想要了解一座城市，一定不能道听途说，一定要亲身走进这座城的每一个角落中去感受。

广州的夕阳总是粉色的，台北的夕阳总是橙色的，而我在上海住了十几年，却从未关注过夕阳是什么颜色。现在的我，很感谢高三时决定来广州求学的自己。

三、广州让我感受到"奋斗"与"复兴"

虽然有的时候依然不免对广州有些抱怨，但爱之深责之切嘛。对于现在的我而言，广州就是我第二个家，它给了我归属感和亲切感，让我能够发自内心地在家人朋友面前为美丽的花城"洗白"。

我们无法否认曾经的广州确实有过这样那样的问题，但是任何一个美好的城市都需要时间去建设，广州自然也不例外。所以如今我们能够看到这样一个发达、自由、安全、有人情味的花城，离不开先辈们的建设。广州的生命力和蓬勃发展也是我人生22年以来所看到的，对"奋斗"和"复兴"最好的诠释。

四、对于未来国家协同走向复兴征程的想法

然而看着广州这座城市越来越发达，人民生活越来越幸福，内心就越来越为我的家乡台北而惋惜。曾经的台北也是一个非常发达、富庶的城市，但是因为错过了发展的时机而一直停滞不前。

港澳台地区与内地（大陆）是一体的，这一点毋庸置疑，不过在经济体制及文化体制上还是存在差异的。随着时代发展，内地（大陆）与港澳台地区间的关联越来越紧密了。

在我看来，搞发展的前提是一定要坚持一个中国原则，真正做到将民众的心连接到一起。只有民众的心连接到了一起，那样才可以事半功倍。

随着内地（大陆）经济日渐发展开放，港澳台地区必须思考各自角色的转换和适应问题。改革开放初期，内地（大陆）市场相对封闭，当时的港澳台是国家出口创汇的重要来源，但随着国家开放程度不断扩大以及内地（大

陆）城市的发展，港澳台也面临越来越多的竞争。

在内地进一步深化改革开放的过程中，港澳主动融入国家发展大局，巩固既有优势，形成新的发展动力，拓展新的发展空间。港澳是改革开放的推动者，也是受益者。今后国家的发展壮大，仍将为港澳提供源源不断的发展机遇。

而台湾，则是错过了很好的发展机会，才会沦落至经济停滞不前的现状。要改变现状，最重要的就是停止内耗。我们要在合作中求发展，向岛内的亲戚朋友宣传大陆繁荣、发达、真实的模样，共同为中华民族的伟大复兴做出贡献，也是这个时代赋予我们这些台湾青年的必然使命。

虽然我们这一代人，没有能够陪先辈们走过那百年奋斗路，而是理所当然地在先辈们用汗血浇灌的参天大树下成长到今天，但是我相信，艰苦奋斗的精神刻在每一个中国人的骨子里，未来中华民族的复兴新征程，一定会有我们这一代人的身影。希望在未来的每个百年中，也会有源源不断的人才参与到国家建设中，一起将我们的家建设得更加发达、美好。

落叶归根

南京大学　国际关系学院　国际政治　2019 级　香港　崔韵琪

落　叶

　　我的爷爷在我很小的时候就已经离世。在我的印象里，他是一个矮矮瘦瘦的老头，总是穿着中山装，戴着扁平的深蓝小帽。

　　"他曾经把我骂哭了！"我记得，那时候我才两三岁。我妈瞪了我一眼："爷爷最疼你了，怎么可能舍得骂你。"我妈塞了几张照片给我，我这才慢悠悠地想起，2005 年第一次来到香港的时候，爷爷奶奶曾经和我们一起去了维多利亚港，在金紫荆广场与那六米高的铜像一起合影。天气很好，星光大道上的纪念掌印被晒得发烫，将手放上去的时候暖烘烘的，那是阳光的温度。第二天回到广东后，奶奶打电话给我们——爷爷去世了。大人们又一起去香港，将骨灰带回广东，葬在山脚的陵园。两旁新栽的树歪歪斜斜，但没过几年就长成了可以遮阳的高度，现在已经和山里土生土长的大树融为一体了，正式成为小山丘的一员了。

　　我的爷爷出生于广东，在抗日战争中被日本人抓去越南当苦力，抗日战争结束后去到香港，在政府机构谋了个小文职。待中华人民共和国成立，中国恢复稳定，经亲戚朋友的介绍，他回到广东相亲，认识了我奶奶，随后两人一起一直在香港生活。

　　爷爷有一个弟弟，我称他为四公。他与爷爷一起在香港生活，但没有结婚，自然也就没有儿女赡养他，所以四公一直由我们家负责赡养。他最爱和孩子玩，我们都很喜欢他，尤其是我弟弟，每次去香港都围着他转，拉着他玩。在我记忆中，他总会拿着一个橙红色的塑料杯，后来他将它放在床头。在他生命的最后一刻，妈妈拉着我静默地站在一旁。

远 方

香港的家里本来住着爷爷、奶奶和四公。爷爷在香港寿终，第五年四公在广东去世，所以香港的家里平时住的就只剩奶奶一人。14岁那年暑假我答应了爸妈，独自回去陪了奶奶7天。与奶奶生活时，香港似乎也慢了下来。奶奶住在一栋旧楼，左邻右里也都是老人家。他们热情地打招呼，楼下的守卫阿姨对奶奶格外热情耐心，奶奶也停下跟他们寒暄几句。

似乎老一辈的都喜欢吃糖，奶奶也不例外。她做饭总是下很多糖，做出来的菜又咸又甜。我问她，她说："不甜可就苦了。"我以为是她吃惯了苦，老了以后不想再体会吃苦的滋味，顿时心生感慨，将饭菜一扫而尽。后来才发现，虽然奶奶给我们做饭时总是大鱼大肉地招待，但当自己独居时，又是一盘咸菜搭配一碗米饭她就能吃三顿。

下午，奶奶爱去听粤剧。我外婆也喜欢粤剧，因为外婆是广东一个小村子的本地人。在我小的时候，村子经常在村头搭一个棚子，全村人都可以去看露天粤剧表演。夜幕下，外公将我架在他的肩膀上，外婆凑过来跟我解释唱段的意思，他们看了一辈子，对此很是熟悉。奶奶则是带我去社区看黑白粤剧片。放映室舒服的椅背，清晰的屏幕，似乎一切都不一样——村子里也不再演粤剧了。但听着熟悉的唱词，旁边坐着交头接耳、脸中带笑的老太太，又觉得没什么不一样的。在繁荣的香港，意识到这一缕联系让我倍感舒适，坐在椅上思考——如果村子有了放映室，我也可以让外婆带我去一次。

吃完晚饭，奶奶习惯出去散步，一如既往是她走我跟着，走到哪跟到哪，走到哪算哪。我是认不清路的，自诩是新时代年轻人的我已经丧失了基本的认路意愿与能力，在没有方向感的我的眼里，香港的街道相似得惊人。一天夜晚，奶奶与以往一样带着我四处兜兜转转。我们走到一座公园旁，平日步履如飞的她慢了下来，表情似乎也比以前温情。红灯一过，我们就跨了过去。那是一个小坡——在其中加上一个"山"字都是对山坡的侮辱，上面有一座凉亭。

奶奶先开口说话了。"以前和你爷爷谈恋爱的时候，他带我出来约会，就是到这个亭子里"，奶奶指了指凉亭，接着指着夜空，"我们一起看了很久星星。以前太苦了。"

"哇，那好浪漫啊！可惜现在看不到什么星星了。"这是我第一次听奶奶说起这段往事。

"是啊。"奶奶似乎也想告诉我更多，"当年跟着你爷爷来到香港结婚，什么都不懂，什么都不会。后来又带着你爸爸他们回到广东，还好你们个个都这么争气。本来想陪你爷爷到处旅游，安享晚年，没想到他这么快就走了，没想到这么多年就过去了。"她擦了擦眼泪。

奶奶听不懂国语，更不会说。她一辈子在广东和香港来回跑，等到想学的时候却已经老得无法接受新的知识了。但奶奶存了一颗旅行家的心，她去过首都，看过雪，看过升旗，爬过山，坐过邮轮。她再也没有机会和爷爷去中国的其他地方看看，但好在她还有许多好姐妹。

奶奶拉过我的手，轻轻地拍了几下："你爸爸没有你伯父那么有本事，没办法给你提供像你堂哥堂姐一样的条件，所以你要靠自己，你要好好念书。"我对此深以为然，因为对于奶奶告诫的这一点我向来心知肚明。

"我也知道你成绩比他们都好，奶奶很高兴。奶奶听不懂国语，所以只能吃一辈子苦，只能听一辈子粤剧，只能一辈子待在香港和广东，出去也只能靠别人翻译。奶奶这辈子是没有机会了。但你不一样，你要好好念书，要去不同的地方，去有星星的地方再看星星。"奶奶以前从来没有和我讲过这些，所以奶奶现在不停地将往事向我诉说的举动，让我感觉有些受宠若惊。

"中国很大，世界更大。"不知不觉间我们走到家门前，奶奶打开门踏进屋子，黑暗中只有窗外误闯的灯光照亮奶奶身体的轮廓，显得虚幻。"这里太小太窄了，喘口气的功夫，一辈子就过去了。"

那晚我躺在床上，外面走廊的过道灯透过小小的玻璃窗印在紧密的眼皮上，在我的意识里形成一块亮斑，在一片混沌间明亮夺目。

"星星，看星星……星星。"又是一夜好梦。

归　根

大约在八年前，我们将老巷里的老屋翻新、收拾了一遍。曾经奶奶一个人带着三个孩子从香港回到广东生活，这是奶奶的家。在这里，她和她的儿女半夜挑灯缝衣服。清晨，广东的太阳总是出来得很早，在露水中显得温和迷离，长子将在鸡鸣中挑着衣服走出石板老巷，送到制衣厂去，在那里换取几张纸币。

奶奶爱美，她做了一辈子衣服，老了后也喜欢和衣服打交道。她在一群红粉红粉的衣服中准确地挑出不同花色的那件，问我好不好看。家里的相册有很多奶奶的旅游照。奶奶离开后我一张张拣出来放在一起，发现奶奶穿的衣服没有一件是重复的。

我乐此不疲地向其他人讲述这一发现。

自从知道奶奶偶尔会晕倒后，我们便把奶奶从香港接回广东。年前，奶奶摔了一跤，这是奶奶这两年做的第二次手术，自此奶奶不是躺在床上，就是坐在轮椅上。她的消化系统也时常紊乱，她只能吃清淡的饭菜，炸的不能吃，糯的不能吃，甜的则是少吃为妙。生病后奶奶瘦了很多，她还是爱美的，只是没办法再把自己打扮得漂漂亮亮的了。

每次看望奶奶，奶奶总是把我拉到一旁，往我手里塞上一沓钱，再拍拍我的手："好好念书啊，乖。"

她知道自己时日不多，时常回忆起年轻时候的经历，总是在感谢这个感谢那个，总是以同一句话结尾："其实看到你们个个都有出息了，我便满足了。"

凌晨三点，奶奶躺在床上开始掉眼泪，她一句话都说不出了。凌晨四点，奶奶在老屋里，走完了她的一生，离开了人世。在乱成一片的哭嚎和急促的呼喊中，我才意识到，我没有奶奶了。

我没想到我会哭得这么厉害。奶奶被送去火化后，我一边哭一边语无伦次地抱着爸爸说："奶奶带我看星星。她让我好好念书，不要在没有星星的地方找星星，要去有星星的地方看星星。"

我们将奶奶和爷爷葬在一起，两旁的树跟小山丘不分彼此，地下的根大概也已经缠绕在一起，交互着吸收大地的养分。它们好似并肩而立，在烟雨之中静默，在烟雨中静默得像是在落泪，淅淅沥沥，纷纷洒洒，直至墓前，六尺之下。

尘埃落定

大二那年我有一节必修的专业课是"中华人民共和国史"。第一节课老师便给我们布置了一个课堂展示的作业：按照老师所分配的年份，结合家庭成员的真实经历，介绍当年的一个历史事件或现象。以这个作业为由头，我和奶奶、外公、外婆都做了深入的交流。

外公、外婆是广东本地人，在这片土地上普普通通地生活着，其中也经历过命运的转折点，但以他们的年纪，他们坦荡地跟我说："没有后悔。现在已经足够了，再好没有了。"

奶奶总是感触良多，隔着电话线的我没有办法给她一个拥抱，只能口头上进行安慰："没关系，都已经过去了，现在我们每个人都很好，不是吗？"

很多人都不喜欢听老一辈的故事，觉得不过是尘封已久的执念。但我喜欢听，我喜欢听他们絮絮叨叨地将自己的回忆翻来覆去一遍又一遍。人的一生，可太漫长了，所以这漫长的一生中承载有太多的故事。听多了这些故事后，每当我想起那个年代，记起的不再是每个个体独特的经历。我像是一个历史的旁观者。我在想象，想象那扇门是如何打开，涌动的人潮从中穿过，其中有些人想要逆流，有些人想要停留，有些人快步向前，有些人怀中抱着熟睡的孩子，有些人搂着新婚的妻子，有些人搀着年迈的父母。他们在哭，他们在笑，他们在生气，他们在庆祝。历史的交替仿佛就像建筑的变迁一样，一座建筑起了又倒，一条路铺了又拆，好像并没有什么特别的道理和意义。

为什么走上了这条路？如何坚持奋斗到现在？我问了奶奶这两个问题，她也无法回答。"这是时代，这是稀里糊涂的事情。"

我最后选择以"逃港潮"作为主题，并将副标题定为"时代浪潮下的人生选择"。

我总是在思考"生命"这一命题。生命！生命？生命的出现让我战栗，随后漫长的一生麻痹了我对生命的感知，在生命即将逝去之际，我又强烈地感受到它们的存在。

我经历了生命的三次回归。他们像树叶一样，在一阵阵无名的风中逐渐飘起，最后脱离枝头，又在风中飘飘荡荡，转了几个漂亮的圈，缓缓地在土地上落定——从历史里、从时间里、从人生里缓缓落定，最终叶落归根。

　　有一天，很普通的一个夜晚，我突然想看星星。我躺在学校操场的草地上静静地看，那里的星星不算多，但也不少了。学校里到处是树，在凛冽的秋风中摇晃成一片。风好大，树叶都在抖动，远处的山头像在抖虱子一样，引得一阵阵落叶。

　　那边是南，一千多公里外便是广东，再远一点便是香港。

　　叶落，"啪嗒"——生命回归大地。

揽尽过往起伏事，且将新火试新茶

韶关学院　政法学院　法学　2018级　香港　张奕琪

　　许是白驹过隙，抑或时光荏苒，站在2021年这又一个路口，抬首回望身后的泥泞道路，细数出百个脚印的深浅，顿觉我们埋头一瞬，已然历经百年风雨。再度回首，眼前落下的一缕和煦曦光，跃过了多少高山的皑皑白雪，倏忽映亮眸间。

　　百年长路，百年不懈，百年的披星戴月，百年的奋斗征程，百年的振兴中华愈挫愈勇。任时间轮转，看山海远去，当记忆飘回1921年的南湖，穿越时间的长河倾泻，我们窥见一叶小舟落在徐徐荡开的涟漪上，载着微末火星般对前程的盼望希冀，虽然缓缓，却坚定不移地向湖心驶去，漾出阵阵涟漪。就像是枯草垛上掉落的一点火星，时而熄灭，时而明亮。我想或许谁也没有想到，正是这点火星，最后闯关夺隘，搏风击浪，竟卷起了一个时代的熊熊烈火，燃尽了过去积存的腐朽与麻木，烧出了阳和启蛰、烧出了海晏河清、烧出了光风霁月、烧出了国泰民安的新中国！

　　百年前的此刻，神州陆沉，山河破碎，风雨飘摇，目之所及皆是哀鸿，一句内忧外患怎能言尽中国那时的绝境？国将不国，家将无家，彼时的黎民百姓，无比迫切地需要一位领头人，他能够带领人们披荆斩棘，力挽狂澜，带领人们冲出这厄厄困境。殷忧启圣，多难兴邦，所谓天将降大任于是人也，正值中华民族危急存亡之际，共产党应运而生，于风雨前挺身而出，毅然立于万千中国人身前。跨过荆棘地，翻过高山岭，走过百年风雨兼程，挺过百年奋斗坎坷，秉承"我将无我，不负人民"的信念，涌起敢教日月换新天的豪情壮志，历经千辛万苦，建党之时微弱的火光已然大照四方，映出了中国的寒冰消融，映出了中国的春暖花开。百年过去，红星之下，东方有龙，名之华夏，其仰天长吟，必震彻四海！

　　追风赶月，百回拼搏，纵然步履维艰，哪怕关山难越，党仍将十年如一日，广照及重渊。共产党早已证明了何为疾风知劲草，何为岁寒见后凋。十多亿老百姓的殷殷目光聚在后背，使得共产党百折不挠的眸光闪烁着明亮的火花，持续前进的步伐充满了无畏勇气。在共产党的带领下，中国拳出打退来犯外敌，手起摘去积贫积弱的帽子，一扫颓败萎靡的风气，开始了五千年文明的涅槃重生。百年漫漫长路，举国上下，初心如磐，奋楫笃行，为的是褪去古老狻猊的年迈鬓发，为的是唤醒东方沉睡太久的渊下潜龙。无数先辈的血泪没有白白洒下，代代国人传承的崛起梦想从未抛下，不喑微芒，造炬成阳，时至今日，中国真真正正地崛起了！"两弹一星"越发先进、航天飞船遨游虚空、天眼重器震撼落地、太湖之光举世瞩目、港珠澳大桥开创首功、核聚变技术取得重大突破、胚胎干细胞研究又获喜人进展。百年内的成就就如夜空中的繁星点点，寥寥几句又如何能够阐尽？除此之外，经过全国各族人民的接续奋斗，第一个百年奋斗目标终于实现，中华大地上全面建成了小康社会，当时那句只凭一腔热血坚信的"老百姓的生活会越过越好"终是走遍南山北河，在四海之内抽枝生芽，于九州之地结花落果。

这些让无数中国人由衷自豪的成就，不仅凝聚了我们最真诚的愿景、最切实的奋斗，其背后，是共产党默默前行的身影。年年复年年，但任凭布满迷雾的前路，无论是有惊涛骇浪，还是有狂风暴雨，那抹红色始终是聚拢在我们四方，始终是那般的鲜明纯粹。不驰于空想，不骛于虚声，以汗水浇灌收获，以实干笃定前行，走在共产党开辟出的道路上，我们得以窥探到前方的一片灿烂。就如鲁迅说的那般，地上本没有路，走的人多了，也便成了路。从没有人告诉我们应该怎么走，而今锦绣河山，是万万中国人硬生生穿越多少艰难险阻，才终于守得云开见月明。此时此刻，这个古老国家脊梁挺直，矗立东方，熠熠生辉，耀眼至极。

在今视昔，先辈们流尽了血泪，才给后世换来了一个太平盛世，代代中国人，从未忘记自己的使命，聚沙成塔，一点点地把我们的国家建设得越来越好。作为青年一辈的我们，看见了中国过去累累的伤痕，知晓了中国艰苦奋斗的岁月，见证了中国始终压不弯折不断的脊梁，体悟了中国薪火相传的奋斗精神，怎能不油然生起投身祖国建设事业的激情？生为中国人，爱国之情是再朴素不过的情感、强国之志是再基本不过的抱负、报国之行是再自然不过的选择，若每一位青年人都能有"冀以尘雾之微补益山海，萤烛末光增

285

辉岁月"的志向，涓涓细流汇聚成海，点点星火可以燎原，星光交汇之地，何止长至星河万载。青年践行爱国之心，从来都不是一句空话，向国家、向人民、向所有对我们抱有殷切希望的人们，我们交出的答卷从来都是合格的。2020 年疫情肆虐，90 后、00 后褪去青涩，摆脱稚嫩，披坚执锐，力战病毒；喀喇昆仑山边境遭敌入侵，五名军人死守祖国寸土河山，四位英雄毅然为国捐躯，其中最小的仅有 18 岁；年中河南遭遇强降雨，郑州情况危急，多少年轻志愿者自发驰援，千里奔袭。他们用自己的行动证明，新时代的青年人是好样的，是可以担负国家大任的！习近平总书记曾这么谈青年："青年最富有朝气、最富有梦想……世界的未来属于青年一代。"青年兴则国兴，中国的未来同样如此，古言"桐花万里丹山路，雏凤清于老凤声"。适逢风起云涌、波澜壮阔的新时代，惟愿青年一辈接替前人，将振兴中国之责任，置于自身之肩上，我们意气青年，恰是青春逢盛世，奋斗正当时！

百年奋斗之路，犹如一幅前后相继的长卷，无数浓墨重彩的字迹交织成"中国"二字，其中有筚路蓝缕的创业征程、有气壮山河的建设浪潮、有面向世界的复兴梦想。画卷未曾收笔，中国的复兴之路也未走到尽头，前方犹有重重大山等着我们去翻越、有第二个百年计划乃至于更多的计划等待着我们去完成、更有处处存在的敌人时时试图阻挠中国的崛起。然而，中国崛起之势不可抵挡，是因为万万中国人携手共进之势何止推山平海。昔日洪水滔滔，我们胼手胝足共释水患；往昔地震隆隆，我们众志成城共克时艰；去年新冠汹汹，我们同舟共济砥砺前行。过去的道路曲折连璧，磨难险阻未曾击垮我们，未来的道路不会比现在平坦，我们亦不会畏惧前方的幽谷。泱泱大国，中国从来都不缺登高山临深渊的坚持与勇气，宁鸣而死，不默而生，在复兴的路途上，我们关关难过关关过。梦想能到达的地方脚步也一定会到达，额首抬眸，迎着那束和煦曦光，我们再度出发。

羲和敲日玻璃声，劫灰飞尽古今平，灾难不起，日月顺行，天下太平。揽尽百年奋斗艰辛，昂首再写复兴新篇，恰时百年，九万里风鹏正举，正好此时扬帆起航！

我们和我们的时代

深圳大学　法学院　法学　2021 级　香港　王宇汛

历史的长河沉淀着时代的记忆，百年的岁月创造着时代的发展。时代的发展像一张密不透风的帷幕，牢牢地罩住这个时代的每一个人，没有人能够逃离时代发展的轨迹，每个人都是这个时代的创造者，也是这个时代的获得者。

他们和他们的时代

"快跑!"

漆黑的夜空、破旧的房屋、昏暗的煤油灯、慌乱逃离的脚步声、幽静无人的湖，小船在这悄然无声的湖上莫名有一种紧张的气氛，似乎在这时，呼吸都变得谨慎了。13 位来自五湖四海、操着不同口音的人，因志同道合而走到了一起，他们正在秘密地做着一件改变世界的大事。湖还是那么安静，船还在那个位置，但从那一天开始，一切就已经悄然发生了改变。

100 多年前，那群风华正茂的人，他们无畏于用自己的力量为国家的未来积极探索出路。在风雷激荡、新旧交替、时局不稳的大变革时代，像被一张严严实实的幕布笼罩着，四处都是黑暗的，只有点点星光想要冲破这层黑暗的束缚。在这黑暗弥漫的世界里，有人愚昧无知、有人迷茫不前、有人想要逆历史潮流，当然也有一批先进的青年知识分子积极探索救国救民的新出路。正是这群青年，思想是他们冲锋陷阵的铠甲、笔墨是他们奔赴战场的铁马、文字是他们锋利的武器，不断唤醒沉睡麻木的人民，积极带领我们勇于探索。是他们，用星星之火不断刺激中国人民在黑暗中渐渐觉醒。

《觉醒年代》这部电视剧，无疑很好地讲述了建党前的那段历史。从《青年杂志》到《新青年》、从蔡元培老先生三顾茅庐请陈独秀到北大作为宣传新思想的主战场、从李大钊先生在早稻田大学求学到胡适先生毅然回国，这所有的一切再也不是历史书上简单的、冰冷的考点，也不是一段简短的冷漠的介绍，而是一段有血有肉的 100 多年前的今天，是深刻地发生在我们的历史长河中、真切地发生在这一群人身上的 100 多年前的昨天，是至今还对我们影响深远的 100 多年前的明天。那种中国人民永远不会倒下的信念、那种凭一腔爱国的热血、那群奋力抗争的人、那个腥风血雨的时代，似乎一点一点地刺进了我的内心，疼得我眼眶湿润。

回望 100 年前的这段历史，我无数次感慨古今多少豪杰，凭一己之力力挽狂澜。我也无数次因为一种复杂的情绪而潸然落泪，我想这种复杂的心情里，一定包含着我对 100 年前这些人的敬佩和感激，也一定包含着我对现在的我和我这一代人的反思。李大钊先生曾经说过："逆历史潮流者，必被时代的洪流所淹没。"党的成立绝不是历史的偶然，党的建立是顺应人民的呼声和历史发展的必然规律。早期党组织通过团结工人、农民、学生等，获得广泛的群众基础，让新文化、新思想能够透过壁垒进入人心，穿过城墙传遍社会。中国共产党的成立，是必然顺应历史的发展，是世界历史上一件开天辟地的大事件，深刻地改变了世界格局。

100 年前亲身经历这段时代交织的历史，暗流涌动的时代里，他们甚至不惜以生命作为代价，坚定地为我们探求光明的出路。

我们和我们的时代

"快来！"

地铁深埋在城市的地下和呼吸同步，高铁穿梭在城市间来去自由，脚步匆忙得像和时间在赛跑，一切那么的井然有序，一切又那么的繁荣稳定。

北京，我们国家的政治中心。来到人来人往的长安街，站在热闹无比的天安门广场，感受着川流不息的车辆，凝视着随风飘荡的鲜红的五星红旗，湛蓝的天空慵懒地躺着几朵洁白的云。繁华嘈杂的周围，我竟只听到了心跳的声音，那是国家的心脏在跳动，"咚、咚、咚"，惊奇地发现和我的心跳是同频率的。环顾四周，很多想象的画面像开了闸一样涌进我的脑海里，"五四运动"的游行是不是也经过了这条街？新文化运动的宣传是不是这里也有驻扎点？报童挥着《新青年》杂志那一声声的"号外"是不是也在这里响起过？三三两两一起走的学生是不是都在讨论《我的马克思主义观》，还是在茶余饭后谈论《文学改良刍议》？思绪止不住地越飘越远，觉得自己正站在的长安街和南沿河大街的交汇点上，也是 100 多年前的那个十字路口的交汇点，想象的画面正在每一条街道上真实发生。

在看完《觉醒年代》之后，我对北大有了一种十分强烈的向往，我渴望在这所文学的殿堂里感受不一样的氛围。我想要走在北大的校园里，看看那些记录了 100 多年记忆的古老的建筑，探究当年的历史。灰蒙蒙的天空透不出一丝光亮，却在我走近李大钊先生的雕像时，一缕阳光穿过乌云照在了李大钊先生雕像的脸上，那束光不仅照亮了李大钊先生，也照亮了我，更是照亮了我们的中国大地。自豪和敬佩之意，油然升起。蔡公的雕塑前，摆满了鲜花，听说北大的学子经常会到蔡公的雕塑前放下一束花。我突然很感慨，如果我也生活在 100 年前，遇见了蔡公，我是否也能成为当时救国救民的一分子。可惜，没有如果。我只能希望在将来的博士学习生活中，能够成为北大的学子，在蔡公面前放下一束满怀敬意的鲜花。雨后脚下的积水，一圈一圈地荡开了，就像他们当年的努力，一圈一圈地向外荡开，时至今日还深刻地影响着我们。

我以 100 年前的他们为榜样，我以今日时代的号召为目标。作为一名香港青年，我同样与祖国同呼吸，与党同命脉，我们都在漫漫征程里奋勇前行，我们也在相互交织的命运里相互成就。百年岁月峥嵘，百年风雨兼程，回首百年复兴路，迈向时代新征程。站在 100 年交汇点的我们，是跨越世纪的一代，也是生活在新征程路上的一代，这是，我们和我们的时代。

结　语

我们永远无法忘记他们的时代，我们也永远会记得我们的时代。其实有时候想想，时代更像是一张充满无限生机的网格布，虽然笼罩着每个人，让每个人都活在时代的浪潮中，但却悄悄给了每个人不同的机会。从 1921 年至今，有落后，有曲折，有发展，每一时期都有不同的生活轨迹，一段又一段的故事谱写着时代的旋律。岁月更迭不断，精神薪火相传。他们的时代已然逝去，我们的时代即将来临。作为新一代青年的我们，要敢于接过时代的接力棒，继续突破未来赛道上一个又一个的记录，接续跑向新一代人的终点。

山城飞花御柳斜、恰是潮水向春来

西南政法大学　行政法学院　法学　2019级　香港　王浚岳

《念》

蝉鸣雀婉吟，晨稀月尚存。

长星鸣怒马，夜淡朗乾坤。

——题记

晨起，夜尚存。立冬之日，寒气漾于山川之间；凉风之下，万物渐衰。午时眠而卯时起，享之星灿，念之不散，而寒蝉鸣泣，却不散这盛世之恢宏。

远眺远方之时，环于山城之中。雾起，远眺，坚韧之花恰似繁花盛开、姹紫嫣红；近观，却知凛冬将至。山城之花恰是我心之所向，月之诗恰有"星临万户动，月傍九霄多"之感，亦有经典流传之"举头望明月，低头思故乡"之情，而花之诗于我恰是翩翩之舞。点点洒落之花意为沉淀，意味苦寒之外的新征程。

如果人是一朵花，恰于嫩芽之年，我对神州大地便有些许遐想。这苍茫大地，高楼林地，钢铁森林，壮阔山河，不免会点燃我的好奇心；如蒲公英飞向天空般，期待着浩瀚大海，期待着青青草地，又期待着浩瀚星河，而落于云雾环绕的山城。

山城之火辣，山城之崎岖，不免会与我那南海之滨形成强烈之对比，但仍能感受到人们之热忱，世间之美好。山川大地，谁主沉浮？从海滨到山城，亦是一种绝妙的体验。寒冬之日，寒意顷刻袭来，谁又能忘记那海风徐徐、海鸥鸣叫、渔民辛勤作业之景？唯有常青之树，鲜艳之花，能带我归之南国，置于不同之美好。

卯时的山城已增添了些许热闹，卯时的南方之珠也逐渐开始运作了起来。踱步于校园之中，坡上坡下亦有我之志；我不禁想起来山城之前之决心——这尘世间的框架，我欲尽我之力；我自己的框架，我欲不断突破。风来，树影婆娑，自然的声音逐渐漾在我耳畔；亦有许多枝蔓，藏在岁月的肌理之中，难以抹去。学校亦是我的舞台，每日清晨走在学校里，也不免会时刻想起着我的心之所向，也算是印证了许久之前看到的一句话，"若存了降尊纡贵的心，在矜持与无奈间粉墨登场，是远不及放开来演一出戏痛快"。

从南到北，是我求学之路，不管是从南海之滨到山城，还是从宿舍到教学楼。路过湖畔，路过图书馆，已有徐徐学子欣欣向荣，为自身而不断拼搏；亦有清洁阿姨辛勤作业，赠众人一清净之地。他们是我青春之花的养分，不断地激励着我，激励着我前行。楼梯上的校徽映入我的眼帘，鲜艳而沧桑，不免让我有敬畏之感；朴素而纯洁，鲜红而廉洁，亦是我校的优良作风，也是我予自己的最大期望。踱步湖畔之庭，花瓣之幽香，热茶之馥郁，书本之芬芳，不免会衬托晨间这难得的清雅。

回首百年奋斗路，我曾从父辈那听到许多以前的故事。以前家里并不富裕，家里人丁又多，温饱都是问题。父亲在小时候曾经遇到一个富商，有句话让他很是深刻："我从香港过来，我发现那边的人都不喜欢吃肉，想要多吃蔬菜。"父亲等人当时听着就笑了，觉得这位富商说得不切实际，因为怎么会有人不想吃肉呢？而随着时代的发展，温饱问题基本已经解决，父亲能让我每顿饭都吃上肉，而十分戏剧性地，他督促我应该多吃蔬菜。而除了肉和蔬菜，我还有音乐，还有书本，还有相机，我有美好的生活。但是，回想着这四十年载中华人民的艰苦奋斗，也不免肃然起敬。没有前人的不断探寻，哪有如今的美好盛世？

我亦望着来来往往的学子，不免心生遐想。但十分感怀，香港愈之安定，国安法之落实，立法会之宣誓，公职人员尽心尽力，警察维护治安，是现在这个城市美好的景况。不知这里是否可以由小见大，香港之安定背后亦是祖国之强大，香港之繁盛亦离不开每一位港人的顽强拼搏，也离不开祖国的关切。疫情暴发之后，已许久未归家，想念那片湛蓝，亦想念那般壮阔；想念太平山上俯瞰之震撼，亦想念天星小轮之远眺——我思念我的家乡，我思念那聚拢着顽强毅力的紫荆花。

今在山城已是第三个年头，曾迷茫前路之未知，也畏惧前路之艰险，但学校给了我力量，国家更是给了我信心；曾胆怯不知何去何从，但我心之坚定，定会扬帆起航。在这里我认识了许许多多优秀的同学和朋友，有无私奉献的师兄师姐们，他们教会了我如何更好地与他人相处和交往，教会了我解决问题之方法；有了许多特别要好的朋友，我们一起讨论问题，一起品尝山城之美食，体会山城之热切，在这秋风萧瑟之时共赏枫叶之美，欣赏世间万物凄凉之景况，我们依然潇洒自如，笑对生活；亦有许多受益匪浅之良师，他们教给我坚实的基础知识，教我许许多多的方法论，给予我关心，指点我迷津，让我不断向前，亦有着眼未来、面向世界之雄心。

我和周围的人差距较大，尤其是学习方法上，我称不上是优秀。这所学校群星闪烁，我不免显得有些黯淡。这幅场景犹如春天的花园中，百花争艳，但是每朵花却各不相同。我亦是一朵待开放的花，经历了风吹雨打，秋风萧瑟，寒冬凛冽，我都不曾凋谢。在哪儿跌倒便在哪儿爬起来，一次不行就多做一次，我期许并相信我是坚毅的，我亦相信，未来人们路过我之时，定将聚拢散掉的目光。

朗读声如游丝般，婉转悠扬；热切的脚步却在砥砺前行。回首我国之百年的奋斗路，满心感慨，不忘本，亦是我们最大的使命。群山逶迤，两江回环；巍巍学府，屹立西南。我们自强不息，历创业之维艰；我们精思睿智，穷学术之浩瀚；我们博学笃行，为时代之英才。我们日新月异，志在巅峰；我们独树一帜、自强不息，我相信，我们是新时代的开创者，推动着时代前行，我们会因我们是中华民族的一分子而骄傲相信我们定会继往开来，扬国家之精神，垂久而传远！

踱步于花园之中，不免有些萧瑟，寒风中，掺着断续的乡音，抑扬顿挫。

"这就是大时代，总有一方可容纳华美而落拓的碎裂，但是碎裂之后，定是华美的绽放。"

《晨间有感》

晨起浣花语，枯木凄凉枝。
飞花飘满地，潮水向春来。

逐梦百年　初心未改

中国药科大学　药学院　药学　2018 级　香港　关景杰

一、长夜的曙光——中国共产党第一次全国代表大会

1921 年 7 月，一场秘密的集会在上海悄然地进行着，这场集会在当时，尚如一盏在长夜中摇曳的烛光。然而就是这一盏烛光，它温柔地照耀着这片饱经苦难的大地、唤醒每一个在长夜中睡着了的人、骤然点亮了中国革命的前程——为实现中华民族伟大复兴的光明前程。

1921 年 7 月，中国共产党第一次全国代表大会在上海召开。中国共产党第一次全国代表大会以新的思想重新引领救亡运动，以新的力量重新凝聚中国革命。

这次大会，确立了党的性质：无产阶级政党。在那一刻，中华民族的命运改变了，中国开始真正地走向光明和希望！

这次大会，明确了党的目标：实现社会主义和共产主义。这次大会，确定了党的任务：实现中华民族的伟大复兴。在那一刻，中国人民和中华民族的国家开始走向进步和强大！

这是开天辟地的一刻，这是伟大庄严的一刻！

百年前，中国共产党以"为中国人民谋幸福、为中华民族谋复兴"作为使命。百年来，中国共产党的初心未改，团结一切力量，艰苦奋斗、不畏牺牲、努力创造，最终汇成一句话："实现中华民族伟大复兴！"

二、听几代人说：百年光辉路

我是一名来自香港的学生，我在广东长大、明智。我切实地看到了从我出生到现在的 22 年来中国的飞跃发展，亦从长辈的口述及照片中了解到中国从建党到现在的 100 年来，虽经历过曲折，但不可阻挡，一路向前奔涌并欣

欣向荣。

习近平总书记说："历史是最好的教科书。""无论我们走得多远，都不能忘记来时的路……不忘历史、不忘初心。"

外公翻阅着族谱，指着泛黄纸页上那一个个我不甚熟悉的名字，向我轻述着族中几代人所经历的故事与历史。

（一）站起来

我外公的祖籍在广东开平，开平是一个侨乡城市。外公回忆说："我的曾祖父和祖父都经历了一个黑暗的年代，那是一个混乱而又无望的年代。"1840年鸦片战争以后，中国逐渐沦为半殖民地半封建社会，阳光开始不再普照这片有5000年璀璨文明的大地。外敌入侵，人民受压，动荡不安，民不聊生。光绪年间（约1890年），在我的高祖父出生后不久，我的太祖便乘上了远渡重洋的蒸汽船，到美国旧金山修筑铁路。就这样，我的太祖母和高祖父靠着太祖不时寄回的饷银在乱世苟活了下来。

黑暗是什么？是帝国主义、封建主义、官僚资本主义。

1911年，我的曾祖父出生了，我的太祖父亦回到了故土。据外公说，高祖父当时开了一家粮铺，亦常资助一些走投无路的人。1912年中华民国建立，高祖父曾跟外公说过："我当时曾看到一丝光亮，但很快就灭了。"高祖父识字，知道三民主义，知道那是为人民着想的。但不久，中华民国开始分崩离析，开始了各地军阀混战的时期。因军阀混战的开始，匪盗猖獗了起来。为保平安，高祖父效仿前人建起了碉楼，各国华侨亦归国建起了碉楼，这成就了中国首个华侨文化物质文化遗产，亦成为世界华侨和故土的纽带。1917年，十月革命给中国送来了马克思列宁主义，思想的火炬在中国接力。1921年，一盏烛火在上海悄然点亮，一丝微弱的光亮开始洒向中国人民那千疮百孔的心田。虽是"星星之火"却有"可以燎原"之势！但在1922年，高祖父苦心经营的粮铺还是未能在匪盗的掳掠中幸免，只得举家迁往香港。

图1

图注：祖屋

　　我的太祖在香港去世，之后高祖父把他带回了故土。1945年，听闻抗战胜利、新中国即将成立的高祖父心系故土，亦为完成太祖遗愿，在曾祖父的陪同下带着太祖的骨灰，再次踏足这片饱经磨难，但已在马克思列宁主义的洗涤下焕然一新的大地。在高祖父67年的生命中，他有幸见证了新中国的成立，见证了中华人民共和国——沉睡雄狮的醒来。曾祖父告诉外公："当时，你的爷爷他可是激动了一天、哭了一天。"

　　1949年10月1日，伟大而又庄重的日子，在毛主席于天安门上那一声向全世界的庄严宣告："中华人民共和国中央人民政府今天成立了！"响起时，被欺压了百年的中华人民真正地站起来了，历经无数战争，挥洒无数鲜血，中国共产党推翻封建主义、推翻帝国主义、推翻官僚资本主义"三座压在无数中华儿女身上的大山"，让中华人民站起来了，一切欺凌、一切掠夺、一切黑暗都一去不复返了。光明，名为中国共产党的太阳般的光明，照耀在这片大地上了。

　　历经28年，党的初心未变："一切奋斗、一切牺牲、一切创造，归结起来就是一个主题：实现中华民族伟大复兴！"

（二）富起来

外公说："在改革开放之前，我们一家在村里务农，但是当时大家吃的是大锅饭，劳动力没有得到解放，而且开平经常受到台风的影响，迫于生计，我父亲便到了香港谋生，那时我才 16 岁。"曾祖父再次踏上了他在青年时生活过的，那座孤独的不夜城。外公靠着曾祖父寄回来的家用，顺利完成了学业，成为一名教师，但在 1976 年因为曾祖父年老需要照顾，他便辞去了教师的工作和外婆一起到香港照顾曾祖父。

1978 年 5 月，一篇名为《实践是检验真理的唯一标准》的文章，在《光明日报》刊发，成为那支撬动改革开放的哲学杠杆。

在改革开放后，曾祖父心系祖国，外公便陪曾祖父于 1982 年回到开平，1988 年曾祖父葬于他的故乡开平，葬于生他养他的祖国大地！

图 2

图注：身着西装的曾祖父（一排右一）

外公常说，像曾祖父这样心系祖国的华人华侨及外籍华人还有很多，他们时刻挂念着祖国。改革开放后一些政策的改变，给了他们机会回来把祖国建设得更美好。邓小平在 1985 年 10 月 23 日会见美国时代公司组织的美国高级企业家代表团时说："一部分地区、一部分人可以先富起来，带动和帮助其他地区、其他的人，逐步达到共同富裕。"他们积极响应"先富带后富"政策，回内地投资建厂，提供就业岗位；引进国外先进技术，让工作者更好工作，造福百姓，造福全中国的兄弟姐妹！

　　1978 年以后，国家根据农村经济体制改革的形势，有组织、有计划地扶持各地的贫困户。1984 年，外公也积极响应"先富带后富"政策，希望可以通过"以点带面"实现"共同富裕"，所以外公在开平建了一间橡胶厂。并且，当过老师的他深知教育的重要性，他知道我们中国人想要真正地富起来、强起来，就得让处于求学阶段的孩子能上学。所以他每年都会给他的母校捐款，希望所有的孩子都能读书，读好书，为中华之崛起而读书！我相信，当我们这些少年强起来了，我们的祖国就一定会崛起！

　　1997 年，香港——这位离开祖国母亲已久的孩子！终于回到了母亲温暖的怀抱！1997 年 7 月 1 日零点整，中华人民共和国国旗和香港特别行政区区旗在香港升起，经历了百年沧桑的香港回到祖国的怀抱！这一瞬间，她不再孤独！这是中华民族长久期盼的一个瞬间，这是永载世界史册的一个瞬间！我母亲说："当时，我和你的外公都流下了激动的泪水！"

　　是什么让他们在香港回归这一刻如此激动？是我们每个中华人民心中永远洗不掉、擦不去的家乡情、爱国情！

图 3

图注：外公获得政府嘉奖

　　"精神所在，就是力量所在。"爱国主义是一种崇高的思想品德，它同为国奉献、对国尽责紧紧地联结在一起。正是这种爱国精神让我们这些中华子女紧密地联系在一起。

　　"血脉所在，就是动力所系。"这表现出国家对实现民族根本利益的决心和毅力，也表现出因为从 1978 年改革开放以来，随着国家实力增强，我国已经在世界上站稳了脚跟。事实证明了只要坚持走社会主义道路，坚持中国共产党的领导，我国一定能够国富民强，成为世界强国！

　　历经 76 年，党的初心未变："一切奋斗、一切牺牲、一切创造，归结起来就是一个主题：实现中华民族伟大复兴！"

（三）强起来

1999 年，另一个离家已久的孩子——澳门，亦回归祖国母亲的怀抱。我，亦出生在这一年，我生在中国内地——祖祖辈辈心系难离的土地、扎根的土地。我开始自己体会祖国在中国共产党的领导下这 22 年来的变化——势不可挡、不可逆转的变化。

2003 年，我在"宝树楼"——一所于 1920 年众乡里及华侨募捐所建的为了兴学救国所建的学校，接受学前教育。外公说："教育一直都是强国的根本。我们谢氏宗族一直不惜一切地兴办教育，为的就是强国！"确实，在我度过童年的这个仅有几条街道、三两村落的小小乡镇，在那个乱世之中已有了一条从学前一直通往中学的教育链。它承载了乱世中人民对于科学的向往，对于强国的希望。

从 1985 年起，教育部就开始实行普通高校联合招收华侨和港澳台学生工作，这使得许多有抱负、有理想的港澳台同胞和海外华侨同胞可以回到祖国上学、就业，更好地建设社会主义强国。习近平总书记多次强调要走好人才自主培养之路。"学以明理、学以养心、学以致用"，这体现了党和国家对于教育强国、文化强国、科技强国、人才强国理念的执着践行。

2019 年，是我在内地上大学的第二年，亦是在这一年的年末，一场突如其来的疫情席卷了全球，新冠疫情是近百年来全球发生的最严重的传染病大流行，是新中国成立以来我国遭遇的传播最快、感染最广、防控难度最大的重大突发公共卫生事件。面对突如其来其来的疫情，中国人民争分夺秒，但未有一丝慌乱，因为，我们有信心！

我们有信心，我们有力量。中国人民众志成城，同舟共济，筑成了牢不可破的防疫长城；火神山医院、雷神山医院极速建成；各行各业勇挑重担，各类物资全面补给，各省各市的干部、军人、医务人员火速驰援；全国人民都在呐喊："武汉加油"。

我们有信心，我们有力量。医务人员逆流而上，为救苍生，组成了英勇无畏的先锋队。全国数百万医务人员奋战前线，争分夺秒，形成了规模空前的生命大救援。日以继夜，滴水未进，为的是挽救生命。有人未曾合过眼，有人却永远地合上了眼，为的还是挽救生命。他们用生命托起了世界，他们身着白衣、面戴口罩、心怀悲悯。

我们有信心，我们有力量。我们有强大的国家，我们有团结、勇敢的心，我们有心系人民的党中央。党中央坚持"把人民生命安全和身体健康放在第一位"，生命至上、人民至上。面对疫情，党中央统筹全局，调动一切可以调动的资源、力量，集中一点，全面部署；面对疫情，党中央坚强领导，全国统一指挥，立体防控；面对疫情，党中央心系人民，一条条重要决策迅速颁布，一项项工作严格执行，有效地遏制了疫情蔓延，最大限度地保障了人民的生命安全。

疫情期间，为加强防控，父亲的餐馆休业了，在休业隔离前，父亲把餐馆购置的食材分发给了附近的村民，父亲说："现在是特殊时期，但不能囤置物资，这会给抢险物资的调动带来麻烦。无论多困难，党都不会忘了人民。"缓解一份恐惧情绪，便是对抗疫尽的一丝绵薄之力，这是各地人民对党的信心，心往一处想，劲往一处使。

外公和父亲从这次新冠抗疫回望当年非典抗疫，看到了国家的强大与进步："医疗设备更先进了，人们凝聚力更强了，国家统筹力更足了，各地响应更快了。"中国抗疫的胜利，是党和人民的胜利，是制度的胜利。

2021 年 7 月 1 日，一个伟大而又庄重的日子，在习近平总书记于天安门上那一声向全世界庄严的宣告："在中华大地上全面建成了小康社会，历史性地解决了绝对贫困问题"。在党的不懈努力及奋斗下，第一个百年奋斗目标已经实现了。

"没有一种根基，比扎根人民更坚实；没有一种力量，比源自群众更伟大。"党各级干部亲自下乡、亲自调研、亲自劳作、亲自教学，与人民同吃同住、同甘共苦，通过精准脱贫、脱贫攻坚、乡村振兴等，中国人民过上了更幸福的生活。党和全国人民正向着第二个百年奋斗目标——全面建成社会主义现代化强国稳步向前！

历经 100 年，党的初心未变："一切奋斗、一切牺牲、一切创造，归结起来就是一个主题：实现中华民族伟大复兴！"

三、以历史回望百年，以青春奋勇向前

青春是我们共同的符号，奋斗是我们共同的心声，中国青年是我们共同

的名字。

习近平总书记说："未来属于青年，希望寄予青年。"

永远跟党走！中共一大，当年的年轻志士在危难中燃起希望之光；"两弹一星"，当年的年轻科学家在荒漠撑起了中国脊梁；三支一扶，当年的年轻干部在乡野捧起了人民温饱；抗疫抗洪，当今的年轻一代在全国筑起了生命防线——一代代青年以青春之光照亮复兴之路，一代代年轻人牢记使命砥砺前行，红色血脉代代传承。

"中华民族千秋伟业，百年恰是风华正茂！"把青春献给人民和国家！作为处于实现中华民族伟大复兴关键点——全面建成社会主义现代化强国新起点的青年，我虽平凡，但愿如火炬、蜡烛，以思想为燃料，将光明传递，将历史传递，将理想传递！

图 4

图注：献图《祝》，关景杰绘
（粤语中"烛"与"祝"同音）

2021 年，是我求学的第四年，我立于长江畔，看到红日自东方冉冉升起，亦看到紫荆花在暖阳的照耀下愈发鲜丽。百年初心未改，复兴矢志不渝！

请党放心，强国有我！

心系故土家国情，神州宝岛共昌盛

杭州电子科技大学　管理学院　工商管理　2020 级　台湾　赖以虹

我在台湾出生长大，对大陆时常充满好奇。我的外公是安徽省岳西县人，1949 年他孤身一人来到台湾，没有亲人的陪伴。刚开始的几年，外公过得很不容易。听外婆说，夜深人静外公想念家乡时，总会打开一个铁盒子，凝视里面一张张泛黄的老照片，小心翼翼地抚摸照片中的人影。外婆说，那都是我们在大陆的亲人。

1981 年外公过世了，外婆和姑姑为了圆外公多年思乡的心愿，在几年之后踏上了寻根之旅。然而，外公留下的资料很少，仅知道外公姓氏为家乡姓"储"。凭着零碎的线索，外婆和姑姑找到了岳西县储氏宗祠，和当地人交流甚多，了解到外公的过去。而外公直到去世都没能回大陆看一眼，徒留思乡遗憾。

随着两岸交流越来越频繁，外婆带着外公的莼鲈之思回到了大陆的故乡，了却了外公的心愿。外婆说，最近几年大陆发展很快，等有时间再回去探亲时，还要四处转转，一览祖国大好河山。纵使时间流逝，他们心中的华夏之"根"，仍旧使他们心系大陆这片温情的故土。

我的父亲是做石材生意的，早些年，父亲时常来厦门等城市参加行业的展览会。2010 年世界博览会在上海召开，中国迎来经济的高速发展，与世界各国的贸易往来越来越密切，并且超越日本和欧洲许多国家。父亲时常和我们感叹：每去一次大陆就感觉变化太大了。这让我对大陆越来越好奇，并且有了一个小小的期待。

我念高中的时候，大陆的互联网行业风起云涌。"抖音""小红书"等社交 APP，"王者荣耀""第五人格"等手机游戏都在同学之间引起热潮。对我来说，大陆有着令人着迷的神秘感，她究竟是一块怎样神奇的土地？那里到底在发生什么？我决心一定要来大陆看一看。

　　2020 年，我终于如愿以偿，来到了杭州上大学，在这里，我感受到了大陆的飞速发展和城市的蓬勃朝气。杭州是一座历史文化旅游名城，西湖、西溪湿地等风景名胜让人流连忘返，行车礼让行人的细节温暖人心；这里举办过 G20 峰会，诞生了阿里巴巴、网易、海康、大华等诸多互联网高新技术大企业；这里是"数字之都"，引领全国的数字化城市建设，我体会到了在台湾从未体验过的便捷生活，出门乘车、购物无须使用现金，携带一部手机就能畅通无阻；这里还将举办 2022 年亚运会——我希望自己也能成为亚运会的志愿者之一，向来自五湖四海的客人介绍美丽杭州、美丽中国。

　　在杭州学习的日子里，我每天都过得充实新鲜。身边的同学、老师都对我热情亲切，在生活中、学习中对我照顾不断。我和我的室友也成了彼此的挚友，学习优秀的她是我心中的榜样，她经常拿奖学金，也让我羡慕不已。也正应了周恩来先生的一句名言："为中华之崛起而读书"。身为中华儿女，我也要把勤奋刻苦的优良传统品德传承下去。尽管我们来自不同地区，但我们都说一样的中国话，写一样的汉字，同根同源，让我们能相互理解，互相包容，心生共情。这源于我们共同拥有的中华文化底蕴，以及同为中国人的那份自信和自豪。

　　台湾是我的家乡。在 1990 年，台湾的 GDP 远高于大陆，而时至今日，台湾的 GDP 只有大陆的 4.5% 左右，甚至广东、江苏、浙江等省份的经济总量都已超越台湾。除了杭州，大陆还有一线城市北上广深，以及成都、南京、苏州、长沙等新一线城市崭露头角，每个城市都有自己的特色与标志，不由令人感叹，中国正越来越强大！

　　这一年多来，新型冠状肺炎疫情席卷全球，台湾也不免陷入苦境，一度每日几百确诊的增长，出行困难。我的父母时常关切我是否已经打好疫苗。

　　在中国共产党的领导下，祖国上下一心，众志成城，在很短的时间内便成功控制住了疫情，这一点世界有目共睹。全民免费接种疫苗，甚至外籍人士也都可以享受。人们自觉戴上口罩配合管理，如今几乎感受不到疫情对日常生活有太大的影响。我可以很自豪地说，国家已经照顾好我了！在大陆这一年多的生活，我深深地体会到，中华民族的凝聚力是多么重要与强大，在国家面临困难之际，人民齐心协力就一定能共克难关。而且，中国在做好自身疫情防控的同时，还向世界其他国家提供疫苗、抗疫物资等帮助和支持，在国际舞台上发挥着越来越重要的作用，博大胸襟令人钦佩！

近日，新华社时评：台湾的前途在于国家统一。是的，纵使有诸多的历史缘故，台湾问题暂未解决，但台湾是中国自古以来不可分割的一部分，这是毋庸置疑的。

外公、外婆、父母还有我，这几十年一路走来，即便身在海峡对岸，心中依然对大陆有着一份独特的情感。这份对故土的牵挂之情就像一条纽带，将我们这个小家与大陆紧紧联系起来。以家见国，台湾又何曾真正离开过大陆呢？父亲最喜欢的歌手林志炫，在大陆也备受大家青睐，人气火热；"宝岛眼镜"、"华硕"电脑、"旺旺"食品饮料等来自台湾的品牌也遍布大陆各地；奶茶"一点点"、手抓饼特色小吃等餐饮同样深受全国各地百姓的喜爱。大陆从来都视台湾如至亲，我们本就是一家人。

然而近几年，台湾当局与西方国家暧昧不清，这是绝对荒谬的选择。我的父母也强烈反对这般倒行逆施的错误之举。他们常告诉我，中国人历经千辛万苦，从封建社会、半殖民地半封建社会中历经磨难而重见光明，民族之情，血浓于水，两岸统一是必然趋势。只有如此，台湾才能乘上国家高速发展的快车，台湾老百姓的未来才会越来越好。台湾当局应该正视历史，顺应时代大势，守护好来之不易的珍贵和平。

在大陆求学、生活的一年多时光里，我常常想，作为台湾青年应该肩负怎样的历史使命？我的所见所闻告诉我，统一是人心所向，是大势所趋，也是全中华儿女的初心和使命。不忘初心，方得始终，台湾——尤其是像我这样的台湾青年，不应忘记华夏大地之血脉、中华民族之情谊。在历史趋势之下，我们台湾学子更当坚定自我、心向统一、以身作则，承担起祖国统一的历史使命，将统一视为己任，并为之努力。

我已经有一年多没回台湾了，平时只用微信和父母视频聊天，我十分想念他们。外公一辈子心系故土，满腔家国情怀，愿这份心、这片情在我们这一代得以延续，期待迎来神州宝岛共同的繁荣昌盛。

重温百年奋斗史，同心共启新征程

华中科技大学　公共卫生学院　预防医学　2018级　香港　秦阳

1921年7月，处于半殖民地半封建社会的旧中国，一群年轻人怀抱着坚定的信仰，肩负救亡图存的使命，相聚在上海，建立了中国共产党。

谁能想到，一个马克思主义政党就此起航，一路劈波斩浪，穿越重重关山，奋进漫漫征途，从1921年到2021年，中国共产党由成立时50多名党员，发展到9500多万名党员。中国共产党在华夏大地书写了改天换地的壮丽史诗，让这片土地旧貌换新颜……

一、初心长留天地间——致敬百年来奉献牺牲的中国共产党人

> 吃苦耐劳、勇往直前、永不服输、敢于胜利、爱党爱军、开拓奋进、艰苦创业、无私奉献。
>
> ——沂蒙精神

今年7月，我有幸随团前往山东临沂学习考察。在孟良崮战役纪念馆中，一幅幅真实的照片，像一张张鲜活真实的面孔，诉说着历史的沧桑和悲壮；一件件珍贵的实物，像一个个醒目的警钟，时时在我们身边敲响。一段段文字，一张张照片，一件件实物，在我脑海中幻化出一个个战士奋勇杀敌的场面。

纪念馆中解说员向我们生动形象地描述了当时战役之惨烈。解说员讲述战役里每个阶段我军投入兵力数、伤亡数、歼敌数，听着这些数字的起伏变化，我的心也跟着跌宕起伏。在这些数字中，我却并不能直接了解到参与到战役中的这些人的姓名、年龄和生平，更不了解他们的家庭、父母和朋友。从这些干瘪的数字中，我们看不见泪水，听不到哭泣，甚至嗅不到任何的硝烟味。

当我们穿透数字的屏障，去探索、感受数字背后那些和我们一样活生生的、有血有肉的人，我们看到了沂蒙红嫂用乳汁救活八路军伤员，用身体架起"人桥"，把最后一个儿子送上战场的故事，看到了广大沂蒙人民的支前场面：一位新婚军嫂，一辈子从未见过自己的丈夫；一位大娘，自己的丈夫牺牲后仍然送自己的儿子上战场……沂蒙儿女在艰难困苦的条件下，倾尽全力，支援革命，用小推车推出了一个新中国。

一个个有着伟大理想和坚定信念的战士高擎起第一面鲜红党旗，集结于这面庄严旗帜下时，便牢记为中国人民谋幸福、为中华民族谋复兴的初心使命，在救国、兴国、强国的征程中舍生忘死、前赴后继，将功勋镌刻在祖国的大地上。

战争的硝烟已经散尽，岩石上的累累弹孔诉说着沧桑，山顶的丰碑见证着历史，战士的英魂守望着这片土地。走在革命战士曾经浴血奋战的土地上，抚摸着浸透了革命战士鲜血的孟良崮山岩，我深深地思考着革命战争得以最终胜利的根本原因。

习近平总书记在2013年考察山东时指出："革命胜利来之不易，主要是党和人民水乳交融，党把人民利益放在第一位，为人民谋解放，人民跟党走，无私奉献，可歌可泣啊！沂蒙精神要大力弘扬。"我相信这就是我思考的答案。

二、一心为人民谋幸福——致敬和平时期伟大担当的中国共产党人

> 鼓励一部分地区和一部分人先富起来，逐步实现全体人民共同富裕，在生产发展和社会财富增长的基础上不断满足人民日益增长的美好生活需要，促进人的全面发展。发展是我们党执政兴国的第一要务。
>
> ——《中国共产党章程》

中国共产党人是这样说的，也是这样做的。

我生在城市，长在城市，对农村的生活，特别是农村的扶贫工作，原来并没什么概念。为此一直想找个时间自己去实地体会一下。

利用周末闲暇，我乘坐高铁，来到地处秦巴山区的湖北省十堰市。十堰市郧阳区本是汉江边的贫困县区。我想象中的贫困村是土地贫瘠、房屋破旧

的，但我看到的易地扶贫搬迁集中安置点龙韵村，却是完全出乎我的想象。村民由狭小简陋的房屋，搬进了错落有致的楼房，居住环境得到了完全的改善。

图1

图注：湖北十堰——易地扶贫搬迁集中安置点龙韵村

更让我惊讶的是，村民们由原来耕种贫瘠的土地，变成了在政府开办的现代制袜技术培训中心学习制袜技术，从事家庭加工业，实现居家就业，足不出户就能工作，收入有了天地之别，生活条件得到了改善。虽然村民们住进了小区，但为了尊重村民的生活习惯，村里仍为每家每户准备了种菜的土地。

"授人以鱼不如授人以渔"，这是中国共产党人扶贫工作的大智慧。

脱贫攻坚任务艰巨复杂，为了村民们的脱贫，当地党组织、当地政府，面对艰巨的任务，开拓思路，精心策划，仔细安排，一步步带领村民们走上了共同富裕之路。

如同习近平总书记曾在考察贵州花茂村时说过："群众拥护不拥护是我们检验工作的重要标准。党中央制定的政策好不好，要看乡亲们是哭还是笑。要是笑，就说明政策好。要是有人哭，我们就要注意，需要改正的就要改正，需要完善的

图2

图注：湖北十堰——龙韵村内的"袜子工厂"

就要完善。"

看到龙韵村村民洋溢在脸上的愉悦表情，就知道他们过得不错，他们的生活已经被彻底改善了。看到他们成功脱贫致富，使我更加相信中国共产党全心全意为人民谋幸福，相信在建设社会主义新农村、乡村振兴下，农村、乡村会变得更好！

三、我是党员我先上——致敬新冠疫情中逆流而上的中国共产党人

> 在当前防控新型冠状病毒感染肺炎的严峻斗争中，各级党组织和广大党员干部必须牢记人民利益高于一切，不忘初心、牢记使命，团结带领广大人民群众坚决贯彻落实党中央决策部署，全面贯彻坚定信心、同舟共济、科学防治、精准施策的要求，让党旗在防控疫情斗争第一线高高飘扬。
>
> ——习近平总书记作出重要指示（2020年1月）

2020年，岁在庚子。新冠疫情来势汹汹，席卷全国，关键时刻，习近平总书记号召全党带领全国人民抗击疫情。危难见英雄，砥柱立中流。在新冠疫情防控斗争中，中国共产党人挺身而出、担当奉献、不畏艰险、冲锋在前、舍生忘死。

受使命感召，我本人也主动请缨争取深入抗疫第一线，立志投身于抗击疫情的实战之中。经过我不下十次的努力争取，广州市番禺区疾控中心终于同意我作为一名志愿者，参加一线抗疫工作。从录入新冠肺炎密切接触者资料、对密接人员进行告知，到外出为新冠患者密切接触者咽拭子采样、对新冠患者住所进行消杀，在共产党员的带领下，我身穿密闭防护服，奋战在防疫抗疫第一线。

让我印象最深刻的经历是作为应急先头部队的一员，在当地冷冻品市场处理冻品样品新冠可疑阳性事件，疾控中心里的党员立刻表示："我是党员，我先上！"8月的广州正值盛夏，为切断疫情输入途径，在户外身穿密不透气的防护服工作，穿上10分钟就仿佛置身在蒸笼里，然而，基本每出动一次就需要4个小时。脱下防护服后，衣裤全都湿透，防护服里层也尽是水珠。

但为扑灭疫情，党员们在所不辞。

图 3

图注：炎炎夏日下的我和疾控中心党员

2021 年，从南京到张家界，从扬州到武汉，德尔塔毒株来势汹汹，新冠病毒再次肆虐这片早已恢复生机的土地。我第一时间就向学院递交了请战书。8 月 6 日，武汉开展全民核酸检测之际，我第一时间报名志愿者，并在汉兴街道杨杈湖社区与基层党员一同在全民核酸检测点维持现场秩序，协助医护人员进行采样工作，用实际行动践行医学生誓言，为守护人民的健康默默地负重前行。

8 月 7 日，武昌区新冠肺炎疫情防控指挥部向学院请求支援，我第一时间报名了抗疫志愿服务，参与到中高风险地区返汉人员电话流调工作中。

在广州，在武汉，我多次参加防疫抗疫的志愿者工作，发现无论何时何地，共产党员都是冲在第一线、战在最前沿的，他们的信仰坚定，责任的理念强烈，这些每次都给了我很大的激励。

100 年前一叶红船从嘉兴南湖驶出，乘风破浪劈波前行，驶过了 100 年的时光，从 1921 年到 2021 年，一直为人民谋幸福，为民族谋复兴，领导全体中华儿女，跨过一道又一道沟坎，取得一个又一个辉煌胜利，为华夏大地带来了翻天覆地的变化，这一叶红船来到今天已然成为一艘巨轮。

我们所处的新时代，既是近代以来中华民族发展的最佳时代，也是实现中华民族伟大复兴的最关键时代。我们是"两个一百年"奋斗目标的参与者和见证人。我们既是有着施展才华广阔舞台的追梦者，也是实现梦想的人，肩负着时代赋予的伟大使命，要用自己的青春和奋斗，为祖国的建设贡献力量，为民族的复兴铺平道路。作为内地港生的我们更是如此，我们更应该从自己做起，从影响身边的人开始，鼓舞伙伴一同投入到实现中华民族伟大复兴的事业中来，并以实现中华民族伟大复兴为己任，把自身需求与社会需求相统一、把个人发展与社会发展相结合、把个人命运与国家命运相联系，把家国情怀落实到实际行动中，在实现中华民族伟大复兴中国梦的过程中实现个人的价值，将个人成长成才更好的融入国家的发展大局。

2021 年是党的百年华诞，党率领全体中华儿女，以磅礴之力推进红船加速向前，青年们，一起动起来吧！让我们以梦为马、以汗为泉，勇于探索、勇于突破，与人民同奋斗、与祖国共命运，不断开辟新领域、建立新功业，矢志不渝走向初心的诗和远方。

回首百年奋斗路 迈向复兴新征程

暨南大学 四海书院 市场营销 2021级 澳门 罗嘉诚

在知道自己成功保送暨南大学之后，我的脑子里像走马灯一样，将这么多年在澳门生活的一幕幕场景再次回忆。突然，母亲的一句话将我拉回了现实："好好学习，要记得报效祖国。没有祖国的繁荣昌盛，你们的生活也不会这么一帆风顺。"

这一字一句都这么的清晰，分量这么的沉重，令我忍不住陷入了思考。

是啊，在澳门出生后的这么长时间，我们安安稳稳过日子。没有战争，没有困扰民生的大问题，甚至连每天的生活都开始让我觉得平淡。但对这一切的改观，都从2019年的12月开始。

在那年那月，我们学校的大门口赫然多了许多仪器和配套设施。有测温仪，有酒精、消毒液，还有比平常更多的老师和学生会工作人员。在经过了解以及学校的告知之后，我们才知道这是为了预防传染病而进行的防御。

就这样，我们又很普通地上了一个月的学。但2020年的寒假，注定不平凡。虽然我们在澳门未受波及，但是这件事情却以十分快的速度传遍了澳门，同学、亲戚、朋友之间都在相互告知。

疫情，暴发了。

心情是纠结的，气氛是压抑的。我们在家中，看了看已经写好许久的对联，有些许失落。但有一句话刻进了我们的脑海里：如果这个春节忍不住出门，那么就可能是我们的最后一个春节。

而澳门，让我们全部人出乎意料，以绝对防御的姿态，将防疫进行到底。通过与内地的联合、沟通，澳门迅速筑起了围墙，把防疫的优先级别提到最高。众所周知的澳门经济产业、旅游及博彩业，在疫情暴发时受到严格的管控。不单单是限制了赌场，许多人流汇聚的场所都久久未能开业。出入境也变得十分严格，各种证件和核酸检测证明缺一不可。因为澳门深谙，在人口密度如此之高的地区，一旦暴发疫情，后果不堪设想。而且，在这样狭小的、工业十分不发达的澳门，医护用品的供货一旦断链，后果是十分严重的。

就是在这样的艰难开局中，澳门特区政府通过中央政府的帮助，一步一步将疫情的攻势瓦解。口罩、疫苗、一线战斗的医护人员，除了澳门本地的勇士们，还有许多从内地来的白衣天使，为我们的日后的生活，增添了一丝希望。

那段时间我们对 COVID-19 有了更加深刻的认识。铺天盖地的宣传，还有学校内数不胜数的网上讲座，让我们对疫情防控有了更深入的认识。霎时间，口罩仿佛焊在了我们脸上一般。澳门健康码虽然被我们笑称澳门人证明自己身份的证明，但这恰恰证明了澳门，甚至全中国对防疫的决心，让我无时无刻不为自己中国人的身份而自豪。

没错，我们这代人的生活也许没有经过太多风浪。但是当有意外发生的时候，中国和中国人民，总是会以中国速度，极快地拧成一股绳，面对一切艰难险阻，为中国和人民的未来奋斗。回首中国百年的奋斗路，就是因为有了前人的奋斗，才能有现在强大和繁荣的中国，想到这里，我才知道，这么多年来的这一切，一点都不"平淡"。

我想，这也许就是民族自豪感吧。

做澳门人，做中国人，真的很幸福。我永远爱中国。

墨河，永远奔流不息

南昌大学　新闻与传播学院　广播电视学　2020级　香港　王冉泽

"征途未有穷期，奋斗照亮未来。"

走在故宫的雕梁画栋间，放眼望去，朱红色的高墙，红砖绿瓦，在烈日下骄傲地闪烁着历史的光辉，在晨曦中映照出光芒，那是一种民族的记忆，在中华儿女的血液中流淌着。尽管岁月早已磨平古城城墙的棱角，但当我踏过每一块凹凸不平的石路，亲手抚过每一块斑驳的石板时，我内心仍会为这座城的隐忍沉默而动容。

在百态纷呈的时代中，你我自强不息、拼搏向前，方使悠悠笔墨，贯穿古今百年。

百年奋斗，历史的尘烟无法掩盖岁月的风雨。历史长河中，先烈战士们流淌过多少鲜血，更有无数的青年学子、文人学士满怀热血泼墨成文，其气息就如同墨香，柔柔萦绕，缓缓扩散。洒满鲜血的道路上，一个个脚印印载出多少人民的沧桑艰苦，他们不甘浑噩地在黑暗中不断探索，经历了多少激烈的战争，性命更是无数次陷入生死存亡之际。正是由于我们无数的先烈战士前仆后继、奋不顾身地奉献，方才赢得我们民族、我们国家的解放。

翻开新中国的史册，在党的领导之下，人民的生活得以发生翻天覆地的变化。党谱写了最为光辉的华章，开创了宏图伟业，积极推动了经济的发展，促进了社会的和谐共进。正值中国共产党成立一百周年，一百年的风雨砥砺，一百年的沧海桑田，一百年的进程中，始终是党带领着人民跨过一道又一道的沟坎。一整个世纪的风雨历程，党从腥风血雨中向我们走来，我们也定当以坚定的步伐向党走去。

如今站在新征途的路口，中国已然以和平的新姿态在世界立足。是时候去内观中华文化。回望历史，是为了更好地去迎接新的挑战。中华民族的文化认同感及民族自信，必然源自文化本身。我们不仅仅要承担起守护文化的重任、向世人传递中国近百年的精神之美，更需肩负起未来。

在新征程的路上，我们在朝着梦想前进，满目都是中国未来最好的蓝图，心中是对祖国最真心实意的美好祝愿。愿无数青年学子以梦想为驱，奋斗为笔，将个人足迹化为墨，在时代的恢宏书卷上，每位时代征召者都能书写出他们的故事。那是我们时代的模样，更是新征程的未来模样。

在华夏的篇章中，都是中国字，都是一家人。胸怀千秋伟业，恰是百年风华，恰好你我正值少年。港澳台青年们不仅仅怀揣爱国思想，也具备纵观全球视野的长远目光。我们应从各文明体系中吸收养分，提高青年群体的综合竞争力，以正确的价值观念，塑造自身的人格，立为国家奉献之志，并把自身的成长特长，融入祖国及人民的伟大复兴事业之中。我们将会是港澳台与内地（大陆）的纽带和桥梁，初心不变，心怀对党对国的承诺与信念，困境中也履行责任与担当。

历史的兴亡荣辱，都似永恒的文字。

愿以青春之笔勾画出青春之年轮，用奋斗来书写华章，以点滴汇成墨河。

墨河，是中华民族文化沉积与历史底蕴。

墨河，永远奔流不息。

以梦为马，久久为功

深圳大学　管理学院　工商管理　2020级　香港　林英凡

泱泱大国，历经炮火屹立不倒；东方巨龙，几经浮沉腾飞在天。在中国苏醒过后，黎明已经来临。新时代的曙光散布，灿烂着八百里山川河岳，亦灿烂着当今世界。

生于新时代，长于新时代，吾辈青年应坚定地承担起新时代的重任，"弄潮儿向涛头立，手把红旗旗不湿"。我们，新时代的年轻人，应勇为时代弄潮儿，尽献吾辈风华。

研读历史可知古鉴今。回望中华民族历史的不同时代，青年霍去病封狼居胥，为国抗敌；青年杜甫"会当凌绝顶，一览众山小"，胸怀远大抱负……不同时代的青年理想各异，但殊途同归，其最终皆是为了国家，为了时代的发展。

明月高悬通古今。回首百年前的华夏大地，五四风雷激荡，风雨如磐，哀鸿遍野。而于那时，一群有志青年挺起脊梁，企图救亡图存。远洋谈判桌上掷地有声的炸裂，是顾维钧不惧强权，不辱使命，舌战巴黎，力争国权；天安门城楼下"外争主权，内除国贼"的呼喊，点燃华夏风雨如晦的暗夜，引领青年走向光明……

时间沾染了呼吸便成了历史。时间飞逝，在历史上的各个时代，从"愿得此身长报国，何须生入玉门关"到"驱除鞑虏，恢复中华"的口号，再到"建设社会主义现代化强国，实现中华民族伟大复兴"的号召，中华儿女于血肉模糊中不忘民族的梦，于时代进步中坚守中国的梦。这是中华民族的梦想精神，亦是我们的中国精神。

中国精神支撑着我们在追梦路和强国路上步伐铿锵。中国精神为何？是"天行健，君子以自强不息"的坚忍与奋斗；是"计利当计天下利，求名应求万世名"般不为私利为大利，献身国家的远大抱负；是"忠于理想"的梦想

315

精神。的确，无论是个人理想还是中国梦，小家或是大家，当代社会最需要这般中国精神。

如同百年前的青年志士一般，我的信念一以贯之、坚定不移——惟有将个人奋斗汇入国家发展的源泉中，才可使国家发展底盘运转生生不息。

"以青春之我，创建青春之家庭，青春之国家，青春之民族"，这是我们华夏青年人义不容辞的使命。与此同时，无数青年人心怀责任，敢于担当，为祖国复兴添砖加瓦。"天眼之父"南仁东不辞辛劳，走遍贵州上百窝凼，夙兴夜寐，使得"天眼"昭昭、烛照碧落；顾秋亮不顾私企诱惑，潜练技术，达两丝标准，只为茫茫海疆，蛟龙腾跃……无数可感的榜样作为时代栋梁，光耀千秋，激励后世。

"无穷的远方，无数的人们，都与我有关。"鲁迅掷地有声的话语仍震颤着金戈之音。诚然，中国精神必有献身社会，报国为民的内涵。高伯龙、王淑芬等研究人员无不以计天下利为准则，他们担起社会责任，让中国富强，是他们的有求于大道让他们德音留一方，功业垂青史。一辈子隐姓埋名，"放弃相对轻松的安排"是他们舍小家为大家的勇气。不仅他们，追逐中国梦的路上，无数人身体力行，继承中国精神。从"宁可少活二十年，也要拿下大庆油田"的王进喜到"为小岗村，哪怕牺牲性命"的沈浩，从"不带私心搞革命，一心一意为人民"的谷文昌到放弃300倍薪酬回到中国的天眼之父南仁东……是他们在社会需要时担起重任，踽踽前行，而如今将是我们。我们将走向社会，接替他们，在追求自己的理想之时，追求我们大家的中国梦。

"青年如初春，如朝日，如百卉之萌动，如利刃之新发于硎。"不同的时代赋予了我们青年人不同的责任与使命。回望2018年，脱贫攻坚取得重大进展；港珠澳大桥斩获六项世界之最，成为世界的中国名片；改革开放四十周年取得辉煌成就……中国国际地位的提升离不开青年一辈奋力拼搏。但在这波谲云诡的社会中，亦有部分青年人以利益的逻辑构建成长的轨道，精致利己、热衷实惠、老于世故、侈谈奉献，物质的城堡遍地开花，精神的土壤却贫瘠板结。

因此，我们更应弘扬正气，树立标杆，探寻光亮，成为时代的炬火，引领中国开拓无限未来。"人既发扬踔厉矣，则邦国亦以兴起。"萤烛亦希日月之光。吾辈青年的足印记录着华夏复兴之路，我们应把握现在，成就梦想，共绘复兴蓝图。

　　"言论的花儿，开得愈大，行为的果子，结得愈小。"因此，在心中承载使命与担当后，更重要的是我们所付出的行动。"少年辛苦终身事，莫向光阴惰寸功。"我们当代青年，在新时代浪潮的携卷下，更要脚踏实地，踏实学习，以更加积极的心态、更加开放的胸怀融入新时代。"梅须逊雪三分白，雪却输梅一段香。"我们在融入新时代的过程中，更需谨记人无完人，在完善自身的同时推动时代发展，在时代发展的同时不断丰富自身，此二者相辅相成。我们，承载着使命，不断前行。

　　中国精神铸就中国梦，中国梦引领时代的车轮滚滚向前。身处当下的每一个追梦人，请你保持内心的坚定与无畏，向更好的明天奔去吧！

　　百年兴涛，七十年逐浪，峥嵘岁月，当为中流砥柱。

凝聚青春力量，赓续红色血脉

武汉大学　经济与管理学院　财务管理　2021级　香港　丁合怡

今年过年时，与挚友夜骑11公里到深圳红树林，从深圳湾眺望那头的香港。由于疫情不通关，已经好久没有回去了。与挚友在空气中沉默住，轻松地叹了口气，我们仿佛默契地在庆幸香港的伤痕慢慢好起来了。望着从梧桐山顶蜿蜒流下的深圳河自东向西汇入深圳湾，俯览盛景，绚丽多姿。一河之隔，深港两地，日新月异。"前几天录取通知书下来了，再过些日子，我就要回香港读研了。"毕业节奏比预想得快，转眼，我正在港大的图书馆里，坐在临窗的位置打下这段文字。窗外山下的薄扶林道挂满了国旗，标语写着"热烈祝贺中华人民共和国72周年华诞"。是的，我可以很确信地说，这座城市在慢慢地好起来了。国庆的气息渐浓，此情此景，又难免想念那几个屹立在武大鉴湖前的大字——"珞珈山下一段青春，强国路上一生奋斗"。四年青春，朝霞夕晖的东湖水、层林尽染的珞珈山，是啊，如果樱花常开，青春常在，那么这一切就不会如此动人情怀——这明媚的风景，这创新与创造的氛围，这些不可言传的浪漫，我统统都带不走。只是，我知道，很多东西植根在我身体里。

想借此文，纪念那些年走过的路；想借此文，用我的视角讲讲如今的香港；想借此文，凝聚青春力量，发时代声音。

行走中华，逐梦珞珈

你可记得南湖的红船，你可记得遵义的霞光，你可记得窑洞的风寒，你可记得西柏坡的烽烟，苦苦追求，披肝沥胆，旗帜更鲜艳。

南方长大的我坐着一路向北的列车，好奇地看着车窗外朦胧的景色，对植物比较熟悉的我隐约辨认出有千头椿、毛白杨、银杏、白蜡树、国槐、栾树。抵达石家庄时天空泛黄，同行的港澳台同学们惊呼地上有少量积雪，大概你能想象从未见过雪的孩子们是多么欣喜——这是我脑海里大学国情考察的最初画面，四年下来我们走了大大小小二十多座城市，每一帧于我而言都深刻无比。

革命声传画舫中，诞生共产党庆工农

那年冬天特别冷，结束期末考试的我们到了中国共产党的诞生地——嘉兴南湖红船，瞻仰革命圣地，追寻红色记忆。时间仿佛跟着湖面淅淅沥沥的冷雨翻滚回1921年7月30日晚，南湖与往常一样，画舫、唱曲船、丝网船、挡板船、公渡船，三三两两……但这艘普通的红船内，中国共产党第一次全国代表大会正在举行，庄严宣告了中国共产党的诞生。眼前这艘红船，承载着中国共产党人开天辟地、敢为人先的首创精神，坚定理想、百折不挠的奋斗精神，以及立党为公、忠诚为民的奉献精神。

当我们步行抵达南湖革命纪念馆，映入眼帘的是"勿忘初心，牢记使命，坚持奋斗"烙印在石碑上的12个烫金大字，在一册册书籍中，《共产党宣言》无声而有力地诉说着那段战火纷飞的峥嵘岁月，让我热血沸腾、深深敬佩！

走访延安革命旧址，领略革命精神

文学家贺敬之曾讴歌，"几回回梦里回延安，双手搂定宝塔山。"宝塔山位于延安城东地，延河之滨，登上塔顶，全城风貌尽收眼底，它是历史名城延安的标志，是延安精神的象征。"巍巍宝塔山，滚滚延河水"，延安岁月的场景历历在目。我们在大一那个暑假攀爬宝塔山，眺望延安城，前往枣园革命旧址，听讲解员讲述红军抗日战争的艰苦故事、感悟中华民族不屈不挠的顽强精神。

西柏坡，新中国从这里走来。

西柏坡村前临碧波荡漾的滹沱河，背依绵延起伏的太行山，松柏满坡，山遒劲，树苍郁。西柏坡虽然地理位置比较偏僻，但这个小山村却见证了人民当家作主的中华人民共和国的诞生。从瑞金到遵义，从遵义又到了延安，八角楼里的灯光与浓重的湘潭口音，一起渡过了黄河，让巍巍太行定格在了中国革命史的浮雕上。解放战争后期，西柏坡村是决定中国命运的辽沈、淮海、平津三大战役的总指挥中心，筹备建立新中国的中共七届二中全会的召开地。在这里，中国共产党人带领着亿万向往光明的人民群众，筚路蓝缕地艰苦创业，在清贫和简陋中开辟了一个历史新纪元，实现了民族解放的豪情和梦想。

我似乎看到了毛主席来到磨盘旁，推着一盘智慧之磨，碾碎了骑在人民头上的三座大山；我似乎看到刘少奇伏案审阅《中国土地法大纲》；我似乎看到院子里那一棵棵梨树，迎着春天，开出了千万朵梨花。茅草屋、泥巴墙、土坯炕……在这个满面朴实的小院里，随便摸一摸什么地方，我都能感觉到他们的体温。

在午饭吃的玉米窝囊头里，我们读懂了"忆苦思甜"，读懂了党的十九大背后的"西柏坡精神"，读懂了两个"务必"，读懂了"赶考"的佳话，读懂了"中国从这里走来"。忆苦思甜不是为了忆苦，更不是为了思甜，它的最终目的在于铭记历史，不忘初心，砥砺前行。我深知西柏坡精神作为革命前辈们在艰苦卓绝的革命斗争中培育起来的革命精神和优良传统，对于我们坚定信念、鼓舞斗志、努力学习具有重大的现实意义，是我们在前进道路上战胜各种困难和风险，不断夺取新胜利、奋力实现中国梦的强大精神力量。眺望西柏坡的一顷碧波，我不断思考，是因为感动。

改革从兹起狂澜，小岗精神应常在

那是这一襟起于匮乏年代青萍之末的风，成于动荡时势微澜之间的浪，最终成风起云涌、浪奔涛啸之势，历经 40 年冲刷，形塑了我们如今所处的时代截面。为了一探究竟，我们来到了小岗村，"当年农家"以保存完好的农家院落为载体，通过生产、生活用具等实物展示；关友江同志在凉亭里给我们讲述当年按红手印"大包干"故事的场景历历在目，"你们都是优秀的大学生，希望你们做事情、做学问都实事求是，对国家建设有所贡献。"老人家这般质朴本真的精神光辉让我动容，也鼓舞着我求实求学。

四年的实践学习让我眼神更加坚定，脚步更加踏实，感恩这个最好的时代。见微可知著，见端能知末。虽然时间给了我们答案，但我们仍需要在历史之树的粗壮躯干上，截取几圈年轮，找寻微处的纹路，进而窥探从前的风云。

习近平总书记说，江山就是人民，人民就是江山。人民事实上是一个极其复杂的社会政治概念，我党在这一百年的筚路蓝缕中，对人民这一身份的不断新构建，让人民可以获得自身的物质世界，可以安放自身的精神世界，从而展望未来，更深刻地理解"自己是谁、在社会生产中贡献了什么又获得了什么"这一永恒的本质命题。

向阳而生，又何惧长夜？即便是挡住了太阳，也无法挡住先进思想的光芒，总有人从风雨中踏着泥泞而来，带着曙光，沾满希望。余光中先生有言，"下次你路过，人间已无我，但我的国家，依然是五岳向上，一切河流滚滚向东，民族意志永远向前，向着热腾腾的太阳。"其实，我们是见过先生们的，在昏昏欲睡的课堂上，在熬夜备考的黑夜里，在和风细雨的春日里，在过去，在现在，在未来……我们身上流淌着红色血脉。

东方之珠，灯火闪亮

回香港两个月，每天忙碌于快节奏的新学习的同时，也在认真地感受生活。还是想感慨，这座我心爱的城市真的在慢慢好起来。上次在香港长时间的停留还是在 2019 年的暑假，那时正值香港"修例风波"，每天出门前都无法预计今天是否会遇到交通阻塞，那段时间黑色衣服被我塞进了衣柜最深处。这座昔日有活力的城市，生病了。那种心痛与难过，大概每一个爱国爱港的人至今仍不愿再触碰，至今仍无法平静地去回忆。

祖国母亲再一次包容了任性的孩子，出台国安法犹如定海神针，彻底平定了 2019 年至 2020 年间长达一年多的动荡，维护香港整体利益和市民根本福祉。香港经济的复苏、社会发展的信心，显而易见，这变化是"价值观的正本清源"。

如今，香港街头，许多巴士及电车车身喷有"贺建党百年，庆香港回归"的标语；有关国家安全教育的课程和活动受到学校、家长的欢迎，帮助学生从小明白国家对个人的意义；将国旗国徽纳入中小学教育，学校每周须举行升国旗仪式；香港警方面向大众开通的"国安处举报热线"，2020 年 11 月开通至今，收到超过 10 万条讯息，越来越多的市民身体力行维护国家安全；街上的黑暴标语早已不见踪影；人们可以大胆地表达自己的爱国立场……正因为对"黑暴"有切肤之痛，今时今日的港人更深刻体会"安"之重要！

我喜欢静静地隐藏在拥挤的地铁与如潮的人流中，或是听香港师奶们的八卦，或是听妈妈劝女儿跟她去做义工，或是看互相让座的人谁会让"输"了去坐那个位置，或是看眉目间都透着精明化着精致妆容的白领行色匆匆地穿梭在暮色中，或是品味傍晚街市"买一送一"活动的烟火气……这一切都让我重新爱上这座城市的活色生香，每个人勤勤勉勉，安居乐业，它恢复了它该有的模样。当然，我深知有些观念不可能一下改变，有些伤痕不可能立马痊愈，但我坚信"修例风波"只是香江历史上一个小插曲，依靠祖国这个坚强的大靠山，挫折与磨难会有，但香港会继续行稳致远。

长洲岛绚烂、喷薄的海上日出，维多利亚港摇曳生姿的日落，坚尼地城的海风吹拂，港大远眺的雨后云色……东方之珠还是那么迷人可爱。

请党放心，强国有我

一百年前，一群新青年高举马克思主义思想火炬，在风雨如晦的中国苦苦探寻民族复兴的前途。一百年来，在中国共产党的旗帜下，一代代中国青年把青春奋斗融入党和人民事业，成为实现中华民族伟大复兴的先锋力量。

近日，中共中央、国务院印发《全面深化前海深港现代服务业合作区改革开放方案》，开发建设前海深港现代服务业合作区，是支持香港经济社会发展、提升粤港澳合作水平、构建对外开放新格局的重要举措，对推进粤港澳大湾区建设、支持深圳建设中国特色社会主义先行示范区、增强香港同胞对祖国的向心力具有重要意义。我深知我不能只做受益者，我更应该做奉献者，应该更自信地、更有担当地发挥自己所长，响应国家未来发展建设的所需，生逢盛世当不负盛世！

我切实珍惜这两次与"百年奋斗目标"相遇同行的人生机遇，一代人有一代人的担当，一代人有一代人的使命，却始终初心未变。作为新时代爱国爱港青年、新时代湾区青年，维护国家主权、安全、发展利益和香港长期繁荣稳定是我最热切的期盼，是我努力奋斗的方向，望凭着担当和真诚推动香港更好融入国家发展大局！

恰是百年风华，奋斗正当其时。凝聚青春力量，赓续红色血脉。

不忘初心，不负韶华

中国传媒大学　新闻学院　传播学（媒体市场调查与分析方向）
2021 级　香港　李诗卓

2021 年，是中国共产党成立 100 周年。"百年征程波澜壮阔，百年初心历久弥坚"，回首过去，中国共产党引领人民，创造了一个世纪的传奇；"以梦为马，不负韶华"，展望未来，身为祖国栋梁的我们应思考如何挑起民族复兴的重担，完成我们的使命。

忆往昔峥嵘岁月，不忘初心方得始终。展开百年画卷，我们看到的，是共产党人的觉醒。在对中国未来一筹莫展之时，是共产党人抓住十月革命带来的机遇，确立以马克思主义为指导思想，让嘉兴红船扬帆远航。展开百年画卷，我们看到的，是共产党人"星星之火，可以燎原"的信念。尽管重重阻碍，共产党人还是扎根人民，建立起一个又一个革命根据地；尽管面对敌人层层围攻，共产党人和工农红军还是在长征路上点起照亮夜路的火炬。展开百年画卷，我们看到的，是共产党人的家国情怀。在九一八事变的号角吹响之后，共产党人放下过往恩怨，自愿收编在国民党军队之下，只为联合一切有生力量对付日军和外敌，守住家国河山。展开百年画卷，我们看到的是共产党人不忘初心的责任。面对数量庞大的国民党军队，共产党人绝不低头，只为换来人民的解放和和平。经历了四年艰苦的决战，中国共产党终于带领中国人民推翻三座大山，建立了属于自己的国家！"中国人民从此站起来了！"至此，中国人民翻开了新的篇章，因为从此书写的，是不再带有他国烙印和被人践踏的历史，是属于中华人民共和国的历史。从初创时期确立社会主义制度到"一五"计划与"两弹一星"，共产党人在马克思主义中国化和社会主义的探索中迈出了坚实的一步。从改革开放到启航复兴巨轮，共产党人带领国家和人民，实现了世界第二大经济体、脱贫攻坚胜利、全面建成小康社会等成就，尤其是在去年肆虐全球的新冠疫情中，更让人民确信，选择中国共产党，选择社会主义是一条正确的道路。

回望过去，不忘初心，难以想象这仅仅是 100 年所能完成的成就，这让我每每回想起都热泪盈眶的历史，是共产党人一步步走来的真实写照。展望未来，不负韶华，这是一个崭新的时代，是一个充满挑战和希望的时代。这让我陷入了深深的思考，我们的未来到底是什么样的，我们又应该怎么做呢？

随着 20 世纪末以来科技的快速发展，人与人之间的距离在不断缩短。就像曾经我与香港的家人通话时只能拨打长长的转接号码，还只闻其声不见其人，现在我们可以通过微信、视频电话、微博等多个渠道了解到他们的动态，建立便利的联系；就如过去我们想要外国特色的物品就只能到当地去买，而现在可以足不出户就购买到；就如 2020 年暴发的全球新冠疫情，不再是一个国家防控到位，全球的疫情情况就会随之缓解。这实际反映了一个问题，世界正逐渐成为一个主体，我们不再是以分散的种族、分散的国家、分散的个体存在着。"牵一发而动全身"在人类命运共同体的趋势下愈发明显。这要求我们有足够的大局意识和"天下兴亡匹夫有责"的担当，从国家出发，我们应该洞悉世界的局势，掌握世界的动态，努力壮大自身的实力，充实自身的本领；我们应该关心弱国和弱势群体，及时给予帮助，坚持共同富裕的原则，共同发展和进步；我们应该关注地球的生态，不让地球过分透支，给予人类当下和未来一个美好的家园。从港澳的发展来看，我们身为青年一代，应该致力于港澳与内地的融合，努力平衡港澳和内地的和谐发展，听取本地居民最切实的要求，遵循"一国两制"、港人治港、澳人治澳的原则，努力让港澳利用自身优势继续成为祖国对外交流的窗口；我们应该放眼世界，抓住祖国当前的发展机遇，重新思考我们发展的方向，例如国际化的、开放的、安全的交流平台，中国制造的宣传地，国际数码数据的中转所，具有国际影响力的中国之声等。在时代的浪潮中，没有常胜将军，只有不断思考，不断尝试，不断前进，这才是发展的根本动力。这也是我作为青年所希望自己成为的样子。

我想，我们的未来应该是科技和创新的未来，如今 AI 技术、5G、互联网的快速变革，这些不断创新和不断更迭的技术都警示我们，未来是需要青年一代创新和不断前行的时代，我们必须不断激活自己的知识储备，夯实知识基础，充满对世界的洞察力和捕捉力，以时刻启动开启新世界的密码。

最后从我自身出发，我所在的中国传媒大学和我学习的专业都是我梦想的专业和职业方向，我也希望自己可以利用自身的学识，奉献于国家的传媒事业，成为为国家发声的人。

"百年辉煌，皆为序章"，未来是属于青年的。不忘初心，我们要为民族复兴贡献自己的力量；不负韶华，我们要将青春的热血，奉献给祖国这片我们热爱的土地。

疫情之后的祖国旅行

华东师范大学　心理与认知科学学院　应用心理　2021级　台湾　康景翔

新冠疫情改变了许多人的生命轨迹，平添了各种原本不存在的阻碍。正是在这种艰难时刻，个人的力量微小黯淡，为人民服务的国家则真正展现出和煦的光辉。

我在今年3月从台湾来到上海，刚下飞机，旋即在浦东机场层层防护的工作人员的指引之下做了核酸检测。我在深夜细雨中来到酒店，开始进行为期14天的隔离。

穿着防护服的工作人员说："隔离结束前还要再做一次核酸，如果检测阴性才可以离开。"我点头表示同意。

"这次核酸需要自费80块钱……"她不忘补充说明，"这80块钱不是我们收的，费用是给检验机构的，结果会附报告给你。"

我说："没事，我完全明白。"我能理解，工作人员是怕我误会，毕竟对于部分民众来说80块钱也是一笔负担，然而她不知道的是，今年我辞去台湾原有的工作来到祖国大陆，登机前必须提供72小时内的核酸证明，所以我在台湾的医院也做过核酸检测，检测费用是多少呢？

换算成人民币1630元——是的，超过20倍的费用。

台湾医院的检验成本这么高吗？

没有这么高，完全是趁着疫情，坐地起价，而且是全省联合起价。

1630元对台湾民众来说是小钱吗？

并不是小钱，所以绝大部分人舍不得花这个钱，愿意自费检测的民众很少。即使愿意花钱，也不是想做就能做，还得有列举事由，例如我是来祖国大陆参加研究生考试，我必须向医院附上准考证复印本才行。

基于上述这些人为制造的障碍，台湾的核酸检测率一向很低。

那么，核酸检测率低，该怎么落实防疫呢？

事实上，并没有办法。

几个月前，台湾的疫情暴发，每天都是几百例的确诊、几十例的死亡，一切终于掩盖不住。身为普通老百姓，该如何阻止不幸降临到自己或家人身上呢？其实没有什么手段。大部分人没有办法支付高昂的代价离开台湾，一切只能听天由命。

研究生考试结束后，我主要在祖国西部旅行。

我在成都理发，理发店老板一听到我的口音，便问我是哪里人，我说是台湾人，老板立刻展现自豪的口吻："依你看，我们祖国的防疫怎么样？做得不错吧？"

祖国的防疫成绩不仅是老板的自豪，也是我的自豪："相当不错！"

老板接着说："可是疫情刚开始那阵子，真的是苦唷！生意全没了……就是因为那时候管得紧，严防严控，现在才有全面开放的本钱，你看！国内想去哪里就去哪里，我们才能继续做生意。"

我相当同意，疫情管制的目的并不是限制自由，而是忍耐才能创造真正的自由。

我到剑门关，刚下高铁上了网约车，师傅问我向平台支付了多少钱？我展示手机给他看，他略微失望地说："这么少？行吧！"

他原本是想让我取消订单，直接打钱给他的，可是我用了一张优惠券，实际上支付得更少。当时下着雨，路程也不算短，师傅说这趟实在不划算，但既然平台有补贴，也不能让我亏钱。

然而，知道我来自台湾之后，师傅的失望之情立刻消散，转而兴奋地介绍自己的家乡给我认识。"你看，这就是剑门绝壁，历朝历代从来没被正面攻陷过。"开在山路上，树林中偶然可见几座土房子，他又指着一片新式小区，说："这里以前都是刚刚你看到的那种土房子，现在都拆掉了！这些都是政府盖的。"

我接着他的话："政府盖的房子，然后卖给民众居住吗？"他说："不是！就是政府盖的。"

我不太理解这是什么概念，师傅努力解释："我们这地方当时没有什么产业，连旅游业也没有，卖给我们，我们也买不起。"他回忆起以前住的土房子，那是各种不方便，遭遇泥石流的话还不安全："所以，政府就盖了这一片小区，直接给民众住，不是卖的！"

"啊？这么一大片全都是？"

我看着这整个地方，开发需要耗费多少资本，我还是有概念的，国家愿意制定这样的政策去照顾基层人民生活，这是让我最为印象深刻的。

师傅承认，新冠疫情还是对旅游业造成了重大打击，最后他感叹地说："我们还是很感谢党和国家……因为日子是真的比以前好多了！"

后来，我到新疆玩。

在新疆严格的防疫政策下，我在七天之内做了四次核酸，当然，全部都是免费的。

由于我拿的是台胞证，到哪里都必须手动登记，坦白说有点麻烦，可是负责检查登记的工作人员，态度都是非常好的。

"你是台湾来的？新疆欢迎你！"记忆犹新的是一位维族脸孔的警察大叔，他说完欢迎词，随即向我告知一大堆因为防疫需要所以我必须配合填写的资料。

看到我沉默着点头配合，警察大叔担心我有不满情绪，还特地补了一句："但是，新疆真的欢迎你！"

我笑了。

他也眯着眼睛笑了。

接下来，我走到云南，打算趁着开学前在丽江住一阵子。之前一直在各地走动，没机会打疫苗，现在刚好可以安排上。我向丽江市古城区台办登记，有一位办事员联系我。

这位办事员留着寸头，乍看之下有点凶狠，但是一开口声音却很温柔。

当天排队打疫苗的人不少，他全程陪着我跑流程，顺利完成第一剂疫苗接种。

由于决定提前返回上海，第二剂疫苗我向上海市的社区卫生中心预约，当时担心系统里查不到我在云南省打第一剂疫苗的资料，我还向工作人员解释了许久。

轮到我的时候，护士看了系统，直接说："丽江市古城区打的第一剂疫苗，北京生物对吧？"

我很兴奋："对！有查到吧？"护士从桌上取了同款疫苗，轻描淡写地说：

"当然。"

感谢全国互联的系统，让我便捷地享受到祖国疫苗政策的保护。

最后顺利返校，进入华东师范大学，新生训练结束后也要统一在校内做一次核酸检测。可是，检测当天，台胞证号却始终无法在健康云小程序上顺利登记，每次排队到我，我都只能摸摸鼻子让给后面的同学，自己重新排队。

试了几次之后都没办法，我最后对工作人员说："我是台胞证，不知道为什么，我一直登记不成功……"

"哦！台湾的，没事！你过去跟我们同事讲一下！"

"啊？"

"你直接过去，我们帮你手动登记就行了！"工作人员放行，并指了前面的柜台。我到那里，他们看了我的证件，随即输入、贴标签、取棉签、采样——这也是我近期做的最后一次核酸检测。

后来课业开始繁忙，偶尔我会发现一通未接来电，显示是"丽江市古城区"打来的。

"啊！可能是通知我去打第二剂疫苗。"我这样想着，但反正我已经在上海打了第二剂，况且我是因为上课没接到电话，也就没再理会。

直到有一天，我在宿舍，这个号码又打过来，我接了起来。

"你好！我们是丽江市古城区台办，还记得吗？"果然是那位留着寸头的办事员。

"记得记得！后来我回到上海，已经打了第二剂疫苗，抱歉没通知你们……"

"哦！已经打了疫苗，那不错，开学啦？"办事员的声音还是那么温柔，他爽朗地说："本来还想着最近中秋节，台办举办活动，想邀请你一起参加的……那这样下次有机会回到丽江，欢迎来坐坐！"

"好的！"

为了求学，疫情之后来到祖国大陆，看到各地都动员了许多人力物力来支持防疫工作，许多民众也确实受到疫情的冲击，但是整体而言，人民对于政府的表现是更有信心了，而且越是深入基层，民众就越大方表达对党和政府的支持。

我想，这还是说明了，人民的眼睛是雪亮的。

　　个人的能力越是渺小，越需要集体组织做出正确的决策，这些决策可能会造成一时的不便利，但是长远来看，那都是实实在在能让每一个人感受到福祉的。

　　那才是真正勇于服务的精神、那才是自由之光。

回首百年奋斗路　迈向复兴新征程

华侨大学　工商管理学院　工商管理　2021级　香港　宋彦诺

2021年是中国共产党成立一百周年，一百年来中国共产党团结带领中国人民进行的一切奋斗、一切牺牲、一切创造，归结起来就是一个主题"实现中华民族伟大复兴"。一百年的沧海桑田，一百年的辗转前行，一百年的光辉历程见证着中国共产党带领中华人民的艰苦奋斗，见证着中华民族屹立于世界的不朽篇章。百年前的中华民族历史悠久，百年后的华夏大地再创新篇，新时代的华夏儿女接力奋斗、追求富强。追溯历史，立足当下坚守初心，不忘使命——实现中华民族伟大复兴。

曾记否？在中国的南方浙江嘉兴南湖，年轻的中国共产党党员用满腔热血在红船上向世界发出有力回响。由此留下了值得华夏儿女一代又一代传承的"红船精神"。自从有了中国共产党，中国革命的面貌焕然一新。中国共产党使历经磨难的中国人民的心由松散凝聚起来整装待发，向实现伟大复兴中国梦继续前行。南昌起义打响了武装反抗国民党反动派的第一枪，开创井冈山革命根据地，开始了农村包围城市道路的伟大探索。进入全面抗战时期，中国共产党在抗战中发挥着中流砥柱的作用，有力打击了日本侵略者。1949年10月1日，毛泽东在天安门城楼上宣告中华人民共和国中央人民政府成立，中国人民成为国家的主人从此站起来了，东方巨龙至此苏醒。

时代变迁——中华民族谱华章

"长风破浪会有时，直挂云帆济沧海。"百年来中华民族的奋斗历史并不是一帆风顺的，有曲折、有坎坷、有踌躇，但是中华民族的发展始终是前进的，螺旋上升的。新中国成立后，中国共产党竭力带领中华人民谋求中华民族实现大发展，探索复兴路。"1979年，那是一个春天，有一位老人在中国的南海边画了一个圈。神话般地崛起座座城，奇迹般地聚起座座金山……1992年，又是一个春天，有一位老人在中国的南海边写下诗篇，天地间荡起滚滚春潮，征途上扬起浩浩风帆……"这是改革开放代表歌曲《春天的故事》里的歌词。这首歌曲表达了对邓小平的崇敬与感激以及对改革开放事业的歌颂，充满了对伟大祖国的热爱之情。党的十一届三中全会以来，中国进入改革开放和社会主义现代化建设新时期，极大地提高了生产力发展水平，改善了人民生产和生活水平，脚踏实地、砥砺前行，努力实现共同富裕的伟大目标。党的十二届三中全会后，开启了对内改革、对外开放的新征程。以正确的思想指引为民族谋复兴，为国家谋发展，带领中华民族走向繁荣富强。

立足当下——中华儿女拼搏时

作为当代青年，为中国梦的实现奉献自己的一份力量，如鲁迅先生所言："愿中国青年……能做事的做事，能发声的发声。有一分热，发一分光，就令萤火一般，也可以在黑暗里发一点光，不必等候炬火。此后如竟没有炬火：我便是唯一的光。倘若有了炬火，出了太阳，我们自然心悦诚服的消失，不但毫无不平，而且还要随喜赞美这炬火或太阳：因为他照了人类，连我都在内。"进入21世纪，一步一个脚印，脚踏实地走到至今的新时代。我很荣幸能够成为新世纪的孩子，见证了中华民族伟大复兴的光辉历史进程，进入全面建成小康社会的新征程。"富强、民主、文明、和谐、自由、平等、公正、法治、爱国、敬业、诚信、友善"的社会主义核心价值观也生动阐释了中华民族实现社会主义现代化强国的决心。当然青年一代也不能落下，青年是民族的新鲜血液，涌动着青春的朝气与力量，"青年一代有理想、有本领、有担当，国家就有前途，民族就有希望。"

作为21世纪的新一代，我深切感受到祖国发生的巨大变迁。依然记得我孩提时候，交通十分不便利，信息技术尚不发达，市场经济不够活跃，日用物资不够充实。但是经过18年的春秋岁月，我慢慢长大，祖国也在中国共产党的领导下逐渐繁荣富强起来。近几年来和谐号、复兴号顺利出舱，中国高铁走出中国，走向世界，交通日益便捷；5G技术、AR人工智能技术、云科技皆已提上日程，信息技术不断发展；供给端日益充实，消费端愈加旺盛，市场经济蓬勃发展。经过中国共产党和中国人民不断的努力拼搏，中国的各项事业日益欣欣向荣。可谓"长风破浪会有时，直挂云帆济沧海"，自 1949年中华人民共和国成立以来，不惧风雨，艰苦奋斗，经过一代又一代人的努力，一代又一代人的接棒，一代又一代人的薪火相传，始终秉持实现中华民族伟大复兴的中国梦走到今天我们处在的这个新时代，我为我的祖国感到骄傲和自豪。

红星闪耀，佑我中华。祖国的繁荣富强在中国共产党的正确领导下，还需要每个中国人民发光、发热。青年强则国强，作为青年一代的我们有责任也有义务担当民族复兴的使命，让祖国以雄伟的姿态屹立于世界的东方！

民富国强　众安道泰

华侨大学　法学院　法学　2021级　香港　宋柱

从石库门到天安门，从兴业路到复兴路，中国共产党从嘉兴南湖一艘小小红船启航，越过激流险滩，穿过惊涛骇浪，成长为领航中国行稳致远的巍巍巨轮。这波澜壮阔的百年征程中，我们的党前赴后继，誓死如归，在中国这方热土上，为了民族的解放、国家的独立和人民的幸福，抛头颅、洒热血，谱写了一篇篇悲壮激越的历史篇章。

1921年到2021年，发生质变的这100年，百年峥嵘岁月稠，看今朝，辉煌盛世，人民安康。回首百年，兴起于暗夜的星星之火，"南陈北李"相约建党。党的一大宣告了中国共产党的正式成立。从此，中国诞生了完全新式的、以共产主义为目的、以马列主义为行动指南的、统一的工人阶级政党。

革命之路，曾记否，那些在长征路途中爬雪山、过草地的坚韧身躯；那些在井冈山浴血奋进的英勇身躯；那些誓死捍卫国家奋不顾身的背影；那些在黄沙漫天的沙漠中无所畏惧的身影；他们不仅是战士，也是英雄。在他们身上，我能感觉到一种无私的精神，看到中华民族的未来，看到中国共产党的优秀，在他们的努力下，我有幸在和平年代出生，看到了他们所期盼的盛世华夏。

回顾新中国的发展那就如同赤脚踩在布满荆棘的道路上，所幸前人从未放弃，有着坚定的信念和决心，一路披荆斩棘，拨开云雾。当今的中国正以积极的心态，以宏大的魄力描绘自己的宏伟蓝图。在建党的第一百年，我国已经是世界第二大经济体，新的时代里，亿万中国人写下了新的奋斗篇章。在改革开放后，无论文化、科技、经济都得到了质的飞跃。

当下的中国是文化之国。中华五千年文化传承未曾断流，而在如今盛世，更是百花齐放。儒家思想、中华武术、中华书法、京戏脸谱、琴棋书画等，当你走在祖国的各地，能领略到风情万种的中华传统文化，这些各种各样的文化交织在一起使得我们国人更加凝聚、团结。我们从传统文化的传承创新中汇聚新的力量，从延续民族文化血脉中不断前行，中华文化现如今正书写着动人的乐章！

当下的中国是科技之国。一条条高铁线路遍布全国，高铁开往祖国各地，展现着我们中国基建的风采。它不仅仅是交通发展的代表，更是中国的科技走向世界的表现。港珠澳大桥的全面通车，拉近了内地与港澳的距离，从计划、构图、建造、测试到最后的通车，历经多年。在这座桥上遇到了许多世界基建难关，可吃苦耐劳的中国人并没放弃，而是逐一攻破，让世界各国刮目相看。

当下的中国是经济强国。中国在努力打造"一带一路"，即借用古代丝绸之路的历史符号，开辟丝绸之路经济带和 21 世纪海上丝绸之路，借助有效的经济合作平台，发展与沿线国家的经济合作关系，互利共赢，共同发展。我们不仅致力于走向小康的征程，还援建非洲等国家。在脱贫路上取得的成功和邻国的赞扬，无一不彰显着我国在经济领域取得的显著成效。

当下的中国日新月异，百年砥砺风雨，百年沧海桑田，我们的国家在波澜壮阔的历史进程中不断壮大，习近平总书记在庆祝中国共产党成立 100 周年大会上发表了重要讲话："中国人民也绝不允许任何外来势力欺负、压迫、奴役我们，谁妄想这样干，必将在 14 亿多中国人民用血肉筑成的钢铁长城面前碰得头破血流！"我们生于红旗下，长在春风里。目光所至皆为华夏，五星闪耀皆为信仰。我们在这百年中传承红色基因，再迈红色征途；我们在这百年中承先烈之明志，续今朝之长歌。我们将携手走向第二个百年征程！

凯风自南，载好其音

南京医科大学　第一临床医学院　临床医学　2020级　澳门　黄桂汶

《诗经·邶风》中有一篇《凯风》，所谓"凯风"，就是如春风一样的和风，诗中说"凯风自南，吹彼棘心"，说那和风自南方，轻拂在苗壮成长的枣树苗上。而海风自南，孕育出澳门这南海明珠。澳门，新时代——这两个词语就这么发生了联系。似乎"忽如一夜春风来"，祖国要进入新时代，这春风也进入澳门，进入每一个澳门学子的心里。历经百年巨变，澳门，成了每个澳门人心中追寻的符号。

什么是澳门？清朝初期的学者屈大均在《广东新语》说："凡番船停泊，必以海滨之湾环者为澳……自香山城南以往二十里，一岭如莲茎，逾岭而南至澳门，则为莲叶岭……"澳门，正如这一片莲叶，悄悄绽放在中国的版图上。对于我来说，杏仁饼、妈阁古庙、大三巴牌坊是澳门的象征。而穿越历史，在迷雾中，探索出了以中国为底色的"澳门模式"。我认为，这才是澳门最独特的地方。

"凯风自南，吹彼棘薪"，几百年来，澳门用她的中华魅力，在文化的冲突与交融之下，探索出了"澳门模式"。在我看来，"澳门模式"又有冲突，又有和谐。佛郎机来了，炮火打破了澳门的宁静。清朝诗人杨应麟在澳门写道："白头野老吞声哭，一样中原有弃民。"濠江的水从此不再平静。而冲突之外，澳门人发挥"怀柔远人"的精神，力图造就和谐。"小西船到客先闻，就买胡椒闹夕曛"，澳门，为世界打开了一个观察中国的窗口，四书五经通过瞿太素的手，递到了利玛窦的手中，而后光大欧洲；澳门，也为中国与世界交流提供了一双眼睛。自意大利来的利玛窦在与瞿太素相遇后，开启了西学东渐之风。冲突与和谐间，澳门人慢慢走过历史，华人喝咖啡，外国人喝茶，大家一起过日子。

"有子七人，母氏劳苦"，在历史的乱云飞渡中，澳门渐渐脱离了祖国的怀抱。一纸《望厦条约》的签订，让澳门成了外国侵略中国的据点，后来更有疯狂推行侵略政策的总督阿玛勒在澳门倒行逆施，愤怒的澳门人揭竿而起，刺杀了这所谓的"独臂将军"。在历史的昏暗年代，澳门人始终没有忘记自己的中国底色，洋务运动中的代表人物盛宣怀移居澳门后曾写信给李鸿章，介绍初出茅庐的香山人孙中山。澳门，就是近代史风云的缩影，"一二·三事件"中，澳门人奋起抗争，奔向新中国的怀抱。澳门，要回到祖国母亲的身边。

"睍睆黄鸟，载好其音。有子七人，莫慰母心。"澳门，在百年沧桑后终于投入了母亲的怀抱，"一国两制"继续使澳门焕发着活力。"澳门模式"被赋予了新的内涵。不同的族群要强调共同利益，各方要互相吸收各方长处，最重要的是，保持澳门中国的底色。澳门基本法制定，旅游业方兴未艾，填海的征途悠悠而长。记得高中时代，我们曾经学过《古文观止》中《吕相绝秦》篇，那琅琅书声，似乎仍然在耳边回荡。现在我来到了内地，看着内地日新月异的气象，想起了家乡澳门。在澳门时，每逢庆祝澳门回归祖国，一首旋律优美的歌曲常飘入耳际，是闻一多先生的《七子之歌》，给我留下很深的印象。"你可知'MACAU'不是我真姓，我离开你太久了，母亲！但是他们掳去的是我的肉体，你依然保管我内心的灵魂。"这首动人的歌曲久久地被人传唱，唱出了澳门人的心声。澳门终于1999年12月20日回归祖国。转眼间，已经回归21年了，在回归后2002年出生的我，如今也长大成人，是澳门历经巨大变化的见证者之一。以前的澳门只有博彩业较为兴盛，但随着澳门的发展，现在还有了会展业和高新技术企业。在中央政府的支持下，还在珠海横琴岛盖了新的澳门大学校区，使得澳门的教育事业向前大大跨进了一步。来到了南京上学的我也能深深感受到，澳门在伟大的共产党和最亲爱的祖国的引领下，一步一脚印地稳健往前迈进！

"一国两制"在澳门的成功实践，为澳门发展谱写出新的辉煌篇章，为国家发展增添了夺目光彩。在新时代，澳门也将为祖国母亲的繁荣富强贡献出自己的力量。我们澳门学生，也要克勤克俭，让南海莲花久久绽放。

学习时代楷模，接力复兴重任

深圳大学　法学院　法学　2019级　香港　麦倩玲

"如果信念有颜色，那一定是中国红。" 2021年9月25日，在加拿大被拘押1028天后终于回到祖国怀抱的孟晚舟女士如是说。我曾思考，在这百年风雨征程中，我党从一艘小小红船逐步成为领航中国行稳致远的巍巍巨轮，从最初只有50多名党员的马克思主义政党，到如今为9500多万名党员的世界第一大执政党，并带领中国在短短七十多年时间里飞速发展，由积贫积弱到换了新颜；我也曾实践，想要丈量脚下大地的宽广，寻找到底是何种力量让中华民族千古传承、生生不息。

在赵一曼《滨江抒怀》的字里行间，我感受着先辈未惜头颅新故国，甘将热血沃中华的慷慨就义，在《楷模》的典型画卷中，我抚摸着前人在祖国需要的"战场"满纸赤子柔情的朴实信件，心中思虑万千，也有了百年时空变幻给这人间的答案——中国共产党给予了人民榜样的力量。中国共产党人的使命和担当让人即使身处至暗时刻，也依然能有走出黑暗的底气和勇气。而这个百年大党一经成立，就义无反顾地以实现中华民族伟大复兴为己任，胸怀中国和世界前途命运的伟大思想，在暗潮汹涌的世界海洋里，乘风破浪。

我何其幸运出生在祖国飞速发展的21世纪，无需经历旧社会的挨饿、挨冻、吃苦、受累；身处于社会主义新时代，不愁吃、不愁穿，衣食无忧。我总是感慨岁月静好，是因有人负重前进。因为信仰有力量，总有人迎难而上，挺起民族脊梁。2020年初，一场突如其来的新冠疫情暴发，这是继1918年大流感以来全球最严重的传染病。84岁高龄的钟南山院士临危受命，让民众待在家保护好自己，却在傍晚孤身一人踏上前往武汉的旅途。他说："国家需要我们去，我们必须今天去。"耄耋老年，白发出征，何其忠勇，何等悲壮！我也依然记得，在疫情形势严峻、刻不容缓之际，天地之间最响亮的声音，最让人动容的声音，便是那句激越灵魂深处的话语："让共产党员先上！"我们党中央统筹全局，举全国医护人员奔赴武汉。"白衣天使"的使命与担当在这次疫情中展现得淋漓尽致，让我们更加深刻认识了中国医生，更加深刻地理解了中国共产党。

钟南山院士是无数医者的榜样，同样是当之无愧的时代楷模。今天，历史的"接力棒"已交到年轻一代"90""00"后手中，在抗击新冠疫情的"白衣天使"中有许多"90""00"后的身影。我们重视榜样的力量，正是为了让更多人看到前进的方向，在各自的领域不断前进，将满腔热爱报以事业，以满腔热忱报之以祖国，让更多人投身于社会主义建设，早日实现中华民族伟大复兴的历史重任。

2021年的夏天，有幸参与"爱在路上·汶川志愿服务计划"这一义工活动。而这一活动是在汶川民政局、服务驻地政府、村社及各地志愿团队的支持与帮助下，开展的长者服务、儿童服务、志愿者培育和社区治理服务。

图1

图2

图3

图4

在少年关爱服务中，在孩子们一声声老师、姐姐的呼唤中，我的心如同蜜糖。这些孩子的眼睛清澈明亮，有着对世界不尽的好奇和对知识的渴求；在长者服务中，顶着 38 摄氏度高温居家走访，长者们也许因为长时间缺少沟通交流，对于志愿者们的简单问候便已眼眶湿润，不断在说："国家政策好啊，感谢国家关心，感谢共产党挂念……"在协助老年中心宣扬红色文化活动、协助"八一"党会、协助打疫苗等活动中，我更加坚定相信中国共产党的初心与使命，也正是百姓对中国共产党的信仰，才使得祖国不断前进。中国共产党对少年的关爱，正是呼吁青年一代坚守下一个百年。

众多活动中，令我印象最为深刻的是参观映秀地震遗址，讲解员姐姐是地震的幸存者之一，听着她的讲解、跟随她的脚步，我不禁潸然泪下，山河破碎、满目疮痍，仿佛置身其中。一方有难、八方支援，全党全军全国人民第一时间驰往救灾。地震发生后，成千上万名官兵闻令出征，他们与时间赛跑、他们向着危险逆行。他们为了生命付出了生命，在救援途中，许多战士摔伤、砸伤，甚至坠崖掉入岷江牺牲。他们除了将生死置之度外，把生命放到了人民的利益之外，最难能可贵的是信念，知难而上，迎难而上，披荆斩棘，无所畏惧，这种不抛弃、不放弃的执着精神，他们用行动告诉我们，"任何困难都压不倒英雄的中国人民！"

汶川大地震发生后，温家宝总理顶着狂风暴雨，冒着余震危险赶赴灾区，除了能更科学地进行组织领导工作，更是出于对人民的关怀，让百姓安心！讲解员姐姐说，当百姓见到温家宝总理时，百姓眼神的茫然、恐惧化成坚定、无畏，因为百姓坚定相信"有中国共产党，我们就有希望"这一信念。灾后，百姓问温家宝总理，我们没有了房子、没有了家人该如何是好。温家宝总理答道："没有家咱们就重建，没有家人我就是你们的家人。"是啊，我们相信中国共产党，相信千万解放军，他们用血肉之躯铸就抗震救灾精神，他们用热爱照耀废墟之下的受灾群众，他们用"中国速度"重建四川，让百姓步入生活正轨，是他们再次谱写了中华民族顽强不屈的英雄赞歌。总有一种力量让人泪流满面，这一次，还是中国共产党！

百年过去，我们党的初心未变，舍生忘死也要把人民的安危摆在第一位。每当民族危难时刻，挺身而出的总是中国共产党党员，他们正是我们中华民族伟大精神的体现。天地英雄气，千秋尚凛然！和平年代，我们也同样呼唤英雄情怀，实现我们的目标需要英雄、需要英雄精神！作为法学专业的学生，我辈也应当学习做人民的好公仆，以创新思维、先进技术接力中华民族伟大复兴的历史重任！

"百年征途谋新篇，雄心壮志启新程"，征途漫漫，前人从无到有，后来者的我们站在历史的洪流中心，吾辈当以"敢教日月换新天"的坚定信念，"不到长城非好汉"的奋斗精神，"咬定青山不放松"的顽强品质，不忘初心，砥砺前行，始终怀着热血和对祖国的热爱，立志"以青春之我，创建青春之家庭，青春之国家，青春之民族"。

此生无悔入华夏

天津大学　教育学院　教育学　2021级　台湾　赵翊婷

"咦，你是台湾人吗？口音好好听哦。"

"哇，台湾人！我之前去台湾旅游过，台湾真的超美的，风景好看，人都超级和善的！……"

我对祖国大陆，陌生又不陌生。记忆中的那天是晴天，阳光穿过层层云雾洒在我的身上，妈妈拉着我稚嫩的小手登上那个有巨型长翅膀的飞机，一个椭圆形的窗口，外面有着我从未见过的如海面一般的棉花糖，我双手和脸贴在窗上，眼睛眨巴眨巴地看着。"忽"的一下，在书上看到过的山海边缘线映入眼帘，听妈妈说，我们到了这个叫"大陆"的地方。进入城镇，长相相似的人在大街上摩肩接踵，差不多的建筑，感觉又老又旧。眼前的种种陌生让我不禁紧皱眉头，不安的我靠着妈妈的肩膀嘟囔道："我想，回家。"

想想已是好几年的事情了，我在大陆也有了一个家。在这几年之间，我见证了大陆的众多突破性发展，其中不得不提的就是高铁。在高铁的发展领域，我虽然不知道全部，但我可以以一个旁观者的角度描述近年来高铁给我以及我的生活带来的影响。2010年10月的时候，我家附近的高铁正式开通运营了，无论是去上海还是去比较远的地方，出行方式都多了一个选项，更加便利和安全，乘坐体验相较绿皮火车提升了好几个档次，生活幸福指数一下子就得到了提升。到现在，每次想到第一次去坐高铁时，

343

在路上一蹦一跳的可爱模样，都让我忍不住嘴边挂起微笑。开通高铁的那年我 8 岁了，最喜欢的就是陪妈妈逛街。街上好多样式各异的服装，不像 20 世纪的单一着装，逛街也能充满欢乐。

住在出租屋的日子迎来终点，之后搬到了温馨的家。新家的小区设施齐全，保安大叔都很敬业而且和蔼可亲。这几年，小区周边陆陆续续建成了百货商场、印象城、图书馆、博物馆等。绿化工作也没有忽略，公园是周末等闲暇时间的好去处，在那里的时光总是非常惬意。我真的能很明显感受到近几年中国的经济正在飞速发展。说到中国的经济发展，作为老百姓，体会最深刻的应该就是薪资和日常消费水平。虽然我不是上班族，不了解薪资的水平高低，但身边人都有消费上的提升，比如在闲暇时间会选择去健身房、美容院之类的。现如今中国已经如期实现了第一个百年奋斗目标，全面建成小康社会，彻底消灭了绝对贫困，农村人民的生活变得好起来，富起来，实现了人类历史上最伟大的经济革命！放眼过去，如今的生活质量有了质的飞跃，人民的脸上都洋溢着幸福的微笑，这与党的正确领导是息息相关的。而且，根据资料显示，中国已经建立了世界上门类最全的现代工业体系，成为世界第二大经济体、第一大货物贸易国。而我亲眼见证了这发展的过程，真是三生有幸。

高考结束后，我有好多事情想做，其中有一件事情就是买手机。最开始我理所当然地认为苹果是最好的选择，不过了解过后我觉得中国的华为完全有实力与之抗衡，但很可惜的是芯片问题会在短时间内遏制住华为。要知道在过去，华为的 5G 技术突飞猛进，服务全球 170 多个国家，5G 的通信设备市场份额占比 28%，稳居世界第一！也难怪美国会颁布禁令，弃用所有华为通信设备，甚至扣留华为首席财务官孟晚舟女士。好在前不久，孟晚舟女士终于回到了祖国的怀抱，我觉得她的回归不单单是她自己和华为集团的胜利，而且也同样表明了我国对于政治施压和外部恐吓绝不妥协的斗争精神。我也相信华为会在未来的科技时代中，更上一层楼。当然除了手机，其他领域的正向进展也比比皆是，"上天"有中国载人航天，"入地"有深海载人潜水器——蛟龙号，资料显示，下潜深度是国家深海探索能力的象征，在世界科考作业型载人潜水器中，只有蛟龙号才能达到 7000 米的工作深度！中国在科技方面的成就远不止这些，还有世界最大单口径射电望远镜"天眼"，直径 500 米，全球最大口径球面射电望远镜，简称 FAST。已知 FAST 将在未来 10 年至 20 年保持世界一流设备的地位，成为中国和世界天文学研究的"利器"。还有世界最快的超级计算机"神威·太湖之光"、核聚变实验装置"人造太阳"、世界首颗量子科学实验卫星"墨子"等，一件件大国重器的横空出世，不仅彰显了我国科技水平的提高，同时也显示出了在党中央的正确领导下我国综合国力蒸蒸日上。

站在巨人的肩膀上，与巨人一起迎着太阳无畏无惧地往前奔跑。任凭风吹雨打，巨人也披荆斩棘，向着"更快、更高、更强"的目标进发！

2021 年是中国共产党成立 100 周年。在党的领导下，人民的生活焕然一新。生活在这幸福美满的 21 世纪，我不敢想象那些倒在新中国成立前夕的英雄烈士是多么的视死如归，坚持抗战，每当回想起历史书上那些有血有肉的文字，都忍不住地揪心。现在的和平年代是多少战士用生命换来的，那些默默无闻，勇敢无畏的战士！这些付出就是为了实现中华民族伟大复兴，所以中国共产党团结带领中国人民，浴血奋战、百折不挠，才创造了新民主主义革命的伟大成就。在党的领导下，中国人民正如国歌里歌唱的那样，站起来了，同时也富起来，强起来了！面对突如其来的新型冠状肺炎疫情，中国全体群众纷纷行动起来，有钱的出钱，有力的出力，同舟共济。大家众志成城，积极抗"疫"，与往年不同，这是一场线上的过年，亲朋好友虽然相距千里，但彼此心连心，也像往年一样温暖。终于，情况有所好转。赴汤蹈火的医生们个个从死神手里抢人，坚持住！你可以！活下来！可是即便如此，还是有鲜活的生命悄然离去，他们有的是等着结婚的年轻人，有的是经验丰富的医生……尽管如此中国还是做到了，甚至向上百个国家和 13 个国际组织提供抗疫物资援助，在克服自身困难的前提下向全球供应了 3.5 亿多剂疫苗！我觉得写到这里，已经不能用奇迹来形容这个国家了，真诚地为自己是这个国家的一员而感到深深的自豪。

巨人停下俯瞰，察觉自己已在高山之巅，抬头挺胸，享受着微风的吹拂……

中国虽然是世界上最大的发展中国家，但现如今它对国际的影响力与日俱增，在国际上有了更高的地位，发挥着越来越重要的作用。中国的腾飞离不开世界，同样世界的发展也不能离开中国。正如习近平总书记在庆祝中国共产党成立 100 周年大会上的讲话中说到的那样：中华民族是世界上伟大的民族，有着 5000 多年源远流长的文明历史，为人类文明进步作出了不可磨灭的贡献。中国文化博大精深，源远流长。就非物质文化遗产而言，在经过一番深入了解之后，我才懂得了什么叫作文化大国，像是皮影戏、活字印刷术、中国京剧等，这些都是中国的国粹。众所周知，非物质文化遗产是一个国家、一个民族的灵魂，记载着人类社会的重要特征，如生产方式、生活方式、风俗习惯、文化观念等，它包含着世界上各个民族的文化基因、精神特征、价值观、心理结构、气质和情感等核心要素。这是人类共同的财富。鲁迅也曾经说过，唯有民魂是值得宝贵的，唯有它发扬起来，中国才有真进步。为使中国的非物质文化遗产保护工作规范化，国务院制定了"国家 + 省 + 市 + 县"共四级保护体系。其中就有条不紊地整理了许许多多从古至今众多宝贵的项目，其中一些精湛的手艺令我诚服。前些天，学校组织了"2021 携手现代化新征程——天津大学港澳台学生秋日行"的活动。其间，我不仅认识了几位可爱的小伙伴，还见识到近现代天津的发展，同时，也让我更加热爱我求学的城市。老师带我们体验了杨柳青木版彩绘年画。"纸上得来终觉浅，绝知此事要躬行"，很多平时看着很简单的勾绘，我屏息一点一点地上色，左扭扭右看看都感觉不对，而老师一笔完成，轻轻松松。现在依然清晰记得我当时的第一反应："哇，太厉害了吧。"除此以外，老师还带着我们去了大沽口炮台遗址博物馆，在那里我知道了它是近现代抵御西方列强对华侵略的北方军事要地。其间，有件事让我印象十分深刻，一群小学生在经过国旗时，纷纷向国旗敬礼。当我看到时愣住了，嘴巴变成"O"型，眼睛瞪得像铜铃，心里涌上一股暖流。

巨人一跃而上，踏云奔走，所到之处鲜花遍地，欢声笑语……

我知道，她还有许许多多的故事，她是每个中国子女的母亲。我们尊敬她，爱戴她，拥护她，所以中国人民是一体的。一方有难，八方支援。我们有这样强大的团体，不畏惧任何一个难题，让爱创造奇迹，我们将紧紧拥抱在一起。此生无悔入华夏，这一切奇迹正是中国共产党领导十四亿中华儿女创造的美丽。

秋日行过程中还有两处风景让我难以忘怀，那就是石家大院和天津和平区的解放北路和海河。石家大院是簪缨门第，他们家宠女儿的程度是真的令我大开眼界，不仅闺房门口的台阶个数与父亲的相同，而且房间离得最近，真是羡煞旁人。而解放北路上有各式各样的建筑风格，沿路的法国梧桐树枝叶茂密，树荫遮盖了路面。两旁一幢幢建筑物个个博人眼球，有哥特式、罗马式等的西洋建筑，漫步其中，沐浴着"美"的洗礼。我觉得再多的形容词也无法描绘这种看似独成一家但又莫名巧妙融合的感觉，或许这就是中西合璧的魅力。走到尽头，便是古代的运河，现在的海河。晚上的海河仿佛羞涩的贵妇，微风吹起她的秀发，尽情展示了天津的美。

至此，引用曾看过的一篇赞文来歌颂伟大的祖国。

> 昏昧挣醒，暗室探光
> 外敌镇压，内贼碍妨
> 跣足蹈刃，裸背灼汤
> 青年振奋，工友自强
> 银鸡成誓，流火建党
> 开天辟地，塑月捏阳
> 捐身革命，奉志硝枪
> 掀山担土，移垒箕粮
> 殊绝意气，宣赞芬芳
> 祸岂弃陆，福未离阊
> 大盗酿灾，巨寇成殃
> 杀吾同志，戮我胞桑
> 唯以星火，更凭薪梁
> 万里长征，百死翱翔
> 隔海恶衅，彼屿凶蝗
> 陷城屠幼，克堡杀福
> 尸悬血举，飘橹浮樯
> 乃同协力，又共相帮
> 驱逐仇寇，守复母乡
> 豹驰鹏振，虎跃龙骧
> 寰宇混一，九州再昌
> 殷户富牖，实庾充仓

阡村陌野，道淤路塘

荣城营市，笔镇苍乡

卫士雪玲，干臣冰梁

工程朔漠，机械渊洋

神舟窥探，天为之张

蛟龙游潜，海为之荡

瘟毒趋避，疫疠硺遑

为邻操德，作宰持良

推心列国，置腹群邦

百年实业，一纪炎光

拯民幽狱，吊众万邦

庇护中土，保佑边疆

中国之制，人民之党

不朽之责，不灭之纲

——《建党百年礼赞》史图馆

巨人化身为一条东方巨龙，翱翔在云端，福照众生。

作为 21 世纪的新青年，值此盛世，荣幸之至。今日之中国屹立于世界，未来在于青年。我们要做到如鲁迅所写：愿中国青年都摆脱冷气，只是向上走，不必听自暴自弃者流的话。能做事的做事，能发声的发声，有一分热，发一分光，就令萤火一般，也可以在黑暗里发一点光，不必等候炬火。此后如竟没有炬火，我便是唯一的光。倘若有了炬火，出了太阳，我们自然心悦诚服地消失，不但毫无不平，而且还要随喜赞美这炬火或太阳；因为他照亮了人类，连我都在内。我又愿中国青年都只是向上走，不必理会这冷笑和暗箭。是啊，当今之时局需要年轻人有作为，有担当，有能力！好好学习，将来更好地报效祖国，今天我为祖国骄傲，未来祖国为我骄傲！

历史命运的交汇 未来升腾的起点

西南大学 心理学部 心理学 2019 级 香港 孟颖宜

中华世纪坛序如是说："大风泱泱，大潮滂滂。洪水图腾蛟龙，烈火涅槃凤凰。文明圣火，千古未绝者，惟我无双；和天地并存，与日月同光。"百载春秋砥砺奋进，归来仍是风华正茂。从昔日嘉兴南湖生死契阔、未来先声的红船，到领航中国行稳致远的巍巍巨轮，彼时中国共产党人的青春与信仰，略过暮霭，穿透云霽，跨越时空，与新一代青年人心心相印。我站在百年浪潮中，热忱难却。

读党成立百年之风雨兼程，如是说"参天之木，必有其根，怀山之水，必有其源"。唯见其中凝聚的精神力量始终难以磨灭，荡气回肠，时时刻刻昭示着百年来的初心。我阅岁月可鉴，在中国人民抗日战争的香港战场上，香港危难之际，中国共产党高举团结抗日旗帜，与香港民众及海外华侨同仇敌忾、共御外侮，党领导的港九独立大队更是香港抗战的中流砥柱，谱写了辉煌动人的香港抗战史，成为中华民族和中国共产党人无比珍贵的集体史诗。百年来共同的民族精神在浴血长河里经历洪荒烈火的淬炼和亘古风霜的洗礼，构筑起了中国共产党人的精神谱系，熔铸出了中华儿女自强不息的精神脊梁，在中国的每一寸土地上扎根生长。

生于此，长于斯，历史娓娓道来，在港读书的中学时期，我有幸随校参观百年奋战遗址，亲触这段中国人民上下求索、中国共产党人矢志不渝的血泪史，在每个"为有牺牲多壮志，敢教日月换新天"的精神赞歌中深思百年进程，无不为之动容。作为中华儿女，更作为新时代的青年后辈，我们要从岁月里汲取坚定的精神力量，拥有能坚定地相信这种力量的自我，那么这样的信念也绝不会毫无意义地烟消云散，即便微如沙粒，也能奔腾入海，也能汇成史诗。在脚下的这片港区的土地上，他们也曾激流勇进，所以我们便与生俱来这种勇气，就算是万丈深渊，踏下去也是前程万里。

　　阅今容，叹今朝锦绣山河灿。盛世之下，千帆归尽，终回祖国之怀抱，携手同行，已在这片具有划时代意义的沃土上开花结果。

　　生逢党成立百年之伟岸盛世，可谓"此时潮平风正，且看'红船'帆悬"，唯见长城万里守锦绣山河，时代巨轮航万里无疆，我们的国家此刻五岳向上，一切江河滚滚向东。踏雪归来，红日初升，中国从磨难跌宕中走来，在中国共产党人的一步一个脚印中焕发新的生命力和希望。你看，党成立百年之际，我国在2021年东京奥运会上所向披靡，恰逢2001年北京申奥成功20周年，20年后的中国以更"更快、更高、更强"的姿态和破竹之势的锐气决战新的赛场。特别地，"一剑光寒定九州"，少年剑神执剑破晓，东奥男子花剑个人赛金牌花落中国香港小将张家朗，这是香港回归祖国以来的第一枚奥运金牌，也是香港队出征奥运后第一次让《义勇军进行曲》铿锵奏响，香港特别行政区的区旗飘飘长空。

　　我将铭记1997年7月1日。在长辈的谆谆言传中，1997年7月1日的香江水是如此滚滚奔流不息，紫荆绽放绚烂馥郁，明珠闪耀神舟放光，于我们这些后辈青年人而言，虽未亲历，却尤其特别。时空叠映，那一年，香港回归祖国，会展中心的国旗烈烈；多年后，我作为中学的优秀领袖生长，亲手升起熠熠五星红旗，领唱威威国歌，肃然静立明眸凝视。我们生在红旗下，长在春风里，目光所至皆为华夏，五星闪耀皆为信仰。人们经常在说命运，但我觉得，命是自己的，运却和整个国家紧紧关联，恰如鲁迅在《文化偏至论》言"人既发扬踔厉矣，则邦国亦以兴起"，而我的命运更是同祖国和香港的发展命运系在一起，仰看今朝国家山河秀丽，亦不敢忘却吾辈担当使命。

　　骋前程，筑明日复兴千秋梦。未来再度出发，以长远的目光审视机遇和挑战，迸发出新制度、新格局下的希望花火。

　　展望党成立百年之后世风华，"日月不肯迟，四时相催迫"，凡是过往皆为序章，纵使历史的鸿篇巨制已落笔成章，但时代的洪流阔浪仍滚滚东卷，未来的齿轮从未因为昨日的辉煌而停滞不前。仰观天宇，时空愈是深邃；俯身耕耘，未来无限可能。正如，我国推动的区域一体化战略中，粤港澳大湾区是中国开放程度最高、经济活力最强的区域之一，在国家发展大局中具有重要的战略地位。粤港澳大湾区的发展与建设任重道远，依然存在着许多亟待解决的挑战，抓住"大湾区机遇"出发，发挥港澳地区独有的"一国两制"框架下的制度优势，繁荣开放的"东方之珠"未来可期。

习近平总书记在中国共产党成立 100 周年大会上寄语中国青年道，"未来属于青年，希望寄予青年。"是啊，纵观百年征旅，在千万个历史的高光中，青年人为中流砥柱，秉初心执信念玉汝于成；而深虑明日千程，在无数个未来的机遇中，青年人更应为时代弄潮者，化血气为魄力挥斥方遒。所以，我坚信中国的模样，取决于中国青年的模样，取决于中国青年凝视未来的目光。着眼个人，当成为被赋予新时代使命的大学生始，我们即在浩瀚穹窿中开启每个人的星辰大海新征程，以专业热爱为驱动力，学术知识为搜索引擎，以独特的专业视角和坚实的专业素质应对无限机遇和挑战；作为一名香港青年，结合良好国情和政策优势，促进香港特别行政区融入国家发展大局，我的时代使命和责任担当更是尤为沉重，期望个人的绵薄之力最终光聚点成线，线错综织网，描绘出伟大复兴的广阔蓝图。

"纵有千古，横有八荒，前途似海，来日方长！"回首百年奋斗路，以史为镜，可以知兴替，让历史命运的交汇迸发出势不可挡的力量；迈向复兴新征程，以梦为马，方能绘华章，将未来升腾的起点化作盛世的开篇。思忖于此，我愿香港特别行政区与祖国携手奋进、欣欣向荣，愿吾辈青年青春翻涌、意气风发，愿有朝一日，乘风好去，长空万里，直下看山河！

取义成仁革命路　共产旌旗随风扬

郑州大学　新闻与传播学院　广告学　2019级　香港　杜安淇

前人之烛，已燎遍中原大地；吾生之炬，必灼烧九州四海。相信身上流淌着中华民族血液的你我，接过镰刀与锤头的红色信仰，定能在共产党革命的路上一下一下地凿出未来！

一、回首百年奋斗路

无论是袅袅炊烟，小小村落，又或者是崇山峻岭，大江大河，我所站立的地方，始终是我温暖的国。时代的进步不会让我遗忘我深爱的民族也曾在水深火热当中，我无法忘却百年前的中国曾在列强的压迫下签订了种种的不平等条约，割让了一块又一块土地；我也无法忘记中国人受过的屈辱；我更无法忘却那些为祖国复兴强大而英勇献身的英雄烈士。革命先辈在战场上用他们的血和汗水为我们留下一句话，"我们今天之所以打仗，就是为了我们的后辈不再过着打仗的日子。"但对于这个不败的巨人而言，一次次抽筋剥骨的鞭笞，惨痛的代价迫使劳顿的他遁入时间的褶皱。而在众墙岌岌可危而即将崩塌时，1919年的振臂一呼拂去了青年人的颓靡。从此，巨人的双脚拥有了新生的力量。他从破碎的美梦中苏醒，颤颤巍巍地、徐徐地跪立，为了撑起残缺的躯干，每一次发力都带着未愈合伤口的疼痛；为了不被绞杀，每一回的殊死拼搏都成为绝地反击。即便是历经了号角连营和工业烟霾的洗礼，他仍保有最澄澈的赤子之心。哪怕是一批又一批的迭代革新，我们依然能从中嗅到簇新的少年飒气。

新中国的成立不仅仅是中国人民洗去百年屈辱的象征，更是新青年造就光辉未来的新开始。一代人有一代人的际遇，一代人也有一代人的奋斗。先辈的革命第一枪打响了上一辈共产党人的奋斗史，用血和身躯为我们铺成了前往安定的康庄大道；而我们这一代新青年更应该不负期望，沿着那第一枪革命子弹的轨迹接力奔跑。建功必须有我，功成不必在我。

　　一路走来的共产党虽艰辛，但也一直在向阳而生，苦中作乐。且听毛主席《西江月·井冈山》的"黄洋界上炮声隆，报道敌军宵遁"，看红军如何夺取井冈山胜利；历经《七律·长征》中的五岭、乌蒙山、金沙江、大渡桥和岷山等重重困境，最终"三军过后尽开颜"的如释重负；《四言诗·祭黄帝陵》中毛主席回望历史，令人恨铁不成钢的清政府、国家内忧外患、日趋紧逼的敌人，千丝万缕，最终都被揉成一句振奋人心的"还我山河，卫我国权"；再听《七律·人民解放军占领南京》中，"百万雄师过大江"的气势宏伟、决心之大，共产党革命在这一刻终于插上了属于胜利的红旗！最后重游故地，1965 年的《水调歌头·重上井冈山》是在新中国紧密建设时对历史的回望，毛主席以共产党的奋斗教会了我们"世上无难事，只要肯登攀"。一切事物都在螺旋式、曲折地走向光明，共产党就是最好的证明。

　　历史的伤口虽已结痂，但斗争仍在继续。我们出生在和平年代，在前人的艰苦奋斗下平安成长，我们不曾想过在这个安定的年代会发生让我们都乱了脚步的事情，也未曾想过我们也会站在战争的中心。庚子鼠年，华夏大地不闻鞭炮齐鸣，只闻战鼓咚咚。突如其来的疫情浇灭了春节的热情，新冠病毒像是一张灰色的网笼罩住了华夏大地，人心惶惶。而当我也身处在这黑暗的绝望里时，才切身体会到人的无助和渺小。但总有奉命于危难之间的逆行者们不惧生死、赴汤蹈火，他们或是万人称道，或是籍籍无名，却无一不在逆流而上、并肩英勇奋斗在抗疫前线，为我们的祖国和美好生活负重前行。仅仅一年，我们的祖国已经在抗疫战争中取得了阶段性胜利，甚至已经做到了免费疫苗全国覆盖。这所有的成就都是在中国共产党的伟大领导下，由无私奋斗在一线的逆行者与千万无名英雄共同努力，像针线一样紧紧地将整个中国交织、缝合得来的。

　　这一场席卷全球的疫情，在我们每个人的心里都留下了深深的烙印。在疫情面前，我们恐惧、慌乱和无助，但我们背靠着强大的祖国，有着与疫情抗击的勇气。无论是逆流而上的无名战士还是十天就建造好并完成验收的火神山、雷神山医院，或是坚守在疫情抗击前线的医护人员，以及一群听党指挥的平凡人，还有那些枕戈待旦的战士们都在展示什么是"中国速度"。这每一点每一滴都汇成了中华民族庞大的力量！非典时期，我尚在襁褓之中，不懂民生与家国；但如今的我，在共产党的领导力、政府的执行力和人民的凝聚力中见识到了这份大国的担当与力量，并深深地为此感到骄傲，"此生无悔入华夏，来世还做中国人。"

二、迈向复兴新征程

中华民族伟大复兴，我们时刻在路上。"中华民族伟大复兴"的命题，我们早就耳熟能详，但它不只是一篇印在课本上的文章，也不只是一则电视机上播报的新闻，而是一条在我们心中应时刻铭记的准则与目标。中国青年为何而奋斗？为中华之崛起而奋斗；中国共产党为何而奋进？为中华民族伟大复兴而奋进！今日的我们学、思、劳、体，磨砺以须，力争上游，不落窠臼。我们努力，我们优秀，我们是这条道路上的追星人、赶路人。时光不负有心人，星光不负赶路人。在复兴新征程上，每个努力的人都值得被歌颂，在自己岗位上默默努力的人，他们散是满天星，当国家需要他们时，当他们为了同一个目标努力时，他们聚是一团火。当寥远的盐碱地里弥散着稻香，黧黑的面庞也展露出拙朴的笑容时，我们就知道，答案不言而喻——这条复兴路，注定是康庄大道。

回望成长历程，我人生的二十年恰好被分成了两个十年：前十年在香港度过，后十年则在内地接受了丰富的文化教育。时光荏苒，我见证了祖国从纸币交易到现在普及城乡的移动支付，我也见证了大湾区发展计划的制定到实施，我还见证了广深港高铁的通车。现在我们已经发展成世界第二大经济体，这就是祖国伟大复兴交给我们的答卷。人民没选错共产党，共产党更没有辜负人民的期待。周总理，这盛世如您所愿！

犹记小学课堂上，语文老师曾经说过："小小的关口，无法阻隔两地人的思念和对祖国的爱意。"这句话在年幼的我脑海中深深地埋下了爱国的种子。是啊，关口又如何，中国有足足九百六十万平方公里、五十六个民族和千家百姓，但这些都没阻碍人民精诚所至地建设祖国，又怎会阻挡同是炎黄子孙，沐浴在社会主义光辉下的我们呢？

但帝国主义亡我之心不死，总有一抔黄土企图以卵击石。拿蝇头小利和谗言对那些心智发育不全的青少年们进行洗脑，联合反动势力在香港作乱。好在中央及时出手，用实力让反动势力都看到，中国的底线和中国的原则在哪！

身为在祖国学习的港澳台学子之一，我享受着祖国复兴给我们带来的便利，我还期望能用所学知识成为建设祖国的一分子。经历过这么多事情，让我更加坚定了要让中国统一和国家强大的信念。因为现在，我们的未来靠中国，到将来，中国的未来靠我们！

无论是当初五度反围剿失败的至暗时刻，还是如今民康物阜的盛世，共产党始终载一抱素、敬姜犹绩。"一带一路"领我们再启辉煌，共享网络助我们高歌前行。穿过海岛的椰林，自贸港熙来攘往；跨过港珠澳大桥，经济圈车载斗量。诗词大会，啜饮文化的内蕴；科研竞技，流泻创新的灵感。这曳地的发展果实，给予那群料峭者们沉重的一击！

革命复兴高屋建瓴，华彩少年企踵可待。莫叹先辈茕茕孑立，且观今朝鸾凤翔集！

接续两岸历史根脉　绘就中华锦绣篇章

中央美术学院　人文学院　美术学　2021级　台湾　李馥瑀

作为一名台湾学子，在祖国大陆求学至今已逾五载，从一个懵懂无知的本科生到如今初入学术研究之门的博士生，五年来的见闻、学习和生活，产生了诸多的感悟。借此机会，笔者希望从三个阶段（或称三种心境）重新回顾自己的这段宝贵经历，并将其融入中华民族百年以来的奋斗之路，进一步展望祖国未来的复兴新征程。

一、坚定文化自信

小时候便读过余光中的《乡愁》，但因为年少，对一衣带水、隔海相望的大陆，知之甚少。有幸身为90后，成长中经历了两岸关系快速发展的阶段，既是见证者，亦是受益者。学习历史可以得知，自1979年《告台湾同胞书》的发表，无论是"九二共识"还是"汪辜会谈"，都在两岸关系的破冰之路上起到了极为关键的作用。及至2008年，两岸之间全面、直接、双向"三通"正式启动，发展到了一个新的高度，阔别数十载的亲人得以相见，其场景令人动容，也让人深切感受到这种友好局面的来之不易和珍贵。

乘着政策的东风，以及两岸日益密切的学术交流和文化联系，我有幸在本科阶段就以交换生的身份参与到相关的研究和实践工作中，以充实对艺术史专业的学习与训练。在辽宁喀左，我第一次接触到最真实的文物。当手触摸到文物的瞬间，我才明白了在过去的学习历程中追求的到底是何物，原来这些就是历史存在的意义。在老师的指导和同学的帮助下，克服困难，通过不懈地努力学会了辨识遗迹，锻炼了独立撰写发掘报告的能力。加之笔者负责的探方出土了陶瓷的窖藏，借助这批珍贵的文物开展了研究工作，使自己对于考古学最重要的方法之一——类型学，有了初步的认识，这对后续的艺术史研习也大有裨益。

图1

图注：笔者与台南艺术大学同期交换生在喀左

图2

图注：与同学们配合进行田野绘图工作

此次发掘的位置在考古学区系划分中属于广义上的红山文化区域，是中华文明最重要的起源地之一，史前玉猪龙、女神像、神庙、祭坛都是其闪闪发光的文化元素，具有的独特魅力历经千年而不衰，并以一种全新的姿态重现在我们眼前，这既是发掘工作和学术研究的引人入胜之处，更是我们中华文明的生动体现。绵延不绝、瑰丽灿烂的中华文化，在我的学习和研究中体现得尤为直观。

2020年9月28日，习近平总书记在主持中共中央政治局第二十三次集体学习时强调，要高度重视考古工作，努力建设中国特色、中国风格、中国气派的考古学，更好认识源远流长、博大精深的中华文明，为弘扬中华优秀传统文化、增强文化自信提供坚强支撑。总书记的指导和嘱托，让全国文物考古学界的同侪备受鼓舞。同时，国家对文化的重视程度之高，也让我深受触动，在这样的大力支持和推动下，国民必会树立更为坚定的文化自信，为中华民族的伟大复兴奠定坚实的文化基础。

二、涵养家国情怀

祖国的发展与强盛逐渐深入人心，我在实习期间深受触动，便萌发了继续留在大陆深造的想法。于是，在毕业之后就报名了中国人民大学的研究生考试，希望能前往继续钻研自己的专业，并且以自身的跨专业学习，希冀在未来能够有新的认识和发展。硕士二年级时，在人大考古文博系的努力协调之下，我们有机会前往新疆奇台参与考古发掘，而这次的经历，更是颠覆了笔者以往对于祖国西部地区的想象。

　　此次实习的地点，正位于丝绸之路上，中西文明在数千年前就在这里碰撞、交融，形成的文化源远流长、独具魅力。在这里的所见所闻，亦是如此令人震撼，从北疆到南疆，壮丽的风景、保存完整的古代遗址，让身为考古专业学生的我们兴奋不已。一路上的学习和记录，都成了宝贵的学习财富。除此之外，随处均可感受到的淳朴且善良的民风，以及物产之丰饶、气候之宜人，都让我的心灵得到了最大程度的满足。回京之后，这一切美好的回忆时常浮现在眼前，祖国的广阔天地令人神往。

　　党的十八大以来开展的全面深化改革，的确是全方位、多层次、宽领域的，很多方面都与我们息息相关。以在新疆的经历为例，正是得益于国家"一带一路"倡议的实施和持续推进，我们才能有机会深入到这一区域开展文化研究，而对这些文化宝藏的发掘工作，又可

图3

图注：笔者在景色壮丽的新疆

以进一步促进"一带一路"的共建，为国家倡议提供最为深厚的文化积淀，显示中华民族独特的文化魅力，成为一张靓丽的文化名片。作为文化的学习者和研究者，我们责无旁贷。推而广之，对这种种的社会现象，我们都可以融入自己的思考，从不同的角度加以审视，从而得出更为深刻的认识，并将其上升为浓厚的家国情怀。

　　天下兴亡，匹夫有责。任何国家、民族的崛起或是衰亡，都与其中的每一个个体息息相关，存在着不可分割的联系。近代以来的"救亡图存"运动正是有了中国人民和中华民族意识的整体"启蒙"与"觉醒"才会迸发出巨大的力量，从而推动中国历史进程不断向前。作为中华民族的一分子，我们应不忘初心、牢记使命，将个人的奋斗融入在复兴梦想之中，做出自己的贡献。

三、展望复兴梦想

由于在硕士阶段受到祖国大陆教育的影响，种下了继续在此奋斗的种子，既是顺应发展趋势、不断提升自身的需要，更是希望将来可以在更广阔的天地锻炼自身，靠自己的努力结出丰硕果实。于是在师友的建议和帮助下，非常幸运地能与中央美术学院结缘，联系到心仪的导师，并通过博士研究生入学考试，来到这里。一进校，便被这里认真向上的学术氛围所感染，同学们具有的扎实绘画功力，令人折服，所具有的不同研究视野，也带给我相当大的冲击。在过去经历训练的基础上，我期盼在此实现思想的碰撞，能够擦出火花，加强自己对于美术史研究的能力。"尽精微，致广大"，百年学府的校训激励我们不断向前。

图 4
图注：2017 年笔者便有幸参与
中央美术学院学术活动

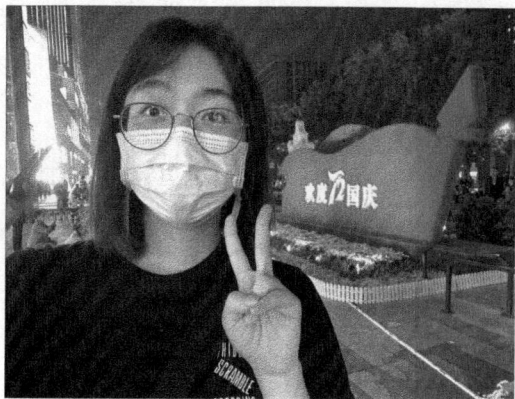

图 5
图注：适逢建党百年的中央美术学院

五年的专业学习和所见所闻，对中华文化的博大精深和深厚底蕴有了更加切身的体会与认识，深刻认识到这样的文化宝藏值得我们用一生的努力去释读、去守护，从而进一步上升为民族自豪感、自尊心、自信心。今年是中国共产党成立一百周年，同时也是辛亥革命一百一十周年。这样的历史节点，常让我有种"童子何知，躬逢胜饯"的感受。

实现中华民族伟大复兴，身处其中，亦受到极大的鼓舞。几年以来，我亲眼见证了祖国日新月异的发展，飞驰而过、通达全国的高铁，5G 技术的应用，一大批国家重点项目的规划和建设，如此种种，都为我们描绘了一幅波澜壮阔的大国画卷，让我们对未来的生活充满信心与期待。尤其是新冠疫情在全球暴发以来，在党的坚强领导和政府的高效务实下，第一时间稳定了局势，数以亿计的普通民众团结起来，共克时艰，这些最平凡的故事给予我们最大的感动，也让我们更加坚信中华民族的伟大。

回顾近一个世纪的奋斗历程，并在结合现如今国情世情的基础上，习近平总书记指出，"我们比历史上任何时期都更接近中华民族伟大复兴的目标，比历史上任何时期都更有信心、有能力实现这个目标。"中国梦，归根结底是人民的梦，其中既包括人民对美好生活的向往与期盼，更有新时期人民意识的整体觉醒。生逢其时，不胜荣幸，希望自己能在将来更好地书写属于我们中华民族的宝贵文化，接续两岸的历史根脉，与大家一道，绘就中华新的锦绣篇章。

热忱毅肩奋斗路　神州志在昆仑河

北京化工大学　文法学院　工商管理　2021 级　香港　韩智荣

百年栉风沐雨，百年焚膏继晷。祖国的万里征程下，浸入的是千千万万共产党人的血与汗，凝聚的是时间长河中的奋斗接力。筚路蓝缕，可显英雄本色；朝乾夕惕，更蓄复兴大势。走过百年奋斗路，一个焕然一新的中国正蓬勃兴起。

我是一名来自中国香港的学生，今年通过全国联招考入北京化工大学。这一次来到北京，我真真切切地感受到了北京的飞速发展。

记得上一次来到北京，还是在我上小学的时候，参观八达岭长城时，"不到长城非好汉"在幼时的我心里留有极深刻的印象。那时从市区到八达岭还没有完备的地铁线路，需要乘坐好几个小时的公交车。舟车劳顿之下，我想这对我或许也是一种磨练，爬一次长城就足以考验年幼的我未来是否能成为古语中的"好汉"。

十多年后的今天，当我来到位于八达岭山脚下的北化校区时，我感慨万千。地铁昌平线的开通和四通八达的公交线路带来的是时间的大幅度节省。来到学校后，宽阔的校园、数字化的课堂、优美的环境，无一不让我为之震撼。而移动支付更是使我的日常生活大大的便利起

图 1

来。我想这就是中国的发展，它体现于我生活的方方面面，并不断浸入我的生活。

"神女应无恙，当惊世界殊"，中国的飞速发展离不开各行各业的奋斗。我乘坐复兴号，就想起邓海与其团队夜以继日的研发攻坚；我乘坐飞机前往北京，就想起 C919 大型客机的横空出世；我在学校使用校园卡进行支付，就想起这些年移动支付的迅猛发展……回首百年奋斗路，正是因为有千千万万劳动者的不懈努力，有那些奋战一线科研人员的创新攻坚，才使得中国向世人展示了涓涓河流亦可汇成浩浩汤汤之势，向世界发出了当代中国的奋斗最强音。

校园内，我越发感受到中国日新月异的飞速发展给日常生活带来的巨大变化。去图书馆借书只需要通过借书智能机，买东西支付只需要轻刷校园卡，就连拿快递有时候也会有智能小车送到宿舍楼之下。

校园里的同学也很友善，每个人似乎都带着笑脸。前往学生会等校级组织面试时，学长看我是香港人，都很耐心地听我介绍，让我不要紧张。校园食堂内更是有香港风味菜肴，让我在这里也深深体会到了家的感觉。

图 2

百年的征程就有百年的奋斗。百年内，既有嘉兴游船上的凝心聚力，也有革命先辈"敢教日月换新天"的振聋发聩。香港作为中国的一部分，与祖国同呼吸共命运。祖国不断变好、不断发展，香港也随之发展进步。回首 20 世纪，随着党和国家的努力，香港摆脱了被英国掌控的困境，投入了祖国母亲的怀抱。我想这离不开党的长期斗争，离不开中国人民的长期奋斗，离不开香港人民对回归的热切期盼，更离不开千千万万中国人不断奋斗后所取得的进步。我想这才是百年奋斗路的真正意义：党与人民形成一股合力，让中国在新征程上行稳致远。

百年以来，香港一直与内地同频共振。"装点此关山，今朝更好看"，中国进入世贸组织，香港就是内地的物流与航运中心；中国需要货物出口，香港就是内地的天然良港。作为一名香港人，我深深地为此感到骄傲与自豪，我真实地感受到了内地与香港丝丝缕缕的密切联系，这给我带来了无比真切的归属感。这种国家认同随着我的成长越来越浓重，我为祖国发展做贡献的愿望也随之愈发强烈，所以我来到了首都，来到了北京化工大学学习。

"回首百年奋斗路，迈向复兴新征程"，这需要每一个人的参与和努力。正是因为我想在金融方面为祖国贡献力量，所以报考大学时我选择了工商管理专业。当今新冠疫情防控背景下，世界贸易陷入困境，中国的外贸与金融业也受到了不同程度的冲击，我想为此贡献一份绵薄之力。未来，我希望将自己的一腔热忱投入到国家需要的建设之中，以我之肩膀为中华民族的伟大复兴担一份责任，献一份力量。

国庆节的时候，我有幸和同学们一起去了一次天安门。我们都为夜晚天安门的壮观而震惊，而我更甚。我从未见过夜里的天安门。长安街上的车流、天安门上的灯光、高耸两旁的大厦，无一不彰显着首都的风范。我的思绪不禁飘回香港。十几年前香港也是未有如今的繁华，由有轨电车到高铁连接东西，从出门随身带纸币到如今的移动支付，由国外品牌店遍地到小米、华为等国产品牌雨后春笋般地冒出，香港确实随祖国一起经历了翻天覆地的变化。复兴征程已现出锦绣的一角，正等待凝入中国人的热忱奋斗、投入自我的强劲动力与不懈坚持。

图3

　　新征程、新蓝图、新时代的展开，需要每一个人的投入。作为一名学生，在迈向复兴新征程的路上，我也想以自己的肩为未来中国托举出一丝力量。在迈向复兴新征程的道路上，每个人的参与都是不可或缺的。我想这正是思想政治课上老师讲到的小我与大我之间的关系：要将有尽的小我投入无尽的大我，为祖国的发展投入自己的力量。正如马洛斯需求层次理论中将自我实现放于最高处一样，在为国出力奋斗的过程中，我想我才能真正实现自己的人生价值。

　　"雄关漫道真如铁，而今迈步从头越"，展望新征程，浮现出的是各种机遇与挑战。贸易保护主义的大棒仍此消彼长，霸权主义的制裁仍起起伏伏。越是危机四伏，就越需要所有人拧成一股劲，形成共同奋斗的合力。新征程上的行稳致远，最是需要千千万万人民的参与。"会当水击三千里"，作为一名来自香港的学生，我一直抱着"功成不必在我，功成必定有我"的信念，努力学习科学文化知识，并积极参与校内外活动，争取自身的全面发展。希望在不远的将来，我也能为祖国的腾飞添砖加瓦。

　　"金猴奋起千钧棒，玉宇澄清万里埃"，回首奋斗往昔，我心怀感激，感激于先辈们披荆斩棘的一往无前；迈向复兴征程，我踌躇满志，满含着对未来的期盼与渴望。"热忱毅肩奋斗路，神州志在昆仑河"，接下先辈的奋斗接力棒，为香港的发展与国家的行稳致远贡献自己的一份力量，我义不容辞！

新青年新使命

华侨大学　旅游学院　旅游管理　2018 级　澳门　张纪盈

喜迎建党百年，我们新青年人应当用自己的实际行动向国家和社会交出一份满意答卷，即新时代青年应为实现中华民族伟大复兴中国梦做出自己应有的贡献。迈入新时代，不只对国家是一个大考，对于时代中的青年人也是一个大考。培育担当民族复兴大任的时代新人，是新时代党和国家对青年发展和素质能力提出的新要求。

新时代的青年大学生身处新的时代，面临新的挑战、新的要求，同时新时代也赋予青年人新的内涵。我们应紧跟形势发展，以新的思维、新的方式培育和践行爱国主义精神，树立爱国主义的理想信念。蓄积七十年磅礴之力，奋进新时代筑梦之途。中国经过上百年的不断探索积累，积攒磅礴力量，对外做到友好相处，秉着坚持站在正义的方向，一直为建设美好家园做着积极不可忽视的努力，新时代的到来，身为新青年的我们更要为实现中国梦昂首挺胸"大跨步"式地前进。

一、不负青春彰显爱国之志

时代正见证，历史将铭记。在以习近平同志为核心的党中央坚强领导下，中国共产党不断带领着中国探索更加适合的发展道路，在摸索中前进，在曲折中壮大，在推动中国特色社会主义制度更加完善、国家治理体系和治理能力迈向现代化的进程中改革创新、开拓发展。中国的巨大成就，历史将会永久铭记。

积厚以成势——中国共产党经过百年的不断探索，脚踏实地，储备了足以震撼世界的力量，国防军事、文化底蕴、人文实力，不论是硬实力还是软实力，都在日益壮大，我们迎接的将是雄狮的战力不倒。

站立在中国广袤的土地上，吸吮着中华民族漫长奋斗积累的文化养分，借鉴人类文明有益成果，吸取前人的经验教训，探索着自己的发展之路，中国共产党带领人民不断探索、最终取得历史性成就。

二、不负韶华推动时代发展

中国自古以来就是一个有信念、有理想的国家，而中国特色社会主义更是将国家、民族与个人三者紧密地联系在一起。在新的历史时期，我们比从前任何一个时期都更接近中华民族的伟大复兴，这也就要求新时代的青年人要将自己的个人理想信念顺应新时代中国特色社会主义建设需要，也就要求大学生将自己的个人理想融入中国特色社会主义共同理想之中，为推进中国特色社会主义伟大事业做出自己应有的贡献。新时代的青年人要像疫情期间挺身而出的青年代表一样，向他们学习，在危急关头挺身而出，牢牢把握住历史机遇时刻，为中华民族的伟大复兴不断努力奋斗。

三、不负时代放飞人生

不同的时期会有不同的政策，不同的政策对应不同的历史需求，身为新时代的青年我们更应当要了解世间事，作于细，成于严。对此我有着自己不同的新理解：

要把握实质，让宣讲多冒热气。要深刻领会全会精神的丰富内涵、核心要义，就必须原原本本精读其内容，认认真真体会全会的精神所在，切实认识到全会的任务要求，明确全会的要点所在，对于全会要求了然于心，做到宣讲不急不躁，精准把握全会要点，才能把全会精神贯彻落实到下一层，因此就要求我们用心去学、用脑去悟、静心学习、潜心研究，用最新的理论武装头脑，用最新的理论指导行动，用最新的部署指引航向，做到了然如胸，运用自如，真正把全会精神学懂、学细、学深、学透，才能让自己宣讲得出来，效果也达到最大化。

要联系实际，让宣讲多接地气。中国百年的探索告诫自己，任何发展不能脱离实际，脱离实际的口号行动，不论宣讲得如何华美，在现实的面前是站不住脚的，空谈的口号不仅阻碍了国家的进步，也严重打击中国人民的信心，有百害而无一利。所以无论何时提出的决定，都应联系实际，符合国家的利益需求，做到善于倾听老百姓最关心最注重最需要解决的问题，做实事，不弄虚作假，宣传正能量的着力点、落脚点。做到切实为人民服务。

新时代的青年人成长于一个科技经济蓬勃发展的时代，有着开阔的思维与视野，正如习近平总书记寄语的那般，"青年的人生目标会有不同，职业选择也有差异，但只有把自己的小我融入祖国的大我、人民的大我之中，与时代同步伐、与人民共命运，才能更好实现人生价值、升华人生境界。离开了祖国需要、人民利益，任何孤芳自赏都会陷入越走越窄的狭小天地。"新时代需要有理想信念、有良好价值观和敢于担当的青年人去奋斗、拼搏，去带领中华人民创造属于自己的未来。

繁星闪动，传承在我

中央财经大学　财政税务学院　税收学　2018 级　澳门　林诗漫

今年是不一样的一年。习近平总书记在 2021 年 2 月 25 日的全国脱贫攻坚总结表彰大会上庄严宣告，我国脱贫攻坚战取得了全面胜利，创造了又一个可以彪炳史册的人间奇迹！作为一名在内地求学的澳门学子，借学校社会实践的机会，我有幸参与了河北省张北县德胜村的实地调研。通过此次学习，我深刻地感受到了脱贫攻坚战略的伟大意义。

我从小生活在澳门，对于祖国母亲的印象只停留在"青山看不厌，流水趣何长"等文字中。作为时代的接班人，我理应肩负起建设祖国的社会责任，立志将所学的理论知识与实际发展相结合，让知识在乡间绽放。因此我怀着一颗感恩祖国的心，带领七位同学深入到社会基层展开了一场关于见证脱贫成果与探索未来建设的旅程——走进张北德胜村。

德胜村，这个我曾经十分陌生的地方，现已发生了翻天覆地的变化，从曾经的一穷二白到现今的富足生活；从脸朝黄土背朝天的传统种植到如今的特色养殖产业；从土地荒废贫瘠到如今绿水青山、杨柳依依，德胜村通过四年时间，完成了这一壮举。时光回溯到 2017 年 1 月 24 日，此时正值农历春节前夕，中共中央总书记习近平冒着四九严寒、踏着皑皑白雪来到德胜村，看望慰问困难群众，与基层干部群众一起算扶贫账、谋脱贫计。可以说，是党的关怀为德胜村的脱贫攻坚带来了希望，村民的勤劳刻苦为德胜村带来了敢教日月换新天的不竭动力。

一进入德胜村，一阵凉风扑面而来，让穿着短袖的我也不禁打了个寒战。仅隔着两百多公里，七月的北京骄阳似火，但是这里却十分的凉爽，让我深深感受到"高原"的威力。尽管实地调研前我已了解到德胜村的变化，但一直以来在我印象中，农村生活是贫苦的，一间间破旧的房子，满是泥土的小路坑坑洼洼，农民每天过着面朝黄土背朝天的生活，为一饭、一衣、一鞋而发愁。然而，真正踏上德胜村的土地我才感受到了什么叫作"新农村"建设，铺平的沥青路，整整齐齐的房屋瓦舍，加上闻起来就特别新鲜的空气以及舒适的温度，让我感受到了一种类似"度假"和避暑的感觉。那是我亲身体会为什么要在德胜村发展"旅游业"，作为一个在澳门长大的孩子，许久没有感受到那般自然又舒适的环境了，除此之外，也深深地感受到了国家"脱贫攻坚"政策给人民带来的幸福感的提升。

实践中我们先后调研了支撑德胜村发展的微型薯种植、光伏发电以及旅游行业，又亲身参与了德胜村村民的文化活动，与民共舞，和民交流，了解他们在这里居住几年的变化。见到每天由旅游大巴载着过来跳舞的村民，见到拉着盆栽拉着花来建设他们美丽新"德胜"的叔叔阿姨，也见到每天早起牧羊的退休老同志。

采访过后村里人还热情地邀请我们去他们家吃饭。搬着板凳，坐在院落中一张青石板桌上，摆上几样再简单不过的农家小菜：干煸豆角、酸辣土豆丝、红烧肉……就着夏日的凉风，享受着乡村傍晚特有的风景。晚饭后，我们随之加入了全民运动——广场舞。在与广场舞蹈队的成员们进行了半小时舞蹈沉浸式体验后，我们了解到舞蹈队的成立时间并不长，在德胜广场建立之后，百姓生活水平与质量有所提高，村民们才有了组建一支舞蹈队的想法，舞蹈成员队们白天干农活，傍晚便相聚于此痛痛快快地跳一场。阿姨们热情地给我们讲述着脱贫前后自己生活的变化，"以前哪有什么跳舞的概念，没有的，没有的，都是这几年大家生活过好了，才高兴得起来，大家才跳得起来的。""现在才觉得这是生活，有滋有味的，每天也有个盼头。"从阿姨们你一言我一语的讲述中我们分享着她们的快乐，看到了脱贫前后的巨大变化，同时也体会到这份幸福生活的来之不易。

脱贫不仅仅是物质的脱贫，更是精神上脱贫，他们在脱贫前虽然生活艰苦但却认真生活，在脱贫过程中积极探索脱贫致富的新思路，在脱贫后并没有安于享乐而是进一步探索乡村振兴的道路，这些让我学习到了在人生道路上不畏艰难一路向前的优秀品质。

从书本落于实践，用实践升华知识，在整个社会实践过程中，我从一开始对于脱贫成果的好奇，再到后来融入当地村民脱贫后的多姿多彩生活，再后来与团队一起讨论如何助力乡村振兴的建设。这一路上所见所闻所感颇多，这不仅仅作为一段刻骨铭心的经历丰富了我的人生阅历，更是一场由内至外的心灵的洗礼。"脱贫攻坚"，我曾经在课堂上听过，在书上看过，在新闻上见过，但是这些离我是那么的遥远，从没想过现如今自己有幸亲身体验。这一次与同龄人结伴而行走进了曾经的贫困村庄德胜村，被干净整洁的新村环境所吸引；被规模成片的"铁杆庄稼"所震撼；被多姿多彩的村民生活所感染；被党员干部身先士卒的行动所影响；被村民勤劳致富的精神所鼓舞；被村委描绘的乡村振兴蓝图所激励。

习近平总书记在庆祝中国共产党成立100周年大会上强调："新时代的中国青年要以实现中华民族伟大复兴为己任，增强做中国人的志气、骨气、底气，不负时代，不负韶华，不负党和人民的殷切期望！"虽然实践圆满结束了，但是关注民生、放眼基层的观察视野和"从生活中学，从实践中悟"的学习态度没有终点。诚然，青年的人生之路很长，前进的途中，有一路平川也有高山险峻，有风和日丽也有风雨交加。君子行不贵苟难，说不贵苟察，名不贵苟传，唯其当之为贵。只要我们为了理想能坚持，不松懈，就能创造瑰丽的人生。当下，青春是用来奋斗的；未来，青春是用来回忆的。无数人生成功的事实表明，青年时代选择了吃苦也就选择了收获，选择了奉献也就选择了高尚。回望历史长河，英雄事迹层出不穷，爱国精神生生不息。皮之不存毛将焉附？国家的兴衰与每一个人民都是息息相关的。少年强则国强，少年富则国富，少年进步则中国进步！

作为当代青年大学生，我们有义务也有责任，为国家的繁荣昌盛贡献出自己的一份绵薄之力。我定当铭记初心，砥砺前行。利用专业知识肩负起青年一代的使命与担当，为下一个百年奋斗目标贡献自己的力量，青年怀揣梦想，承担实现中华民族伟大复兴中国梦的责任。

图 1

图注：与当地村民共舞

图 2

图注：考察团队合照

图 3

图注：德胜村脱贫后实况

图 4

图注：光伏产业

图 5

图注：与村民进行访谈

联 系

华侨大学　经济与金融学院　金融学　2021 级　香港　陈芯田

1921 年 7 月，在嘉兴南湖的一艘小船上发生了这样的一件大事——中国共产党的成立。白驹过隙，如今已是 2021 年，中国共产党已经成立 100 周年了！

我从小是在福建长大的，而我的父亲一直在香港工作。我们见面的次数很少，但只要一有空拿起手机就能聊一整天。我和父亲都喜欢拍照，我们时常会在大街小巷里拍一些有趣的照片发给对方看。

有一次我和家人回老家看海，那是一片寂静之海，因为村里人没有时间去管这片海，所以基本没有人在那里过多地逗留，那片海域自然而然成了孤海。但那天的沙滩热闹极了——好多小摊小贩在沙滩上吆喝着、好多人在沙滩上晒太阳聊天，甚至还有人在浅海戏水。曾经寂静无人的沙滩充满了欢声笑语，我太震惊了。和家人戏水完，我和父亲视频聊天聊起了这件事，父亲也表示很震惊，在旁边的妈妈解释——原来村里新来了干部，新干部为了响应国家的新时代号召，准备把村里的海开发起来，并开始对外宣传。他设置一些摊位给村里没有工作的人来经营，设置巡逻队，招募一些刚退休的人没事来沙滩上走走锻炼身体，顺便提醒游客防止意外发生。听完这番话我着实钦佩这位新干部，年轻人都出去打工赚钱了，村子里只有一些在家里看小孩的老人，现在村里经济发展了起来，年轻人们开始愿意回村打拼了，一切都变得鲜活了起来。父亲听完感叹了起来，他想起了好早以前的香港，那时候的香港虽说是经济十分发达的地方，但还是有一些地方乱七八糟的。他说，在以前的香港，家庭不富裕的人都住在又小又脏的老公寓楼里，后来政府出钱重新建了公寓，那些老式的居民楼都快消失了，而且我小时候最爱去的维多利亚港也重新翻修了一遍，变化真的好大。我可以感觉到父亲当时话语里对党、对政府的敬佩。

　　我酷爱旅游，恰好家里人也赞成我出去旅游，说是出门长见识，因此我算是游遍了半个中国。每次出门旅游，我都会拍好多照片分享到朋友圈里给父亲和朋友看。我和父亲之间的聊天也从日常的大小事变成了我单方面的分享大会——"你知道吗？我见到 20 元人民币上面印的桂林山水了，但那里拍照要收钱，我偷偷找了个地方和桂林山水合了个影……""西安大慈恩寺旁边的一家餐馆好好吃，我们还在那里讨论了红楼梦……""爸爸！玉龙雪山我没吸一口氧就爬上来了，厉不厉害？""武夷山的印象大红袍重新制作了一版，好好看啊！"父亲每次都很认真地听我讲话，我每一次在最后说完都会加上一句，"等你回来了，我带你去一次，肯定有新的变化。"但很抱歉，这句话一直说到了现在都还没实现，但只要有时间，我一定会去实现。值得一提的是，我们每次出门旅游请的都是一个导游，她带我们走遍了半个中国。她说每一次带一队人旅游都会有新的发现，大多都是因为国家政策，变得越来越人性化了。听说杭州的《印象西湖》改成了《最忆是杭州》，表演内容从展现杭州文化扩大到了展现中国气度和世界大同，下一次一定要去好好欣赏。我游遍江南小镇，看到过玉龙雪山上最干净纯粹的蓝天，领略过海南人民的热情好客，感受过都江堰的气势磅礴。在一次又一次的旅行中，我感触最深的就是听导游讲每个地方的历史变化——从老旧到崭新，从荒凉到繁华，这些都离不开党和政府对历史文物的爱护和对地方风土人情的欣赏，各个地区的文化特色被放大、碰撞，成为新时代的新风尚。

　　我父亲喜欢看新闻，每次一有大事发生都会分享给我们这一大家子，然后说出他的观点。每次国庆，他都会准时守在电视机前看直播，然后通过语音的形式分享给还在睡梦中的我，每次都是感叹中国人民解放军越来越潇洒帅气了，中国的军事力量越来越强大了。我也很感谢父亲给我讲这些，因为父亲讲的话可以写进作文里，当作我的国庆阅兵仪式观后感。有一段日子父亲天天给我发视频，党中央和特区政府开始整治香港乱象，香港逐渐恢复往日的宁静与繁华。

　　作为新时代青年，我看到了不断变化、不断发展的中国。这些变化和发展好像离我们很遥远，但的的确确改变了我们的生活。中国共产党就好似我们的父亲，虽然未曾真正谋面，但只要我们有问题，它就一定会解决。我一直都很相信中国共产党，正如人民日报文章中提到"100 年来，中国共产党从一棵小树成长为枝繁叶茂的参天大树。这棵大树，吸吮着马克思主义科学理论的养分，深深扎根于 14 亿多人民的丰厚土壤之中，具有不断成长的内生动力，具有抵挡任何风雨侵袭的强大力量。"如今中国共产党已经成立 100 周年，我希望中国共产党能够一直越来越好、越来越棒，带领着中国人民走向光辉的未来！

三代人的深圳追梦路

暨南大学　新闻与传播学院　新闻与传播学　2020级　香港　张嘉欣

四十余年前，在中国的南海边有一座小城正悄然崛起。四十年来，一个普通中国家庭三代人正谱写为个人梦想、家族兴旺、祖国富强而拼搏的奋斗篇章。外公，爸爸，还有我，一个90后的中国大学生，我们祖孙三代在追梦的道路上共同见证深圳建设、祖国富强的新容貌。

一、开疆拓土：深一代建设美好

我的外公是改革开放第一代来深圳的建设者，他是第一个在深圳黄贝岭开起水果档的小商人。记得我小时候常常黏着外公，小小的个子埋在水果档的收银台下，只能不停地探出头，听着外公和朋友们聊来深圳打拼的故事。

外公出身于广东潮汕的一个小县城，虽然没有读过几天书，却有着一股子敢拼敢闯的冲劲。记得外公在世时告诉我，当他听到经济特区建立的那一刻，直觉告诉他应该到深圳来闯一闯。深圳对于当时还是年轻人的外公而言，无疑是可以有机会实现梦想的地方。他不仅想个人致富，更想带着同村人走出小山村共同致富。那个直觉，不仅仅是简单的说走就走的勇气，对于当时已经拖家带口的外公来说，子女的养育、村人的不解和朋友的质疑都可能成为阻力。然而庆幸的是，他坚定迈出了这一步，带着同村人一起出来闯荡，在深圳打拼出一片天地。

创业初期，外公带着村里几个二十出头的年轻人来到深圳。每天早上卖货，晚上进货，循环运转，累了就在水果档口里屋搭起的临时床架上休息一会。辛苦的劳动终有收获，当年同他一起在深圳打拼的年轻人，都荷包鼓鼓地回到家乡建起了新房子。母亲告诉我，每次外公回村，家里都会被围个水泄不通，那是因为村里的婶子们都想把正值壮年的孩子交给外公提携，满腔热血的青壮年也想跟着外公去看看外面的世界，用自己的热血共同开创美好未来。就这样，渐渐地，外公的档口扩张到了罗湖和南山，他带着更多的年轻人来深圳打拼事业，村里也建起越来越多的新楼房。

这是深一代外公的故事。因为中华民族的伟大复兴，因为中国深植血液的奋斗精神，外公带着梦想来到了这座尚且还是小渔村的城市，陪伴祖国建设美好新篇章。

二、追梦赤子：深二代奋进前行

我的父亲是一个土生土长的香港人，他总笑称自己是个彻头彻尾的穷小子。当年许多人都羡慕感叹香港的繁华，他却反其道而行，义无反顾地只身一人跑到一河之隔的深圳，开启了他在深圳打拼的一生，成为改革开放初期为深圳发展贡献自己力量的一分子。

父亲告诉我，在他来到深圳的第一天，身上只有五十块钱和一套换洗衣服。年纪小又没什么学历的他只能成为最廉价的劳动力，通过帮别人送货来赚取微薄的工资。虽然很累很辛苦，但他说不知道为什么，"深圳"这两个字似乎有一种魔力，让他感觉到一切皆有可能的力量。像许多涉世未深的年轻人一样，有着一股子干劲的他开始猛冲猛打，希望能够打拼出真正属于自己的领域。"时间就是金钱，效率就是生命"这句深圳口号，是支撑着他在每个瑟瑟发抖的深夜坚持下来的信念。于是他开始上夜校，通过半工半读的方式学习艺术设计和管理学知识。从一个小小的送货工人，到开了第一家属于自己的服装小店，从拥有一个温馨的小家，到拥有第一家属于自己的工厂，国家的高速发展为他提供了出口外贸的机会。

父亲常常感慨说："我现在的所有成就都是改革开放给我的，是深圳给我的。"他像许许多多普通务工者一样，赶上国家高速迈步发展的新阶段，虽然曾遇到许多挫折与磨难，但在这里，他不仅一步步地在构建自己的小家，还陪伴着祖国日渐成长为更具国际影响力的国家。

三、为梦拼搏：深三代共创未来

因为父亲和外公，我一出生就拥有让我骄傲自豪的标签。我是一个香港人，同时是一个广东人，也是一个深圳人，最重要的是一个中国人。我想如果说他们的青春是见证深圳从稚嫩到成熟的青葱岁月，那我的青春一定是陪伴深圳走向国际化的光辉岁月。

在我的记忆深处，深圳是那句"来了就是深圳人"，中国是那句"时间就是金钱，效率就是生命"。见证深圳速度、中国发展的我，小时候最喜欢待的地方是家里的阳台。远远望去，深圳的最高地标建筑从地王大厦到京基100大厦，又变成了突破云端的平安国际金融中心。从安静的街市，到现在随处可见的拆迁重建。深圳正在以一个全新的模样面向世界，祖国更是在国际视野中逐渐强化影响力。而我时常在想，我们这一代应该如何追赶上时代的步伐，如何跟上时代发展的节奏。直到我上了大学，读了许多书，见到不同人之后我才明白，我们这一代从来不是追赶前人的步伐，而是在用自己的节奏，开创一个未知的时代。

在我作为志愿者时，我曾为路人引路、为他人伸出援手，试图用手的温度温暖每一个深圳人；在我作为一个新媒体人时，我用不同的、趣味的方式介绍深圳这座城市，试图让更多人了解并爱上这座城市；在我成为新闻人时，我记录下了祖国建设背后的故事，希望能够用文字让每个人看到祖国的富强。后来我在学习之余成了一名互联网人，同时也尝试着在不同企业和平台进行实习。我听见互联网巨头鼓励我们赶上了好时代，能够拥抱更多的机会和挑战；听见传统企业的前辈说因为中国这个金灿灿的招牌，他们才能在国际上打出中国市场；听见初创公司的老板感慨祖国对初创者的帮扶，才有今天坐在写字楼里满腔热血的年轻人。

虽然这些公司都有所不同，却又有相同之处。他们在为自己的企业发展贡献，也在为国家发展付出自己的一份力量。我希望在不久的将来，我能够用自己笔尖上的力量，为更多人传递中国速度、中国力量。

这是我们三代人与鹏城深圳的故事，也是中国许多小人物的故事。我们为了更好的生活拼搏，最终也成为这个国家的一部分。追梦赤子心，我想在祖国高速迈步向前的今天，作为港澳台青年学子更有责任和义务与祖国携手同行。临近毕业之际，我的心中怀揣对未来无尽的憧憬与向往，满腔热血渴望投入祖国未来的建设中，用文字书写祖国发展百年史，成为照耀祖国国际化道路的万千明灯之一，与祖国共创美好中国新篇章。

中国，新征程

暨南大学　四海书院　金融学　2021 级　香港　庄子麟

当你被那一八四零的火炮所惊醒，
你便迎来了一百余年的曲折与坎坷。
洋人的火炮摧残着大地，
人们的血液染红了海河。

然而啊，
你却没有为此屈服。
先驱们沐浴着鲜血，吟唱着战歌，
要用那发自内心的怒火与悲情，
用枪炮与铁锤砸碎那黑暗，
将无光的天染成火的颜色。

终于啊，
你站起来了！
迎着天安门前灿烂的骄阳，
五星的旗帜染红了大地与天空。
在先人英魂的注视下，
用热血融化了百年的严冬。

如今的你，
化作神舟在宇宙中翱翔；
化作蛟龙在深海中激荡。
世界的角落响起你的声音，

贫困的人们实现了小康。

但是啊，
这绝不是终止！
你未来的路光明而漫长。
真龙正从沉睡中苏醒，
化作领航时代的耀眼之光。
当古老的文化交融于先进的时代，
中华文明必将被壮大发扬！

在未来的征程中，
你必将散发出自己的光与热！
你谨记着那黑暗的历史与路途的坎坷，
用奋斗拼搏的意志精神点燃火炬，
跨越险阻，无惧艰难，登顶崇阿！

回首百年奋斗路　迈向复兴新征程

南昌大学　经济管理学院　现代经济学　2018级　香港　陶施安

百年饮冰，热血是否仍有春温？

百年漂洗，记忆是否还会殷红？

当人类文明充满了野蛮，充满了血腥，充满了暴力，充满了黑暗对光明的吞并，当人类置身于最黑暗时，人类内心深处依旧保持着对光明的追求。因为我们知道黑暗只能附丽于渐就灭亡的事物，一旦灭亡，黑暗也就一起灭亡了，然而将来是一定会有的，也一定是光明的，只要不做黑暗的附着物，为光明而战，我们就一定有悠久的将来，且一定是光明的将来！

百年的历程中，在中国共产党的领导下，从被白色恐怖笼罩的内乱到万众一心、不计前嫌地一致对外；从热火朝天的社会主义建设到波澜壮阔的改革开放……这段历程是人类历史上最艰难的一次。用精神力量填平了物质差距的鸿沟，让中华民族呈现出震惊世人的百年巨变，这是几代人不懈努力、用汗水和泪水甚至是鲜血换来的！我们珍惜、自豪之余，更应看到的是这个古老民族所蕴含的强大创造力和生命力。

而一个伟大民族的顽强之处在于它从不缺乏血性之人，当国家被分割蹂躏的时候，一批又一批的仁人志士为振兴中华、民族大义抛头颅、洒热血。以吾辈之光，烛照后世，看那抱着必死之心指挥着致远舰冲向敌人的邓世昌；愿以吾血醒苍生，以满腔雄伟气魄写下"我自横刀向天笑，去留肝胆两昆仑"的谭嗣同；为践行"为四万万同胞争人格"的誓言，以一隅而抗全局，明知无望，宁断头死，不屈膝生的蔡锷将军；在黄花岗起义，为国之大义向死而生的七十二烈士；四十年如一日，为中国的独立自强耗尽毕生精力的伟大革命先驱者孙文先生；在国难当头时，那成千上万在如花之年投笔从戎的爱国学子……他们就像最后的守夜人，在守一盏最后的明灯，只为撑起倾斜的巨影。感怀无数的先烈们，这一路的风霜雨雪、坎坷荆棘，他们以不屈的信念为这个古老民族孕育了新生的灵魂，他们以血肉残躯在亿万国人心中筑起了一道永垂不朽的万里长城。

从根本上来讲，我们是热爱和平的，但绝不会默默忍受任何外来的屈辱和压迫；同时我们也是勤劳、勇敢而富有智慧的，在这广阔的中华大地上，看看那直入云霄的高楼，高速飞驰的列车，万众齐心的载人航天飞船……或人，或事，或物，桩桩件件都体现出我们中华民族所蕴含的欣欣向荣的强大生命力。而国人们团结且富有斗争性的精神使我们有能力在极端复杂的环境中，找到正确的前进方向和途径，创造出惊天动地的奇迹来。

在这前行的路途里，或许我们每一个人都背负着不同的重量，挫败的、危险的、屈辱的、伤痛的……而当时光流逝，某一天的初晓来临时，晨风涤散了许多曾经我们认为重要，实际上却微不足道的一切，或许只有这样，我们再回首百年奋斗路时才能从中沉淀出如同新生绿芽般生命的重量。

礼赞新时代　共筑中国梦
——庆祝中国共产党成立 100 周年组诗七首

齐鲁工业大学　材料科学与工程学院　高分子材料与工程　2019 级　澳门　秦其涛

建　党

五四风雷万众醒，宣言正道九州传。
研筹建党江山应，红舫撑开赤县天。

大革命

国共连横期大业，操戈五卅烈魂冤。
铁军北上扬名远，黑手高悬暗九天。

展红旗

南昌起事第一枪，暴动秋收辟井冈。
广穗揭竿群力举，朱毛会首两军强。
雄关漫道平三岳，号响古田盈四方。
红色城乡星火旺，燎原遵义到湘江。

抗　战

瓦窑决策同驱虏，事变西京动地天。
敌进我攻歼日寇，军威首破平型关。

百团鏖战惊山岳，万众齐心灭恶顽。
鼎力强兵援海陆，整风正道聚延安。
泥湾自产足衣饭，稻米飘香解困寒。
七大循真铺坦路，兴邦伟略胜前贤。

解　放

江城谈判气安闲，北展南防势向前。
内外夹攻勤作战，中原自卫破围歼。
行军千里击全线，分亩多方保众田。
西柏运筹平天下，进京赶考定坤乾。

建　国

政治协商新政府，人民做主首当家。
惩顽剿匪开清世，抗美援朝卫华夏。
统理财经粮满囤，清除腐败浪淘沙。
奠基国本兴人大，改造三元弃旧衙。

开　放

科教春天万众欢，百花齐放掸衣冠。
开门放眼西洋迥，到户包干体制宽。
本色鲜明中国路，特区旧貌露新颜。
初级阶段实情在，唯美求真筑乐园。

忆峥嵘岁月稠，乘今朝盛世逢

深圳大学　电子与信息工程学院　电子科学与技术　2020级　香港　李乐儿

> 风起青萍，七十寰宇，百年探索，一苇以航，躬逢盛事，与有荣焉。

——题记

历史的清风带着感叹，浩荡的长江承载着诉说。白驹过隙，岁月蹉跎，晃眼间建党已是百年载。可幸生逢盛世，日新月异和蒸蒸日上的气象并没有抹去历史在祖国胸膛上留下的烙印，过去的峥嵘岁月稠历历在目。

站在维多利亚港码头，轻闭双眼，思绪穿越岁月的长廊，过去的一个契机，侵略者用坚船利炮让我们的祖国支离破碎，铁靴在香港这块宝地上践踏，我的泪水从心底溢出。随着海风吹起，把那糟糕的记忆吹散，忽见南湖烟雨迷蒙，一叶红船漂泊：1921年7月，13位共产党人高举火炬，穿过惊涛骇浪，越过急流险滩，红船承载着人民的重托，民族的希望，在历史的洪流乘风破浪，奋勇前行，挥洒青春豪情。

自此，共产主义思想就像是缥缈大地中忽然出现的一束曙光，一点点镌刻进人们心中，深刻地影响着为救亡图存而呕心沥血的仁人志士，给破碎的九州大地带来了新生的希望。而在这百年的征程中，任凭岁月洗礼、风雨更迭，党的脚步始终坚定如一，从未停下。

学党史明晰初心，重温波澜壮阔的民族史诗。

余光中曾经在《欢呼哈雷》中写道："我的国家，依然是五岳向上。一切江河依然是滚滚向东，民族的意志永远向前。"1949年10月1日，开国大典在天安门隆重举行。毛主席在天安门城楼上向全世界庄严宣告，"中华人民共和国中央人民政府今天成立了！"从石库门到天安门，从兴业路到复兴路，党从失败中汲取教训，给中国革命之路指明了方向与道路，在生死攸关之际扭转时局，浴火重生。开创了中国特色社会主义道路，谱写了壮丽的民族史诗。1997年7月1日香港会展中心的红旗准时升起，猎猎飘扬！那一个时间点，聚焦了全世界的目光，更成了我们父辈们永生难忘的记忆节点，那一历史时刻，是祖国和人民不可磨灭的共同回忆。作为一名香港青年，香港"一国两制"、港人治港的伟大实践，乃至中华民族的伟大复兴，我们都责无旁贷。在社会主义核心价值观洗礼下成长的我，愿以忠诚守护那一抹红。

知史勇担使命，众志成城彰显大国风范。

庚子鼠年如期而至，然而荆楚大地不闻年味，却见战鼓频吹。一批又一批的中国青年为这个时代勾勒出了"了不起"的中国模样。哪有什么白衣天使，只不过是在被称作孩子的年纪里，有人已扛起了时代的"重担"。你看到生于微末中的万千萤火，乘长风汇聚成熠熠星河，漫漫长夜里唯一的亮色，那便是中国红。那是由千千万万生于平凡而心系天下的中国人，在云端上，在尘埃中，拼尽全力盛放的光芒。以他们为荣，以他们为傲，更以他们为榜样。他们冲锋在前，顽强拼搏，充分发挥战斗堡垒作用和先锋模范作用，在大战中践行初心使命，成为黯淡疫情中难得的温暖与力量。在内地学习的我与至亲相隔，温暖和力量使我愿将无尽思念交给祖国，努力配合党中央和政府。见证了这场疫情将全国人民凝聚一心；见证了中国人民在党的领导下，众志成城，彰显了战胜疫情的坚强意志和必胜决心，融汇温暖；更见证了大国担当和大国实力。

悟史砥砺前行，在知史明史中凝望未来。

辛丑牛年如约而至，过去的漫漫长途中，我们并非孑然独行。代代杰出青年的身影，始终在我们心底熠熠生辉。"青年一代有理想、有本领、有担当，国家就有前途，民族就有希望。"中国共产党是为中国人民谋幸福的政党，也是为人类进步事业而奋斗的政党，而青年就是构建人类命运共同体的青春力量。昔日，五四青年振臂一呼，在黑暗的年代，高举科学民主，点燃了思想启蒙的火炬。而今当下，亦有将勤奋化作逐梦的灯展：一步一个脚印在科研道路上，锐意前行的天才少年曹原；更有执着拼搏，无所畏惧，勇夺东京奥运首金的中国姑娘杨倩。今年夏日，当香港特别行政区区旗在奥运会上冉冉升起并奏响《义勇军进行曲》之时，民族自豪感油然而生。1995年，《财富》杂志曾预言香港回归后会衰落，然而回归后香港的持续繁荣发展，狠狠地打了《财富》杂志的脸，2007 年《财富》又发表文章并表示"我们错了"。作为在内地生活的香港人，我深知，我们背后有一个强大的祖国。香港的高楼大厦是内地以强大的输出撑起的一片繁华，共饮一江水，同是一家亲，将有更多的香港青年为粤港澳大湾区的建设贡献智慧贡献力量，一同实现我们的中国梦。

　　往昔峥嵘岁月已逝，乘着盛世相逢，我们应奔腾呼啸加入献身者的滚滚洪流中推动国家历史向前发展。一代人有一代人的长征，一代人有一代人的担当，在全面建成小康社会，中华民族伟大复兴之际，作为青年的我们更应当用奋斗吹起明日的辉煌，用奋斗唱响雨后现虹的终曲，洒一路汗水，饮一路风尘，嚼一路艰辛。让青春在红旗下燃烧，在时代洪流中扬帆起航，乘风破浪。

忆峥嵘岁月　担时代使命

五邑大学　文学院　汉语言文学（师范）　2020 级　香港　曾薇冬

如果说党是森林里的参天大树，那我们就是在大树庇荫下展翅高飞的鸟儿；如果说党是春天里的绵绵细雨，那我们就是被雨水温柔滋润着的禾苗；如果说党是一轮火红的太阳，那我们就是沐浴着温暖阳光的花朵。在党的光辉普照下，我们像一朵朵幼嫩的花儿含苞待放，是党让我们茁壮成长，是党让我们放飞梦想。2021 年，是我们伟大的中国共产党诞辰 100 周年，百年恰是风华正茂。

百年征程波澜壮阔，百年初心历久弥坚。一把锋利的镰刀，一把坚固的锤头，无数人用一滴滴鲜血铸造了中国共产党。一百年来，我们翻山越岭，摸着石头过河，从南昌起义到井冈山会师，从西安事变到卢沟桥事变，从红军长征到抗日胜利，从新中国成立到社会主义探索，从改革开放到全面脱贫，无数的先烈前仆后继，无数的人民艰苦奋斗，最终我们取得了革命的胜利，赢得了民族的解放，开辟了中国特色社会主义道路，为实现中华民族伟大复兴指明了方向。十一届三中全会的召开，使中国历史从此进入了社会主义现代化建设的新时期；香港、澳门的回归，标志着我国在完成祖国统一大业道路上迈出了重要一步。那一年，中国人民洗雪了百年国耻，历经百年沧桑的香港终于回到了祖国的怀抱。今天，我们实现了第一个百年奋斗目标，正阔步向着全面建成社会主义现代化强国的第二个百年奋斗目标坚定前进。

殷殷爱国情，拳拳赤子心。新中国成立以来，中国涌现出了一代又一代优秀的英雄人物，他们怀着强烈的爱国情怀，凭借精湛的学术造诣，为祖国和人民做出了卓越的贡献。从"地质元帅"李四光、"中国导弹之父"钱学森、"两弹元勋"邓稼先等一大批老一辈的科学家，到"天眼之父"南仁东、"国士无双"钟南山、"中国首位诺贝尔医学奖获得者"屠呦呦等新一代杰出的科学院院士，他们都是我们的榜样。牢记初心与使命，吾辈亦当自强。梁启超先生曾说过："少年强，则国强；少年智，则国智；少年富，则国富……少年雄于地球，则国雄于地球。"吾辈亦当传承前辈勇敢无畏的科学精神和情深义重的家国情怀。

祖国在进步，时代在发展。中华民族在"站起来""富起来"到"强起来"的历史飞跃中，正意气风发地走在民族复兴的新征程上。硝烟弥漫，我们受尽屈辱；科技垄断，我们饱含艰辛；改革开放，我们屹立潮头。香港、澳门回归祖国后，粤港澳地区合作不断深化，经济水平不断提高。2017年，在"一国两制"方针的贯彻下，粤港澳大湾区开始建设。港珠澳大桥的开通，粤港澳大湾区的建设，有利于港澳长期繁荣稳定，进一步密切了内地与港澳的交流合作，为我国经济创新力和竞争力不断增强提供支撑，同时也为粤港澳地区的高校大学生提供了难得的机遇，为其未来的发展创造了有利的条件。

"我骄傲，我是中国人。"作为一名港澳学子，身处在"中国第一侨都"江门的五邑大学，我感到无比幸运。学校始终践行"好学、多思、求实、创新"的校训，秉承"根植侨乡，服务社会，内外合力，特色发展"的办学理念，一路不断前行，家国情怀早已厚植于邑大人的血脉、精神与文化之中，中华民族伟大复兴的重任邑大人责无旁贷。五邑大学是侨捐助学的一个缩影，无数海外华侨以及港澳台同胞为学校的发展提供了极大的支持，这些都离不开他们对祖国的热爱、对家乡的眷念之情。走遍万邦，心系中华。华侨同胞们热心造福桑梓的举措，深深地激发了我强烈的爱国情怀，我不禁感慨道："我骄傲，我是中国人。"正是在这样的背景下，我的心中不由自主产生了一份责任感，盼望自己早日成才，为祖国和家乡的建设贡献自己的力量。我会因此抓住机遇，迎接挑战，练就过硬的本领，迎合新时代发展的步伐，热爱祖国，面向港澳，继承和发扬海内外同胞"扎根大地，心系家乡"的优良传统。

中国梦，教师梦。作为一名师范生，我感到非常光荣与自豪。"百年大计，教育为本。教育大计，教师为本。"教育是一个国家和民族的基础工程，也是关系一个国家和民族未来的钥匙。无论世界怎么风云变幻，综合国力的竞争始终是靠科技，而诞生科技的摇篮是教育，教育让我们的国家取得翻天覆地的变化，也是教育让无数青年拥有了出彩的人生。教育是守护，守护着一个个青年，守护着他们在正确的航道上前行。所以，教师是这个世界上最神圣的职业。我会继续坚定不移，砥砺奋进，培养崇高的师德，牢固掌握专业知识与师范基本技能，时刻思考如何使自己成为一名合格的新世纪教育工作者，在以后的教育事业中散发出属于自己的光芒，在实现伟大复兴中国梦的征程中放飞青春梦想。致敬中国梦，感恩中华情，托起教师梦。

坚定理想信念，实现自我价值。作为一名当代大学生，应该志存高远，做一个有理想、有担当的人。中国梦，是十四亿华夏子女共同的梦想，努力实现自我价值，从小我到大我，当"未来中国"的建设者，做中国梦的圆梦人，为民族的振兴和国家的繁荣而不懈追求与奋斗，我们每个人的梦也将成为中国梦的有机组成部分。我会以此为动力，勤奋学习，不断提高自身能力，不忘初心，牢记使命，树立远大的理想和坚定的信念，发扬中国共产党的优良传统，担当起中华民族伟大复兴中国梦的时代使命，展现21世纪中国青年的时代风采。

"我和我的祖国，一刻也不能分割。无论我走到哪里，都流出一首赞歌……"每当我听到这首歌，内心总是压抑不住激动和自豪。我们生在红旗下，长在春风里；我们正处于一生中的黄金时期，也处于祖国发展的辉煌时期；我们是祖国的未来，我们应该将个人命运同国家命运紧密相连，把握当下，只争朝夕，不负青春，不负韶华，以昂扬向上的姿态砥砺前行，满心赤诚共创祖国美好的明天。

一代有一代人的使命，一代有一代人的担当，奋斗的火把由当代青年顺利接过，在"两个一百年"的历史交汇点上激情点燃。青春逢盛世，奋斗正当时，我会以"强国有我，请党放心"的自觉，以"满腔热血，勇往直前"的精神，在青春里有所可为，在盛世里有所作为，做一个新时代的奋斗者。以青春之名，谱写时代华章；行奋斗之实，歌颂百年党史。让我们一起为实现中华民族伟大复兴中国梦而努力奋斗，在中华民族伟大复兴的征程中写下属于自己华丽的人生篇章。

与你一起走进建党 100 周年

中南财经政法大学　统计与数学学院　统计学　2021 级　香港　詹杰琪

一、以史为鉴 开创美好未来

以前的历史就像是一面镜子，时时刻刻反复地提醒我们要铭记历史。翻开百年的历史可以看见，从 1921 年开始，中国共产党是多么辛苦，他们一直在水深火热中积极对抗。党史包括很多内容，有奋斗史、创业史等，从中我们可以看到中国共产党的诞生，中国人民一路走来的艰辛历程，这可以很好地让我们吸取经验。在党的带领下，中国人民走向更好的未来。战争年代，党用的是马克思列宁主义基本原理同中国革命和建设具体实践相结合，用的是毛泽东思想。任何时候，中国共产党都是站在前面，替我们抵抗危险，前赴后继，英勇奋斗，一直坚持到最后的胜利。

百年青春心向党，矢志建功新时代。一百年前，你们从上海石库门到嘉兴南湖，一艘小小红船承载着人民的重托、民族的希望，越过急流险滩，穿过惊涛骇浪，成为领航中国行稳致远的巍巍巨轮。一百年后，我们比历史上任何时期都更接近、更有信心和能力实现中国梦。

在这一百年，中国共产党始终牢记自己的初心和使命，团结带领人民开辟了伟大的道路，开创了伟大的事业，铸造了伟大的精神，积累了宝贵的经验。团结和带领全党全国各族人民，主持伟大斗争、伟大工程、伟大事业和伟大梦想，推动党和国家事业取得历史性成就和历史性变革，推动中国特色社会主义进入新时代。中华民族实现了从站起来、富起来到强起来的伟大飞跃，实现了第一个百年奋斗目标，在中国大地上全面建成小康社会，历史性地解决了绝对贫困问题。没有中国共产党，就没有中华民族的伟大复兴。

在这一百年，中国共产党始终坚持为中国人民谋幸福，为中华民族谋复兴的初心使命。领导中国人民进行革命、建设和改革，为使中国人民过上更好的生活，实现中华民族的伟大复兴，做出了一切奋斗、牺牲和创造。无论我们面临怎样的挑战和压力，无论我们付出怎样的牺牲和代价，我们最初的使命将坚定不移。

而现在，再回首。中国正处在中华民族伟大复兴的新征程上。我们要不遗余力地努力工作，响应党的号召，牢记自己的使命，忠实履行自己的职责，不辜负人民，不辜负使命，不辜负时代。

二、再回首

"回顾走过的路、不忘来时的路，是为了继续走好前行的路。"把人民对美好生活的向往作为奋斗目标，努力实现好、维护好、发展好最广大人民的根本利益，在实现第二个百年奋斗目标的伟大征程中再创新的辉煌。历史的他们，是多么辛苦。而现在的我们，是多么幸福。回首以前的祖国，是多么艰难，现在又是多么旺盛。

趁着这次国庆，我选择去看《长津湖》这一部电影。观影三个多小时，我的内心久久不能平复。炮火的红光，满目残骸，大雪皑皑，飘扬的中国红，死守的阵地，饥饿寒冷，画红框的名字。其实谁都不知道会不会赢，就是那股信念让一个个战士不顾一切地往前冲。电影刚开头，看到美军的战机投下一颗颗炸弹，一片又一片的地方变成了废墟，在这些下面，我们又是有多渺小，顿时流下了泪水。电影里的战士们，他们有些和我们一样，也是十几二十岁，本是坐在教室里读书、玩耍的年纪，却上了下一秒不知道会发生什么的战场。抬头是威力无比的战斗机，而下面却是穿着布衣的战士们，同是一天，美军吃着烤鸡围着火炉，而我们的战士却在冰雪之中吃着冰到硌牙的土豆。我想，历史发生的要比荧幕里演绎的艰难一百倍一万倍，他们一个个，都是我们的英雄，我们应该记住他们。我忘不掉，他们躺在尸体边，为了不让敌人发现，就算惧怕，也只能一动不动。为了躲避美军侦查军的搜查，他们在零下三四十度，躲在冰雪里，他们有些冻死了还紧握着枪，保持时刻准备战斗的姿势。我们知道这次战斗会胜利，可他们不知道结局，却还是一个一个坚定地走向战场。而抗美援朝，为的是什么，是我们，是为了我们的幸福生活。他们说，这一战，如果不打，那就是下一代打。他们也怕，他们也痛，也会流血牺牲，并没有打不死的英雄。他们每个人都和我们一样，有自己的家人，有自己的朋友，有期待的未来，可是为了我们的幸福生活，他们却义无反顾地奔向生死未卜的战场。走出影院，看到阳光洒在地上，外面蓝天白云，车水马龙，高楼林立，这就是他们想要的结局吧。

三、乘风破浪　行稳致远

党的初心和使命是为中国人民谋幸福、为中华民族谋复兴，这也集中体现党的性质宗旨、理想信念、奋斗目标。回首百年奋斗征程，正是由于始终践行初心、担当使命，中国共产党团结带领中国人民书写下中华民族几千年历史上最恢宏的史诗。

时光如水，岁月如梭，转眼间中国共产党已走过了一百年的光辉历程，中国社会也在党领导人民的长期奋斗中，发生了翻天覆地的变化。每当看到鲜艳的五星红旗冉冉升起的时候，每当听到昂扬的《义勇军进行曲》徐徐奏响的时候，每当看到那庄严的国徽的时候，一种振奋、一种激昂、一种骄傲、一种自豪的心情便油然而生。一个名字在我的脑海中浮现，那就是伟大的"中国共产党"。

在这一百年里，在这党为人民付出的一百年里，党和人民心连心、同呼吸共命运。回首百年征程，祖国是多么不容易。即使已经过了一百年，党的初心也没有变，还是一直在为了人民而努力，而奋斗！走在这条属于祖国的道路上，不要忘记以前所经历的一切，走过多么艰辛的路，那是我们祖先为中国铺下的一条"血路"。即使我们变得再辉煌，我们也不能忘记过去！那令我们所感到屈辱的过去！面向未来，弘扬伟大的建党精神的一个重要方面，就是要始终实践初衷，肩负使命，坚定理想信念，实践党的宗旨，始终与人民群众保持血肉联系，始终与人民群众在一起，共同奋斗，患难与共，继续为实现人民对美好生活的向往而努力，为实现中华民族的伟大复兴而不懈努力。

四、站在历史的交汇点上

"风劲帆满海天远，雄师阔步新征程。"
2021年是中国共产党成立的100周年，站在历史交汇的地方，再回首，我们祖国的每一步，都是那么的坚定！我们祖国的每一步，都是那么的骄傲！我们祖国的每一步，都是那么的清晰！

展望未来，我们的祖国会更加强大。我们要谨记历史，共同谱写新的诗篇。愿祖国繁荣昌盛！

我的国防班故事

暨南大学　四海书院　金融学　2021 级　香港　黄星烨

2018 年，我通过中考考进了广州市第四十一中学的国防班。很快学校发通知了，国防班需要军训 10 天，普通班只需要 7 天，而且我们训练地点与普通班分开，接受更加严格的训练。对这次的挑战，我充满了期待。

时间流逝，很快就到了要军训的日子。我来到了广州大学附属中学和他们学校的国防班一起训练。没想到我还是小看了这次挑战，仅仅一个小时的训练就要补充一整瓶水，本来第一天还生龙活虎的我们，回到宿舍都没力气聊天，洗洗就睡了。饭前需要唱军歌，没几天我们就学会了《强军战歌》："听吧新征程号角吹响……"

现在回想起来，我还对那次经历印象深刻。广大附请来了对越反击战的老兵同志给我们演讲，当时的我深受感染，对那段时期的历史认识更加深刻，老兵同志的身体几乎没有一处是完好的，很多地方都已经打了铁钉固位……老兵顽强而又甘于奉献的精神令我折服、感动。整个训练过程由受邀的某部队负责。他们带领国防班训练，让我深刻感受到之前参加的军训只是过家家，真正的军事训练，是对精神力、耐力和体力的严酷考验。即便我们接受的训练已经是比普通的军训强度大很多，但依旧和真正的军事训练有很大差距。军人是接受了多少艰苦的训练，才能成为保家卫国的战士！这让我更加敬佩那些战士们！

时间一转眼来到 2019 年——五四运动一百周年。作为国防班的我们，在书记的带领下，准备了两个朗诵表演节目：《平凡，是一种风景》和《风雨红棉》。前者讲述了我校保安李成才的故事：李成才，曾参加对越反击战，在战争中负伤，立三等功，如今是一名保安。故事表达了"平凡，但不平庸；默默无私奉献"的内涵。后者根据《刑场上的婚礼》改编，以周文雍和陈铁军为故事主人公，运用舒婷的经典作品《致橡树》共同演绎一个唯美革命浪漫主义作品：在红棉盛放的季节，周文雍、陈铁军像红棉花一样红红火火轰轰烈烈地，以刑场作为婚姻殿堂，献身革命事业。我在故事中扮演周文雍一角，两人为革命献身的决心与坚定不移的信念让我深受触动。虽然两个节目讲述的是不同的故事，但它们都让我为其动容、对其佩服。最终，前者在广州市朗读经典美文大赛上获了奖，而后者则在我校举办的五四活动中获得了阵阵掌声。

　　五四活动后，书记找到我，希望我能以大提琴伴奏的方式参加穗港澳青少年演讲会，我欣然答应。作为一名生活在广州的香港人，我很荣幸能够有机会参与这次活动进行交流学习。这一次，我同时参与了剪辑背景音乐的工作，更能够充分了解这一次作

图 1

品所要表达的内涵。经过大家的努力，共同完成了朗诵节目《中国的"天眼"开了》。通过这一次的节目，我们让更多人了解了中国"天眼"之父——南仁东，更让人们见识到中国科技力量的发展。

图 2

图 3

　　转眼到了高一暑假，那"魔鬼"的 10 天军训又要来了，这一次，挑战更大：和教官同睡、晚上突击集合、持枪及劈枪练习……高二的我们学习到了

更多的内容，我们分为劈枪方队、女子方队、战术方队三个方队。在学校组织的军事汇演上，我们标准划一的动作和气贯长虹的声音取得了成功、赢得了赞扬。10天的训练让我再一次感受到军事化管理的严格和优良的作风。

图 4

　　来到高二，早在高一就加入学生会组织部的我接受了给初中学弟学妹上团课的任务，给他们传授共青团的历史、团章、团徽等许多知识。趁着他们的历史课学到五四运动，同时这一年也是五四运动一百周年，我们组织部在上课时除了普及共青团的知识外，还给他们详细讲述了五四运动这段历史及其产生的作用和表现的精神。通过课堂提问和看视频结合的上课模式，大大提高了他们的参与度。看到他们如此认真学习共青团历史，我乐在其中。

图 5

图 6

　　关于我的高中生涯的种种回忆，都有国防班的影子。还记得有位国防班的学长高考考进了专门培养飞行员的大学，为日后参加空军做准备。在国防班我学会许多，也成长许多，我觉得这是我的一次带有红色基因的经历。国防班，并不仅仅是一种重点班的称呼，更是一种精神！

　　今年是建党一百周年，作为中国人，我无比自豪，在共产党的带领下，新中国正一步步走向复兴，走向富强。身为中国新青年，我必须严格要求自己，努力学习，勤奋刻苦，为未来投身于祖国的建设做好准备、做足准备，为中华之崛起贡献力量！

给仲甫先生的一封信

北京师范大学　历史学院　历史学　2018级　澳门　陈美慈

"1915年陈独秀创刊《新青年》（原名《青年杂志》），他在发表创刊词《敬告青年》时，对青年提出六点要求，并提出民主与科学的思想，反对封建思想。1917年《新青年》编辑部迁到北京。1918年胡适加入《新青年》编辑部，自《新青年》第四卷第一号起改用白话诗，采用标点符号，刊登一些新诗……"

和煦的东风吹着，暖和的阳光透过重重叠叠的树丫，穿过窗户，在我的笔记簿上留下了斑斑点点的日影。聆听着老师对《新青年》的内容总括，我慢悠悠地写下了几个关键词：陈独秀、《新青年》、自由，便放下了钢笔。抬头望着窗外的天空发呆，天空很蓝，白云很白，春风吹动树叶摆动，一片无尽的静止。日子那样的平静、安稳。

老师喟然而叹，若有所思地说："同学们，你们有想过先辈们为中华崛起做了多大的贡献吗？"这句哽咽低沉的话，霎时间惊醒了我，脑海中快速闪现了好几个黑白画面。底层人民争先恐后吃人血馒头、闹市中穷女孩跪在街头求食、顾维钧的身影被帝国主义的旗帜所掩盖，人们无助的眼神在我脑海映现。我内心油然而生一种叹息，"是啊，百年之前，中国人还一直受列强所欺负，这盛世是一众当时年轻的先辈们，付出他们宝贵的青春所换来的啊！"革命先辈为了争取民族独立和解放，不惜抛头颅、洒热血地唤起沉睡的人民。那个激情澎湃的时代，好像已经离我们远去，但又好像从没走远。我又拿起了笔，想写一封信给仲甫先生。

仲甫先生，展信悦：

　　当年的北京高等师范学校已更名为北京师范大学了。我现在于这里学习，未来也想和您一样，成为一位人民的教师，为学生传道、授业、解惑。我很高兴来到北京，与您曾经走过的路更贴近了一些。在我心中，您至死都是一个坚定、具有前瞻性、不屈世俗的青年。当国人质疑您不爱国，纷纷写信责骂您，您却大胆指出国人的愚昧及落后，高举科学和民主大旗，向传统儒家理论宣战，揭起近代中国的启蒙运动；当巴黎和会决定把德国在山东的权力转让给日本时，您无比愤慨，号召人民捍卫国家主权，促成一场爱国运动在北京爆发；您总是要把理论付诸实践，为调研工人们的困境，乔装去往上海，向工人宣传马克思主义。您一生都以国家复兴为己任、以人民幸福为理想；凭着坚毅炽热的少年心，奋勇投身中国革命事业；孑然一身，也只为寻觅一丝能照亮中国未来的曙光。

很高兴地告诉您，今天的中国再不受欺负，我们中国人也挺直身子站起来了。北京城市变得大不同，它更为包容、更加深厚，同时有着悠久的历史以及现代的文明。四合院的春天散发着丁香的清香，慵懒的猫咪在午睡，但当您抬头仰望，会发现一栋栋高楼大厦。人们在这里打拼，重视着高科技发展，手机支付、骑共享单车、网上购物已成为生活常态，为日常生活带来莫大的便利。北京的美食变得多样化，不只有豌豆黄、饺子、涮羊肉，还有广东点心、新疆烤串、西北肉夹馍，必定让您食指大动、垂涎三尺。中国的大学注入了新的教育理念，为学生提供了良好的学习环境，学生眼界也大大扩大。人们的沟通与交流更方便了，铁路覆盖了全国，现在北京到上海的高铁只需要五个小时，在世界屋脊上我们更建设了世界上海拔最高、线路最长的青藏铁路。中国的国际地位也大大提高，近年接连举办了北京奥运会、上海世博会，明年将要举办北京冬奥会了！中国的健儿们在世界大舞台展示着中国人团结、永不放弃的精神，绽放属于东方的美丽。中国的航天事业也取得巨大成就，嫦娥五号成功到月球取样，神舟七号顺利完成载人航天任务。我相信先生现在也成为宇宙的一颗星星，像星辰守护大海一样，不曾离开我们。

跟先生说了那么多，只想告诉您，我们已不是一无所有。我们用实际行动，证明了中国人是可以的，中国人不会轻易被打倒。在您和其他前辈的唤醒下，国人们团结一起，共同实现了美好的生活。当初您几位提出马克思主义是一条正确的真理道路，在百年奋斗历程中，它为中国革命、建设、改革提供了科学指引，推动中华文明焕发新的生机和活力。您几位所期盼的中华民族伟大复兴的光景，中国人民正一起实践着！我们拥有一个崭新且充满希望的时代，过上了安稳温馨的小康生活，有了实现自己梦想的机会！所有的幸福都是由每代人一起努力耕耘的，而我们始终不会忘记自己流着中华民族的血脉。作为华夏儿女，我为新中国所取得的成就自豪，那些峥嵘岁月，恍若已深深铭记于脑中，怎能轻易忘记？

　　先生您在《敬告青年》中写到青年如初春，如朝日，如百卉之萌动，如利刃之新发于硎。人生最宝贵之时期也。正处于青年的我，偶而惆怅、偶而迷惘、偶而失落。在面对人生的十字路口，新时代的变化之快时，我时而陷入挫折苦闷和彷徨，担心自己能不能肩负新使命。每当我有此怯懦的想法时，我便会想起您写的这篇文章，告诉自己青春是人一生之中最宝贵的时间。不会有人永远年轻，但永远有人年轻。我想在自己风华正茂的年纪，尽自己的能力及责任，完成中华民族伟大复兴的接力火炬长跑，成为发热发亮的光。如守常先生所写，以青春之我，创建青春之家庭，青春之国家，青春之民族，青春之人类，青春之地球，青春之宇宙。把炙热的青春年华，献给永远年轻的祖国。先生请您放心，我会尽自己的力量，为下一个中国新征程而努力拼搏！

学生　敬上

信毕。阳光变了角度切在玻璃窗上，微风拂面。我抬头望望课室的小伙伴们，余光反照着她们的脸，是那样年轻自信，笑容灿烂，光明坦荡。我瞬间感到青春的朝气，也感受到责任的重担。迈向复兴新征途，任重而道远！相信新一代的青年学子们，会以更加无畏的勇气和决心，实现一次次的思想解放，一轮轮的创新变革，开创历史的新篇章！而我们始终不忘先辈们用毕生心血奋斗的胜利果实，"英特纳雄耐尔，就一定要实现！"

奔涌吧，后浪

暨南大学　新闻与传播学院　广播电视学　2020 级　台湾　郑紫云

嘿，伙伴们！你是否听到，那东方醒狮呐喊的巨响。眺望前时，多少人曾用尽气力推开了中国的门……

那是硝烟弥漫的午后，林则徐挺直腰板屹立于虎门碑旁，一把大火烧尽了腐烂与不堪；那是烈日正午的课堂，梁启超不拘泥于小我，慷慨陈词中国少年与国无疆；那更是昏黄烛火的宣纸下，鲁迅先生寄语中国青年有一分热，发一分光。

还看今朝，今天的我们脚踩着的，是一片怎样的土地。

怀揣着一份好奇，一份憧憬，掺杂着时而胆怯时而勇敢的心绪。我从台湾启程，离开了从小养育我的一方水土，迈上了前往大陆的旅途。时至今日，褪去了沾染着神秘色彩的好奇，更多的是日复一日不断吸收各种与众不同的生活体验。

它是富足的，人们生活平和安乐。人们不再考虑下一顿饭能吃什么，更多的，是想吃什么；人们不再考虑手中的钱币能买什么，更多的，是想买什么。一切的缘起，离不开无数前辈的执着努力，像邓稼先隐姓埋名研发原子弹，钱学森攻坚克难制造火箭，袁隆平鞠身土地种植水稻……

它是平等的，近乎人人友爱谦恭的。"仁者爱人，有礼者敬人"不再只是古书里古老的文字，"达则济天下"也依托着无数爱心人士的善举走进现实，得益于此，"希望工程"里那一双双渴望的眼眸中，花火未曾熄灭。

它是科技的，近乎那些年从不敢想象的。公交、地铁、高铁、飞机在城市中纵横，交错间勾勒出雄鸡一唱的奇景；因特网、5G、直播平台横空出世，人们虽然与车、马、邮件都慢的岁月静好远了些，更多的，是迎来了更高效快捷，更紧密的社会。疫情突袭武汉时，由"雷神山""火神山"所引发的那场"全民大监工"依旧历历在目，这是属于这个时代的"中国速度"。

借用狄更斯曾说的"这是最好的时代……人们面前应有尽有"。中国历史上曾积攒了几千年的财富，像是专门为我们准备的礼物。前人看着我们的双眼，是羡慕的。那我们呢？

立足于这片土地，我们又能为之做些什么呢？

我曾看见00后运动员在奥运赛场上挥洒汗水，奋勇夺金；我曾看见年轻女孩与病毒时间赛跑剪去长发，逆行驰援；我曾看见短视频博主回归田野重拾中华传统，古韵远扬。他们，是小家中的子女，是大家中的荣光；他们，是有大爱的人。

幼年时我曾无意间在书中领略鲁迅先生的文采，深为其伟人风骨动容。"愿中国青年都摆脱冷气，只是向上走，不必听自暴自弃者流的话。能做事的做事，能发声的发声。有一分热，发一分光，就令萤火一般，也可以在黑暗里发一点光，不必等候炬火。"

生活在如此美好富强的时代，我感恩于前辈们的付出，我亦决心追随他们的步伐，用自己的力量推动社会的发展。为此，我选择了新闻与传播方面的专业，唯愿以手中笔，诉尽天下事。听起来似乎有些宏大，但初衷的确如此。如今的我们早已不在黑暗中挣扎，但如何在光亮上多添一把柴，让星星点点的火光不仅照亮我们，更让世界看到遥远的东方，我相信这是一个有情怀、有力量的新闻人能完成的使命，也是我奋斗的方向。

新闻作为人文学科，里面承载了太多太多的故事，也饱含了撰稿人的万千情怀。在其中，家国情怀是最不可少的。浅谈，这将作者本身眼界的高低毫无顾忌地流露于世；深议，这决定了世界眼中的中国是何种模样。诸如"嫦娥"探月、"蛟龙"入海、"北斗"组网，这一个个名字里不仅承载着中国人民坚毅的家国决心，更展现着人民忆古期今的柔软情怀。从历史到现实，家国的书写、大我的境界，始终激励着人们勇毅前行，亦向世界展现着中国的深沉博爱。

正如习近平总书记所说，新闻事业是党和人民的喉舌。对内，我们所要做的，不仅是让社会"暖闻"留下痕迹，更是要尽力让所有不法之事无处遁藏，裸露在人民的审判中。对外，我们有与远邦近邻和平共处的友善，亦有对强权不公发声、捍卫自身权益的底气。我想，中国外交部第五位女性外交发言人华春莹女士给我们做了非常好的示范。温柔中有力量，和善中有锋芒是我们始终需要不断进取的课题。

　　"一个人生命中最大的幸运，莫过于在他的人生中途，即在他年富力强时，发现了自己的人生使命。"在历史的长河中，无数浪花前赴后继，而现在时代的接力棒传到了我们手上。奔涌吧，后浪！我愿不负青春，扬少年风采；不负韶华，惜少年之时；不负时代，留中国之音！

顾百年奋斗路 迈复兴新征程

中南大学 湘雅医学院 临床医学 2020级 香港 洪金诚

一、忆往昔，峥嵘岁月稠

百岁前的封建统治者们，原自以为"天朝物产丰盈，无所不有，原不藉外夷货物以通有无"，盲目地闭关锁国，让年迈的旧中国与时代发展的热浪擦肩而过，错失涅槃焕发的机会。在那近乎亡国灭种之际，无数志士仁人奋起救国，像太平天国运动、戊戌变法，还有轰轰烈烈的辛亥革命以及动员全国的五四运动。因俄国十月革命思潮的影响，先进的马克思主义最终在中国人民心中杀出重围。最终在那絮雨绵绵的浙江南湖上泛起一抹红晕，十三位有识之士共聚一叶赤舟之上，一遍遍应声高呼："全世界无产者，联合起来！"……伟大的中国共产党成立了。

西方列强们瓜分"蛋糕"的罪行化作《时局图》中不可磨灭的印记深深地刻进每一位炎黄子孙后代的记忆中。家国这百年奋斗中发生的种种都暗示着党的建立不是偶然，而是必然，是有识分子们的共同期盼。百年奋斗路，万代复兴时。现正值中国共产党成立的一百周年，在党的领导下，这百年间，以人为本是矢志不渝地践行理念；开疆拓土是筚路蓝缕地奠基立业大兴；创新是披荆斩棘地开辟未来。历史教训我们，落后了就只能挨打。回首百年奋斗路，那是一幅气壮山河的瑰丽国画，是一曲荡气回肠的浩荡凯歌，更是一面直击灵魂深处的悠悠铜镜，照见了过去，照明了未来。

二、看今朝，旖旎风光秀

"富强、民主、文明、和谐，自由、平等、公正、法治，爱国、敬业、诚信、友善"——二十四字社会主义核心价值观，这是社会强音，是道德层面的要求，更是一种具体的时代精神。时代精神在每一个不同的时代都有独具特色的表现，从革命时期的井冈山革命精神、红军长征精神等到社会主义发展建设时期的大庆油田精神、"两弹一星"精神等再到现代时期的河南抗洪精神、全国抗疫精神等。这些伟大的时代精神像是连接人民团结一致的精神纽扣，促使我们成为一个拥有高度凝聚力的民族。因为我们知道只有做到道路自信、理论自信、制度自信、文化自信，才能屹立于世界民族之林而不倒。

对外斗争从未停歇，无数戍边将士为保护我们的疆土，替我们负重前行。将士的背后即是祖国与人民，他们绝对不能后退半步。在世代将士给我们创造出安稳的生活条件下的百年里，"奋斗"成为老百姓生活的主旋律。余年前，时维春初，疫情暴发，中央毅决，一声令下，虽病毒肆虐，逆行者往矣。人人齐努力，个个请缨急，火、雷双"神山"拔地起，剑锋指，神州处处斩瘟神。最终中国在新冠全球大流行的考验面前交出了一份满意答卷。

只有以史为鉴，才能知兴替。回首百年奋斗路，不忘初心，砥砺前行，我们才能传承红色基因，接过革命薪火。若淡忘过去、遗忘历史会使不法势力更容易找到可乘之机。我来自美丽的中国香港，我始终都不会忘记2019年的那个香港，修例风波爆发，原本纯洁美丽的大学象牙塔也被不法势力搅得乌烟瘴气。不管是哪里，如果不抓住爱国主义与正确价值观的培养，便容易乱象丛生。例如在互联网上，本是各路"文化"内部的圈子，但是最近不断传来的"塌房"消息都在告诉我们每个圈子都要有自己的指标，一个民族的文化道路更要有正确的方向，一些公众人物更要以身作则践行社会正能量。正由于这些乱象的产生，我们必须更加清楚回首百年艰辛奋斗路的必要性。在文化崛起的道路上不断挖掘中华瑰丽的遗产，像无比灿烂的巴蜀三星堆文明、五彩缤纷的敦煌壁画，让现代的人们一起不断探寻古人的智慧，来一场穿越时空且拥有温度的相会。这样才不会让这些璀璨的文明丢失在虚无，而能不断给人带来关于历史的醒悟。

三、展未来，任重而道远

"中国特色社会主义文化积淀着中华民族最深层的精神追求，代表着中华民族独特的精神标识，是中国人民胜利前行的强大精神力量"，这一点不仅已经在理论上被证明是正确的，而且在实践上也被证明是正确的。说得对啊，中国特色社会主义中的"中国特色"，是承载着几代共产党人的理想与探索，寄托着无数仁人志士的夙愿与期盼，凝聚着亿万万人民的奋斗与牺牲。

作为一名中南大学湘雅医学院的医学生，我来到这里的第一年就更加深入地了解了湘雅，不论是关于它的起源出身，还是关于它如何经历几段因战乱等变故而搬迁的历史。在这些历史的背后，永恒不变的都是它作为医学院道济天下的本心。我作为新时代的中国青年，在这里追寻着自己心中神圣的道路，这使我明白，我该做的不仅仅是一名简单的大学生应该做的。"复兴"一词看起来似乎过于宏大，"民族复兴"一词更是让人觉得事难关己。但我却认为，首先，我们不用妄自菲薄，现代的青年应当把自己的前途与民族、国家的前途绑在一起，以奋斗相伴，与时代同途。广大的青年同胞们应该是鲁迅口中"摆脱冷气，只是向上走，不必听自暴自弃者流的话，能做事的做事，能发声的发声。有一分热，发一分光。就令萤火一般，也可以在黑暗里发一点光，不必等候炬火"的大好青年。而不是淡忘了泱泱中华五千年历史，遗忘了党曾经历过百年的风风雨雨，受人蛊惑就上街搞破坏的社会蛀虫。其次，我们不要害怕，不要感到迷茫，《大学》告诉读书人要修身齐家治国平天下，那么我们要做的就是把学习搞好，努力提高个人的科学素养，只有自己肚子里面有墨水才能在祖国复兴的道路上更好地贡献属于自己的一份力量。如果你害怕迈向未来，仍然对未来感到迷茫，不妨代入上个世纪中，一群可能只与我们同龄的青年们，他们看不见前方是否胜利，只看到了背后即将分崩离析的祖国与身边不断逝去的骨肉同胞，但是他们却不曾害怕也不曾后悔。身在和平年代的我们，更应守护我们这来之不易的平静，不懈怠，不愧对这份安宁背后可能带有羡慕但却不曾后悔的期盼目光。

勋章显现于久久为功，迈向复兴是一个站在前人的肩膀上眺望远方的过程。回首百年奋斗路来，老一辈革命家在一片柳暗花明中终寻一村，方可九天揽月，五洋抓鳖；迈向复兴新征程时，年轻一辈奋斗者在前人种下的参天大树下溯源寻根，在树上眺望更加幸福的远方。愿年轻一代勿忘初心与使命，走好自己脚下的路，响应党的号召，踏踏实实撸起袖子加油干！

神女应无恙，当惊世界殊

北京邮电大学　信息与通信工程学院　通信工程　2021 级　台湾　黄秋豪

我们为昨日中华之苦痛而心怀愁绪

"政之所兴，在顺民心；政之所废，在逆民心！"

听——这是来自两千余年前的呼喊。顺着她的呼喊，回首望去，望到历史的滚滚长河。让我们顺着河水，一齐回到先秦，去窥探中华旧时的模样。

"九天阊阖开宫殿，万国衣冠拜冕旒。"她是贞观之治、开元盛世下的盛唐。万邦来朝之中，蕴藏着她的伟大。

"重湖叠巘清嘉，有三秋桂子，十里荷花。"她是澶渊之盟、仁宗盛治下的大宋。繁荣文化之中，蕴藏着她的繁盛。

……

可是，一切都变了……

1840 年，洋人用坚船利炮打开了中国的国门，从前盛景不再。洋人一次次剜下她的血肉，将她糟践得满目疮痍。

"四百万人同一哭，去年今日割台湾！"

"如今，狞恶的海狮扑在我身上，啖着我的骨肉！"

"那三百年来梦寐不忘的生母啊！请叫儿的乳名，叫我一声'澳门'！"

一声声的哭喊触目惊心，却并没有让决策者醒悟，反而继续当着提线木偶——被洋人提着线，麻木地任人摆布。

在黑暗的房间中，有一些人醒了，企图唤醒决策者，企图使她的子民清醒。始学洋务，维新仅百日，而六君子亡。所有人都在这黑暗的房间中绝望着，变法的声音淹没在决策者深不可探的人心中。"九州生气恃风雷，万马齐喑究可哀。"

《时局图》之中，"不言而喻、一目了然"八个大字刺痛着人们的内心，所有人都扼住了呼吸，都觉得自己和这个国家没有了希望。甚至有的人对她彻底失去了信心，甘愿作为洋人的"引路人"，接受那一文两文的恩惠——那是给摇尾乞怜者的赏赐。

她哭泣着，她不想看到，哪怕死后她的身上都有虫豸爬来爬去……

这一次，又有人站了出来，他们的声音并没有淹没在麻木的茫茫人海之中，而是开启了一个觉醒年代。在这个觉醒年代中，她渐渐不再残损，中华大地上渐渐开满了红色的花朵。

三声枪响，带来了青年的第一次奋斗。各地的青年纷纷响应，一同将那古久先生家的陈年流水簿子踹了一脚。孙中山走了过来，带领人们一同走出了封建帝制，让人民主权的春风第一次拂过人们的发梢。

但谁也没能料到，短暂的春风之后，仍旧是料峭的严寒。人们无所适从地站着，满本的仁义道德之中依旧充满了"吃人"二字。这令我感到无尽的绝望，感到灵魂的枯竭。在这一路上，似乎我再也没有遇到青年……

1919 年，一战结束。那些战胜国——或者说就是些列强们——召开了一个分蛋糕的庆功宴，只不过他们的刀是分割土地的利刃。他们随手轻轻一划，竟将我富饶的山东半岛划给了日本人！

这是近代华夏子孙第一次有了对外的骨气。消息传回国内，红楼沸腾了，北京沸腾了，全国人民都沸腾了。"誓死力争，还我青岛！"的呼声此起彼伏，哪怕在那买办决策者的同流合污之下也没有停止。刹那间万人空巷，人群如潮水一般在东交民巷前、在大街小巷上游行呐喊。最终，我们没有在那吞咽中华大地的罪恶菜单上签下代表沉默的姓名。那一天，是 5 月 4 日。

法国短暂的巴黎公社，德国伟大的卡尔·马克思，俄国创造的布尔什维克，都在为自己的国民不受列强的困扰而前仆后继。在华夏大地之上，陈独秀编《青年杂志》以宣新文化，周树人撰《狂人日记》而强新思想，陈独秀创《敬告青年》为扬新主义。新的一代诞生了，他们叫作新青年，是这个国家最有力量的群体。青年一代为了她的美丽，以共产主义为利剑，勇敢地站了出来。

"以青春之我，创建青春之家庭，青春之国家，青春之民族，青春之人类，青春之地球，青春之宇宙，资以乐其无涯之生。"

1921 年，一群平均年龄仅 28 岁的青年人，在一艘红船之上，创建了属于自己的组织——中国共产党。他们将以自己的热血与信念，吹散她身上的阴霾，为她发展的前路扫清一切荆棘藤蔓。

东洋人似乎依旧想攫取中华的利益。日寇的铁蹄再次踏来，从皇姑屯到卢沟桥，从旅顺口到雨花台，一个个地名之下，代表着日军一次又一次的侵犯、代表着一次又一次的屠杀，代表着一位位华夏儿女的冤魂。

刘少奇、邓小平、周恩来、朱德……一个个熟悉的名字，他们，代表着无数共产党人，代表着无数有家国情怀的青年，像黄河之水一般汹涌澎湃地将日寇驱逐于国土之东。

这便是乱世中的青年，他们成长了、壮大了，有了自己的新思想、守护自己的新理论、保卫自己最挚爱的她——祖国母亲。

这便是乱世中的青年，他们不怕苦难、不屈于敌人的威逼利诱，战斗到最后一刻，哪怕最终牺牲自己的生命。

在长达 14 年的抗战后，在剿灭反动派的解放战争后……终于，我们迎来了自己的希望，一唱雄鸡天下白。

天安门城楼上，那声音震惊了华夏，响彻在世界的云端。直到今天，它仍然萦绕在我们的耳畔。

我们为今日中华之富强而热泪盈眶

1949 年前后，充满希望的几年。

"中华人民共和国中央人民政府，今天成立了——"毛主席在天安门城楼之上庄严宣布。

那声音，伴随着沸腾的庆祝声一道，成为当时全世界最靓丽的音符，奏响在天安门广场上，响彻在华夏的每一寸土地上。同时，人民群众的呼声又好比一支支利箭，穿越海峡，射进反动阶级心中。

自此，中华民族受人欺凌的日子一去不复返了，中华民族真正地站了起来，中华民族自此开启了历史的新纪元！

距离她的新生不到一年，朝鲜土地上再次燃起了战火，鸭绿江畔又一次遭到了敌人的袭击。"中华儿女多奇志，不爱红装爱武装。"应朝鲜的请求，同时也带着党和华夏儿女保家卫国的决心，志愿军战士们迅速入朝作战。长津湖畔，志愿军战士仅靠着单薄的旧军装，靠着冻土豆和炒面粉战胜了装备精良的美国军队，让世界认识到中华民族首次屹立于世界东方，也在她的历史上描绘出浓墨重彩的一笔。

这胜利是无数英雄用抛头颅洒热血的英勇牺牲换来的。黄继光烈士用自己炽热的胸膛挡住了敌人的炮火——炽热的胸膛中蕴藏着对党和祖国最诚挚的热爱。邱少云烈士为了战友的安危，隐藏在草丛之中，被烈火无情吞噬——你的斗志如同烈火一般强大……

长江大桥、三峡大坝、杂交水稻……在党的领导下，一个崭新的共和国正在逐步成长，一条让她走向复兴的康庄大道也在慢慢开拓。

1978 年前后，继往开来的几年。

当青年还是少年之时，他们感受到了闭关锁国带来的苦痛，于是他们聚在了一起，希望改变这个国家的命运，使她不再受欺凌。当青年长成壮年之际，手握选择权的他们果断选择了融入开放大业中去。

联合国大楼前还没有属于她的旗帜，他们的心中很不是滋味。他们选出了几个代表远赴重洋，为了自己的权利而奋斗。

一轮轮陈述，一轮轮辩论，抑或者说是一轮轮争执之后，那决定命运的投票开始了。所有代表都屏气凝神，耐心等待这最后的决议。

在木槌轻轻落下之后片刻，座席中发出了一阵爽朗的笑声——那是乔的笑。中华人民共和国终于得到了应有的席位，他们的努力也终于有了回报。翌日，五星红旗徐徐升起。

"有一位老人，在中国的南海边画了一个圈，神话般地崛起座座城，奇迹般地聚起座座金山。"伴随着深圳经济特区的横空出世，改革开放拉开了序幕，中华大地上出现了百年未有之大变局。

那段时间，什么都在变，什么都在向阳发展。阶级斗争被彻底扫进了垃圾桶里，实践成为检验真理的唯一标准。解放思想，实事求是。人们在实践之中认知对错、收获灵感、启迪思维，迸发出奋斗的干劲，摘取人类智慧的明珠。

她经历过万邦的朝拜，却好像从来没有过这种感觉。"好风凭借力，送我上青云。"她似乎挣脱了压在她身上的计划经济的枷锁，感受到一股强劲但又和煦的风，带着她在名为市场的试炼台上不断拼搏。

"啊，中国，你展开了一幅百年的新画卷！"

1990 年前后，创造历史的几年。

"一国两制"为解决台湾问题提供了方案。那强加的租约也即将到期，站起来的中国人也绝不再和旧时一般，中英谈判、中葡谈判接连开展。

谈判桌上，是没有硝烟的战场。安文彬，一个名字听上去文文静静的人，他是党的战士。在党和国家的多方争取之下，在他的不懈努力之下，《中英联合声明》正式签署。

台湾回归一直是两岸人民心声，无数的中华儿女都渴望见到两岸统一的那一刻，都渴望见到中华的富强与复兴。五告台湾同胞，展现出祖国大陆为了解决两岸问题的极大善意。在这样的背景下，两岸之间开始了民间的接触。

"九二共识"的签署，给两岸带来了机遇。通邮、通航、通商都被提上了日程，两岸之间的民间往来也开始愈发频繁，我的父亲也在这个时候来到了有着蓬勃生机的深圳。

随着两岸交流的不断扩大，我相信包括我在内的全体台湾同胞也将更好地投身于国家复兴大业之中。泱泱华夏的伟大复兴之路，将由我们一同向前迈去。

1997 年前后，雪洗耻辱的几年。

时间一年一年地过去，似乎又一刻过得比一刻慢，或许是因为人们都在盼着那个日子的到来。她终于等到了。

6 月 30 日晚，香港。本是夜深人静之时，香港会展中心灯火通明，人人屏息凝神，等待这一时刻的到来。英国终于将撤出香港，终于要离开这一片土地。一百五十多年之后，中国恢复对香港行使主权。

伴随着雄伟的《义勇军进行曲》，五星红旗和紫荆区旗缓缓升起，多少人在现场响起了热烈的掌声，多少人守候在电视机前心潮澎湃，多少人聚在香江两岸激动落泪……我们最爱的香港，回来了。

"从 1841 年 1 月 26 日英国远征军第一次将米字旗插上海岛，至 1997 年 7 月 1 日五星红旗在香港升起，一共过去了 155 年 5 个月零 4 天。大英帝国从海上来，又从海上去。"

两年之后，澳门也回来了。只可惜，小平先生在那个冬天永远离开了我们。

2008 年前后，国力展现的几年。

汶川的地震勾起了所有人的心，在 20 年前的特大洪水之后，所有人的心又再一次凝聚到了救灾上。

空降兵勇士从天而降，为大家沟通了受灾群众与救援人员的生命线；解放军官兵的坚毅勇敢，救治了一个又一个鲜活的生命；世界各地的援助，让我们感受到人类的命运属于一个共同体。

两岸同属一个中国，台湾各界自然也伸出了援手。一场场的义演、一次次的募捐，无不表现出我们对灾区平安的期望。20 亿新台币的捐助，是台湾民众给予灾区同胞的来自家人的关爱。

那场强震并未挫败中华民族的意志，反而增进了中华儿女的凝聚力。它证明着围绕在党周围的中华儿女更加强大、更加团结了。

在几个月后的北京，一场盛会即将召开。各国运动员齐聚北京，奥运圣火从奥林匹亚一路向东传到珠穆朗玛最后传到首都北京。那一夜，整个鸟巢星空璀璨。

"有朋自远方来，不亦乐乎？"伴随着开场战鼓，表现出了华夏儿女欢迎世界各地朋友的热情，美轮美奂的表演向大家展现了中华文化的雄伟壮阔，也展现出了中国政府办好奥运的决心。

十余天的赛事精彩纷呈，我相信这是中国在奥林匹克史上浓墨重彩的一笔，也是国际奥委会前主席罗格口中"真正的无与伦比的奥运会"。在全世界，这便是伟大祖国综合国力的展现。

综合国力的不断增长，是百年复兴伟业的最好体现。而综合国力的增长则基于科技创新。神舟升天，代表着中国成为亚洲首个掌握载人航天技术的国家；蛟龙入海，让中国创造了海底下潜的世界纪录——"可上九天揽月，可下五洋捉鳖。"袁隆平院士在苦寻之后研出杂交水稻，为解决世间饥饿做出了极大的贡献；在中国科学家的参与下成功测序人类基因组，为除人类疾苦提供了无限可能。前人为党和国家的科技研究铺好了前路，我们定当不负众望，继续为复兴的新征程做出属于自己的贡献。

2019 年前后，居安思危的几年。

在国家政治经济向好的时候，香港却陷入修例风波。

在中央的全力支持下，《中华人民共和国香港特别行政区维护国家安全法》横空出世，及时补上了香港法律上的漏洞，也让港警执法有法可依。爱国者治港的先决条件也为香港的长治久安做好了铺垫。

从这一刻开始，我们真正意识到国家安全对我们而言的重要性。俗话说，没有国哪里来的家，只有真正做好国家安全工作，才可以拥有一个和平而又美好的家庭，才会有一个稳定而又幸福的生活。国家安全，人民平安。安全而又稳定的国家才会有不断发展的经济，才会有良好的学习生活环境，才可以在复兴的康庄大道上不断前进！

近几年，又是守望相助的几年。

突如其来的新冠疫情使我们的生活和学习工作都备受影响。在又一次的突发传染病疫情下，生命至上、人民至上，党和国家主动出击，为人民群众的生命健康铸就了一条宏伟的防疫长城。新冠肺炎被确定为全球大流行之际，全国各地都纷纷响应，共同抗疫，一同为武汉加油，向患者表达自己最诚挚的慰问。

我看到全国各地的医疗救护人员争当"逆行者"，冒着生命危险去抢救患者；我看到全国各地的药物研发人员与时间赛跑，不分白天黑夜来研发疫苗；我看到全国各地的基层公务人员固守"门前岗"，坚定个人信念以守护家乡……当然，我还看到了伟大的人民群众。

大家都说，中国的人民是最伟大的。试想一下，没有各位的坚守，我们怎么可能如此有效地控制住疫情？没有各位的坚守，我们怎么可能如此快速地恢复经济？没有各位的坚守，中国又怎么可能打赢这一场疫情阻击战？

疫情当下，我们仍要做好常态化疫情防控，从个人最基础的地方开始，为他人做好榜样，为国家做出奉献。

古话说，光阴似箭，日月如梭。我们在曲折中不断探索，不停前行；弹指一挥间，走在发展的快车道上的中国迎来了她的七十岁生日，我们的党也已迎来百年华诞。

"党是冉冉升起的旭日，驱散黑暗、带来光明，将可爱的中国照亮！

党是高高飘扬的旗帜，昭示信念、指明方向！"

这是建党百年之际，在祖国的心房发出的青年声音。一百年之前，正是一群青年，迈着矫健的步伐，创立了中国共产党；一百年之后，我们这群青年，感受着祖国的脉搏，喊出我们的礼赞：

"请党放心，强国有我！"

我们为明日中华之辉煌而翘首以盼

相比于其他同龄人，单从阅读这一方面来说，我和他们有很大的不同。在很多人沉迷于网络小说中时，我更偏向于抽出部分时间阅读鲁迅和毛主席的文章。他们的文字里为人处世的魔力牢牢地吸引了我。他们的文字是有光的，我能在字里行间看到革命先人们对这个国家殷切的期望。

或许这段文字在这里看上去略显突兀，又像是对文章的旁注。可是，的确是他们，让我看到了前辈们的流血牺牲，更让我对中华的辉煌未来充满希望。

"世界是你们的，也是我们的，但是归根结底是你们的。你们青年人朝气蓬勃，正在兴旺时期，好像早晨八九点钟的太阳。希望寄托在你们身上。"这是毛主席给予我们的殷切期盼。我们从他们的文字中学习到新征程的理论知识，学习到前进时的光明思想，他们引导我们矢志不渝地前进。

"希望是本无所谓有，无所谓无的。这正如地上的路；其实地上本没有路，走的人多了，也便成了路。"走的人多了，也便成了路。的确，前人已经为我们铺好了前行的道路，为我们负重前行的道路上减轻了负担。几个月前，袁隆平院士逝世，在悲痛之余我看到了一条评论"前人的任务已经完成了，该我们上了"，瞬间热泪盈眶。是啊，在建党百年之际，越来越多的青年人出现在了国家攻坚前线，90后甚至是00后也已经开始为自己的梦想和国家的复兴奋斗拼搏。在中国自己的空间站中，控制中心的几位"北京明白"全部都是90后，空间站机械臂由北邮师生研发制造。即使是在文娱领域中，青年人也在积极创作，为维护国家声誉做出自己的贡献。

广大青年既是追梦者，也是圆梦人。追的是中华走向复兴新征程中的奋斗之梦，圆的是个人理想进入现实的努力之梦。

"每一只兔子都有一个大国梦，都该有一个大国梦。"这是动画《那年那兔那些事儿》的一句台词。中国像一只沉睡的狮子，她的苏醒定当震惊世界。但是，那些列强们，一百多年都没变过样子的列强们，他们对中华的复兴充满敌意，他们不希望自己建立的世界体系遭到破坏，他们不希望自己世界霸主的地位遭到挑战。所以，他们会使出浑身解数，拿出身上所有可以使出来的伎俩，来干扰中国的复兴。百年前的遭遇令我们痛心，先辈们才在这种情况下，抛头颅洒热血，将列强从华夏的土地上驱逐出去。百年之后的我们，传承着先辈们的红色基因，抱着必胜的信念，立志于突破列强们的技术封锁，走出属于中国自己的一条前进道路。

我们展望未来，对未来有着青春的期盼。相信先辈们当时也是这么期盼着我们能大有作为吧。我们都曾是少年，也都曾是青年，我们的初心从未改变。他们默默的看着我们，眼里充满希望。"俏也不争春，只把春来报。待到山花烂漫时，她在丛中笑。"

"神女应无恙，当惊世界殊。"

当年毛主席用这句话来形容崭新的共和国。当然，今天也可以用它向全世界宣告，建党百年，中国共产党创造了彪炳史册的人间奇迹。

正是先辈们的百年奋斗，让我们在迈向复兴的新征程中充满底气与信念。我坚信，在包括港澳台同胞在内的全体中华儿女的努力下，中华民族伟大复兴的强国梦定会是曙色熹微，春山可望。

回首百年奋斗路，迈向复兴新征程

——2021 见证全面脱贫，攻坚路上他们重获新生

清华大学　法学院　法学　2020级　台湾　吴芊璇

2021 年 4 月 28 日，和支队一起踏上了去往湖北五峰土家族自治县的旅途。

背景调研的资料文案中，在 2012 年时仍有近亿的贫困户被一笔一画刻在了社会的影子里，而仅在短短 8 年后，我们已完成全面脱贫，正式步入了小康社会。

白纸黑字的数字已过于庞大而数据化，有时甚至让人一度忘了，这一个一个数字背后全是活生生的人民，从活生生的贫困中真正迈向了不再愁明日吃穿的好日子。

图 1

纵使远在家国千里山河的无名一隅，这些成就，终将真实地绽放为人民的笑容。

"村边那个张方平啊，原先就住在他自己土墙堆出来的旧房子里，国家政策下来前根本就吃不饱的，你看看现在，养殖场都盖起来了，孩子都大学毕业了啊。"村委大爷兴高采烈地和我们说着家家户户的改变，巨细无遗，生怕漏下了任何一个在他们眼中一度是难以企及的脱贫案例。

一路边走边聊，看着蜂场果林与茶园坐落在这曾经的峻岭穷乡中，直到

今日，入村的路早已铺平、村民的屋已然崭新、孩子的书已然备齐，一切的一切，都在这场脱贫攻坚战役中取得了难以想象的胜利。

"能安稳地过上日子，真的太好了。"

在回程班机上一路思考着村中老人浓浓口音里那句对党和国家的衷心感谢，满腔压不住的情绪混在机舱噪声中隆隆作响。

窗外夜空下一座座城市的繁华被轻而易举收入眼底，但忍不住想着这片土地上总还有更多的人民，他们餐桌前点亮的灯光必然是在这巡航高空里望不见的。

图2

或许实践的意义便在于此，能拥有一个机会走进自己原先视野中一片漆黑的家家户户，看看他们的生活、他们的愿想、他们的碗里装着的饭菜够不够给他们的孩子一份足以点亮未来的力量，然后给自己心里对人生意义的迷茫多少打上一缕答案的光。

非常幸运能在五峰的若干村子里看见脱贫攻坚的成果与影响，看见各家的农产在合作社带领下整合、分工并形成完善有保障的产业链，而能将好茶好果送出大山销向世界，带动当地基础建设的发展与民生经济，让当地人民真正感受到日子在变好已从口号兑现为生活中的幸福、感受到当初苦于条件所限而不能大胆逐梦的年少憾恨将不再代代相传，他们的孩子已然能够接受教育、走出村落，往外探寻自己不一样的人生。

如果说五峰是脱贫攻坚时代下已然趋于完善的一方角落，此时此刻仍还有无数正自济且济他、团结一致追求发展的人们在夜色里倾力点亮自己。希望有朝一日能不仅止于见证已然亮起的万家灯火，而能为仍陷于不富之地中、努力追上大环境发展的村子尽一份力。

时代已新，复兴家国。铭记于心，我愿蓄力而拥抱希望。

百年沧桑，礼赞辉煌

北京师范大学-香港浸会大学联合国际学院　文化与创意学部

动画与互动媒体　2021 级　台湾　萧曰尧

百年前，坚船利炮，割地赔款，神州大地万马齐暗，诉尽耻辱辛酸。百年后，嫦娥登月，蛟龙潜水，中华民族再现辉煌，歌唱如诗明日。岁月荏苒，世纪征程，我们在中国共产党的领导之下翻开新的篇章。

回首岁月，"死去元知万事空，但悲不见九州同。"先辈们用热血与生命换来了今天的富强文明，繁荣昌盛。面对内忧外患，这个植根于古老东方风雨飘摇的千年古国再次燃起星星之火。"横眉冷对千夫指，俯首甘为孺子牛。"鲁迅先生深谙学医救不了中国人的道理，他奋笔疾书，一篇篇辛辣讽刺的文章唤醒一个个麻木混沌的灵魂。"九州嚣隘聚群丑，灵琐高扃立玉狗。"陈独秀启明世人，领导新文化运动深入人心，科学与民主在中国的土地上逐渐生根发芽。"天门诀荡无崖岸，坐我光风霁月中。"蔡元培奠定教育体系现代化基础，用知识的光辉启迪一代又一代中国的青年才俊。与此同时，红色的旭日初升，中国共产党的出现是开天辟地的大事，使沉睡的中国焕然一新，一代又一代领袖人物投身于伟大的共产主义事业中，救亡图存。一百年我们经历了什么，看红旗猎猎，有多少英烈在战火中浴血；听军号吹响，有多少历程是在艰难中奋力跋涉。我们党终于走出了一条胜利之路，那就是把马列主义与中国实践相结合形成了自己的独有特色。

橘子洲头，伟人毛泽东意气风发——"怅寥廓，问苍茫大地，谁主沉浮"。在亡国灭族之际，中国共产党发动了百团大战，鼓舞士气，振奋人心。"风萧萧兮易水寒，壮士一去兮不复还"，面对日本侵略者，我们的中国共产党人抛头颅，洒热血，前仆后继，视死如归，成就了今天的伟大盛世。今天的中国不再是积贫积弱的清王朝，而是名副其实的东方大国，中国的声音响彻世界，中国不再是西方各国所能撼动的力量，亦不再是任人宰割的羔羊，今天的中国是焕然一新的中国，改革开放四十年，中国发生了天翻地覆的变化。

放眼今日，拭目华夏三万里，且看万象皆更新。如今，我们又取得了一个又一个新的进步。蛟龙号科研队员披星戴月，用下潜沧海的机械绽放绚烂的智慧之花，历时数载终使中国制造到达海底深处七千米。港珠澳大桥连接香港、珠海和澳门，经济与金融的腾飞再为祖国增添动力。嫦娥系列火箭探测器成功着陆登月，背后是无数科学家在数千张废弃草案中的汗水。放眼祖国各地，五十六个民族团结一致迈向共同富裕，城乡差距缩小，东西部先富带后富、协同发展。101大厦与东方明珠塔在两岸交相辉映，玉山与五岳日月同辉。长城蔓延千里见证勤劳与汗水，紫禁城见证历史与文明的灿烂，三山终须行，四海皆为客，这些成就，足以见证一个政党的光辉岁月，皓月当空，中国共产党正值青年时。我们终于可以感叹：这盛世，如你所愿！

一个英明的政党离不开英明的领袖，一代代的领导核心，一代代的高瞻远瞩，一代代的领袖继往开来为我们掌舵，这才有了中国之路，颠扑不破才有了齐心协力，同心同德才有了乘风破浪，阔步向前，攻无不克。

星光不问赶路人，时光不负奋斗人。经过全党全国各族人民持续奋斗，我们实现了第一个百年奋斗目标。在中华大地上，全面建成了小康社会。然而，这只是一个阶段的结束，我们正朝着第二个百年奋斗目标不断前进。一百年前的承诺，一百年前的理想，一百年前的目标，一百年后仍未忘记，还在不停地践行、奋斗，这是独属于中国共产党和中国人民的浪漫。

百年政党，风华正茂。在建党百年之际，让我们祝福中国共产党能够始终保持着朝气蓬勃的精神、不畏风险的胆魄、敢于斗争的勇气和充满自信的状态，继续带领中国人民建好伟大的国家。"征途漫漫，惟有奋斗"，我们坚信，在中国共产党的正确领导下，我们一定会尽早地实现中华民族伟大复兴，我们定要为国家的发展不断奋斗和努力，贡献自己的力量。

且将新火试新茶，我们庆幸自己生在中国；且看拨云又见日，我们讴歌中国共产党；且看明日胜今朝，我们定会走向新的胜利！